fit fürs

Oberstufenwissen

Politik und Wirtschaft

fit fürs abi

Oberstufenwissen

Politik und Wirtschaft

Susanne Schmidt Fachleiterin für das Fach Wirtschaft und Recht an einem Gymnasium

sowie Karl-Heinz Meyer

westermann GRUPPE

© 2019 Georg Westermann Verlag
www.westermanngruppe.de

Druck [2] / Jahr 2019

Redaktion: imprint, Zusmarshausen
Kontakt: lernhilfen@ westermanngruppe.de
Umschlaggestaltung und Innenlayout: Janssen Kahlert Design & Kommunikation, Hannover
Umschlagfoto: stock.adobe.com, Dublin: Deminos
Druck und Bindung: Westermann Druck GmbH, Braunschweig

ISBN 978-3-7426-**0161**-2

Vorwort

Die Abitur-Vorbereitung

Wenn das Abitur näher rückt, wird die Zeit zur Behebung der einen oder anderen Wissenslücke knapper. Der Prüfungsstoff türmt sich zu einem Berg auf, der höher und höher wächst, und manchmal scheint es fast unmöglich, all das wirklich oder vermeintlich erforderliche Wissen auch nur ansatzweise zu speichern.

Keep cool!

In dieser Situation hilft nur eins: kühlen Kopf bewahren und die noch verbleibenden Monate so arbeitsökonomisch wie möglich zu nutzen. Dabei möchte Ihnen **Fit fürs Abi Oberstufenwissen Poltik & Wirtschaft** helfen.

Sie finden hier einen Überblick zu den prüfungsrelevanten Themen in den Fächern Politik, Sozialkunde, Gesellschaftswissenschaften sowie Wirtschaft. Das wird in auf effektive Weise helfen, Wissenslücken zu erkennen – und zu beheben. Es wird in diesem Buch großen Wert gelegt auf **Infografiken** und **tabellarische Überblicke**, damit Sie den Stoff schnell erfassen können.

Zur Arbeit mit diesem Buch

Es ist nicht nötig, das Buch von vorne nach hinten durchzuarbeiten. Jedes Kapitel steht für sich und behandelt einen anderen Fachbereich der Prüfung. Deshalb ist es möglich, nur einzelne Bereiche, wie beispielsweise „Globalisierung" oder „Soziale Marktwirtschaft" nachzuschlagen und zu wiederholen.

Alle wichtigen Fachbegriffe auch als App

Ein **Glossar** am Ende des Bandes erklärt die wichtigsten Fachbegriffe. Fürs Nachschlagen und Lernen unterwegs gibt es dieses Glossar auch als **App für Ihr Smartphone**. Einfach im *Apple App Store* oder bei *Google Play* „Fit fürs Abi" eingeben und kostenlos herunterladen. Die App erklärt wichtige Fachbegriffe nicht nur für die Fächer dieses Buchs, sondern auch für neun weitere Abiturfächer. Digitale „Karteikarten" erleichtern das Auswendiglernen.

Wir wünschen Ihnen viel Erfolg bei der Arbeit mit
Fit fürs Abi Oberstufenwissen Politik & Wirtschaft.

Politik Grundlagen

1

In diesem Kapitel erfolgt eine Auseinandersetzung mit dem Begriff Politik. Eine unumstritten klare Definition für den Begriff Politik existiert nicht. Am Ende des Kapitels sind Sie jedoch in der Lage, mit dem Begriff umzugehen und ihn besonders auch vor historischem Hintergrund zu verwenden. Sie lernen verschiedene Modelle der Politik kennen und verstehen ihre Funktionen.

1.1 Definition von Politik

Politik ist die Gestaltung der Ordnung eines Gemeinwesens und Lenkung des individuellen Verhaltens seiner Mitglieder (nach: https://wirtschaftslexikon. gabler.de/definition/politik-43947). Der Begriff „Politik" stammt aus dem Griechischen und kann mit „Stadt" oder „Gemeinschaft" übersetzt werden. Bürger dieser Gemeinschaft hatten das Recht und die Pflicht, in der Gemeinschaft mitzubestimmen. Aus dem Französischen wurde im 17. Jahrhundert der Begriff *politique* („Wissenschaft von der Führung eines Staates") entlehnt. Der französische Begriff wiederum geht auf das lateinische Adjektiv *politicus* (politisch, den Staat betreffend) und auf verwandte griechische Wortformen zurück.

Politik ist die „Staatskunst". Sie regelt das geordnete Zusammenleben der Bürgerinnen und Bürger. Alles, was mit Gestaltung und Einflussnahme in der Gesellschaft sowohl im persönlichen als auch im öffentlichen Bereich zu tun hat, ist Politik. (nach: http://www.bpb.de/nachschlagen/lexika/das-junge-politik-lexikon/161506/politik). In einer ersten Näherung kann das „politische" Handeln in Abgrenzung zu wirtschaftlichem, sozialem und kulturellem Handeln so in den Blick genommen werden: „Politik ist die Gesamtheit der Aktivitäten zur Vorbereitung und zur Herstellung gesamtgesellschaftlich verbindlicher und/oder am Gemeinwohl orientierter und der ganzen Gesellschaft zugutekommender Entscheidungen." (THOMAS MEYER: Was ist Politik?, Opladen, [2]2003)Die in dieser Definition steckende Anfangsoffenheit mit dem Vorhandensein mehrerer Möglichkeiten, die Orientierung am Nutzen aller und die Verpflichtung zur Verbindlichkeit von Ergebnissen für alle kennzeichnen diese Definition. Das Gemeinwohl und die Macht werden in den Mittelpunkt gestellt. Damit knüpft moderne politische Theorie an Ideen der Antike an. Überhaupt ist die Bedeutung politischer Theorien seit der Antike für heute grundlegende Werte und Normen sowie für Strukturen von Gesellschaft und politischem System unverkennbar.

An dieser Stelle könnten viele weitere Definitionsversuche unternommen werden, eine unumstrittene Definition gibt es nicht. Mit dem Politikbegriff ist jedoch das Verhalten staatlicher Institutionen verbunden, die über unterschiedliche Organe die Geschicke einer Gesellschaft leiten, indem sie Rahmenbedingungen schaffen, denen die Gesellschaft unterworfen ist.

1.2 Funktionen von Politik

Das dauerhafte Bestehen und Funktionieren einer Gesellschaft hängt wesentlich von der Ausgestaltung verschiedener in Interaktion stehender Grundfunktionen ab, deren Geschicke die Politik maßgeblich beeinflusst. Im Wesentlichen sind diese Grundfunktionen die Wirtschaft, das kulturelle Leben, die sozialisierte und solidarische Gesellschaft sowie die Politik selbst, die verbindliche Regeln schafft und Macht ausüben kann.

Erst deren enges Zusammenwirken leistet die notwendige Integration zum gesellschaftlich Ganzen. (nach: THOMAS MEYER, Was ist Politik?, Opladen 2003)

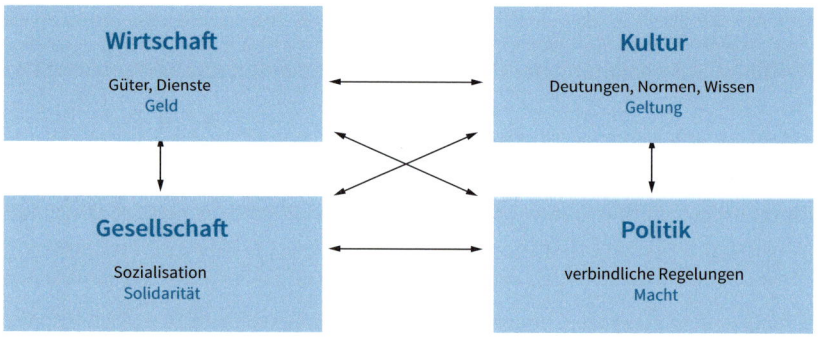

Abb. 1.1: Zusammenwirken der Grundfunktionen

Wirtschaftliches Handeln	Die arbeitsteilige Erzeugung von Gütern und Dienstleistungen sichert die physische Existenz der Menschen. Der Austausch von Gütern und Diensten, der Tausch am Markt, vermittelt durch das regulierende Geld, stellt die grundlegende Logik wirtschaftlichen Handelns dar.
Kulturelles Handeln	Kultur anstelle der unmittelbaren Natur steuert mit Normen und Werten, Begründungen und Deutungen, Sinnzuschreibungen und Wissen, Erwartungen und Erzählungen das Verhalten der instinktreduzierten Menschen und ermöglicht das Zusammenleben in Gesellschaften. Kultur wirkt als unsichtbares Muster, liefert Weltdeutung, gibt individuelle Orientierung und koordiniert kollektives Handeln. Hieraus begründet sich die Legitimität politischen Handelns.
Solidarisches gesellschaftliches Handeln	Dauerhafte Lebensgemeinschaften ermöglichen emotionale Energien, begründen wechselseitige Bindungen und integrieren verschiedene Generationen. Nur die solidarische Kleingruppe in der Gesellschaft – etwa die Familie – festigt Regeln, sichert Normen, füllt Rollen aus, etabliert Kompetenzen. Nur hier können drückende gesellschaftliche Anforderungen mit emotionaler Zuwendung und mit individuellen Bedürfnissen verbunden werden.
Politisches Handeln	Keine menschliche Gesellschaft kann ohne ein gewisses Maß an Regelungen bestehen, z. B. von Überlieferungen bezüglich gesellschaftlicher Rollen, von Leistungen für die Gemeinschaft, der Verteilung von Lasten, von Pflichten und von Vorrechten. Gesetze und Verordnungen, Handlungsprogramme und institutionell verankerte Leistungen stellen ein solches Regelwerk für komplexe Gesellschaften sicher. Die Dichte des Regelwerks unterscheidet die Gesellschaften voneinander.

Tab. 1.1: Arten des Handelns

1.3 Modelle von Politik

Das Politische ist einem ständigen Wandel unterworfen – je nach Epoche, Zeitpunkt, Blickwinkel, Perspektive und Gewichtung stehen unterschiedliche Aspekte im Vordergrund. Immer aber geht es darum, die reale Politik nicht nur praktisch zu erleben, sondern sie darüber hinaus theoretisch zu verstehen, sie nach ihrer Legitimierung zu befragen.

Politik lebt von Unterstellungen, also: Wir müssen uns für vernünftig halten; wir müssen davon ausgehen, dass uns etwas gelingt. Und wir müssen, auch wenn viele historische Erfahrungen dagegen sprechen, von uns selbst erwarten, dass wir die Zukunft in unserem Sinn gestalten können (VOLKER GERHARDT, Philosoph, 2007).

- ⦿ **Verständigungsmodell:** ARISTOTELES (384 – 322 v. Chr.) versteht den Staat (also die Polis als Sphäre des Politischen) als Gemeinschaft von Gleichen (zeit- und kulturbedingt: nur freie Männer, keine Frauen, keine Sklaven, keine Zugereisten), nämlich als ein Gemeinwesen für die Politik der gleichberechtigten Staatsbürger, die mit der Kraft der besseren Vorschläge und Argumente in einem zwanglosen Findungs- und Verständigungsprozess das Beste aus der Vielheit gewinnen und zur Einheit bringen. Politik ist hier Verständigungshandeln unter Gleichen.
- ⦿ **Heilsmodell:** AURELIUS AUGUSTINUS (354 – 430 n. Chr.) hat die endzeitliche Erlösung der Menschen vor Augen, wenn er Politik als irdisches Mittel zu allein diesem endzeitlichen Zweck anerkennt. Da politisches Handeln der göttlichen Gerechtigkeit dienen muss, diese aber als Befreiung von aller irdischen Gewalt, von allen irdischen Unzulänglichkeiten und von allen menschlichen Verstrickungen verstanden wird, ist allein der Gottesstaat als Reich des Friedens, der Wahrheit und der Gerechtigkeit das Ziel der Gläubigen und zugleich das Ende der Geschichte. Politik wird hier verstanden als notwendiger, aber immer unzureichender Beitrag zum Heil und zur Erlösung der Menschen.
- ⦿ **Machtmodell:** Von NICCOLÒ MACHIAVELLI (1469 – 1527) wird zumeist ein Verständnis von Politik entlehnt, wonach es sich um die Gesamtheit aller Techniken zur Eroberung, Herstellung und Erhaltung staatlicher Macht um jeden Preis handelt. Politik ist hier Machthandeln und als Summe wertfreier Techniken und Geschicklichkeiten zum Nutzen des Staates und seines Herrschers zu sehen.
- ⦿ **Informationsmodell:** KARL W. DEUTSCH (1917 – 1992) gilt als Erfinder des kybernetischen Modells der Politik, in dem die Politik als zwang- und machtloser Steuerungsprozess für angemessene Informations- und Kommunikationsverarbeitung im ganzen Gesellschaftssystem sorgt. Wenn dabei der

Staat als Informationsnetzwerk gesehen wird, so ist politisches Handeln als funktionaler Regulierungsvorgang auf die Aufnahme, Verarbeitung, Umsetzung und Weiterleitung von Informationen beschränkt. Macht weist sich in einem solchen System als Behinderung aus; Politik muss solche Defizite der Netzsteuerung zügig beseitigen.

Tipp	Betrachtet man Politik, so ist von einem ständigen Wandel auszugehen. Gesetze, Akteure, Fakten und Zahlen ändern sich. Daher werden Sie in diesem Buch immer dort Hinweise zur eigenständigen Recherche finden, wo die Aktualität der Ereignisse – und damit der Erkenntnisse – dieses notwendig macht.

1.4 Das Politische

Der Begriff der Politik umfasst das Umstrittene, das sich aus der real und immer schon gegebenen Differenz der Interessen, Meinungen und Werte ergibt. Ein solcher Politikbegriff ist deshalb modern, weil er verbunden ist mit der Vorstellung von der Gleichheit der Menschen.

Indem der politische Prozess nicht auf Verständigungsprozesse nur unter Freien und Gleichen abstellt, beleuchtet er das noch nicht Entschiedene, das Im-Konflikt-Steckende. Das Politische ist somit das immer umkämpfte Problemlösen. Jeder Versuch, diese immanente Konflikthaltigkeit durch die Annahme oder Setzung eines vorpolitischen Gemeinwohls zu umgehen, führt zur Entpolitisierung.

1.5 Beteiligung als Basis des Politischen

Die Suche nach Wegen zu einer angemessenen Beteiligung der Individuen, Gruppen und Menschenmassen an für sie bedeutsamen Entscheidungen muss als erstes demokratiepolitisches Schlüsselproblem des 21. Jahrhunderts festgestellt werden. Dabei kann diese Suche nur bedingt auf jüngste Traditionen zurückgreifen, ist doch der über Jahrhunderte andauernde Ausschluss großer Teile der Bevölkerung aus dem politischen Prozess nachwirkend.

Auch wenn das antike Konstrukt der gleichberechtigten Individualität bzw. der personalen Souveränität die Grundlage für das Politikverständnis heutiger demokratischer Gemeinwesen abgibt, so lassen sich aus den damaligen Verfahrensweisen einer Polis die heutigen Erfordernisse nicht direkt ableiten. Die zugleich auf Egalität und Differenz, auf Konkordanz und Dissonanz abzielenden Entwicklungen in den westlichen Massengesellschaften sind in die Wirtschafts- und Politikprozesse der heute transnationalen und zunehmend globalen Netzwerke eingebunden. Diese Globalität ist immer weniger eine europäisch strukturierte Verfasstheit, die ja das Individuum als von Natur aus und von Grund auf als je einzigartiges und als per se politisches Wesen auffasst. Stattdessen konkurrieren sogenannte asiatische Werte bzw. nicht individualistische Konzepte mit diesen individualistischen Konzepten.

Direkte Demokratie: Das Volk stimmt unmittelbar über politische Fragen ab.

Repräsentative Demokratie: Vom Volk gewählte Volksvertreter entscheiden über politische Fragen.

Libertäre Demokratie: Der Fokus liegt auf dem Schutz der Grundrechte und der individuellen Freiheit vor staatlicher Willkür.

Soziale Demokratie: Der Fokus liegt auf den Voraussetzungen, die gegeben sein müssen, damit der Einzelne in Freiheit leben kann.

1.6 Entfaltung des Politischen als Demokratie

Für eine Darstellung der allmählichen Entfaltung der Demokratie muss auf drei Grundfragen zurückgegriffen werden: „Erstens gilt es zu klären, wer an der Praxis der Verständigung über die politischen Differenzen mit welchen Rechten beteiligt werden muss. Zweitens geht es um die Grundfrage der Organisation der Demokratie: direkt oder repräsentativ. Drittens ist strittig, wie weit der Geltungsanspruch der Demokratie reichen soll: libertäre oder soziale Demokratie." (aus: THOMAS MEYER, Was ist Politik?, Opladen ²2003) Wenn Beteiligung die Voraussetzung für die selbstbewusste Organisierung der öffentlichen Angelegenheiten ist, dann ist auch die Frage nach der Formgestalt gestellt. Die Entfaltung des Politischen bedarf ihrer adäquaten und konsequenten Form, der Demokratie. „Soweit sich die Elemente und Quellen des Politischen fassen lassen, haben sie ihre Kraft vor allem in den Formen. Die politischen Energien und Qualitäten brauchen Zeit, erkennbare Orte, Autonomiefähigkeit der Subjekte, einschließlich einer glücklichen Verbindung zwischen Spontaneität und Dauer, ein gegenständliches Gegenüber, den freien Wechsel zwischen Rückzug und Konzentration der Kräfte. Die Formen vereinigen sich zum Politischen dann, wenn sie ein Maß zueinander finden: Dies sind die Maßverhältnisse des Politischen." (OSKAR NEGT/ALEXANDER KLUGE: Maßverhältnisse des Politischen, Frankfurt/Main 1992, Klappentext)

1.7 Dimensionen des Politischen im Politikzyklus

Alle Versuche, das Politische in einem einzigen Begriff zu erfassen, akzentuieren stets nur eine Sichtweise bzw. eine Dimension von Politik. Die unverkürzte Vorstellung vom Politischen umfasst aber eine Vielzahl von Aspekten der politischen Wirklichkeit, integriert, strukturiert und systematisiert sie.

Zwei Darstellungsmöglichkeiten für das Politische

1. Das Politische kann in einem Strukturmodell beschrieben und durch seine drei **Dimensionen** erschlossen werden, nämlich durch

- **die inhaltlich-normative Dimension** = Inhalt = *policy*: Aufgaben und Ziele der Politik, z. B. Förderung der Mitbestimmung der Arbeitnehmer im Betrieb – Novelle des Betriebsverfassungsgesetzes von 1974, ausgearbeitet und vorgelegt vom Bundesminister für Arbeit und Sozialordnung,
- **die institutionell-formale Dimension** = Form = *polity*: Rechtlicher und kultureller Rahmen der Politik, z. B. Sozialstaatsprinzip – Grundsätze freier Marktwirtschaft – Selbstbestimmung als Teil der Menschenwürde – Recht auf Eigentum – Konsensstreben – verfassungsgemäßer Gang der Gesetzgebung,
- **die prozessuale Dimension** = Prozess = *politics*: Konflikthafter Ablauf der Politik, z. B.: Proteste der Arbeitgeber gegen den Gesetzentwurf ⇒ Demonstration der Gewerkschaften für den Entwurf ⇒ hinhaltender Widerstand des Bundesministers für Wirtschaft ⇒ Mehrheiten im Bundestag und im Bundesrat für den modifizierten Entwurf: Gesetz verabschiedet.

2. Der Politikzyklus erschließt die politische Wirklichkeit mit ihren interdependenten Dimensionen und ordnet das Politische dann als Prozess der Problemverarbeitung auf dem Hintergrund der realen Entscheidungsabläufe in verschiedene Phasen:

- Problem – Auseinandersetzung – Entscheidung – Vollzug der Entscheidung – Bewertung – Reaktionen – neues Problem usw.

Die drei Dimensionen des Politischen und der Politikzyklus können in eine Vielzahl von **Kategorien** aufgefächert werden, die sich dann als Analyse- und Suchinstrumente nutzen lassen. So sind die pragmatisch als Kategorien einsetzbaren Grundbegriffe geeignet, das Politische begrifflich zu erfassen:

- Konflikt, Konkretheit, Macht, Recht, Interesse, Solidarität, Mitbestimmung, Funktionszusammenhang, Ideologie, Geschichtlichkeit, Menschenwürde.

1.8 Entpolitisierung

Das Individuum ist als soziales Wesen auf Kommunikation angewiesen und also per se politisch. Indem aber für die wichtigen Fragen des Zusammenlebens ein nicht zur Erörterung freigegebener Kanon von Werten, Normen, Regeln und Verfahren für verbindlich, weil in der Tradition begründet, erklärt wird, wird dem aktuell Politischen der Boden entzogen. Verabsolutierter Traditionalismus ist eine erste Entpolitisierungsstrategie. Eine solche Entpolitisierung des gesellschaftlichen Lebens kommt zweitens auch als Folge des durchgesetzten Anspruchs auf nur einen einzigen legitimen Lösungsweg zustande. Ein solcher Anspruch wird technokratisch als Alternativlosigkeit hingestellt oder aber fundamentalistisch als religiöse Gewissheit vorgetragen. Indem Fragen des Gemeinwohls gezielt allein der privaten Verfügung überlassen und indem staatliche Handlungsweisen grundsätzlich als unmöglich und als mit der Marktlogik unvereinbar qualifiziert werden, entsteht als dritte Strategie die Entpolitisierung durch Verabsolutierung des Marktmodells. Auch diese Strategie will Politik vermeiden, will Strittiges ausklammern und Gewissheiten setzen und das Politische entpolitisieren.

Entpolitisierung als Strategie der Politikvermeidung

Strategie	Ersatz-Legitimation
Traditionalismus	unwandelbare Sittlichkeit
Technokratie	Fachwissen
Fundamentalismus	absolute Gewissheit
Markt-Fundamentalismus	absoluter Individualismus

nach: Thomas Meyer, Was ist Politik?, Opladen ²2003

Am Ende dieses Kapitels sind Sie mit dem Politikbegriff auch im historischen Abriss vertraut. Als Mitglied in einer Gesellschaft ist man nie vollkommen unpolitisch. Als Staatsbürger, als Wahlberechtigter, als Nutznießer staatlicher Leistungen, als Marktteilnehmer, als Steuerzahler, vielleicht als Mitglied einer politischen Partei, um nur einige Berührungspunkte zu nennen, betrifft „Politik" Ihr Leben in vielen Bereichen.

Überblick

2

Demokratie

"Democracy is the worst form of government except for all those others that have been tried." (WINSTON CHURCHILL) – oder sinngemäß auf Deutsch: "Demokratie ist die schlechteste Form von Regierung, mit Ausnahme all der anderen, die bereits ausprobiert wurden." In diesem Kapitel erfahren Sie mehr über die Demokratie in der Bunderepublik Deutschland, welche Grundrechte damit verbunden sind und wie die Struktur des Staates durch Staatsorgane dazu beiträgt, die demokratische Struktur zu erhalten.

Nach Perikles (griechischer Staatsmann, etwa 500 – 429 v. Chr.) ist Demokratie eine auf die Mehrheit ausgerichtete Staatsform (vgl. http://www.bpb.de/izpb/248541/demokratie-geschichte-eines-begriffs). Unklar ist indessen, wie die Mehrheit konkret am demokratischen Prozess teilnehmen soll. Sollen dies gewählte Volksvertreter übernehmen, oder bestimmt das Volk selbst durch entsprechende Wahlen?

Trotz Schwankungen in Meinungsumfragen ist die **Demokratie** als "beste bisher bekannte Staatsform" in Deutschland längst unumstritten. Nach nationalsozialistischer Diktatur (1933–1945), staatloser Besatzungszeit (1945–1949) und kommunistischer Diktatur (in der DDR 1949–1990) ist das wiedervereinte Deutschland längst zu einer stabilen Demokratie in europäischer Einbindung geworden. Das 1949 für die "alte" Bundesrepublik Deutschland in Kraft getretene und mit der Wiedervereinigung 1990 für Gesamtdeutschland bekräftigte Grundgesetz ist zum Ausweis dieses Neubeginns der Demokratie geworden. International aber ist die Demokratie immer wieder gefährdet oder erst gar nicht durchzusetzen. So wird der Menschenrechts- und Demokratiediskurs immer stärker von einer längst überwunden geglaubten Kontroverse bestimmt: "Sind die Menschenrechtsnormen lediglich ein Konstrukt westlicher, überwiegend christlich geprägter Demokratien und für andere Religionen und Regierungsformen nicht verbindlich? Oder sind diese Normen sowie die Verträge gültig und einklagbar für ausnahmslos alle Menschen dieser Erde?" – So taz-Redakteur ANDREAS ZUMACH am 10.12.2008.

2.1 Grundgesetz – eine Chronik

8.5.1945	"Bedingungslose Kapitulation" Hitler-Deutschlands
23.5.1945	Verhaftung des HITLER-Nachfolgers DÖNITZ und der "Geschäftsführenden Reichsregierung" – Ende deutscher Zentralgewalt
5.6.1945	Übernahme der "obersten Regierungsgewalt in Deutschland" durch die vier Siegermächte
17.7–2.8.1945	Potsdamer Konferenz der Großen Drei (TRUMAN, USA; CHURCHILL, GB; STALIN, SU): Denazifizierung, Demilitarisierung, Dezentralisierung, Demokratisierung, Demontagen; Alliierter Kontrollrat und vier Besatzungszonen; Oder-Neiße-Grenze als Westgrenze Polens
2.10.1945	Deutschland-Dissens auf der ersten Londoner Konferenz des Rats der Außenminister der vier Siegermächte USA, GB, SU, F

10.3. – 24.4.1947	Scheitern der Moskauer Außenministerkonferenz an der Deutschland-frage – kein Friedensvertrag
6./7.6.1947	Scheitern der einzigen gesamtdeutschen Konferenz der Ministerpräsi-denten in München
25.11. – 15.12.1947	Abbruch der Londoner Konferenz des Rats der vier Außenminister wegen des Streits über Reparationen; Demontagen, Marshall-Plan, Bizone, Oder-Neiße-Frage, Friedensvertrag, Fragen der deutschen Verfassung und Einheit
23.2. – 6.3.1948	Londoner Sechs-Mächte-Konferenz (USA, GB, F plus Benelux-Staaten) für deutsche Weststaat-Gründung
20.3.1948	Auszug der SU aus dem Alliierten Kontrollrat
20.4. – 2.6.1948	Londoner Sechs-Mächte-Konferenz: Vorbereitung der Gründung eines föderativen westdeutschen Staates durch Einberufung einer „verfassung-gebenden Versammlung der westdeutschen Ministerpräsidenten"
1.7.1948	Übergabe der drei Frankfurter Dokumente durch die Militärgouverneure Clay, Robertson und Koenig an die westdeutschen Ministerpräsidenten: Einberufung einer verfassungsgebenden Versammlung, Prüfung der Län-dergrenzen; Leitsätze für die Beziehungen zwischen den drei Besatzungs-mächten (USA, GB, F) und einer westdeutschen Regierung
8. – 10.7.1948	Ministerpräsidenten-Treffen in Koblenz: widerstrebende Verständigung auf ein „Grundgesetz"
21./22.7.1948	Ministerpräsidenten-Treffen in Rüdesheim: Verständigung auf ein Provi-sorium als „Kernstaat"
10. – 23.8.48	Schloss Herrenchiemsee: Vorbereitender Verfassungskonvent der von den Landesregierungen berufenen Sachverständigen für ein Grundgesetz für einen „Bund deutscher Länder"
1.9.1948	Zusammentritt von 65 Abgeordneten aus den elf westdeutschen Land-tagen zum Parlamentarischen Rat – Arbeit am Grundgesetz
8.5.1949	Annahme des Grundgesetzes im Parlamentarischen Rat (53:12)
12.5.1949	Grundgesetz-Genehmigung durch USA, GB, F
23.5. – 20.6.1949	Scheitern der letzten Konferenz des Rates der Außenminister in Paris am Deutschland-Dissens
23.5.1949	Verkündung des Grundgesetzes, dem zehn von elf Landtagen in West-deutschland (außer Bayern) zugestimmt haben

Tab. 2.1: Zeittafel Grundgesetz

Reaktionen in der Sowjetischen Besatzungszone (SBZ)

14.7.1945	Gründung der „Einheitsfront der antifaschistisch-demokratischen Partei-en" in Berlin: KPD, SPD, CDU, LDPD = „Antifa-Block"
21./22.4.1946	Gründung der Sozialistischen Einheitspartei Deutschlands (SED) durch Verschmelzung von KPD und SPD
19.3.1949	Vorlage einer Verfassung für eine „Deutsche Demokratische Republik"
7.10.1949	Gründung der „Deutschen Demokratischen Republik" (DDR)

Tab. 2.2: Zeittafel SBZ

2.2 Grundrechte

Grundrechte sind Rechte, die den Einzelnen vor dem Staat schützen. Ein großer Teil der Grundrechte sind Menschenrechte. Diese sind im Grundgesetz der Bundesrepublik Deutschland verankert und für alle Organe des Staates bindend.

Menschenrechte stehen (auch aus UN-Sicht) über allem. Sie sind dem Menschen von Beginn seiner Existenz an mitgegeben. Dadurch gehen sie dem „positiven" (vom Staat gesetzten) und „subjektiven" („persönlichen") Recht voraus. Ausgangspunkt ist die **menschliche Würde**. Sie ist unantastbar.

Gesetzes Recht, auch positives Recht umfasst das niedergeschriebene Recht.

Aus humanistischer Sicht existieren die Rechte von Natur aus, werden somit als **Naturrecht** bezeichnet. Die von Natur aus gegebenen Rechte, wie z. B. das Recht auf Leben oder körperliche Unversehrtheit findet man schon in der Rechtsphilosophie in vorchristlicher Zeit unter anderem von PLATON (*428 v. Chr., † 348 v. Chr.) und ARISTOTELES (*384 v. Chr., † 322 v. Chr.). Naturrechte sind somit Rechte, die unabhängig von Staatsformen oder Religion jedem Menschen zustehen. Damit dieses Recht gilt, ist eine schriftliche Niederlegung nicht notwendig. Aus christlicher Sicht sind diese Rechte von Gott gegeben, aber ebenso unumstößlich. Das Naturrecht legt somit axiomatisch Rechtsgrundsätze fest, die stärker bindend sind als jedes **positive Recht**, also geschriebene Recht.

Subjektives Recht ist das Recht, dass sich für den Einzelnen konkret auf Grund einer Rechtsvorschrift ergibt.

Wenn Menschenrechte über dem positiven Recht stehen, ist ein Berufen auf das positive Recht, wie es z. B. unter nationalsozialistischer Herrschaft geschah (wie im Text unten), nicht möglich. Die Rechtfertigung von Erschießungen an der innerdeutschen Grenze, die Menschen an der Flucht hinderten, ist ebenfalls haltlos, auch wenn sich ein Täter auf geschriebenes, also positives Recht beruft (siehe Text rechts in der Marginalspalte).

„Zögern Sie nicht mit der Anwendung der Schusswaffe, auch dann nicht, wenn die Grenzdurchbrüche mit Frauen und Kindern erfolgen, was sich die Verräter schon oft zunutze gemacht haben", heißt es in der siebenseitigen Dienstanweisung vom 1. Oktober 1973. Der Befehl galt einer Spezialeinheit des DDR-Geheimdienstes, deren Angehörige als normale Grenzsoldaten getarnt waren. Die von 1968 bis 1985 bestehende Stasi-Einheit sollte die Flucht anderer Soldaten im Grenzbezirk Magdeburg verhindern.

Gesetz zum Schutze des deutschen Blutes und der deutschen Ehre (Auszug)
[...] § 1
Eheschließungen zwischen Juden und Staatsangehörigen deutschen oder artverwandten Blutes sind verboten. Trotzdem geschlossene Ehen sind nichtig, auch wenn sie zur Umgehung dieses Gesetzes im Ausland geschlossen sind. Die Nichtigkeitsklage kann nur der Staatsanwalt erheben.
§ 2
Außerehelicher Verkehr zwischen Juden und Staatsangehörigen deutschen oder artverwandten Blutes ist verboten.
§ 3
Juden dürfen weibliche Staatsangehörige deutschen oder artverwandten Blutes unter 45 Jahren nicht in ihrem Haushalt beschäftigen. [...]

Die Menschenwürde als Kern des Grundgesetzes

Abb. 2.1: Die Menschenwürde als Kern des Grundgesetzes

Noch unter dem Eindruck der Schrecken des Zweiten Weltkrieges und der furchtbaren Verbrechen der Nationalsozialisten bekannten sich die Vereinten Nationen am 10.12.1948 zur Charta der Menschenrechte (Allgemeine Erklärung der Menschenrechte).

Grundrechte sind ins Grundgesetz übersetzte Menschenrechte. Wenn das Grundgesetz z.B. das Recht auf Leben festschreibt, wird damit kein neues Recht geschaffen, sondern ein bestehendes betont. Das am 8.5.1949 in Kraft getretene Grundgesetz erkennt die Menschenrechte, denen sich die UN unterworfen hat, an und hat sie daher als Grundrechte verankert. Das Grundgesetz fußt auf diesen Zusammenhängen, indem es sich und das deutsche Volk gleich zu Beginn (Art. 1 Abs. 2 GG) an die „unverletzlichen und unveräußerlichen Menschenrechte" bindet und diese so „als Grundlage jeder menschlichen Gemeinschaft" erkennt.

Bürgerrechte sind solche Grundrechte, die nur Staatsbürgern im Sinne des Grundgesetzes zustehen, d.h. denen, die die deutsche Staatsbürgerschaft besitzen.

Jedermannrechte sind diejenigen Grundrechte, die allen Menschen im Geltungsbereich des Grundgesetzes zustehen.

Die **Grundrechte sind** durch das Grundgesetz an verschiedenen Stellen gesichert.

- ⦿ In Artikel 1 Abs. 3 GG ist ihr unmittelbarer Anspruch auf Geltung festgeschrieben.
- ⦿ Einschränkungen der Grundrechte werden ausdrücklich unterbunden (Art. 19, Abs. 1 u. 2 GG).
- ⦿ Für den Fall der Verletzung des Rechts auf die Grundrechte sind im Grundgesetz Vorkehrungen getroffen (Art. 19, Abs. 4 GG; Art. 20 Abs. 4, 33, 38, 101, 103 und 104; Art. 93, Abs. 1, Nr. 4 a GG).

Auszug aus der Allgemeinen Erklärung der Menschenrechte:

(1) Alle Menschen sind frei und gleich an Würde und Rechten.
(2) Verbot von Diskriminierung
(3) Recht auf Leben und Freiheit
(4) Verbot der Sklaverei
(5) Verbot der Folter
(6) Jeder hat Rechte, egal, wo er ist
(7) Gleichheit vor dem Gesetz
(8) Anspruch auf Rechtsschutz
(9) Schutz vor willkürlicher Verhaftung und Ausweisung
(10) Anspruch auf ein gerechtes und öffentliches Verfahren
(Quelle: Vereinte Nationen)

Bürgerrechte in der Bundesrepublik Deutschland sind das aktive und passive Wahlrecht, d. h. das Recht zu wählen und gewählt zu werden, sowie das Recht öffentliche Ämter bekleiden zu dürfen.

⊙ Die Regeln des Völkerrechts gelten uneingeschränkt. Sie können nicht übergangen werden (Art. 25).

⊙ Ausdrücklich ist es untersagt, die Grundrechte aus dem Grundgesetz zu entfernen (Art. 79, Abs. 3 GG).

⊙ Die richterliche Unabhängigkeit ist gewährleistet (Art. 97, Abs. 1 GG).

⊙ Es herrschen Grundrechte im Bereich der Justiz (u.a. Art. 104 GG)

Wissen

Die Entstehungsgeschichte des Grundgesetzes

Die „Genese" des Grundgesetzes lässt sich über die geschichtlichen Daten einprägen, wenn Sie darin den „grundgesetzlichen Kern" erkennen:

⊙ Scheitern der Siegerallianz

⊙ Initiative der Westalliierten zur Bildung eines Weststaates

⊙ Einbezug der westlichen Nachbarn Deutschlands

⊙ Beauftragung westdeutscher Ministerpräsidenten;
   Durchsetzen der alliierten Pläne gegen deren Widerstand

⊙ Meinungswandel in der Koblenzer Konferenz

⊙ der Herrenchiemsee-Konvent

⊙ Arbeit im Parlamentarischen Rat

⊙ Abstimmung am vierten Jahrestag des Kriegsendes

⊙ GG-Genehmigung und GG-Verkündung

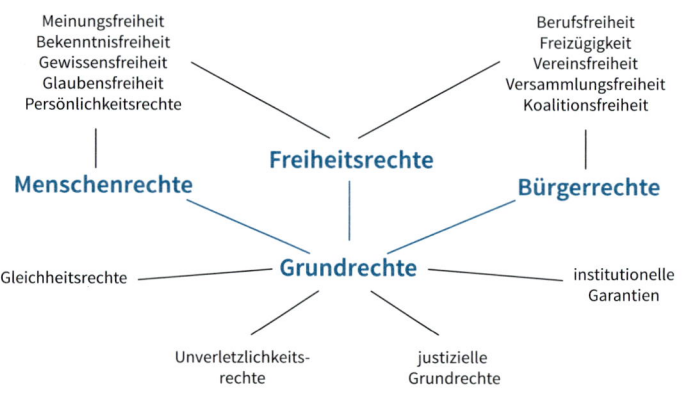

Abb. 2.2: Die Rechte des Menschen

Durch bestehende Grundrechte, die unumstößlich gelten und umgesetzt werden, wird die Beziehung der Bürger zum Staat bestimmt.

Während Bürger in einem freiheitlich-demokratischen Staat durch die Grundrechte geschützt sind, kann der autoritäre bzw. der totalitäre Staat in den Alltag des einzelnen Bürgers tief eindringen.

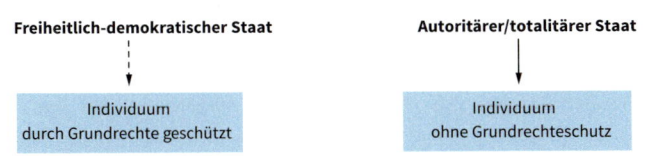

Abb. 2.3: Grundrechteschutz

Artikel 24 (5) Verfassung der DDR: „Der private Großgrundbesitz, der mehr als 100 Hektar umfasst, ist aufgelöst und wird ohne Entschädigung aufgeteilt." Der Artikel bedeutet einen massiven Eingriff in das Grundrecht auf Privateigentum. Ein solcher Eingriff ist nur in totalitären Staaten möglich.

Grundrechtsschranken

Grundrechte sind keine grenzenlosen Rechte. Vielmehr ist ein Zusammenleben in der Gemeinschaft nur dann in Frieden möglich, wenn das Recht eines Einzelnen an der Stelle endet, an der das Recht eines Anderen berührt wird.
Schranken der Grundrechte gibt es auf verschiedenen Ebenen

- ⊙ Schranken die einem Grundrecht innewohnen
- ⊙ verfassungsrechtlicher Schranken
- ⊙ Vorbehalte durch Gesetze
- ⊙ Einschränkungen durch Gesetze
- ⊙ direkt formulierte Eingriffsermächtigung

1. Schranken, die einem Grundrecht innewohnen
Grundsätzlich kann sich der Bürger auf die Grundrechte berufen. Schranken ergeben sich aber dann, wenn Grundrechte anderer Personen berührt bzw. angegriffen werden. Diese Regelung gilt für alle Grundrechte.

2. Verfassungsrechtliche Schranken
Verfassungsrechtliche Schranken sind Element der einzelnen Grundrechtsnormen im Grundgesetz.
Ein Grundrecht ist die Versammlungsfreiheit. Dieses Recht wird in Artikel 8 Abs. 2 jedoch direkt eingeschränkt. Recht oder Gesetz können die Freiheit begrenzen. Auch das in Artikel 9 gewährt Recht, Vereine zu bilden, kann beschränkt werden. Wenn die Vereine verfassungsfeindlich sind oder gegen den Gedanken der Völkerverständigung oder gegen Strafgesetze verstoßen, können sie untersagt werden.

Art. 8
(1) Alle Deutschen haben das Recht, sich ohne Anmeldung oder Erlaubnis friedlich und ohne Waffen zu versammeln.
(2) Für Versammlungen unter freiem Himmel kann dieses Recht durch Gesetz oder auf Grund eines Gesetzes beschränkt werden.

3. Vorbehalt durch Gesetze

Einzelne Grundrechte werden eingeräumt, können aber mittels Gesetzgebung beschränkt werden. Das Grundrecht schützt z. B. die Wahl und die Ausübung eines Berufes. Niemand kann gezwungen werden, einen bestimmten Beruf auszuüben. Dennoch kann dieses Recht durch Gesetze eingeschränkt werden. D. h. die Einschränkung kann nicht willkürlich erfolgen, sie bedarf der Zustimmung der gesetzgebenden Gewalt. Einschränkende Regelungen können Zugangsvoraussetzungen sein. So ist es erforderlich, erfolgreich ein Medizinstudium zu absolvieren, wenn man als Arzt tätig werden möchte; um als Richter tätig zu werden, benötigt man ein Jurastudium und ein juristisches Referendariat.

4. Qualifizierter Gesetzesvorbehalt

Prinzipiell herrscht das Recht auf Meinungsfreiheit und Pressefreiheit. Diese kann gemäß Art. 5 Abs. 2 jedoch eingeschränkt werden, jedoch nur im Rahmen allgemeiner Gesetze. Ein solches Gesetz darf aber nicht gegen eine bestimmte Meinung oder einen Meinungsbildungsprozess gerichtet sein, sondern darf nur dazu dienen, andere Rechtsgüter zu schützen. Dazu zählt z. B. das Recht auf Privatsphäre.

5. Direkt formulierte Eingriffsermächtigung

Einzelne Grundrechte können durch die im Grundrecht benannten Instanzen beschränkt werden.

Artikel 13

(1) Die Wohnung ist unverletzlich.

(2) Durchsuchungen dürfen nur durch den Richter, bei Gefahr im Verzuge auch durch die in den Gesetzen vorgesehenen anderen Organe angeordnet und nur in der dort vorgeschriebenen Form durchgeführt werden.

Das Grundgesetz räumt die Unverletzlichkeit der Wohnung ein. Das Grundrecht kann gemäß Art. 13 Abs. 2 jedoch beschränkt werden. Die Instanz, die die Beschränkung erwirken kann, ist im Grundrecht ausdrücklich benannt.

Tipp

Grundrechtsschranken

Sie müssen die ins Grundgesetz eingebauten Grundrechtsschranken und deren Unterschiedlichkeit – am besten jeweils mit Beispielen belegend – kennen und diese in ihrer Qualität schlüssig darstellen können.

2.3 Staat, Staatsorgane, Gewaltenteilung und Gesetzgebung

Mit dem **Begriff Staat** sind vielfältige Bedeutungen verbunden:

⊙ Ein Staat beansprucht als territorial begrenzter politischer Herrschaftsverband „das Monopol legitimer physischer Gewaltsamkeit für sich (mit Erfolg)" und begründet ein „auf Legitimität gestütztes Herrschaftsverhältnis von Menschen über Menschen" (MAX WEBER).

⊙ Staaten sind gekennzeichnet von drei objektiven Kriterien – Staatsgebiet, Staatsvolk, Staatsgewalt über das gesamte Territorium – und viertens der Anerkennung durch die Weltgemeinschaft; bleibt diese Anerkennung aus, so kümmert ein solches „Gebilde" dahin.

⊙ Einem Staat wird mit dem „Selbstbestimmungsrecht der Völker" Souveränität als völkerrechtlicher Akteur zugeschrieben; damit konkurriert aber das „Recht eines Staates auf territoriale Integrität" als wichtiges Ordnungsprinzip – Abspaltungen sind also unter bestimmten Bedingungen möglich.

⊙ Funktionierende Staaten bilden Institutionen und beauftragen Personen, die „mit der Ausübung allgemeinverbindlicher Steuerungs-, Regulierungs- und Koordinierungsfunktionen" betraut werden. Moderne Verfassungsstaaten bedienen sich dabei demokratischer Willensbildungs- und Entscheidungsprozesse und wissen ihre Entscheidungen mit positiven bzw. negativen Sanktionen um- und durchzusetzen.

⊙ Staaten können verschiedenartige Machtstrukturen entwickeln; üblicherweise bilden Monarchie, Diktatur und Republiken die drei Grundtypen.

  – **Monarchie** – Alleinherrschaft eines legitimierten Monarchen, der damit Träger der Staatsgewalt ist (Kaiser, König, Fürst)

  – **Diktatur** – Herrschaft eines einzelnen Diktators unter Mithilfe einer vom Diktator befehligten Gruppe bei Ausschluss jeglicher Mitsprache des Volkes

  – **Republik** – Volksherrschaft durch demokratische Prozesse, d. h. durch direkte oder/und indirekte Mitwirkung des Volkes (Wahlen, Volksvertreter, Abgeordnete, Parlament) im Entscheidungsprozess über öffentliche Dinge

Monarchie kann als absolute oder konstitutionelle Monarchie vorliegen. In der absoluten Monarchie ist der Monarch der alleinige Herrscher. Konstitutionelle Monarchie ist eine Staatsform, in der die Macht des Monarchen durch die Verfassung beschränkt ist.

Der Begriff **Republik** wird auch bei sogenannten Volksrepubliken verwendet, die durch sozialistische oder kommunistische Regierungsformen bestimmt sind, wie z.B. die Volksrepublik China, Deutsche Demokratische Republik.

Deutschland: Staatsorgane des Bundes und der Länder

Die Bundesrepublik Deutschland verfügt zur Ausübung ihrer Staatsgewalt über Staatsorgane und Institutionen. Die Staatsorgane sind von den Personen, die die Ämter bzw. Positionen innehaben, zu unterscheiden.

In der Bundesrepublik Deutschland gibt es insgesamt **fünf Staatsorgane**:

⊙ Deutscher Bundestag

- ⊙ Bundesrat
- ⊙ Bundeskanzler/in mit Bundesregierung
- ⊙ Bundespräsident/in
- ⊙ Bundesverfassungsgericht

Die Staatsorgane sind voneinander unabhängig und insbesondere von Weisungen der jeweils anderen Staatsorgane frei. Im Rahmen einer Teilung der Staatsgewalt in Legislative, Exekutive, Judikative entstehen jedoch personelle und sachliche Abhängigkeiten der Staatsorgane voneinander. Die Staatsorgane sind Verfassungsorgane, Wesen und Aufgaben sind somit verfassungsrechtlich geregelt.

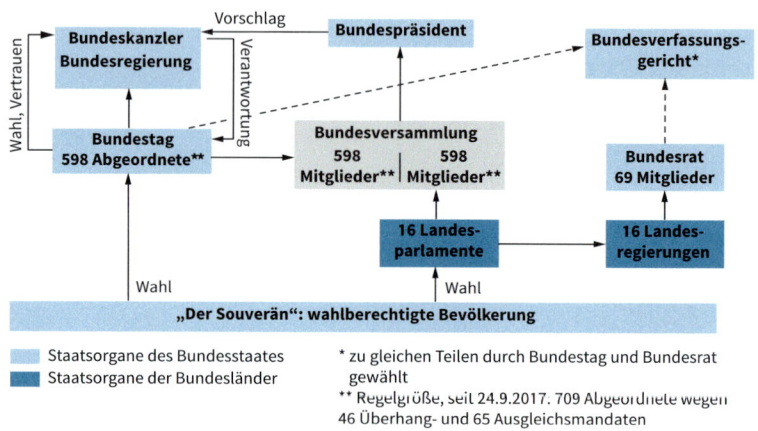

Abb. 2.4: Staatsorgane des Bundes und der Länder

Staatsorgan: Bundespräsident (Artikel 54 – 61 GG)

Art 81 GG: Der Bundespräsident kann den Gesetzgebungsnotstand im Falle eines Konflikts zwischen Bundesregierung und Bundestag erklären. In diesem Falle können Gesetze ohne Zustimmung des Bundestages beschlossen werden, wenn der Bundesrat zustimmt.

Das Amt des Bundespräsidenten ist das höchste Amt in der Bundesrepublik Deutschland. Es können nur Personen gewählt werden, die mindestens 40 Jahre alt sind. Er wird von der Bundesversammlung gewählt, ein Gremium, das zur Hälfte aus Mitgliedern des Bundestages und zur anderen Hälfte aus Volksvertretern der Bundesländer besteht. Der Bundespräsident hat vielfältige Aufgaben. Er

- ⊙ vertritt den Bund völkerrechtlich.
- ⊙ repräsentiert nach innen und außen.
- ⊙ prüft, unterzeichnet und verkündet die Bundesgesetze.
- ⊙ erklärt (unter best. Voraussetzungen) den Gesetzgebungsnotstand.

Der Bundespräsident wird für die Dauer von fünf Jahren gewählt. Eine zweite Amtszeit ist möglich.

- ⊙ löst (unter bestimmten Voraussetzungen) den Bundestag auf.
- ⊙ schlägt den Bundeskanzler vor, ernennt und entlässt ihn.
- ⊙ ernennt und entlässt die Bundesminister.
- ⊙ ernennt und entlässt die Bundesrichter, Bundesbeamte und Offiziere.
- ⊙ hat das Begnadigungsrecht.

Staatsorgan: Bundesregierung mit Bundeskanzler (Artikel 62 – 69 GG)

Die Bundesregierung besteht aus dem Bundeskanzler und Bundesministerinnen und -ministern.

Der Bundeskanzler wird auf Vorschlag des Bundespräsidenten direkt vom Parlament gewählt und genießt eine besondere Stellung.

Die Aufgaben der Bundeskanzlerin/des Bundeskanzlers sind
- Bestimmung der Richtlinien der Regierungspolitik,
- Entscheidung über die Stellvertreterin/ihren Stellvertreter,
- Leitung der Regierungsgeschäfte.

Die Bundesminister werden auf Vorschlag der Bundeskanzlerin/des Bundeskanzlers vom Bundespräsidenten ernannt

Die Aufgaben der Bundesregierung sind
- Durchführung der Politik,
- Vorlage von Gesetzesentwürfen,
- Überwachung von Bundesgesetzen,
- Einrichtung von Bundesbehörden,
- Koordinierung der Tätigkeit der Bundesministerien,
- Entwurf des Haushaltsplans.

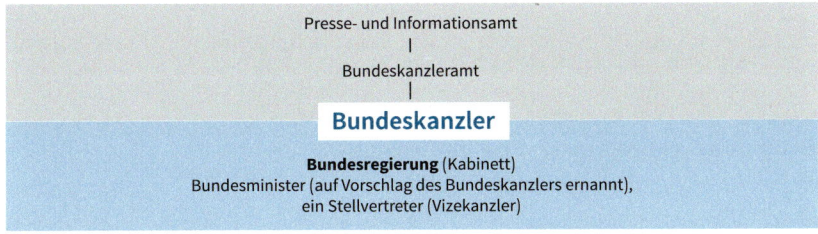

Abb. 2.5: Bundeskanzler

Kanzlerprinzip	Ressortprinzip	Kollegialprinzip
Der Bundeskanzler bestimmt die Richtlinien der Politik und trägt dafür die Verantwortung.	Innerhalb der Richtlinien leitet jeder Minister sein Ressort selbstständig und eigenverantwortlich.	Die Regierung berät und beschließt über alle Gesetzesentwürfe und klärt Streitfragen zwischen den Ministern.

Tab. 2.3: Regierungsprinzipien

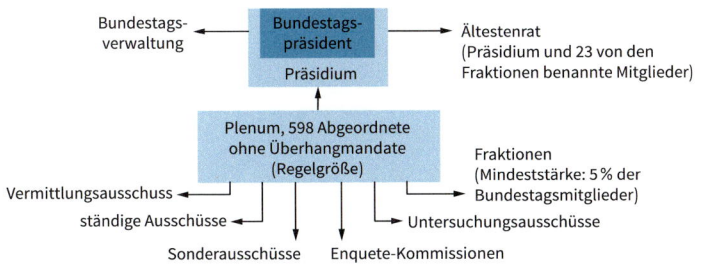

Abb. 2.6: Bundestag

Staatsorgan: Bundestag (Artikel 38 – 48 GG)

Seit dem 24.10.2017 ist WOLFGANG SCHÄUBLE (CDU) amtierender Bundestagspräsident (Stand: 11/2018)

Hauptausschuss, 19. Bundestag (11/2017 f.): Da die Koalitionsgespräche zwischen CDU/CSU mit FDP und Grünen erfolglos verliefen und eine schnelle Regierungsbildung nicht zu sehen war, setzte der neu gewählte Deutsche Bundestag (so wie erstmalig 2013) für die Zeit bis zur Konstituierung der ständigen Ausschüsse einen 47-köpfigen Hauptausschuss als Plenumsersatz ein; er soll die Handlungsfähigkeit des Bundestags sichern, solange es noch keine Regierung gab. Besetzt war das Gremium mit 17 Mitgliedern der CDU/CSU, zehn Mitgliedern der SPD, sechs Mitgliedern der AFD, je fünf Mitgliedern der Linken und FDP sowie vier Mitgliedern der Grünen. Den Vorsitz ohne Stimmrecht hatte WOLFGANG SCHÄUBLE, CDU, der das Amt des Bundestagspräsidenten inne hatte. Die Zuständigkeiten des Ausschusses werden durch Überweisungen des Plenums begründet. Der Hauptausschuss ist Ausschuss nach Artikel 45, 45 a und 45 c des Grundgesetzes. Er kann Anhörungen durchführen und ist im Sinne der geschäftsordnungsrechtlichen Vorgaben Haushaltsausschuss. Mit der Konstituierung der ständigen Ausschüsse ist der Hauptausschuss aufgelöst. Er ist mit Konstituierung der ständigen Ausschüsse am 31.1.2018 aufgelöst worden.

Die Abgeordneten des Bundestages werden in allgemeiner, unmittelbarer, freier, gleicher und geheimer Wahl gewählt (siehe auch Kapitel 2.11 Wahlen) Aufgaben des Bundestages sind

⊙ die Gesetzgebung, er ist somit die Legislative,
⊙ die Kontrolle der Regierung,
⊙ die Wahl des Bundeskanzlers.

Staatsorgan: Bundesrat (Artikel 50 – 53 GG)

Der Bundesrat ist ein Organ, das sich aus Mitgliedern der Länderregierung der Bundesländer zusammensetzt.
Seine Rechte und Aufgaben sind

⊙ Mitwirkung bei der Gesetzgebung,
⊙ Initiativrecht bei der Gesetzgebung.

Die Bundesländer sind im Bundesrat mit unterschiedlicher Stärke, die sich nach der Bevölkerungszahl des Bundeslandes richtet, vertreten. Jedoch hat ein Land mindestens drei Stimmen und maximal sechs Stimmen.

Staatsorgan: Bundesverfassungsgericht (Artikel 92 – 100 GG)

Das Bundesverfassungsgericht wurde 1951 gegründet. Es besteht aus Bundesrichtern und anderen Mitgliedern, die je zur Hälfte vom Bundestag und Bundesrat gewählt werden. Seine Aufgabe ist es, über die Einhaltung des Grundgesetzes für die Bundesrepublik Deutschland zu wachen. Die Entscheidungen des Gerichts interpretieren die Verfassung verbindlich. Es ist u. a. zuständig für:

Verfassungsbeschwerden, Normenkontrollen, bei einem Streit zwischen staatlichen Organen bzw. zwischen Bund und Ländern, bei einem Parteienverbot.

Parlamentarische Demokratie als Verbund der Staatsorgane: Gesetzgebungsverfahren (Artikel 70 – 82 GG)

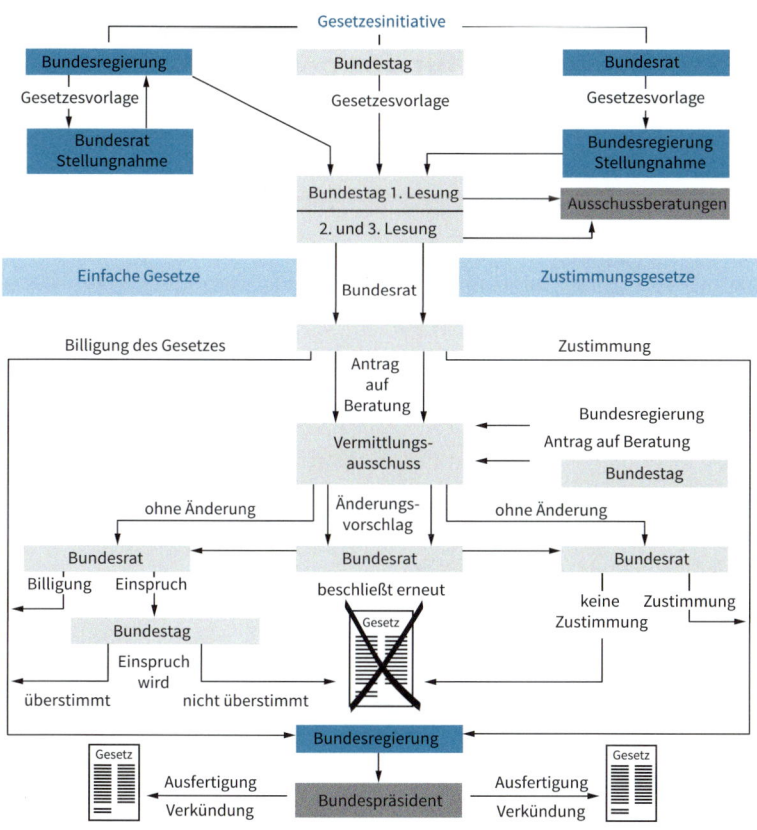

Abb. 2.7: Gesetzgebungsverfahren

Vermittlungsausschuss: Wenn die in den Bundestag eingebrachte Gesetzesvorlage keine Mehrheit findet, wird der Vermittlungsausschuss angerufen. Der Vermittlungsausschuss ist ein 32-köpfiges Gremium, das sich hälftig aus Mitgliedern des Bundestages und des Bundesrates zusammensetzt. Jedes Bundesland entsendet einen Vertreter. Die Zusammensetzung der Mitglieder, die aus dem Bundestag entsendet werden, berücksichtigt die Fraktionsstärke der Parteien im Bundestag. Der Vermittlungsausschuss hat die Aufgabe, sich mit der Gesetzesvorlage auseinanderzusetzen und einen Konsens zu erarbeiten. Liegt ein Beschluss vor, wird der Vorschlag dem Bundestag und ggf. Bundesrat vorgelegt, damit eine erneute Beschlussfassung erfolgen kann. Der Vermittlungsausschuss kann sowohl vom Bundestag als auch von der Bundesregierung einberufen werden.

Eine Gesetzesinitiative kann von der Bundesregierung oder vom Bundesrat ausgehen. Das Grundgesetz unterscheidet zwischen der ausschließlichen Gesetzgebung des Bundes und der konkurrierenden Gesetzgebung. Ausschließliche Gesetzgebung bedeutet gem. Artikel 71 GG, dass die Länder nur dann eine Gesetzgebungsbefugnis haben, wenn sie durch ein Bundesgesetz ausdrücklich dazu ermächtigt werden. Konkurrierende Gesetzgebung meint, dass die Länder eine Gesetzgebungsbefugnis haben. Welche Bereiche im Einzelnen ausschließliche oder konkurrierende Gesetzgebung umfasst, regelt das Grundgesetz in den Artikeln 73 und 74. Ausschließliche Gesetzgebung gibt es z. B. in Fragen der

Staatsbürgerschaft oder der Währung, konkurrierende Gesetzgebung z. B. im Bereich des Aufenthalts- und Niederlassungsrechts für Ausländer und in Fragen des Straßenverkehrs. Da der Bundestag die legislative Gewalt inne hat, erfolgt hier das Gesetzgebungsverfahren, das in mehreren Stufen abläuft.

2.4 Strukturmodelle für den politischen Prozess

Modelle in vielen Disziplinen der Naturwissenschaften und auch der Wirtschaft und Politik dienen dazu, komplexe Zusammenhänge anschaulich darzustellen und ihre Wirkungsweise zu verstehen. In der Politik werden daher Strukturmodelle entwickelt.
Mithilfe zusätzlicher Fakten und Fragen können Zusammenhänge, Wechselwirkungen und Abläufe nicht nur dargestellt werden, sie sollen auch Verstehen und Verständnis für den so aufbereiteten Sachverhalt erzeugen.

Gewaltenteilung meint, dass die Legislative (gesetzgebende Gewalt), Exekutive (ausführende Gewalt) und Judikative (Rechtssprechung) in der Hand verschiedener Staatsorgane liegt. In der Bundesrepublik Deutschland bilden der Bundestag die Legislative, die Bundesregierung die Exekutive und die unabhängigen Richter die Judikative. Das Strukturmodell der Gewaltenteilung zeigt die Beziehung der Gewalten zueinander.

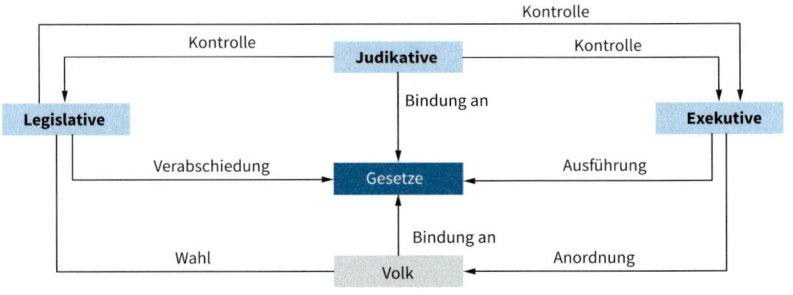

Abb. 2.8: Gewaltenteilung

Das Demokratieprinzip: Artikel 20 GG besagt, dass die Bundesrepublik Deutschland ein demokratischer und sozialer Bundesstaat ist.

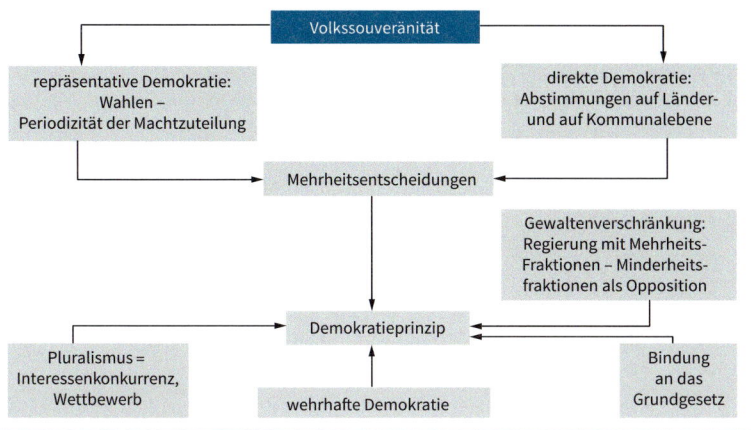

Abb. 2.9: Demokratieprinzip

2.5 Politik als Prozess: Parteien, Verbände, Initiativen, Medien

Politik kann als eine prinzipiell endlose Folge von Versuchen zur Bewältigung von gesellschaftlichen Gegenwarts- und Zukunftsproblemen begriffen werden. Politische Inhalte bleiben als dynamisch sich wandelnde und interpretationsfähige Phänomene der Notwendigkeit ausgesetzt, immer wieder korrigiert, revidiert und neu fixiert zu werden. Dementsprechend gibt es immer wieder neue Lösungen, sodass der politische Prozess niemals aussetzt oder erstarrt.

⊙ **Parteien** sind in einer von Art. 21 GG privilegierten Position die Grundlage des Parteienstaates, zugleich als dauerhaft organisierte Verbünde von Bürgern mit gemeinsamen sozialen Interessen und politischen Vorstellungen Ausdruck der Bürgergesellschaft. Die Existenz mehrerer Parteien sichert die Demokratie. Die Allgegenwart der Parteien kennzeichnet die demokratisch-repräsentativen Parlamentssysteme. Ziel einer jeden Partei ist die Durchsetzung der eigenen Ideen von Wirtschaft und Gesellschaft. Damit stehen Parteien im Wettbewerb um Ämter und um Macht im Staat.

⊙ **Verbände** sind gemäß Art. 9 GG Ausdruck grundrechtlichen Engagements. Das Grundgesetz räumt jedem Deutschen mit der Koalitionsfreiheit das Recht ein, Vereine und Gesellschaften zu bilden. Diese Vereine, Vereinigungen, Interessengruppen, Gesellschaften, Verbände usw. sind freie Zusammenschlüsse von Interessenten, die Einfluss auf das politische Geschehen

Politische Parteien in Deutschland mit Sitzen im Bundestag

Partei	Sitze
CDU	200
SPD	153
Grüne	67
AfD	92
Die Linke	69
FDP	80
CSU	46
Die Blauen	2

Darüber hinaus gibt es sieben weitere Parteien, die in Länderparlamenten vertreten sind und vier weitere mit Sitz im Europaparlament. (Stand 11/2018)

nehmen, ohne jedoch selbst Regierungsverantwortung zu tragen. Verbände betreiben **Lobbyismus**.

◉ **Bürgerinitiativen** sind auf der Basis von Art. 9 GG tätig und Ausdruck des gewachsenen bürgerschaftlichen Engagements. Solche Initiativen sind spontane, zeitlich meist begrenzte, organisatorisch eher lockere Zusammenschlüsse einzelner Bürger, die außerhalb der etablierten Beteiligungsformen der Parteiendemokratie bleiben wollen. Sie entstehen zumeist aus einem konkreten Anlass, häufig auch als Abwehrinitiative unmittelbar Betroffener und um Abhilfe im Sinne ihres Anliegens bemüht.

◉ Daneben spielen die **Nichtregierungsorganisationen** (**NGO** = Non-Governemental Organisation) eine zunehmend wichtige Rolle – sowohl national wie auch international, z. B. amnesty international = ai, Greenpeace, Ärzte ohne Grenzen usw. NGOs sind zunehmend erfolgreich, weil Staaten an geografische Grenzen stoßen, weil der Wandel von der Industrie- zur Informationsgesellschaft Kommunikations- und Betätigungsmöglichkeiten schafft, die bei hoher Änderungsdynamik in der Unternehmensumwelt die NGOs als kompetente Vertreter der Zivilgesellschaft legitimieren. Ziele und Betätigungsfelder von NGOs decken eine große Bandbreite ab von der strengeren Kontrolle wirtschaftlicher Globalisierung bis hin zu juristischem, humanitärem und ökologischem Engagement.

◉ Das **duale Fernsehsystem** mit den Fernsehprogrammen des öffentlich-rechtlichen Fernsehens (u. a. ARD, ZDF, regionale 3. Programme) auf der einen Seite und denen der privatwirtschaftlich geführten sogenannten Senderfamilien auf der anderen Seite bestimmt zunehmend den Vermittlungsprozess zwischen Politik und Bürgern.

◉ Das **Internet** mit seinen Chats, Foren, Blogs (z. B. auch Facebook, Twitter, Instagramm usw.) hat nicht nur die private, sondern auch die öffentliche politische Kommunikation verändert und auf ganz spezifische Weise intensiviert. Information, politische Werbung, Agitation und Desinformation haben hier vielfältige Ansatzpunkte gewonnen, die für Kampagnen sowie für Unterstützungs- und Spendenaktionen („crowd funding"), aber auch für gezielte Falschmeldungen („fake news"), Hackerangriffe (z. B. NSA-Abhöraktionen, 2015) und globale politische Störaktionen (z. B. politisch motivierte Eingriffe aus Russland in den amerikanischen Präsidentschaftswahlkampf, 2017) genutzt werden.

Politik als Prozess im staatlichen bzw. überstaatlichen System

Politik ist ein andauernder Prozess im Staatsgefüge zwischen Parlamenten, Regierungen auf Bundes-, Länder- und Gemeindeebene. Dank der Einbindung in überstaatliche Systeme, wie z. B. EU, NATO, IWF und andere ist Politik längst zu einem überstaatlichen Prozess geworden.

EU = Europäische Union

NATO = North Atlantic Treaty Organization

IWF = Internationaler Währungsfonds

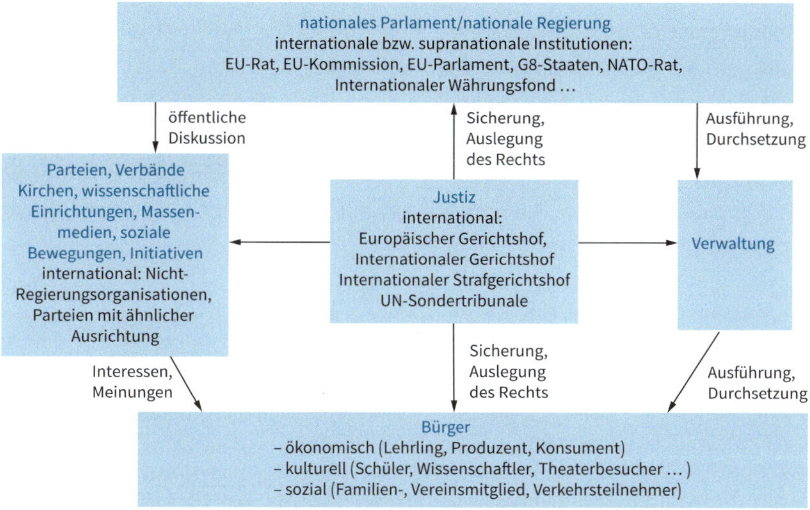

nach: Peter Massing, Politisches System, politische Willensbildung, Innenpolitik; in: Lernfeld Politik, hrsg. von der Bundeszentrale für politische Bildung, Bonn, 1992

Abb. 2.10: Staatliches/überstaatliches System

„Grundkonstruktion" des Staates; Politik als Prozess

Merke

Neben der Kenntnis grundlegender Fakten, Fachbegriffe, zentraler GG-Artikel, Namen und Kürzel der Parteien sind folgende Punkte wichtig:

⊙ „Grundkonstruktion" des Staates: Staat als Souverän und als ein dynamisch arbeitendes Gebilde, das fünf „Staatsorgane", drei „Staatsebenen", die vertikale (Legislative, Exekutive, Judikative)und die horizontale Gewaltenteilung (Bund, Länder, Gemeinden) sowie in Art. 20/20 a/28 GG fünf Staatsstrukturprinzipien aufweist, das Republikprinzip, das Demokratieprinzip, das Rechtsstaatprinzip, das Bundesstaatsprinzip und das Sozialstaatsprinzip.

⊙ Politik als dynamischer Prozess zeigt sich im Gesetzgebungsprozess (Interaktion von Parteien, Verbänden, Initiativen und Medien).

2.6 Sonderstellung der Parteien

Bei vielen Bürgerinnen und Bürgern sind Parteien nicht sonderlich beliebt. Trotz aller Parteienverdrossenheit spielen sie in der parlamentarischen Demokratie der Bundesrepublik Deutschland eine herausragende Rolle, die ihnen schon mit Art. 21 GG und mit dem Parteiengesetz zugestanden und zugewiesen worden ist. Diese sogenannte **Konstitutionalisierung** der Parteien hat nach Auffassung vieler Verfassungsrechtler und Parteienforscher zu einem **Parteienstaat** geführt. Die Parteienstaatstheorie fußt auf der These, dass die Parteien den Rang von Verfassungsorganen einnähmen und die eigentlich entscheidenden Akteure bzw. Handlungseinheiten im deutschen Parlamentarismus seien; Wahlen seien inhaltliche Richtungsentscheidungen, die die wesentlich Prägung des Volkswillens aus dem Parlament heraus in den Wahl- bzw. Abstimmungsakt verlagerten.

Konstitutionalisierung (*constitutus* lat.: einrichten, festsetzen) bedeutet im Völkerrecht, dass eine Verfassung entsteht, z.B. der Verfassungsvertrag der EU, der im Jahr 2004 unterzeichnet wurde.

Unabhängig von der Parteienstaatstheorie gilt es, festzuhalten, dass Parteien mindestens diese fünf **Funktionen** erfüllen:

Rekrutierungs-funktion	Programmfunktion	Meinungsbildungs-funktion	Vermittlungsfunktion	Gestaltungsfunktion
Sie rekrutieren, trainieren und stellen das Personal für die Parlamente und für die Regierung.	Sie entwickeln Ziele und Konzepte, berücksichtigen dabei auch andere als ihre eigenen Konzepte und führen dies in Programmen zusammen.	Sie beeinflussen die öffentliche Meinung sowie die Meinungs- und Willensbildung der Bürgerinnen und Bürger.	Sie vermitteln zwischen Gesellschaft und Staat, indem sie gesellschaftliches Wollen in staatliches Wollen transformieren.	Sie agieren im Bundestag und in den Länderparlamenten, in der Bundesregierung und in den Länderregierungen.

Tab. 2.4: Funktionen von Parteien

Die **Kritik an den Parteien** speist sich aus vielerlei Ursachen und konzentriert sich populistisch auf mindestens acht gewichtige Aspekte:

- ⊙ Die Leistung der Parteien sei zu gering (Probleme würden nicht gelöst).
- ⊙ Das politische Personal der Parteien sei nicht erstklassig; die Rekrutierung eines leistungsfähigen Nachwuchses gelinge nicht.
- ⊙ Die Selbstbedienungsmentalität des politischen Personals führe zur Ausbeutung des Staates; Diäten und Pensionen seien üppig.
- ⊙ Die innerparteiliche Demokratie sei zur verkrusteten Form verkommen; de facto würden die Spitzenpolitiker entscheiden.
- ⊙ Das Finanzgebaren der Parteien bzw. ihrer Spitzen habe immer wieder zu Regelverletzungen, Pannen und Skandalen geführt.
- ⊙ Die programmatische Arbeit sei zweitrangig und bürgerfern geworden und gerate zur Alibiveranstaltung zugunsten von bloßem Politik-Management und parteilicher Personalpolitik.

- Die Monopolisierung des politischen Prozesses durch die Parteien behindere die Entwicklung der Zivil- und Bürgergesellschaft.
- Die Zukunftsorientierung der Parteien und ihre Fähigkeit, Themen zu setzen, gehe im Alltagsgeschäft unter und fehle zum Teil ganz.

2.7 Medien

Die Medien arbeiten auf der Grundlage von Art. 5 GG mit Meinungs-, Informations-, Presse-, Berichterstattungs- und Zensurfreiheit. Der Schutz der für eine parlamentarische Demokratie wesensnotwendigen freien öffentlichen Meinungsbildung vor staatlichen Ein- und Übergriffen ist das übergeordnete Ziel dieser Grundrechtsabsicherung.

Printmedien aller Art, Rundfunk und Fernsehen sowie das Internet mit seinen immer neuen Foren beanspruchen heute trotz immer schneller aufeinanderfolgenden medialen Innovationen das Zentrum dessen, was wir als „die Medien" bezeichnen. Privatwirtschaftliche und öffentlich-rechtliche Strukturen fügen sich in Deutschland zu einem „dualen System", das einerseits die für den demokratischen politischen Prozess wichtige Grundversorgung der Bevölkerung sicherstellen soll und andererseits freie Märkte für Information, Bildung und Unterhaltung sowie Unternehmertum und Gewinnstreben ermöglicht.

Den Medien werden mindestens diese **politischen Aufgaben** zugesprochen:
- Herstellung von Öffentlichkeit,
- Sicherung von Information und von objektiver Berichterstattung,
- Förderung politischer Sozialisation und Integration,
- Bildung und Unterhaltung des Publikums,
- Artikulation begründender und wertender Meinungen,
- Ausübung von Kontrolle durch investigativen Journalismus und durch seriöse Kritik,
- dauerhafte Herstellung von publizistischer Vielfalt.

Unstrittig ist, dass Politik in der **Mediendemokratie** auch der Inszenierung bedarf. Ob die Medien aber auch befugt sind, politische Ungleichgewichte von sich aus zu korrigieren und so die Rolle eines eigenständig agierenden politischen Akteurs, also einer **Vierten Gewalt,** einzunehmen, ist strittig. Das liegt auch daran, dass den Medien oftmals tendenziell negative Wirkungen auf die Gesellschaft und auf deren Entwicklung zugeschrieben werden:

Politische Entscheidungen werden in hohem Maße von Medien beeinflusst, wenn nicht sogar entschieden (vgl. http://www.globalisierung.com.de/mediendemokratie.html). Daraus hat sich der Begriff „Mediendemokratie" entwickelt.

- unangemessene Darstellung von Politik durch Vereinfachung, durch Popularisierung, durch Populismus und fake news, ja auch durch Demoskopie-Hörigkeit und durch Plebiszitarisierung,
- Verzerrung der komplexen politischen Prozesse durch unangemessene Personalisierung,
- Konzentration der medial verwertbaren Berichterstattung auf Neues, auf „Events" und auf sensationelle Veränderungen,
- Zustandekommen einer die Demokratie beschwerenden Schweigespirale als Folge unausgewogener Berichterstattung.

Bei der Beschreibung und bei der Erklärung des Verhältnisses von Politik und Massenmedien werden drei Deutungsvarianten angeboten:

Autonomietheorie	Dependenztheorie	Interdependenztheorie
eine Unabhängigkeit der Funktionsbereiche von Politik und Massenmedien voneinander	eine Abhängigkeit des einen Bereichs vom anderen	wechselseitige Verflechtungen und Abhängigkeiten

Tab. 2.5: Deutungsvarianten des Verhältnisses von Politik und Massenmedien

Vielfältig zu beobachten ist eine Veränderung der Politik unter dem Einfluss der Massenmedien, der internationalen Vernetzung und der innovativen Medientechnik. Kritiker sprechen sogar von einer „Kolonisierung" der Politik durch das Mediensystem. Gerade die immer häufiger wechselnden Formate des Fernsehens nähmen immer stärkeren Einfluss auf den politischen Prozess auf der Herstellungsebene, also auf die Politik selbst.

Wissen

Die Bedeutung des Mediensystems

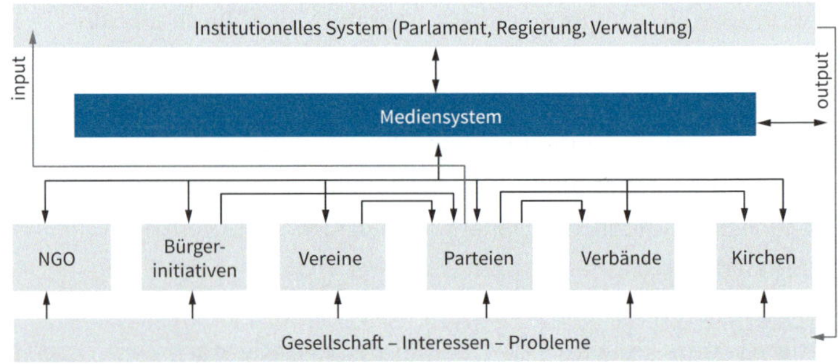

Abb. 2.11: Mediensystem

Eine Debatte um die Grenzen der Privatheit und um das „Eigentum am Ich" prägen seit Jahren die deutsche und die internationale Öffentlichkeit: Telefonieren, mailen, twittern, chatten, online einkaufen – „jede dieser Bewegungen erzeugt einen digitalen Abdruck, der von Firmen und Behörden analysiert und gespeichert wird. Stück für Stück löst sich so unsere Privatsphäre auf. Wollen wir das?" So fragt die Wochenzeitung DIE ZEIT ihre Leser (Denn sie wissen, was du tust. In: Nr. 41/2013, 2.10.2013, S. 15 – 17).

Zahlreiche „Leaks" führten zu Skandalen, zu Verstimmungen zwischen NATO-Partnern und zu weltweiten Debatten über die vermutete Omnipotenz der US-Späh- und Geheimdienste.

Leak: Leck, undichte Stelle; hier: eine inoffizielle Veröffentlichung von Informationen, die gerade nicht zur Veröffentlichung vorgesehen waren.

⊙ **„WikiLeaks"** – Website mit dem Ziel, „unethisches Verhalten in den eigenen Regierungen und Unternehmen enthüllen zu wollen" (Wikipedia); „Whistleblower" deckten Praktiken von Unternehmungen, Regierungen und Geheimdiensten auf durch geleakte Dokumente zu geheimen Mautverträgen mit Toll Collect, zu Details aus Verhandlungsprotokollen bzgl. ACTA = Anti-Counterfeiting Trade Agreement (Anti-Produktpiraterie-Handelsabkommen zwischen den USA und der EU), „Afghan War Diary" mit geheimen Dokumenten aus dem seit 2001 tobenden Afghanistan-Krieg (2006 ff.).

⊙ **„Offshore-Leaks"** – unternehmensinterne Datenbestände zweier großer Dienstleister, betreffend die Gründung und die Verwaltung von Briefkastenfirmen und Trusts an Offshore-Finanzplätzen, darin auch Hinweise auf Beteiligung zahlreicher Großbanken an diesem Geschäft; Datenweg: anonym an Journalisten des Internationalen Konsortiums für investigativen Journalismus (ICIJ); Datenumfang: größer als bei allen vorherigen Leaks – Daten über Kundenbeziehungen von 130 000 Personen aus verschiedenen Ländern (2013).

⊙ **„NSA-Leaks"** – Veröffentlichung streng geheimer NSA-Unterlagen (National Security Agency) durch den Ex-Mitarbeiter EDWARD SNOWDEN (April 2013; befristetes Asyl in Russland). Belegdokumente für die Totalüberwachung des weltweiten Internetverkehrs durch US- und befreundete Geheimdienste mithilfe des US-Spähprogramms Prism, Abhören der Mobiltelefone von Bundeskanzlerin ANGELA MERKEL und etlicher anderer Staatschefs; Verpflichtung der Internet- und Telekommunikationskonzerne zur Kooperation, aktive und massive Beteiligung deutscher und britischer Geheimdienste (2013).

⊙ **„Panama Papers"** – Enthüllung legaler sowie illegaler Strategien (u. a. Steuervermeidung, Steuer- und Geldwäschedelikte, Bruch von UN-Sanktionen) seitens vieler Kunden des panamaischen Offshore-Dienstleisters Mossack Fonseca (04/2016).

⊙ **„Paradise Papers"** – Auslöser öffentlicher Debatten über Steuerschlupflöcher, Briefkastenfirmen, Steueroasen, Steuerdelikte und Steuermoral (10/2017).

2.8 Pluralismus, Lobbyismus, Korporatismus

Bsp. für Lobbyisten im Bundestag sind AUDI AG, Autobahn Tank & Rast Holding GmbH, Axel Springer, BASF, Bayer AG, BMW, Bosch, Commerzbank AG, Daimler AG.

Eine Vielzahl von mit-, neben- und gegeneinander agierenden Organisationen fördert die Interessen ihrer Mitglieder. Dieser **Verbändepluralismus** ist von Spannungen und Konflikten, aber auch von Kompromissen und Übereinstimmungen geprägt. Die Zahl dieser **Interessenverbände** lässt sich kaum ermitteln, liegt aber wohl bei ca. 200 000; ca. 5000 davon sind politisch tätig; beim Deutschen Bundestag sind laut der „Ständig aktualisierten Fassung der öffentlichen Liste über die Registrierung von Verbänden und deren Vertretern, Stand: 1.11.2017" (www.bundestag.de/dokumente/lobbyliste/lobbylisteaktuell.pdf) 2324 Verbände als Lobbyisten registriert.

Lobbyismus beschreibt die Einflussnahme von organisierter Interessengruppen auf die Exekutive und die Legislative, etwa in der Form von Briefen, E-Mails, Telefonaten, Gutachten etc. Gegenleistungen der Lobbyisten können beispielsweise spezifische Informationen, oder finanzielle Zuwendungen in Form von Spenden sein.

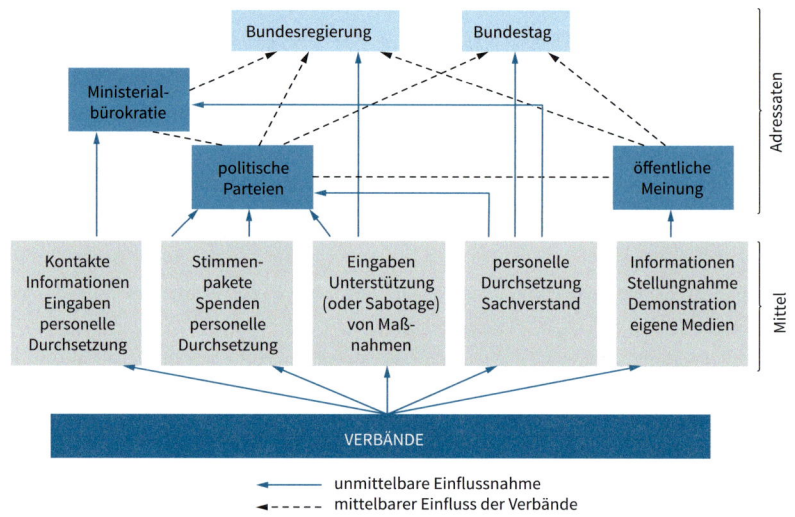

nach: Wolfgang Rudzio, Die organisierte Demokratie, Opladen, 2003

Abb. 2.12: Verbandseinfluss

Problematisch am **Pluralismus der organisierten Interessen** sind die unterschiedliche Organisierbarkeit, der unterschiedliche Organisationsgrad und die unterschiedliche Konfliktfähigkeit von Interessen, die gesetzlich abgesicherte Bevorzugung etablierter und starker Verbände (Gewerkschaften und Arbeitgeber), die über die Geschäftsordnungen der Bundesministerien direkt in die Gesetzgebung des Bundestages und in die laufende Regierungspolitik einbezogen werden (**Korporatismus**).

Bürgerinitiativen und **soziale Bewegungen** ergänzen die Interessenverbände; sie erfüllen als lokal bzw. regional tätige Gruppierungen die Funktion spezifisch kommunalpolitischer Interessengruppen und wirken als Ein-Ziel-Gruppen mit alternativen Handlungsformen. Sie sind charakterisiert durch

- ortsbezogene, außerhalb des Beruflichen liegende Interessen und Ziele,
- eine überschaubare Zahl Beteiligter in Gruppen ohne formelle Mitgliedschaft, ohne fixierte Satzung, ohne hierarchische Organstruktur, ohne schriftlich festgehaltenes Programm, aber mit zunehmend intensiver Nutzung des Internets und von Handys zur Abstimmung von Aktionen.
- **Stiftungen** nehmen eine Sonderstellung ein; ihre Anzahl steigt.

....

In Abiturprüfungen kann es vorkommen, dass Sie Grafiken analysieren müssen. Das ist als Chance zu sehen, anhand des gegebenen Materials die eigenen Gedanken strukturiert zu entwickeln. „Stuttgart 21", die Elbe-Vertiefung oder die Stromtrassen-Bestimmung könnten als Übungsbeispiel dienen.
Zudem sollte Ihnen der Dualismus von öffentlich-rechtlichem und privatem Rundfunk/Fernsehen geläufig sein.
Den Trend zur Mediendemokratie sollten Sie argumentativ – positiv wie negativ argumentierend – erläutern können.

Tipp

....

2.9 Freiheitlich demokratische Grundordnung

Verfassungsprinzipien und Staatsziele

Die freiheitlich-demokratische Grundordnung des Grundgesetzes geht vom Gedanken der Selbstbestimmung des Volkes und der Volkssouveränität aus. Dies regelt der Artikel 20 des Grundgesetzes. Sie ist eine Ordnung, die unter Ausschluss jeglicher Gewalt- und Willkürherrschaft eine rechtsstaatliche Herrschaftsordnung auf der Grundlage der Selbstbestimmung des Volkes nach dem Willen der jeweiligen Mehrheit und der Freiheit und Gleichheit darstellt. Zu den grundlegenden **Prinzipien dieser Ordnung** sind zu rechnen:

- Grundrechte,
- Volkssouveränität,
- Gewaltenteilung,
- Verantwortlichkeit der Regierung,
- Gesetzmäßigkeit der Verwaltung,
- Unabhängigkeit der Gerichte,
- Mehrparteiensystem,
- Chancengleichheit für alle politischen Parteien mit dem Recht auf verfassungsmäßige Bildung und Ausübung einer Opposition.

Politische Herrschaft wird als Macht nur dann legitim, wenn sie Volks- und nicht Klassen- oder Rassen- oder Gruppenherrschaft ist. Diese freiheitlich-demokratische Grundordnung (fdGO) des Art. 20 GG bzw. Art. 21 Abs. 2 GG und ihre Prinzipien sollen **gesichert** werden insbesondere durch

- gleiche Grund- bzw. Menschenrechte,
- gleiche Staatsbürgerrechte und
- Teilung der Staatsgewalt in Legislative (gesetzgebende), Exekutive (ausführende) und Judikative (Recht sprechende Gewalt).

Grundlegende liberale Ideen finden sich im Grundgesetz in den vier Struktur- und Verfassungsprinzipien des Art. 20 GG (Rechtsstaat, Sozialstaat, Bundesstaat, Demokratie), im Staatsziel Umweltschutz (Art. 20 a GG), in den Aussagen über den Menschen, über die Struktur der Gesellschaft, über den Aufbau des Staates und über dessen Funktionen. – Siehe Tabelle rechts.

Wissen

Der Staat Bundesrepublik Deutschland ist auf drei miteinander verbundenen und selbstständigen Ebenen organisiert:

- auf der nationalen Ebene des Bundes,
- auf der Ebene der 13 Bundesländer und drei Stadtstaaten und auf der Ebene der Gemeinden, die mit ihrer zweigliedrigen kommunalen Selbstverwaltung (Landkreise und Gemeinden bzw. Städte) zum Staatsgebiet der Bundesländer und Stadtstaaten gehören.

2.10 Demokratie als streitbare Demokratie

Die Demokratie des Grundgesetzes und der Staat sollen durch mehr Teilhabe bzw. durch eine umfassende Demokratisierung der Gesellschaft gesichert werden; Mitbeteiligungs- und Mitbestimmungsverfahren in Unternehmen und im staatlichen Verwaltungsapparat sollen dieses Ziel unterstützen.

Die streitbare Demokratie des Art. 20 Abs. 1 und Abs. 2 GG ist als wertgebundene Ordnung in der Lage, sich gegen rechts- oder linksextreme Verfassungsfeinde zur Wehr zu setzen durch

- das Ewigkeitsgebot (Art. 79 Abs. 3 GG),
- das Verbot (Art. 19 Abs. 2 GG), den Wesensgehalt von Grundrechten anzutasten,
- das Recht zur Klage für jedermann (Art. 93 Abs. 1, Nr. 4 a GG) bei Grundrechtsverletzungen durch die Staatsgewalt,
- das Feststellen des Verwirkens von Grundrechten (Art. 18 GG), die zum Kampf gegen das Grundgesetz missbraucht werden,
- die Möglichkeit des Partei- und Vereinigungsverbots durch das Bundesverfassungsgericht für grundgesetzfeindliche Parteien (Art. 21 Abs. 2 GG) und Vereinigungen (Art. 9 Abs. 2 GG).

Rechtsstaatsprinzip	Sozialstaatsprinzip	Varianten des Sozialstaats-prinzips	Bundesstaatsprinzip
Das Rechtsstaatsprizip ist im Grundgesetz nicht explizit erwähnt. Es ergibt sich jedoch aus der Interpretation verschiedener Artikel des GG, z. B. aus dem Artikel 20 III GG, der vorsieht, dass Staatsgewalt und Rechtsprechung an Gesetz und Recht gebunden sind. Nicht nur soll laut Art. 20 Abs. 3 GG der Einzelne vor dem unberechtigten Zugriff des Staates sowie vor Ein- und Übergriffen anderer Einzelner und gesellschaftlicher Gruppen geschützt werden, auch soll diesem Einzelnen die ihm zugesagte Freiheit garantiert werden; und er soll sich im Rahmen dieser Schutz-, Freiheits- und Beteiligungsrechte des Art. 2 Abs. 1 GG selbstbestimmt entfalten und engagieren können. Das Primat der Unabhängigkeit der Gerichte und das Prinzip der Gewaltenteilung geben den Rahmen ab für die Rechtsbindung des Verwaltungshandelns (Art. 20 Abs. 3 GG, Art. 79 GG, Art. 93 GG, Art. 104 GG); ▶ die Rechtssicherheit – kein Eingriff ins Private ohne gültige gesetzliche Grundlage (Art. 103 GG, Art. 104 GG); ▶ die Rechtsgleichheit (Art. 3 Abs. 1 und 3 GG, Art. 19 Abs. 1 GG); ▶ die Verhältnismäßigkeit staatlicher Eingriffe; ▶ das Verbot willkürlicher Verhaftung (Art. 101 GG, Art. 104 GG); ▶ das Verbot rückwirkender Geltung von Strafgesetzen und der Doppelbestrafung (Art. 103 GG).	Art. 1 GG Abs. 1 Satz 1 und Art. 1 Abs. 3 liefern mit dem liberal-humanitären Rechtskonstrukt der für alle geltenden Menschenwürde einen Gestaltungsauftrag für die Politik, zugleich binden sie die Politik mit unverrückbarem Maßstab für das gesellschafts- und für das sozialpolitische Handeln. Auch wenn das Grundgesetz keine sozialen Grundrechte enthält, ist der Staat darauf verpflichtet, „die Herstellung gleichwertiger Lebensverhältnisse im Bundesgebiet" (Art. 72 Abs. 2 GG) im Auge zu behalten und die Vorstellungen der Menschen von sozialer Gerechtigkeit zu beachten. Denn die Festlegung des Sozialstaatsprinzips gründet auf den Grundwerten: Gleichheit vor dem Gesetz, Schutz von Ehe und Familie, Sozialbindung des Eigentums, Koalitionsfreiheit. Die mit der Gesundheitsreform 2010 begonnene Abkehr vom Solidarprinzip, also der Tatsache, dass Arbeitgeber und Arbeitnehmer sich gleichermaßen an den Kosten des Gesundheitssystems beteiligen, kann als tiefer Einschnitt in das Selbstverständnis des Sozialstaats betrachtet werden. Den Bundesländern sind die o. a. Grundwerte in Art. 28 GG ebenfalls zur Umsetzung aufgetragen.	Das Sozialstaatsprinzip ist als leitendes Prinzip durch die in den Grundrechten ausformulierten Grundwerte abgesichert. Insbesondere die ▶ Gleichheit vor dem Gesetz (Art. 3 GG), ▶ der Schutz von Ehe und Familie (Art. 6 GG), ▶ die Koalitionsfreiheit (Art. 9 Abs. 3 GG) und ▶ Privateigentum (Art. 14 Abs. 2 GG) zielen auf „soziale Gerechtigkeit". Darüber hinaus gelten: ▶ Zwangsversicherungen (Vorsorge für Krankheit, Alter, Pflege, Arbeitslosigkeit, Berufsunfälle), ▶ Teilhaberechte (Vertrags- und Koalitionsfreiheit, Tarifautonomie …), ▶ operative Politiken (Familienpolitik, Steuerpolitik …), ▶ Fürsorgeanspruch der Bürger (Sozialleistungen), ▶ Prinzip der Daseinsvorsorge (Gesundheitsvorsorge, Schulwesen …).	Das in Art. 20 GG festgeschriebene Prinzip des Bundesstaates zeigt sich einerseits an der auf beiden staatlichen Ebenen (Bund, Länder) wirksamen Gewaltenteilung und andererseits an der Beteiligung des Bundesrates an der Gesetzgebung des Bundes. Das Prinzip der Bundesstaatlichkeit ist vom Vorgang der Wiedereingliederung des Saarlandes ins Bundesgebiet zum 1. Januar 1957 und vom Beitritt der neu gegründeten Bundesländer, die sich auf dem Staatsgebiet der DDR befanden, zum Geltungsbereich des Grundgesetzes am 3. Oktober 1990 unberührt geblieben; der räumliche Geltungsbereich des Grundgesetzes war bis dahin durch die Nennung aller seit 1949 bestehenden Bundesländer in der GG-Präambel bzw. in Art. 23 GG bestimmt.

Tab. 2.6: Struktur und Verfassungsprinzipien

2.11 Wahlen

Zur Übernahme der Herrschaft und Regierung über einen Staat gibt es verschiedene Optionen. Historisch wurden Herrschaftsämter vererbt, etwa in Monarchien oder im Häuptlingstum. Herrschaft durch Erbfolge widerspricht jedoch vollkommen dem demokratischen Grundgedanken. Zur **Legitimation der Demokratie** gehören jedoch Wahlen und Abstimmungen. Eine Auswahl treffen zu können zwischen inhaltlichen Alternativen und zwischen unterschiedlichen personellen Möglichkeiten bildet eine wesentliche Grundlage des demokratisch organisierten politischen Prozesses. In der Bundesrepublik Deutschland wird die Übernahme von Regierungsämtern aber oft auch durch die Kooptationspraxis bestimmt, in der politische Ämter häufig mit wohlgefälligem Personal besetzt werden.

Kooptation bedeutet die Hinzuwahl neuer Mitglieder in eine Körperschaft, z. B. einer politischen Partei, durch Mitglieder, die dieser Körpershaft bereits angehören.

Ebenso gibt es die ex-officio-Bestellung, also die von Amts wegen automatische Aufnahme in eine Körperschaft. Beispielsweise ist der Präsident des Bundesrates automatisch – ex officio – Vertreter des Bundespräsidenten.

Plebiszite als Volksabstimmungen sind eine direkte Ausübung der Volkssouveränität und gewichtige Möglichkeiten der Partizipation am politischen Prozess, sie werden in Deutschland jedoch kaum eingesetzt. Gelegentlich kommen aber Volksabstimmungen zustande und enden erfolgreich. So wurde im Jahr 1998 erfolgreich eine Volksabstimmung in Bayern zur Abschaffung des Senats durchgeführt. Dieser wurde wegen eines Votums von mehr als 2/3 der abgegebenen Stimmen zum 1.1.2000 aufgelöst. Ebenso erfolgreich war das Plebiszit zum Nichtraucherschutz in Bayern im Jahr 2010. Die Machtausübung auf Zeit ist in der Demokratie immer an die **Zustimmung des Volkes** gebunden.

Nun ist nicht jede Wahl automatisch Ausdruck der Volkssouveränität. Demokratische Wahlen haben bestimmte Kennzeichen, sie müssen bestimmte Normen, Prinzipien und Funktionen erfüllen.

Kennzeichen und Funktionen demokratischer Wahlen

Demokratische Wahlen sind durch sechs unverzichtbare **Kennzeichen** beschreibbar:
- die Freiheit der Wahlbewerbung, d.h. es werden verschiedene Wahlvorschläge eingebracht, die es ermöglichen, dass sich ein Wettbewerbscharakter ergibt,
- die Kandidatenkonkurrenz, d.h. mehrere Kandidaten stehen zur Wahl, die unterschiedliche politische Haltungen vertreten,

- die Chancengleichheit in der Wahlwerbung des Wahlkampfes,
- die Wahlfreiheit durch Ermöglichung der geheimen Wahl und der geheimen Stimmabgabe,
- die Bindung des Stimmgebungsverfahrens an einen transparenten Entscheidungsmaßstab und an ein faires Stimmenverrechnungsverfahren – möglichst ohne unzulässig hohe Sperrklauseln bei der Mandate-Vergabe,
- die Entscheidung auf Zeit, die die Zurücknahme bzw. Widerrufbarkeit durch den Wähler ermöglicht, und die freie Auswahl bei vorab eindeutig terminierten künftigen Wahlen.

> Eine Sperrklausel macht die Mandatvergabe von einer bestimmten Stimmenzahl abhängig. Um in den Bundestag zu kommen, benötigt eine Partei fünf Prozent der abgegebenen Stimmen.

In der parlamentarischen Demokratie erfüllen demokratische Wahlen insgesamt verschiedene Funktionen.

- Durch die Wahl erhalten die Regierenden die Legitimation für ihr politisches Handeln, die die Meinungen und Interessen der Wahlbevölkerung vertreten, aber auch durch eine Opposition kontrolliert werden.
- Wahlen mobilisieren die Wählerschaft, sodass sich diese mit politischen Fragen und gesellschaftlichen Werten auseinandersetzen.
- Demokratische Wahlen ermöglichen Konkurrenz unterschiedlicher politischer Parteien, Führungsgruppen und Programme,
- Es wird ein politischen Bewusstseins in der Bevölkerung durch das Aufzeigen politischer Probleme und unterschiedlicher Lösungsansätze geschaffen.
- Wahlen ermöglichen politische Machtwechsel und fungieren so als Kontrollorgan für die regierenden Instanzen.

Mehrheits- und Verhältniswahlrecht

In demokratischen Staaten haben sich unterschiedliche Wahlsysteme etabliert. Prinzipiell lassen sich alle Wahlsysteme auf zwei Grundmodelle zurückführen, und zwar auf die Mehrheitswahl und auf die Verhältniswahl.

Bei der **Mehrheitswahl** ist das gesamte Wahlgebiet in so viele Wahlkreise eingeteilt, wie Mandate im Parlament zu vergeben sind. Gewählt ist derjenige der Wahlkreiskandidaten, der die meisten Stimmen erhält, entweder absolut oder relativ (Personenwahl). Eine Stichwahl ist beim absoluten Wahlrecht nur dann notwendig, wenn kein Kandidat die absolute Mehrheit erreicht hat.

Bei der **Verhältniswahl** werden die Abgeordnetensitze im Parlament proportional zu den Stimmenzahlen zugeteilt. Während die Wähler ihre Stimme für eine für das ganze Wahlgebiet geltende Kandidatenliste einer Partei (Listenwahl) und nicht für eine bestimmte Person abgeben, werden die von einer Partei-Liste gewonnenen Sitze entsprechend den von den Parteien aufgestellten Kandidatenlisten zugeteilt. Beide Wahlsysteme haben Vor- und Nachteile.

Vorzüge der Mehrheitswahl

Wird nach Mehrheitswahlrecht gewählt, hat das zur Konsequenz, dass

- eine Parteienzersplitterung verhindert wird.
- aus kleinen Stimmenmehrheiten große Mehrheiten an Parlamentssitzen werden,
- klare Mehrheiten entstehen, die eine schnelle Regierungsbildung und die Bildung stabiler und handlungsfähiger Regierungen ermöglichen,
- sich eher die politische Mitte durchsetzt, man also mit politischer Mäßigung rechnen kann,
- ein Wechsel der Macht erleichtert wird.
- Außerdem: Mehrheitswahl ist in der Regel eine Personenwahl. Die Persönlichkeit des Kandidaten ist wesentlicher als die Parteizugehörigkeit.
- Die Direktwahl fördert die Unabhängigkeit der Abgeordneten.
- Mehrheitswahlrecht bedeutet mehr Demokratie, da die Wahl der Regierung ohne Zwischenverfahren direkt erfolgt.

Die wahlberechtigte Bevölkerung wird
in gleich großen Wahlkreise eingeteilt

WAHL

Stimmzettel

A Kandidat   A ☒
B Kandidatin   B ◯
C Kandidat   C ◯
D Kandidatin   D ◯
E Kandidat   E ◯

In jedem Wahlkreis kann jede Partei
(A, B, C, …) eine Kandidatin oder einen
Kandidaten aufstellen.

Die Wählerinnen und Wähler geben
jeweils einer Partei ihre Stimme.

Vereinigtes Königreich:
relative Mehrheitswahl

Frankreich:
Die Präsidentschafts-
wahl wird nach dem ab-
soluten Mehrheitswahl-
recht durchgeführt.

USA:
Präsidentschaftswahl
durch Wahlmänner. In
den meisten Bundes-
staaten und im District
of Columbia fallen alle
Wahlmännerstimmen
dem Sieger/der Siegerin
der relativen Mehrheit
zu.

Ergebnis des Wahlvorgangs

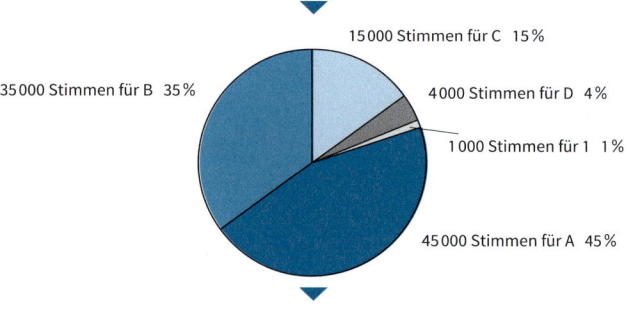

15 000 Stimmen für C   15 %
35 000 Stimmen für B   35 %
4 000 Stimmen für D   4 %
1 000 Stimmen für 1   1 %
45 000 Stimmen für A   45 %
55 000 Stimmen finden keine Berücksichtigung

Abb. 2.13: Relative Mehrheitswahl

Vorzüge der Verhältniswahl

Auch das Verhältniswahlrecht hat verschiedene Vorzüge,

- da jede abgegebene Stimme den gleichen Erfolgswert hat, führt ein Verhältniswahlrecht zu mehr Gerechtigkeit,
- das Wahlergebnis der Verhältniswahl spiegelt das Wahlverhalten der Wählerschaft,
- das Verhältniswahlrecht verhindert den Streit um Wahlkreiseinteilung und Wahlkreisgrenzen,
- im Rahmen dieses Wahlrechts können Experten als Kandidaten abgesichert werden, da sie auf der Wahlliste entsprechend hoch gesetzt werden können,
- das Verhältniswahlrecht ermöglicht neugegründeten Parteien besser, ebenfalls ein politisches Gewicht zu erhalten,
- dieses Wahlrecht erschwert den Erfolg extremer politischer Richtungen.

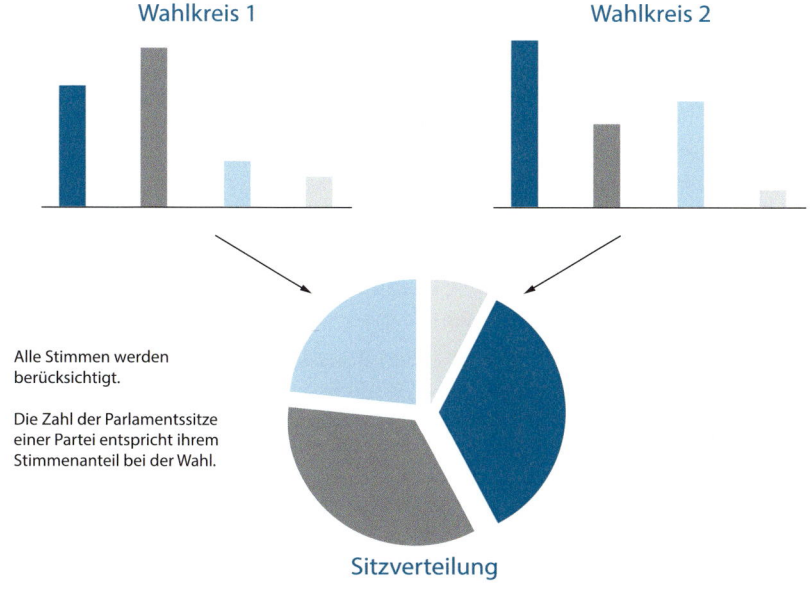

Abb. 2.14: Verhältniswahl

Das Wahlrecht für Bundestagswahlen

Das Wahlrecht in der Bundesrepublik Deutschland ergibt sich aus dem Grundgesetz. Gemäß Artikel 20 II GG ergibt sich, dass die vom Volk ausgehende Staatsgewalt mittels Wahlen zum Ausdruck kommt. In Artikel 38 GG sind die fünf unverrückbaren Grundsätze von Wahlen festgelegt. Die Abgeordneten des Deutschen Bundestages werden in allgemeiner, unmittelbarer, freier, gleicher und geheimer Wahl gewählt. Ferner regelt der Artikel sowohl das aktive als auch das passive Wahlrecht. Wahlberechtigt (aktives Wahlrecht) ist, wer das achtzehnte Lebensjahr vollendet hat; wählbar (passives Wahlrecht) ist, wer das Alter erreicht hat, mit dem die Volljährigkeit eintritt.

Wissen

Wahlrechtsgrundsätze
- **Allgemeine** Wahl – alle Staatsbürger können wählen.
- **Gleiche** Wahl – jede Stimme hat den gleichen Zähl- und Erfolgswert.
- **Unmittelbare** Wahl – die Wahl findet ohne zwischengeschaltete Wahlleute statt.
- **Freie** Wahl – jede Stimmabgabe muss frei bleiben von unzulässigem Druck und von Zwang.
- **Geheime** Wahl – kein Dritter darf nachprüfen und identifizieren, wie sich ein Wähler bzw. eine Wählerin entschieden hat.

Die Bundesrepublik Deutschland verwendet das sogenannte **personalisierte Verhältniswahlrecht**. Mit diesem Wahlsystem versucht man, Vorzüge der beiden Grundmodelle des Mehrheits- und Verhältniswahlrechts zu kombinieren. Gleichwohl ist es letztlich ein Verhältniswahlrecht.

Bundeswahlgesetz § 1 Zusammensetzung des Deutschen Bundestages und Wahlrechtsgrundsätze (1) Der Deutsche Bundestag besteht vorbehaltlich der sich aus diesem Gesetz ergebenden Abweichungen aus 598 Abgeordneten. Sie werden in allgemeiner, unmittelbarer, freier, gleicher und geheimer Wahl von den wahlberechtigten Deutschen nach den Grundsätzen einer mit der Personenwahl verbundenen Verhältniswahl gewählt. (2) Von den Abgeordneten werden 299 nach Kreiswahlvorschlägen in den Wahlkreisen und die übrigen nach Landeswahlvorschlägen (Landeslisten) gewählt.

Diese spezifische Variante weist folgende Besonderheiten auf:
- Jeder Wähler hat eine Erststimme und eine Zweitstimme. Mit der Erststimme wird im Wahlkreis der Wahlkreisabgeordnete gewählt. Mit der Zweitstimme wird auf das Bundesland bezogen die Landesliste einer Partei gewählt.
- Während die Hälfte der zu wählenden Bundestagsabgeordneten mit dem relativen Mehrheitswahlrecht der Erststimmen gewählt wird, bemisst sich die Stärke einer Partei im Bundestag jedoch immer nach dem Anteil einer Partei an der insgesamt bundesweit abgegebenen Zahl an Zweitstimmen. Und für deren Auszählung gilt das Verhältniswahlrecht – und zwar immer bezüglich der für eine Landesliste abgegebenen Zweitstimmen, denn es gibt wegen föderaler Struktur keine Bundeslisten der Parteien.
- Mit dem **Verfahren nach Sainte-Laguë/Schepers** (auch: Devisormethode mit Standardrundung) werden Wählerstimmen in Mandate umgerechnet. Das geschieht in mehreren Schritten:
① Grundlage des Wahlverfahrens ist das Bundeswahlgesetzes (BWG) vom 3. Mai 2013 – BGBl. I. S 1084 – siehe Glossar unter www.bundeswahlleiter.de.
② Es erfolgt eine Einteilung in 299 Wahlkreise, die auf die Bundesrepublik Deutschland verteilt werden. Walkreise werden nicht über Bundesländergrenzen hinweg gesetzt.
③ Es gilt die 5 %-Klausel bezogen auf das Bundesergebnis jeder Partei, d. h. eine Partei zieht nur dann in den Bundestag ein, wenn sie mindestens 5 % der abgegebenen gültigen Stimmen im Bundesgebiet auf sich vereint.

④ In den Bundesländern treten die Parteien mit Landeslisten an. Die Verteilung der Sitze im Bundestag erfolgt bundeslandweise nach dem Sitzzuteilungsverfahren. Basis für die Anzahl der Sitze im Bundestag ist die Bevölkerungszahl in den jeweiligen Bundesländern. So entfielen bei der Bundestagswahl 2017 auf Nordrhein-Westfalen mit etwa 16 Mio. Einwohnern 128 Sitze, auf den Stadtstaat Bremen mit nur etwa einer halben Million Einwohnern 5 Sitze.

⑤ Die Sitzvergabe und gegebenenfalls Vergabe von Überhangmandaten erfolgt auf Landesebene.

⑥ Sitzvergabe für den Bundestag: Zunächst werden die regulär vorgesehenen 598 Sitze nach dem Ergebnis in den Ländern auf die Parteien verteilt. Gibt es Überhangmandate, wird anschließend in einer sogenannten Oberverteilung die Zahl der Sitze im Bundestag zunächst solange erhöht, bis der Parteienproporz wieder hergestellt ist. Abschließend werden Ausgleichsmandate in einer sogenannten Unterverteilung über die Landeslisten den Parteien zugeteilt (Wahl 2017: 46 Überhangmandate).

⑦ Abhängig von der Zahl der Überhangmandate und verschieden hoher Wahlbeteiligungen in den Bundesländern kann sich die Zahl der Sitze durch Ausgleichsmandate insgesamt deutlich erhöhen (Bundestagswahl 2017: 65 Ausgleichsmandate).

Besondere Wahlrechte

Das Kommunalwahlrecht etlicher Bundesländer lässt besondere Verfahren zu, z. B. das Kumulieren und das Panaschieren.

▶ **Kumulieren** bedeutet Anhäufen. Der Wähler kann mehrere – in der Regel bis zu drei – Stimmen nur einem einzelnen Kandidaten geben. Beim Kumulieren bleibt der Stimmzettel auch gültig, wenn die zulässige Stimmenzahl überschritten wird, denn überzählige Stimmen werden von unten gestrichen.

▶ **Panaschieren** wird die Möglichkeit genannt, mehrere Stimmen der festgelegten Gesamtstimmzahl auf verschiedene Kandidaten einer oder auch verschiedener Listen aufzuteilen. So erhält der Wähler die Gelegenheit, einzelnen Kandidaten unterschiedlicher Parteien seinen Zuspruch zu geben, auch wenn deren Chancen, in den kommunalen Rat einzuziehen, wegen ihrer hinteren Listenplätze zunächst gering scheinen. Will der Wähler nicht sein ganzes Stimmenkontingent aufteilen, kann er eine Liste ankreuzen. Entsprechend der verbliebenen Stimmenzahl erhalten dann die in der Liste genannten Kandidaten in der Reihenfolge ab Platz Eins je eine Stimme.

Das Verfahren des Kumulierens und Panaschierens wird auf kommunaler Ebene in unterschiedlicher Art und Weise in etlichen Ländern praktiziert. In Schleswig-Holstein ist nur Panaschieren möglich.

Überhangmandate entstehen, wenn eine Partei bei der Wahl zum Bundestag mehr Direktmandate über die Erststimmen erhält, als ihr Sitze im Bundestag gemäß der Anzahl der Zweitstimmen zustehen.

Ausgleichsmandate Die Gesamtzahl der Sitze wird so lange vergrößert, bis alle Überhangmandate so ausgeglichen sind, dass die Überhangmandate für eine Partei keinen relativen Vorteil mehr darstellen.

Dieses besondere Wahlrecht bedeutet eine Stärkung des Wählerwillens, da es den Wählern ermöglicht, sowohl einen Bewerber einer einzelnen Partei als auch verschiedene Bewerber unterschiedlicher Parteien zu wählen, während bei Listen nur eine von den Parteien aufgestellte Liste zur Wahl steht. Damit steigt der Einfluss der Wähler auf die Zusammensetzung von Kommunalparlamenten, was eine Aktivierung des demokratischen Potenzials bedeutet.

Personalisiertes Verhältniswahlrecht, 2017:

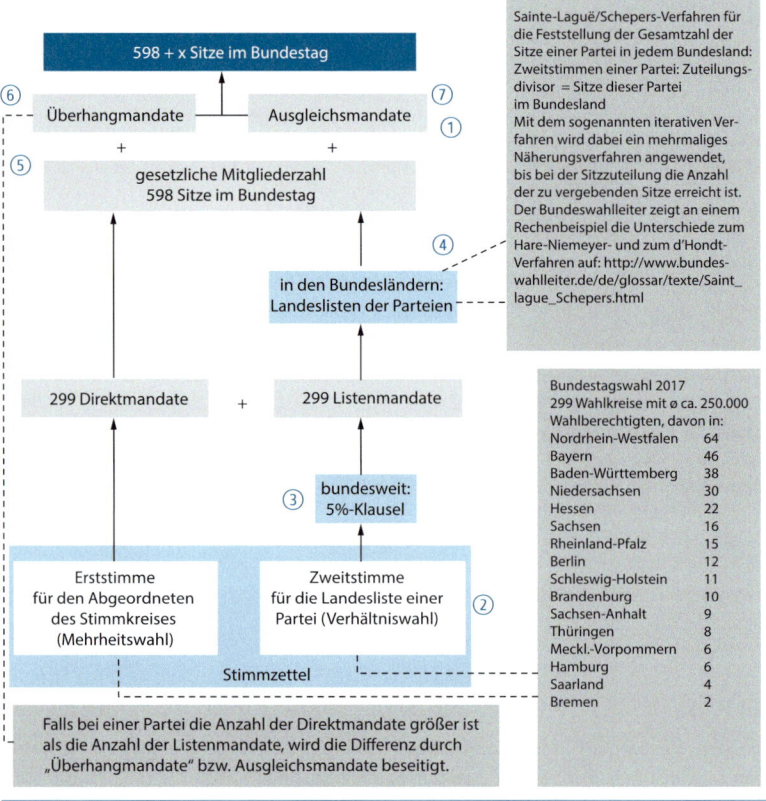

Abb. 2.15: Regelgröße, seit 24.9.2017: 709 Abgeordnete wegen 46 Überhang- und 65 Ausgleichsmandaten

---

Tipp

Sie sollten – in katalogartiger Auflistung – die sechs Kennzeichen und fünf Funktionen demokratischer Wahlen wiedergeben können, ebenso etliche Vor- und Nachteile des Mehrheits- und des Verhältniswahlrechts.

Das in Deutschland geltende „personalisierte Verhältniswahlrecht" und zugehörige Auszählverfahren als Variante des Verhältniswahlrechts sollten Sie erklären und hinsichtlich der politischen Wirkungen erläutern können.

Ein alternatives Wahlrecht – das Grabensystem

Die Alternative zum augenblicklichen Wahlsystem sähe danach also so aus: Beide Hälften des Bundestages würden nach verschiedenen Wahlrechten und verschiedenen Auszählverfahren besetzt – zwischen diesen beiden Hälften läge ein „Graben".

Vorzüge des sogenannten Grabensystems:

- ⦿ konstante Anzahl von Bundestagsabgeordneten (598),
- ⦿ Unmöglichkeit von Überhangmandaten,
- ⦿ gleiche Stimmengewichte und Unmöglichkeit negativer Stimmgewichte bei separater Auszählung in den einzelnen Bundesländern,
- ⦿ Weitergeltung der bisher gewohnten Stimmzettel-Gestaltung mit Erst- und Zweitstimme,
- ⦿ Weitergeltung der bisherigen Wahlkreiseinteilung (299),
- ⦿ Weitergeltung der bisherigen Praxis der Erststimmenauszählung nach dem relativen Mehrheitsrecht im Wahlkreis,
- ⦿ Weitergeltung der bisherigen Praxis mit Auszählung der Zweitstimmen nach dem reinen Verhältniswahlrecht je Bundesland,
- ⦿ Beibehalten der bisherigen Sperrklausel von fünf Prozent auf gesamtstaatlicher Ebene des Bundes bzw. deren Absenkung oder Aufhebung,
- ⦿ keine Aufrechnung der mittels Erststimmen gewonnenen Direktmandate gegenüber Zweitstimmen-Mandaten,
- ⦿ Schlichtheit und Transparenz und sofortige Nachvollziehbarkeit beim Umrechnen von Wählerstimmen in Abgeordnetenmandate.

2.12 Demokratietheorien

Erst seit Ende des Ersten Weltkrieges gilt der Gedanke der **Volkssouveränität** als anerkanntes Fundament einer demokratischen Staatsordnung. Jedoch sind weltweit zahllose Varianten entstanden, sodass jeweils zu prüfen ist,

- ⦿ wie diese Demokratie mit dem Kerngedanken der Souveränität als ihrer legitimatorischen Grundlage umgeht
- ⦿ und ob auch alle Demokratie-Merkmale gegeben sind.

Souveränität bezeichnet die prinzipiell allumfassend-unbeschränkte Durchsetzungs- und Herrschaftsgewalt eines Staates nach innen (Gewaltmonopol) und nach außen. Das Völkerrecht garantiert die Souveränität eines Staates als Unabhängigkeit und als Gleichberechtigung gegenüber anderen Staaten. Staaten können einen Teil ihrer Souveränitätsrechte auf supranationale Organisationen übertragen.

Die Berechnung der [aktuellen Bundestags-] Mandatsverteilung stellt auch für Experten eine Herausforderung dar. Wählerfreundlich ist das nicht und so könnte es sein, dass die Diskussion über das Wahlrecht wieder aufflammt. Das Grundgesetz steht einer großen Lösung nicht entgegen. Denn das Bundesverfassungsgericht hält auch die Einführung des Grabenwahlrechts für mit dem Grundgesetz vereinbar. Ausdrücklich schrieben die Richter 2008 in ihr Urteil zum negativen Stimmgewicht, der Gesetzgeber dürfe „das Verfahren der Wahl zum Deutschen Bundestag als Mehrheitswahl oder als Verhältniswahl gestalten". Er dürfe auch beide Wahlsysteme miteinander verbinden, „indem er eine Wahl des Deutschen Bundestages hälftig nach dem Mehrheits- und hälftig nach dem Verhältniswahlprinzip zulässt (Grabensystem)".

Supranationale Organisation sind Organisationen, die sich aus mindestens zwei Staaten zusammensetzen. Beispiele sind die EU, die Vereinten Nationen, NATO.

Ein Souverän – egal ob Einzelherrscher oder Gesamtstaat – kann über das Recht verfügen; er kann als Quelle des Rechts selbst Recht schöpfen,

- als omnipotenter Herrscher das Recht durchbrechen,
- Macht ungeteilt lassen und alle Kompetenzen an sich ziehen,
- mit vorbehaltloser Gefolgschaft und Unterwerfung rechnen,
- naturrechtlich begründeten Widerstand gegen seine Allmacht als unbegründet und als unzulässig brechen.

Beispiel

Souveränitäts- oder Verfassungsdemokratie?

Im Grunde lassen sich zwei in ihren Prämissen und ihren Folgen extrem unterschiedliche Richtungen der Demokratietheorie unterscheiden.

Für die eine Richtung steht unangefochten JEAN-JACQUES ROUSSEAU (1712–1778) als maßgeblicher Begründer.

Die andere Richtung geht nicht in dieser Ausschließlichkeit, aber in der Wirkungsgeschichte doch sehr stark auf einen anderen Denker der Aufklärung zurück, nämlich auf JOHN LOCKE (1632–1704). Das von LOCKE zum Teil nur umrisshaft Angedeutete ist im Verlauf der Geschichte von der politischen Praxis mit Leben gefüllt und von späteren Demokratietheoretikern mit Begriffen versehen worden.

Hält man es für richtig, dass dem Willen des Volkes in dem Sinne unbeschränkte Geltung zukommt, dass er oberstes, an keine vorrangige Norm gebundenes Gesetz ist, bewegt man sich in ROUSSEAU'schen Gedankenbahnen.

Hält man es entgegen der Überzeugung ROUSSEAUS und seiner Anhänger für richtig, dass die Menschen immer schon moralisch-rechtlich an bestimmte, aus ihrem Menschsein resultierende Normen gebunden sind, sodass es auch den gesetzgebenden Institutionen nicht zusteht, hierüber souverän zu entscheiden, folgt man JOHN LOCKE und mit ihm der gesamten europäischen naturrechtlichen Tradition.

Dem Denken ROUSSEAUS entspricht die Souveränitätsdemokratie. Aus LOCKES Konzeption lässt sich die Verfassungsdemokratie ableiten.

aus: Detjen, Joachim: Demokratie in Deutschland, Hannover 2000

Beispielsweise umfasst der Verfassungsstaat Bundesrepublik Deutschland mit seiner auf Demokratie angelegten Verfassung die Gesamtheit der Staatsorgane und des Staatsrechts. Dieser Staat ist gegenüber seiner Gesellschaft souverän, und in ihm gibt es keinen Souverän außer ihn selbst. Aber es gibt Kompetenzen in diesem Staat, Ämter und Funktionen, zum Teil auf Zeit besetzt; sie ermöglichen dem Verfassungsstaat, diese Souveränität als alltägliches Staatshandeln nach innen, in die Gesellschaft hinein, wirksam werden zu lassen. Wenn „souverän sein" vor allem aber bedeutet, die Verfassung ändern zu können, so wird insbesondere im Akt der Verfassungsschöpfung – also im Moment der Gesetzgebung – die souveräne Macht des Volkes verwirklicht.

Identitäts- und Konkurrenzdemokratie sind nicht miteinander vereinbar – genauso wenig wie Souveränitäts- und Verfassungsdemokratie. Man muss sich entscheiden.

Identitäts- oder Konkurrenzdemokratie? Beispiel

Die Fruchtbarkeit Rousseaus für die Demokratietheorie zeigt sich auch hinsichtlich der Frage, ob Demokratie das Versprechen der Herrschaftsfreiheit einschließt. Verbindet man mit der Demokratie die Vorstellung, dass sie Fremdherrschaft, verstanden als Herrschaft der Einen über andere, ausschließt und Freiheit dadurch bewirkt, dass jeder nur selbst gesetzten Regeln folgen muss, folgt man den Spuren ROUSSEAUS. Eine solche Demokratie, in der die Gesetzesunterworfenen zugleich Gesetzgeber sind und aus diesem Grunde nur sich selbst gehorchen, nennt man Identitätsdemokratie. Hält man es dagegen für unvermeidlich, dass es eine Arbeitsteilung zwischen Regierenden und Regierten gibt, und sieht man es als hinreichende Berücksichtigung des Demokratieprinzips an, dass die Regierenden aus einer Wahl unter Bedingungen offener Konkurrenz hervorgegangen sind, hängt man einer Demokratietheorie an, die politische Führung nicht als Verstoß gegen den Demokratiegedanken ansieht. Eine solche Demokratie, die die Existenz politischer Eliten anerkennt, nennt man Konkurrenzdemokratie.

Diese Demokratietheorie verbindet sich ohne Schwierigkeiten mit dem Gedanken, dass die Menschen ihre divergierenden Interessen verbandsmäßig organisieren und dass diese Interessenverbände Einfluss auf die Regierenden nehmen. Konzeptionellen Ausdruck hat diese Weiterentwicklung der Konkurrenzdemokratie in der pluralistischen Demokratietheorie gefunden. Diese Theorie entspricht in besonderer Weise der Wirklichkeit des demokratischen Verfassungsstaates.

aus: Detjen, Joachim: Demokratie in Deutschland, Hannover 2000

Auch wenn der Repräsentationsgedanke dem der direkten Partizipation entgegenzustehen scheint, so lassen sich beide Prinzipien in einem föderalen Staat wie der Bundesrepublik Deutschland gleichwohl kombinieren, indem plebiszitäre Elemente wenn nicht ins Grundgesetz, so doch in Landesverfassungen eingeführt werden.

Beispiel

Repräsentative oder partizipatorische Demokratie?

Ein klassischer Gegenstand demokratietheoretischer Überlegungen ist die Frage, wer in einer Demokratie die Entscheidungen treffen soll, die für alle rechtlich verbindlich sind. Auch in dieser Hinsicht gibt es zwei prinzipielle Antworten, deren eine wiederum von ROUSSEAU stammt. Seine Antwort lautet, dass Demokratie die ständige Selbstgesetzgebung des Volkes, am besten in Gestalt der Volksversammlung, verlangt. Dieses Verständnis begründet die sogenannte partizipatorische Demokratie. Die andere Antwort geht vom Gedanken der politischen Verantwortlichkeit sowie vom Prinzip der Gemeinwohlrichtigkeit aus. Sie sieht die Lösung des Problems, wem die politischen Entscheidungen nach Maßgabe dieser Kriterien anzuvertrauen sind, darin, demokratisch gewählte Repräsentanten hiermit zu beauftragen. Die repräsentative Demokratie ist nicht bloßer Ersatz für die in großräumigen Staaten nicht zu verwirklichende Volksversammlung, sondern eine eigenständige Synthese aus dem bereits im antiken Rom praktizierten Amtsprinzip mit dem demokratischen Prinzip der Wahl der Amtsinhaber. In der politischen Praxis können repräsentative und partizipatorische Demokratie sich insofern verbinden, als eine im Kern repräsentativ verfasste Demokratie partizipatorisch ergänzt werden kann.

aus: Detjen, Joachim: Demokratie in Deutschland, Hannover 2000

2.13 Demokratie der Zukunft

Das Versprechen der Französischen Revolution von 1789 bestand darin, „Freiheit und Gleichheit einzulösen und dabei zugleich das Gemeinwohl zu fördern" (Detjen). Dieses utopisch anmutende Ziel ist seither die stets erneuerte Aufgabe demokratischer Bemühungen für Bürgergesellschaften. Die Vorschläge für eine Stärkung der Zivil- und Bürgergesellschaft gehen dabei in unterschiedliche Richtungen:

- ⊙ Verbesserung der politischen Bildung der Bevölkerung,
- ⊙ Einführung der Wahlpflicht,
- ⊙ Einführung eines Kinder- bzw. eines Familienwahlrechts,
- ⊙ Einführung plebiszitärer Elemente in die Verfassung – Unterschriftensammlung, Volksinitiative, Volksbegehren, Volksentscheid, Volksbefragung, Referendum, Plebiszit,
- ⊙ Rotation bzw. zeitliche Begrenzung für gewählte Amtsinhaber,
- ⊙ Umbau des Bundesrates zu einer echten Zweiten Kammer neben dem Bundestag, mit gewählten Landesvertretern.

Die Krise nach 2008 hat viele Staaten so stark verschuldet, dass das Vertrauen der Gläubiger – der Staatsfinanzierer – in die Rückzahlungsfähigkeit und in die Rückzahlungsbereitschaft dieser Staaten geschwunden ist. Das hat das Bemühen der Gläubiger um Sicherung ihrer Ansprüche in eine verstärkte Einflussnahme auf die staatliche Politik gewandelt. Und der demokratische Steuer- und Leistungsstaat ist zu einem Schuldenstaat mutiert, in dem neben den Bürgern die Finanzinvestoren und Gläubiger „eine zweite Klasse von Anspruchsträgern und Ermächtigungsgebern" gebildet haben.

Der demokratische Schuldenstaat und seine zwei Völker

Staatsvolk	Marktvolk
National	International
Bürger	Investoren
Bürgerrechte	Forderungen
Wähler	Gläubiger
Wahlen (periodisch)	Auktionen (kontinuierlich)
öffentliche Meinung	Zinssätze
Loyalität	„Vertrauen"
Daseinsvorsorge	Schuldenbedienung

Nach: Wolfgang Streeck, Gekaufte Zeit – Die vertagte Krise des demokratischen Kapitalismus, 2. Auflage Berlin 2013 S. 121

Tab. 2.7: Staatsvolk und Marktvolk

Weil beide Kollektive „unterschiedlich konstituiert sind" und „nach tendenziell unterschiedlichen Logiken funktionieren", wird staatliches Handeln erschwert, weil „staatliche Politik dennoch möglichst gleichzeitig [beiden: einerseits der Bevölkerung, dem national organisierten Staatsvolk, und andererseits den Märkten, dem anonym bleibenden internationalen Marktvolk] gerecht werden muss" so WOLFGANG STREECK in seinen Frankfurter Vorlesungen.

Als Konsequenz aus der weltweiten **Wirtschafts- und Finanzkrise** drängen viele Politiker auf eine entscheidende Machtverschiebung zwischen Politik und Wirtschaft: „Die Marktradikalen haben die Kapitalmärkte wild laufen lassen. Die langfristige Perspektive muss sein, den Primat der Politik wiederherzustellen" (SPD-Bundesgeschäftsführer Wasserhövel). Es gehe darum, „wieder sicherzustellen, dass die Finanzwirtschaft eine dienende Funktion gegenüber der Realwirtschaft" habe. Die Rolle der Politik werde sich stark verändern, ihre Bedeutung werde wieder zunehmen. Das erste große Beispiel für Marktversagen in den vergangenen Jahren sei der Klimawandel, das zweite große Beispiel sei die aktuelle Finanzkrise.

Wenn Sie dieses Kapitel durchgearbeitet haben, verfügen Sie über ein solides Fundament zum Thema Demokratie. Jetzt sollten Sie den Demokratiebegriff kennen und die demokratischen Elemente in der Bundesrepublik Deutschland. Sie kennen die Staatsorgane Bundespräsident/in, Bundestag, Bundesrat, Bundesregierung inklusive Kanzler/in und Bundesverfassungsgericht in der Bundesrepublik Deutschland, und wissen, wie diese ins Amt gelangen. Zentraler Punkt der Volkssouveränität ist das Wahlsystem, das in der Bundesrepublik Deutschland im Prinzip ein Verhältniswahlrecht ist, aber auch Elemente eines Mehrheitswahlsystems hat. Das Kapitel eignet sich, um wichtige Kenntnisse in Bezug auf das Grundgesetz und die Bedeutung der Grundrechte zu erwerben.

Überblick

3 Gesellschaft und sozialer Wandel

Dieses Kapitel befasst sich mit dem Gesellschaftsbegriff und der Gesellschaftsanalyse. Die Auseinandersetzung mit der Sozialstruktur der Gesellschaft lenkt den Blick auf den Wandel der Gesellschaft und Gesellschaftsstruktur, die nicht zuletzt wegen der Entwicklung zum Sozialstaat und den beständigen Veränderungen desselben erheblich im Umbruch ist.

3.1 Modernisierung und Individualisierung

„Eine Gesellschaft bezeichnet das geordnete und bewusst organisierte Zusammenleben und -handeln der Menschen. Unterschieden werden Gesellschaften z.B. nach vorherrschender Erwerbsform (z.B. Industriegesellschaft), nach Stand der technischen Entwicklung (Wissensgesellschaft), Sozialstruktur (Klassengesellschaft) oder politischem System (demokratische Gesellschaft). Stabil und produktiv ist eine Gesellschaft, wenn ihre Mitglieder hinsichtlich der Grundwerte übereinstimmen und ein hoher Grad an *sozialer Integration* besteht."

https://www.wissen.de/lexikon/gesellschaft-soziologie (Aufruf am 24.9.2018); Konradin Medien GmbH

Die Gesellschaft befindet sich im steten Wandel und modernisiert sich. Modernisierung beinhaltet „einen Komplex miteinander zusammenhängender struktureller, kultureller, psychischer und physischer Veränderungen, der sich in den vergangenen Jahrhunderten herauskristallisiert hat und damit die Welt, in der wir augenblicklich leben, geformt hat und noch immer in eine bestimmte Richtung lenkt." Modernisierung der Gesellschaft könne als Kombination von Differenzierung, Rationalisierung, Individualisierung und Domestizierung verstanden werden – so die Soziologen HANS VAN DER LOO und WILLEM VAN REIJEN. Dabei versteht man unter

Von ursprünglich innerfamiliärer Arbeitsteilung hat sich über den Weg beruflicher und innerbetrieblicher Arbeitsteilung mittlerweile eine globale Arbeitsteilung über Staatsgrenzen hinweg entwickelt.

- ⊙ **Differenzierung**, dass sich die Teile der Gesellschaft spezialisieren, also arbeitsteilig tätig werden bzw. die Arbeitsteilung ausweiten. Das führt zu immer größer werdenden Abhängigkeiten der Individuen der Gesellschaft, weil ein großer Teil der Bedürfnisse nur erfüllt werden können, wenn andere die Leistung oder die Güter bereitstellen, die dazu benötigt werden.
- ⊙ **Rationalisierung**, d. h. das Ordnen und Systematisieren der Wirklichkeit mit dem Ziel, sie berechenbar und beherrschbar zu machen. Dieser Prozess wird wesentlich von der Weltanschauung der gestaltenden Individuen bestimmt. Die Individuen oder sozialen Gruppen versuchen, ihre Werte und Ziele nach

eigenen Vorstellungen zu erreichen, und bewirken damit eine Pluralisierung der Gesellschaft.

- ▶ **Individualisierung**, d. h. Bedeutungsgewinn des Einzelnen bis hin zur Erlangung von Unabhängigkeit durch ein Herauslösen aus Kollektiven und durch eine Verringerung der Anspruchsintensität dieser Kollektive an diesen Einzelnen.
- ▶ **Domestizierung**, d. h. der Mensch überwindet natürliche, biologische und soziale Begrenzungen. Die Überwindung wird jedoch damit erkauft, dass neue Abhängigkeiten entstehen, Abhägigkeiten von der Technik und von anderen.

Die Struktur der Gesellschaft zeigt einen ständigen Wandel, der in Klassen, Schichten und Milieus zu zeigen ist

3.2 Sozialer Wandel

Sozialer Wandel stellt die Veränderung gesellschaftlicher Ordnungen und Strukturen und deren Auswirkungen auf den Einzelnen, auf die Gesellschaft und auf andere Strukturen und Institutionen dar. In der Moderne ist eine gesellschaftliche Ordnung kein statisches System, sondern immer nur ein momentaner Zustand. Funktioniert die Ordnung nicht, sind die Individuen oder Gruppen der Gesellschaft um Wandel bemüht; funktioniert die Ordnung gut, ist mit einem Steigen der Ansprüche zu rechnen, sodass dadurch ein Wandel angestoßen wird. Auch wenn der Wandel der Gesellschaft individuell erlebt und zunächst aus der Perspektive des Individuums beschrieben wird, so muss doch die Sicht aufs Ganze vorrangig sein – als Bild von der Gesellschaft.

Gesellschaftsbilder beschreiben die Verhältnisse ihrer Zeit plakativ, andere haben als politische Signalbegriffe sogar Geschichte gemacht.
Die Vorstellung von einer gottgewollten Ordnung entfaltet stets eine normierende Kraft, wie auch die Vorstellung von einer natürlichen bzw. organischen Ordnung.

*Mit den **Sozialwissenschaften** entstanden Modelle der Gesellschaft. Deren Geltungsanspruch leitete sich aus der Überprüfbarkeit ihrer Analysemethoden bezüglich der gesellschaftlichen Wirklichkeit ab. Anhand von Hypothesenbildung und Verifikation bzw. Falsifikation solcher Hypothesen mittels empirischer und statistischer Methoden ließen sich immer wieder neue Modelle von der modernen Gesellschaft erstellen.*

3.3 Soziale Ungleichheit

Soziale Ungleichheit ist ein Grundtatbestand menschlicher Existenz. Verschiedenheit ist natürlich und entwickelt sich aufgrund vielfältiger Faktoren, wie z. B. Gene, Umwelt, Selbststeuerung oder Zufall. Zumeist wird Ungleichheit nicht als Problem gesehen. Erst das Empfinden von **Ungerechtigkeit** macht Ungleichheit zum Gesellschaftsproblem.

Soziale Ungleichheit bezeichnet die ungleiche Verteilung von Ressourcen. Wenn diese **Ungleichverteilung** sozialen Kriterien folgt und wenn es sich bei der Ungleichverteilung um wertvolle Güter oder um finanzielle oder soziale Ressourcen handelt (Einkommen, Vermögen, Berufsposition, Macht, Prestige, Bildung, Berechtigungen …), dann äußert sich diese Ungleichverteilung in der Sozialstruktur der Gesellschaft. Wird diese als ungerecht angesehen, entwickeln sich politische Forderungen, die auf Veränderung dieses Zustandes abzielen: Revolution oder Reform – das ist die klassische Alternative sozialen Wandels. Soziale Ungleichheit lässt sich auf verschiedene Faktoren zurückführen.

Die Bruttolöhne in Ostdeutschland erreichen nur etwa 82 % des Niveaus in Westdeutschland. Im Osten sind 17,8 %, im Westen 15,3 % der Bevölkerung armutsgefährdet. (Stand 2018, Statistisches Bundesamt)

▶ **Materielle Lebensbedingungen**, die sich in Deutschland durch die Teilung in Bundesrepublik und DDR in zwei Geschwindigkeiten entwickelten. Nach der Wiedervereinigung zeigen sich noch immer erhebliche materielle Unterschiede zwischen Ost und West. Aber innerhalb von Westdeutschland ergaben sich ebenso Ungleichheiten, die auf unterschiedliche Aspekte zurückzuführen sind, etwa durch die Währungsreform 1948, die Geldvermögen abwertete, während Sachvermögen nicht an Wert verloren.

*Die als **gender gap** bezeichnete Einkommenslücke beträgt zwischen Männern und Frauen Deutschland etwa 21 % (Stand 2018). Rechnet man die unterschiedliche Berufsstruktur von Männern und Frauen heraus, verbleibt eine Lücke von immer noch rund 6 % [Statistisches Bundesamt].*

▶ **Ungleichheiten zwischen Männern und Frauen**: In Deutschland sind diese im Bereich der Bildung mittlerweile beseitigt. Bezogen auf Arbeitseinkommen und auf Renteneinkommen gibt es aber auch im 21. Jahrhundert noch erhebliche Unterschiede.

▶ **Migration** ist in Deutschland ein Faktor, der das Armutsrisiko erhöht. Dies ist unter anderem darauf zurückzuführen, dass es häufig an höheren Schulabschlüssen fehlt oder eine zu geringe berufliche Qualifikation gegeben ist. Weiterer Faktor sind mangelnde Sprachkenntnisse, die eine Barriere für den beruflichen Einstieg darstellen. Wesentlich bestimmt zudem der Aufenthaltsstatus über das Armutsrisiko. Befristete Aufenthaltstitel erschweren den Zugang zum Arbeitsmarkt und damit zu einem geregelten Einkommen.

▶ Der Anteil von Schülern ohne Schulabschluss wuchs zwischen 2000 und 2016 von 2,6 % auf 4,0 % an. Dabei gibt es Unterschiede zwischen Westdeutschland (4,4 %) und Ostdeutschland (2,1 %). Zudem ist der Anteil an Schülern mit Migrationshintergrund, die ohne Schulabschluss blieben, mit 17,8 %

Schulabschlüsse
Von je 100 Schulabgängern in Deutschland hatten im Jahr 2016 so viele diesen Abschluss:

ohne Migrationshintergrund: 37, 15, 5, 43

Ausländer oder mit Migrationshintergrund: 16, 29, 14, 41

- Fach-/Allg. Hochschule
- Mittlerer Schulabschluss*
- Hauptschulabschluss
- kein Schulabschluss

*je nach Bundesland auch Mittlere Reife, Realschulabschluss u. ä. genannt

Abb. 3.1: Schulabschlüsse

deutlich höher als der Anteil von Schülern ohne Migrationshintergrund (2,2 %).

- ⊙ **Bildungschancen** sind in der Bundesrepublik Deutschland wesentlich von der sozialen Schicht abhängig.

Je schwieriger die wirtschaftlichen Verhältnisse sind und je bildungferner die Herkunftsfamilie ist, desto geringer sind die Chancen, einen guten Schulabschluss zu erreichen.

3.4 Modelle und Theorien: Gesellschaftsanalyse

Gesellschaften wollen sich ihrer selbst vergewissern; sie entwickeln Selbstdeutungen und entwerfen Bilder von sich. Dann ist der Weg zum Modell und zur Theorie bezüglich der Realität nicht mehr weit. Jede Gesellschaftstheorie lässt sich als Modell auffassen und dann auch grafisch darstellen. So kann versucht werden, die gesellschaftliche Realität zu beschreiben/zu erklären. Die drei folgenden Modellvarianten sind im Kern ganz unterschiedlich konzipiert; es gibt

- ⊙ **mathematisch-quantifizierende Modelle**, die die Realität mittels einfacher mathematischer Gleichungen beschreiben,
- ⊙ **qualitativ konstruierte Modelle**, die die Interdependenzen verschiedener Variablen registrieren und werten,
- ⊙ **Simulationsmodelle**, die mithilfe von PC-Programmen und anhand von empirischen Daten Entwicklungen durchrechnen.

Lebensläufe und Biografien sind der Stoff, aus dem Soziologen generalisierbare Fakten gewinnen, um mit deren Hilfe nicht nur wesentliche Strukturen einer Gesellschaft zu benennen, sondern um Modelle von der jeweiligen Realität zu entwerfen.

Mathematisch quantifizierende Modelle basieren z. B. auf Datenerhebungen, Umfragen, Stichproben, die ein Zahlenwerk erzeugen, das mathematisch verwertet werden kann. Qualitative Methoden sind Interviews, strukturierte Befragungen und Beobachtungen.

In der Gesellschaft der Gegenwart und insbesondere auch auf politischer Ebene hat sich eine wissenschaftliche Beratungskultur entwickelt. Experten werden beauftragt, wirtschaftliche und politische Entscheidungen hinsichtlich ihrer Auswirkungen zu beurteilen und die Adressaten entsprechend zu informieren. Die Beratungskultur hat insbesondere auch die politische Ebene erreicht. In der Praxis der Politikberatung gilt die Unterscheidung von drei qualitativen Modellstrukturen als bewährte Grundlage:

- ⊙ Das **dezisionistische Modell** trennt zwischen dem Politiker und dem Berater. Dem Berater kommt die Aufgabe zu, hinreichende Informationen zur Verfügung zu stellen und Lösungswege zu entwickeln. Der Politiker trifft die Entscheidungen. Es obliegt dem Berater nicht, ein Werturteil abzugeben, er nimmt die Entscheidungen des Politikers hin.
- ⊙ Das **technokratische Modell** hingegen engt den Entscheidungsspielraum des Politikers ein. Der wissenschaftliche Sachverstand des Beraters ist Basis für die Entscheidungen des Politikers. Die Verwissenschaftlichung der Politik führt in extremer Ausprägung dazu, dass die Entscheidungskompetenz vom Politiker auf den Berater übergeht.
- ⊙ Das **pragmatische Modell** mischt die gegensätzlichen Ansätze der beiden Modelle und geht von wechselseitiger Beeinflussung der Akteure aus. In die-

Dezisionismus (lat. *decisio:* Abkommen, Entscheidung)

sem Modell sind Politiker, Wissenschaftler und die Öffentlichkeit eingebunden. Der Berater unterstützt, ohne die Entscheidungsgewalt inne zu haben. Im Rahmen der Unterstützung werden verschiedene Lösungswege erwogen.

3.5 Kontroversen zur Deutung der Sozialstruktur

Waren in der vorindustriellen Zeit Geburt und Stand prägende Strukturmerkmale der **Ständegesellschaft**, so geriet während der Industrialisierung das Eigentum bzw. das Nicht-Eigentum an Produktionsmitteln zum alleinigen Kriterium, Menschen zu Großgruppen zusammengefasst zu sehen.

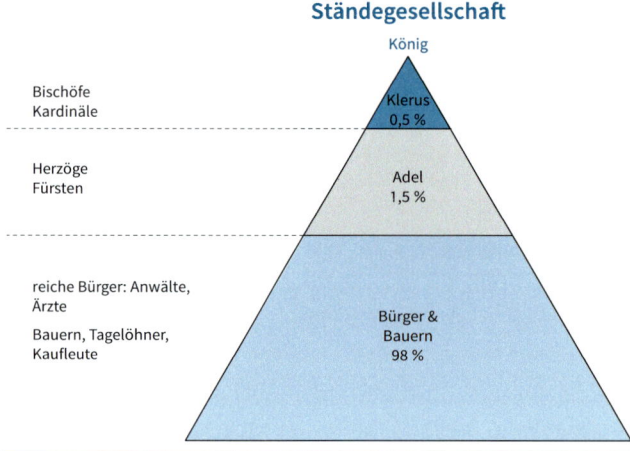

Abb. 3.2: Ständegesellschaft

Das Kommunistische Manifest von Marx und Engels war das politische Programm des Bundes der Kommunisten. Dieser hatte es sich zur Aufgabe gemacht, sich für die Befreiung des Proletariats von Ausbeutung und Unterdrückung einzusetzten. Der Text formuliert erstmals die Grundlagen des Marxismus.

Die gemeinsame soziale Lage und das gleiche soziale Dasein der beiden antagonistischen Klassen der **Klassengesellschaft** und des Klassenkampfes (Bourgeoisie und Proletariat) kennzeichneten das **Klassenmodell** von Karl Marx (1818 – 1883) und Friedrich Engels (1820 – 1895), das sie 1848 im „Kommunistischen Manifest" als Analyse und Interpretationsergebnis für die Wissenschaft und zugleich für die politische Auseinandersetzung anboten.

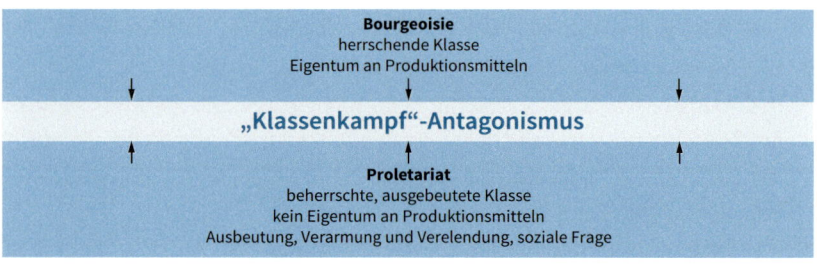

Abb. 3.3: Das Zwei-Klassen-Modell von Marx und Engels

Ganz anders ist das **Schichtenmodell**, das die Rangordnung und den Statusaufbau als wesentlich für die Struktur einer Gesellschaft bezeichnet. Einkommen und Vermögen sind darin die ersten und zentralen Faktoren sozialer Ausdifferenzierung. Laut RAINER GEISSLER (*1939) konkurrierten seit den 1960er-Jahren **verschiedene Modelle und Deutungen** für das Ungleichheitsgefüge in der Bundesrepublik Deutschland miteinander:

- ▶ **Das Konzept der eingeschmolzenen Klassengesellschaft:** Nach THEODOR GEIGER lässt sich in einer Gesellschaft eine soziale vertikale Schichtung nachweisen, mit Kapitalisten, die etwa 1 % der Bevölkerung ausmachen, dem alten Mittelstand, der aus kleinen und mittleren Unternehmern besteht, dem neuen Mittelstand, der aus höher qualifizierten Lohn- und Gehaltsbeziehern besteht, Proletaroiden, die Tagwerker auf eigene Rechnung sind und dem Proletariat, das aus minder qualifizierten Lohn- und Gehaltsbeziehern besteht. Bei mehr Differenzierung der horizontalen Schichtung, bei abnehmender Schärfe der Klassenkonflikte wegen verminderten Klassenbewusstseins der Arbeiter, bei Herausbildung einer differenzierten und abhängig beschäftigten Mittelschicht, bei neuen und quer liegenden Linien der Differenzierung greift das alte Modell der dominanten Klassenstruktur nicht mehr.

- ▶ **Das Konzept der nivellierten Mittelstandsgesellschaft:** Nach HELMUT SCHELSKY existiert eine nivellierte Mittelstandsgesellschaft. Die wirtschaftliche Entwicklung und hier insbesondere die Industrialisierung bewirken eine tiefgreifende Veränderung in der Gesellschaftsstruktur. Die Lebensumstände verbessern sich, insbesondere auch wegen der Bismarckschen Sozialgesetzgebung seit den 80er Jahren des 19. Jahrhunderts. Durch die sich ergebende mobile Sozialstruktur werden durch kollektive Aufstiegsprozesse der Industriearbeiterschaft, der technischen Angestellten und Verwaltungsangestellten sowie Abstiegsprozesse des Besitz- und Bildungsbürgertum die Klassen und die Schichten eingeebnet. Es ist eine soziale Nivellierung auch wegen gleicher politischer Rechte, ähnlicher materieller Lebensbedingungen und weitreichender Chancengleichheit festzustellen, sodass sich vom Massenkonsum gefördert eine relativ einheitliche Gesellschaftsschicht herausbildet, die aufgrund des Verlusts der Klassenspannung und der traditionalen Hierarchie weder proletarisch noch bürgerlich ist.

- ▶ **Das Konzept der zur Schichtengesellschaft gewandelten Klassengesellschaft:** Mit der kulturellen Umbruchphase Ende der 1960er-Jahre ging auch eine Debatte um die Fortgeltung des Modells der Klassengesellschaft einher. Als mehr oder minder modifiziertes Modell lieferte es die Vorlage zuerst für das **„DAHRENDORF-Haus"** mit seinen inneren Grenzen, dann für die **„BOLTE-Zwiebel"** und deren Schichtengesellschaft.

Das Schichtenmodell wird für moderne Gesellschaften kombiniert mit weiteren sozial relevanten Merkmalen gesellschaftlicher Differenzierung, z. B. Beruf, Bildungsabschluss, Selbsteinschätzung, Sozialprestige. Aber auch Wertorientierungen, politische Grundüberzeugungen und sonstige Einstellungen werden ins Modell gebracht. Somit spielen nicht nur vertikal ausgerichtete, sondern horizontale Unterschiede eine Rolle für die Modellbildung.

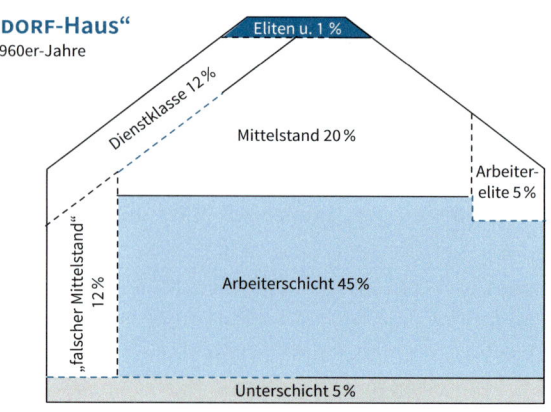

Abb. 3.4: Das „DAHRENDORF-Haus"

Nach Dahrendorf kann die Gesellschaft mit einem Haus verglichen werden. Im Dach des Hauses befinden sich die Eliten, im Obergeschoss nebeneinander die bürokratischen Helfer der Eliten, die Dienstklasse, insbesondere nicht-technische Verwaltungsangestellte aller Ränge und der alte Mittelstand der Selbstständigen. Im Erdgeschoss wohnt die Arbeiterschicht, die nach diesem Modell 45 % der Gesellschaft ausmacht, und mit 12 % der falsche Mittelstand der einfachen Dienstleistungsberufe. Die soziale Stellung des falschen Mittelstandes unterscheidet sich nicht von der Stellung der Arbeiter, er zählt sich jedoch seinem Selbstverständnis nach „fälschlicherweise" zur Mittelschicht. Die Arbeiterelite, die sich aus Meistern und Vorarbeitern zusammensetzt, hat sich nach DAHRENDORF nach oben hin vom Rest der Arbeiterschaft abgesetzt. Der Keller des Hauses ist von der Unterschicht bewohnt.

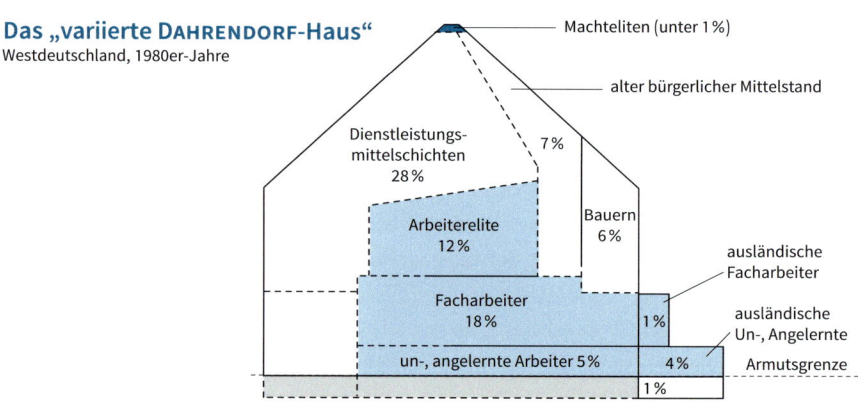

Abb. 3.5: Das „variierte Dahrendorf-Haus"

Das Modell nach KARL MARTIN BOLTE, die sogenannte BOLTE-Zwiebel, legt als Kriterien für die soziale Schichtung Bildung, Einkommen und Ähnlichkeit der Berufe fest, sodass sich eine Schichtung ergibt, die grafisch mithilfe einer Zwiebelform dargestellt werden kann, da die Eliten in der Zwiebelspitze nur eine kleine Gruppe der Gesellschaft abbilden, alter und neuer Mittelstand und ein Teil der Arbeiterschaft den Bauch der Zwiebel und sozial Verachtete den Zwiebelboden bilden.

Die „BOLTE-Zwiebel"
Westdeutschland, 1960er- bis 1980er-Jahre

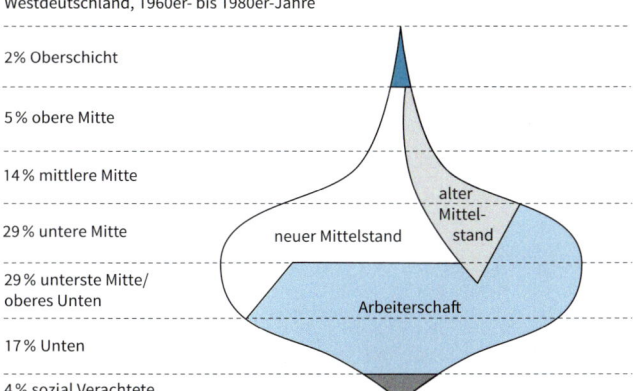

2% Oberschicht

5% obere Mitte

14% mittlere Mitte

29% untere Mitte

29% unterste Mitte/ oberes Unten

17% Unten

4% sozial Verachtete

neuer Mittelstand

alter Mittel-stand

Arbeiterschaft

Abb. 3.6: Die „BOLTE-Zwiebel"

Jenseits des MARX'schen Klassenbegriffs nutzten beide Modelle Daten der Sozialforschung und gründeten auf empirisch Erwiesenem bzw. auf repräsentativ Erfragtem.

- ⊙ **Das Konzept der sozialen Milieus und der Lebensstile:** Hintergrund dieses Ansatzes ist die kontroverse Diskussion darum, ob Klassen und Schichten sich auflösen oder ob sie fortdauern. Als Beleg für eine Auflösung gelten wesentliche Entwicklungen hin zu einer „Ungleichheit ohne Schichtung": die Vereinheitlichung der Lebensbedingungen, die Differenzierung sowie Diversifizierung der Soziallagen in horizontale und neue Ungleichheiten, die Auflösung schichttypischer Subkulturen, die Pluralisierung bzw. die Individualisierung von Lebensmilieus, Lebensstilen und Lebenslagen, die Entschichtung der Lebenswelt, die Pluralisierung der Konfliktlinien.

- ⊙ **Das Konzept des Konsums und Lebensweltforschung:** Mit der Wiedervereinigung Deutschlands 1990 relativierte sich die Bedeutung solcher Kontroversen. Das Marktforschungsinstrumentarium wurde zur **Konsum- und Lebensweltforschung** weiterentwickelt. Es entstanden **Zielgruppenmodelle**. Die Wirtschaft verfeinerte angesichts der Zersplitterung von Zielgruppen und Märkten ihre Methoden der zielgruppengerechten Produktentwicklung.

Während die Lifestyle-Typologien flüchtige Oberflächenphänomene klassifizierten, erfasst das **Milieu-Modell von Sinus Sociovision** Tiefenstrukturen sozialer Differenzierung. Dabei berücksichtigt dieses Sinus-Milieu®-Modell (Sinus Sociovision, Kurzinformation zu den Sinus-Milieus 2016, Heidelberg 2016, www.sinus-institut.de; Suchbegriffe: sinus + milieus) drei Entwicklungen:

- ▶ „**Modernisierung:** Öffnung des sozialen Raums durch höhere Bildungsqualifikationen, wachsende Mobilität und damit erweiterte Entfaltungsspielräume.
- ▶ **Regression:** Wachsende soziale Deklassierungsprozesse, Orientierungslosigkeit, Sinn- und Werteverlust und dadurch verstärkt autoritäre und aggressive Neigungen.
- ▶ **Segregation:** Auseinanderdriften der Lebens- und Werbewelten, sozialhierarchische Differenzierung und zunehmende Abschottung der Milieus gegeneinander."

Die Sinus-Milieus® in Deutschland

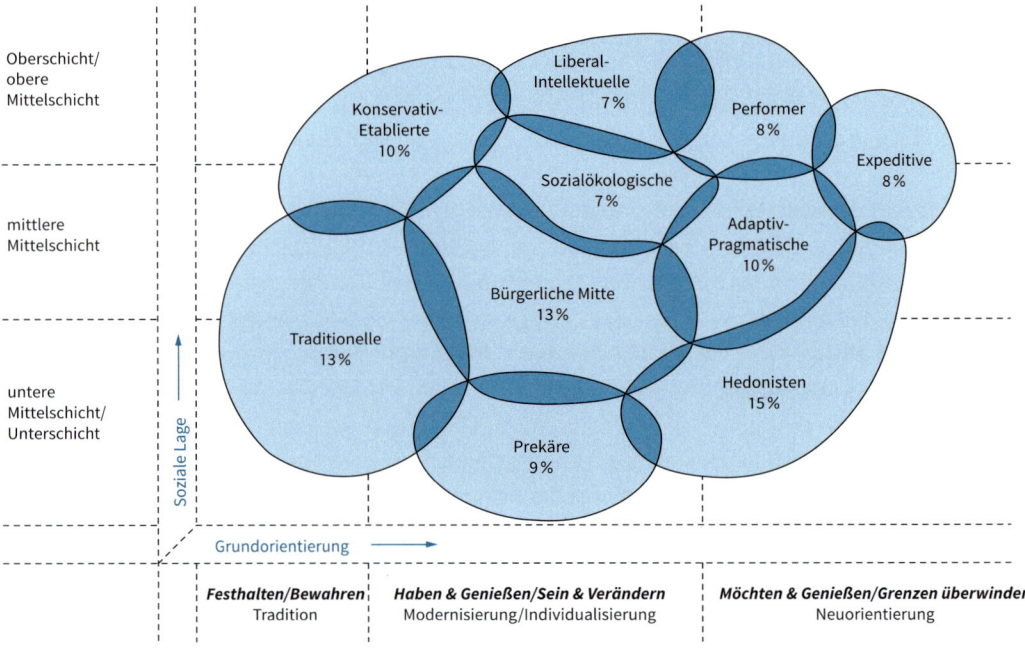

© Sinus Institut 2017
nach der Grafik auf der Website http://www.sinus-institut.de/sinus-loesungen/sinus-milieus-deutschland, genauere Erklärungen siehe dort

Abb. 3.7: Die Sinus-Milieus® in Deutschland

3.6 Soziale Sicherung durch den Sozialstaat

Das Grundgesetz legt in Art. 20 fest, dass die Bundesrepublik Deutschland ein „demokratischer und sozialer Bundesstaat" sein soll. Dieses **Sozialstaatsgebot** ist geltende Verpflichtung für den politischen Prozess und für dessen Akteure. Der Staat ist verpflichtet, die Existenzgrundlage aller seiner Bürger zu sichern und für einen Ausgleich zwischen sozial Schwachen und sozial Starken zu sorgen.

Das heutige Sozialstaatsgebot hat eine lange Vorgeschichte: 1881 brachte Reichskanzler **OTTO VON BISMARCK** die Forderung in den Reichstag ein, Gesetze zum Schutz der Arbeiter gegen Krankheit, Unfall, Invalidität und für finanzielle Absicherung im Alter zu beschließen. Dieser Geburtsstunde der Sozialversicherung folgten entsprechende Gesetze, mit denen die Absicherung der individuellen Lebensrisiken in einer kollektiven staatlichen Versicherung abgerundet wurde, zugleich aber auch die bis heute fortdauernde Aufteilung der abhängig Beschäftigten in Arbeiter und in Angestellte – neben den Beamten – festgeschrieben wurde.

Bausteine der Sozialpoltik

Sozialversicherungen – Krankenversicherung, Pflegeversicherung, Rentenversicherung, Arbeitslosenversicherung, Unfallversicherung

Soziale Dienste – Behindertenhilfe, Kinder- und Jugendhilfe

Transferzahlungen – Kinder-/Wohngeld, Ausbildungsförderung, Elterngeld

Steuererleichterungen

Arbeitslosengeld II, Sozialhilfe – Hilfe zum Lebensunterhalt, Hilfe in besonderen Lebenslagen

Arbeitsrecht, Tarifrecht, Betriebsverfassung, Famile und Beruf – Kündigungsschutz, Jugendarbeitsschutz, Mutterschutz, Elterngeld und Elternzeit

Und: Bundeszuschuss zur Finanzierung der Rentenversicherung und der Arbeitslosenversicherung, Familienausgleich, Entgeltfortzahlung im Krankheitsfall, Kriegsopferversorgung, Sozialhilfe und Sondersysteme für bestimmte Berufsgruppen (Beamtenversorgung, Altershilfe für Landwirte und Steuererleichterungen) zählen zum System der sozialen Sicherung.

139,2 Mrd. € von 343,6 Mrd.€, also über 40 % entfallen im Bundeshaushalt 2018 auf den Posten Arbeit und Soziales

Tab. 3.1: Bausteine der Sozialpolitik

Zeittafel Sozialgesetzgebung

1883	Krankenversicherungsgesetz
1884	Unfallversicherungsgesetz
1889	Invaliditäts- und Altersversicherungsgesetz
1911	Versicherungsgesetz für Angestellte
1923	Reichsknappschaftsgesetz für die Rentenversicherung der Arbeiter im Bergbau
1927	Arbeitslosenversicherung
1957	Rentenreform: Einführung der dynamischen Rente
1995	Pflegeversicherung

Zeittafel Sozialgesetzgebung

2005	Gesundheitsreform: Ein weiter andauernder politisch gesteuerter Kontroll- und Gesetzgebungsprozess, der die Verteilung beschränkter monetärer Ressourcen im Gesundheitssystem so lenken möchte, dass ein Maximum an medizinischer Versorgung bei möglichst stabil bleibendem Kapitalaufwand zustande kommt, zugleich Ende der paritätischen Finanzierung.
2009	Einführung des Gesundheitsfonds: Sammelbegriff für die Umorganisation der Gesetzlichen Krankenversicherung mit Einführung von mehr Zentralismus bei der Umverteilung der erhöhten Beiträge
2010	Bundesverfassungsgerichts-Urteil zur Sozialhilfe (SGB XII) und zur sogenannten Grundsicherung (SGB II)
2011	Umsetzung des Bundesverfassungsgerichts-Urteils durch ein neues Gesetz: Erhöhung der Beträge
2013/2015	Verbesserungen bei Erwerbsminderungsrenten; Einführung einer solidarischen Lebensleistungsrente; ("Mütterrente"); abschlagsfreie Rente ab 63 mit 45 Beitragsjahren; Einführung eines gesetzlichen flächendeckenden Mindestlohns (8,50 €; 2019: 9,19 €; Anpassung alle zwei Jahre); auch Leistungskürzungen und Eigenanteile

Tab. 3.2: Zeittafel Sozialgesetzgebung

Das System der sozialen Sicherung beruht in Deutschland auf unterschiedlichen Prinzipien

Höhe des Arbeitslosengeldes pro Monat in Euro.
Westdeutschland:
– Ledige 893 Euro (Männer), 810 Euro (Frauen)
– Verheiratete 1285 Euro (Männer), 773 Euro (Frauen)
Ostdeutschland:
– Ledige 809 Euro (Männer), 761 Euro (Frauen)
– Verheiratete 1017 Euro (Männer), 777 Euro (Frauen)
(Stand 2017; Bundesagentur für Arbeit)

Versicherungs- und Solidaritätsprinzip	Versorgungsprinzip	Fürsorgeprinzip	Subsidiaritätsprinzip
Betrifft Beitragszahler der Sozialversicherungen (Renten-, Arbeitslosen-, Kranken-, Pflegeversicherung). Gesunde zahlen für Kranke, Junge für alte und zu pflegende Menschen, Arbeitende für Arbeitslose.	Betrifft Personen, die bestimmte Leistungen oder Opfer für den Staat erbracht haben (z. B. Beamte, Kriegsteilnehmer).	Betrifft hilfebedürftige Personen (z. B. einkommensschwache Mieter, die Mietbeihilfen erhalten; erwerbsfähige Beschäftigungslose, die Arbeitslosengeld II erhalten.	
Geld wird in eine Kapitalsammelstelle gegeben, um im Versicherungsfall Leistungen zu beziehen; man übernimmt dabei nicht nur für sich, sondern auch für andere Verantwortung.	Die Vorleistungen, die für die Gesellschaft erbracht wurden, berechtigen zur Versorgung durch den Staat.	Eine bestimmte Form der Bedürftigkeit ist Anlass für die Fürsorgeleistungen.	Die Hilfe soll immer von der kleinstmöglichen zuständigen Stelle erbracht werden. Öffentliche Hilfe soll erst dann greifen, wenn private Hilfe nicht möglich ist.

Tab. 3.3: Prinzipien der sozialen Sicherung

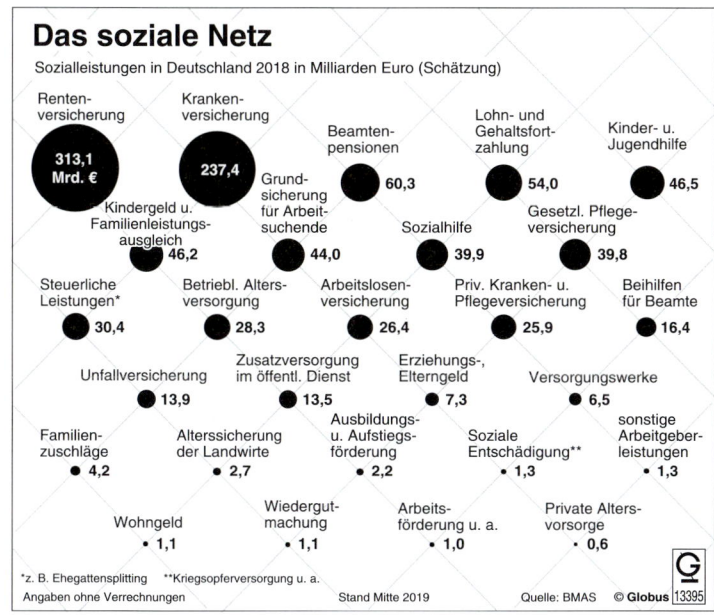

Abb. 3.8: Das soziale Netz

Die ersten Dekaden des neu gegründeten Deutschen Reichs im Jahr 1871, auch als Gründerzeit benannt, sind durch wirtschaftlichen Aufbruch gekennzeichnet, in der Arbeiterschaft kommt von dem neuen Wohlstand aber nichts an. Eingerichtete Hilfskassen oder Fürsorgezahlungen in Industriebetrieben reichen nicht aus, um der Arbeiterschaft eine angemessene Versorgung zu bieten. Die Sozialistische Arbeiterpartei gewinnt an Einfluss, sodass BISMARCK, motiviert durch das relativ schlechte Wahlergebnis der Konservativen, im Jahr 1881 staatliche Sozialpolitik zum Ziel erklärt. War die Sozialversicherung am Ende des 19. Jahrhunderts auf die Existenzsicherung der Versicherten, insbesondere der Arbeiterschaft abgestellt, bietet das System heute trotz aller Finanzierungsnöte wesentlich mehr. Und das hat seinen Preis. Den zu bezahlen, bedarf es einer funktionierenden und florierenden Wirtschaft mit erfolgreicher Wirtschafts- und Arbeitsmarktpolitik.

Sozialpolitik beinhaltet die Gesamtheit aller Grundsätze und Maßnahmen des Staates und größerer Verbände, die aktuell bestehende Sozialordnung im politischen Prozess zu gestalten.

Die Notwendigkeit der Sozialpolitik ergibt sich aus der Tatsache, dass die Vermögen in der Bundesrepublik Deutschland sehr ungleich verteilt sind. Der Gini-Koeffizient von 0,76 (siehe S. 62 Marginalspalte) weist deutlich darauf hin.

Von Armut bedroht ist per Definition, wer weniger als 60 % des mittleren Einkommens der Gesamtbevölkerung zur Verfügung hat.

2015 waren dies:
33,7 % der Alleinerziehenden
33,1 % der Alleinlebenden
13,2 % der Paare unter 65 Jahren ohne Kinder
8,7 % der Paare mit 2 Kindern

oder anders aufgeschlüsselt:
69,1 % der Arbeitslosen
17,0 % der in Ruhestand befindlichen

Im Schnitt waren 16,7 % aller Personen in Deutschland armutsgefährdet. 10 Jahre zuvor lag diese Zahl bei „nur" 12,2 %.

Laut HANS-BÖCKLER-Stiftung (https://www.boeckler.de/107575_107592.htm) besitzen die wohlhabendsten 10 % der Bevölkerung etwa 60 % des Gesamtvermögens, das reichste 1 % etwa ein Drittel des Gesamtvermögens, während die ärmsten 20 % kein Vermögen haben. Etwa 9 % der Haushalte sind verschuldet, haben also negatives Vermögen. Die unterschiedliche Vermögenslage ist im Wesentlichen auf drei Ursachengruppen zurückzuführen.

Ungleichheiten durch		
Vermögensbasis	Marktmacht	Leistungsfähigkeit
Währungsreform (21.6.48): Sparguthaben wurden abgewertet, Sachvermögen nicht; Inhaber von Sachvermögen konnten Vorsprung ausbauen.	Marktformen wie Monopole, Oligopole führen dazu, dass wenige oder einzelne hohe Einkommen erzielen, weil viele abhängig sind. (Rohöl-, Energiemarkt).	Unterschiedliche Leistungsfähigkeit bedingt durch körperliche, seelische, Konstitution, Intellekt, …

Tab. 3.4: Ursachen von Ungleichheiten

Gini-Koeffizient
Zahl zwischen 0 und 1, die basierend auf den Erkenntnissen der Lorenzkurve die Gleichheit bzw. Ungleichheit der Einkommensverteilung in einer Volkswirtschaft zeigt. Je näher der Wert der 1 kommt, desto ungleicher ist das Vermögen in einer Volkswirtschaft verteilt (vgl. auch Kapitel 13)

Vorrangiges Ziel der Sozialpolitik ist die Erhaltung des **sozialen Friedens**. Dazu wird Sozialpolitik in zwei Bereichen betrieben; einerseits die Sicherung des Einkommens im Falle von Alter, Krankheit und Pflegebedürftigkeit sowie Erwerbslosigkeit, andererseits durch Umverteilung der Einkommen, um soziale Härten abzufedern.

3.7 Soziale Sicherung im Sozialstaat

Die soziale Sicherung umfasst im **Sozialstaat Bundesrepublik Deutschland** die Gesamtheit aller Maßnahmen, die dem Schutz des Menschen vor den individuell nur schwer oder gar nicht beherrschbaren Lebensrisiken und dem Ausgleich von deren wirtschaftlichen Folgen dienen.

Das System fußt auf **drei Säulen**:

Gesetzliche Sozialversicherung	Betriebliche Altersversorgung	Private Alterssicherung
Rentenversicherung Arbeitslosenversicherung Krankenversicherung Pflegeversicherung Unfallversicherung	Betriebsrenten	Sparguthaben Lebensversicherungen Aktien Fonds-Anteile Riester-Rente

Tab. 3.5: Säulen der sozialen Sicherung

Nach Art und Umfang der versicherten Risiken (Invalidität und Alter, Krankheit, Pflegebedürftigkeit, Arbeitslosigkeit, Betriebsunfall) ist die staatliche bzw.

gesetzliche Sozialversicherung mit ihren fünf Zweigen die wichtigste Sicherungsinstitution; sie wickelt über 60 % des gesamten Leistungsumfangs ab.

Wer finanziert den Sozialstaat?

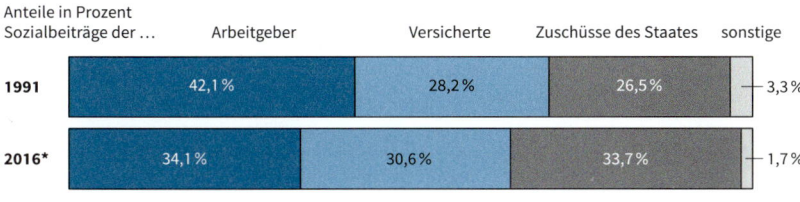

Anteile in Prozent
Sozialbeiträge der …   Arbeitgeber   Versicherte   Zuschüsse des Staates   sonstige

	Arbeitgeber	Versicherte	Zuschüsse des Staates	sonstige
1991	42,1 %	28,2 %	26,5 %	3,3 %
2016*	34,1 %	30,6 %	33,7 %	1,7 %

*Schätzungen

Quelle: Bundesministerium für Arbeit und Soziales

Abb. 3.9: Finanzierung des Sozialstaats

3.8 Das System der Sozialversicherungen

Zentrale Aufgabe der Sozialversicherungen ist der Erhalt eines angemessenen Lebensstandards des Versicherten in existenziellen Risikosituationen und Sicherung seiner Stellung als Bürger im Rahmen der Gesellschaft. Den Sozialversicherungen liegen verschiedene Prinzipien zugrunde.

⊙ **Versicherungsprinzip**: Die Idee der Sozialversicherung basiert auf der Annahme, dass es Versicherungsrisiken wie Krankheit, Erreichen des Rentenalters und Erwerbslosigkeit gibt, die jedes Mitglied der Versichertengemeinschaft treffen können und deswegen von der Gemeinschaft getragen, also finanziell ausgeglichen werden.

⊙ **Prinzip der Versicherungspflicht:** Fast 90 Prozent der Bevölkerung sind in der Sozialversicherung pflicht- oder freiwillig versichert. Pflichtversichert sind alle abhängig Beschäftigten. Die gesetzliche Kranken- und Pflegeversicherung kann man jedoch zugunsten einer privaten Absicherung verlassen, wenn das Jahreseinkommen des Arbeitnehmers hoch genug ist.

⊙ **Prinzip der Beitragsfinanzierung:** Die Beiträge zur Sozialversicherung werden grundsätzlich hälftig vom Arbeitnehmer und Arbeitgeber finanziert. Basis für die Beitragshöhe ist das Bruttoeinkommen des Arbeitnehmers, von dem jeweils ein festgelegter Prozentsatz als Beitrag erhoben wird. Der Beitrag ist jedoch gedeckelt und wird maximal von der Beitragsbemessungsgrenze erhoben. Die Beitragsbemessungsgrenze ist die Einkommenshöhe, von der der Beitragssatz maximal erhoben wird. Die Unfallversicherung wird ausschließlich vom Arbeitgeber finanziert. Die Festlegung der Beiträge für die Sozialversicherung erfolgt gesetzlich. Für die Krankenversicherung kann jedoch ein Zusatzbeitrag fällig werden. Im Rahmen des Pflegeversicherung gibt es für Kinderlose, die mindestens 23 Jahre alt sind, einen Beitragsaufschlag in Höhe von 0,25 %.

Beitragsbemessungsgrenze 2018

Kranken- und Pflegeversicherung	Renten- und Arbeitslosenversicherung	
53 100 € jährlich bzw. 4 425 € monatlich	Westdeutschand 78 000 € 6 500 €	Ostdeutschland 69 600 € 5 800 €

Tab. 3.6: Beitragsbemessungsgrenze

Die Sozialversicherungsbeiträge sind ein Prozentsatz des Bruttoeinkommens, maximal aber ein Prozentsatz der Beitragsbemessungsgrenze, die jährlich angeglichen wird.

- ◉ **Prinzip der Solidarität:** Die Sozialversicherungen folgen dem Prinzip der Solidarität. Dieses wird realisiert, weil Gesunde für Kranke und Pflegebedürftige, Junge für Alte, Arbeitende für Erwerbslose zahlen und Singles für Familien zahlen. Da die Grundlage für die Beiträge nicht das zu versichernde Risiko, sondern das Bruttoeinkommen ist, zahlen gut Verdienende auch für weniger gut Verdienende.
- ◉ **Prinzip der Selbstverwaltung:** Die Träger der Sozialversicherung sind Körperschaften des öffentlichen Rechts, die sich selbst verwalten. Die staatlich zugewiesenen Aufgaben werden sowohl finanziell als auch organisatorisch selbstständig durchgeführt.
- ◉ **Fürsorgeprinzip:** Die Hilfeleistung erfolgt im Bedarfsfall, z. B. bei Krankheit oder Pflegebedürftigkeit. Die gewährte Hilfe richtet sich in der Regel nicht nach den entrichteten Beiträgen, da die Mitglieder der Solidargemeinschaft im Prinzip gleiche Ansprüche erwerben. Die Höhe der Altersrente, der Erwerbslosenzahlung und gegebenenfalls der Unfallrente unterliegt jedoch dem Äquivalenzprinzip.
- ◉ **Subsidiaritätsprinzip:** Soziale Sicherung kann nicht nur von staatlichen Stellen übernommen bzw. finanziert werden. Zunächst soll sich jede Einheit, wie etwa die Familie selbst helfen, bevor staatliche Hilfe zum Tragen kommt. Dieser Grundsatz greift beispielsweise im Rahmen der gesetzlichen Krankenversicherung, die sogenannte Bagatellarzneimittel nicht erstattet. Ferner gibt es für Medikamente eine Zuzahlungspflicht, für die es jedoch Obergrenzen gibt, um Überforderungen des Zuzahlenden zu vermeiden.
- ◉ **Äquivalenzprinzip:** Das Äquivalenzprinzip in der Sozialversicherung besagt, dass Beiträge und Leistungen sich entsprechen müssen. Das betrifft in der Sozialversicherung die Altersrente, das Erwerbslosengeld und die Unfallrente. Höhere Beiträge steigern den Anspruch auf Zahlungen.

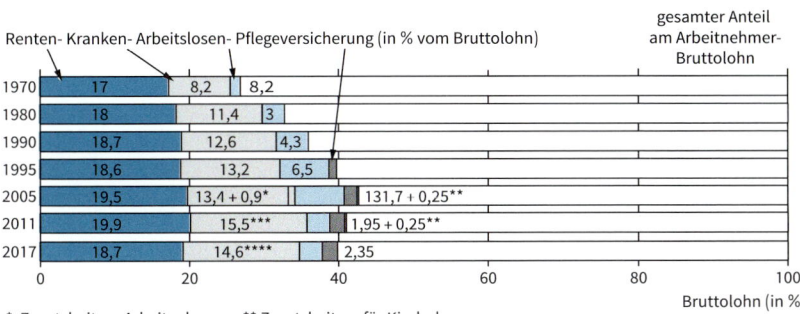

Abb. 3.10: Entwicklung der Beitragssätze

Die fünf Zweige der Sozialversicherung

Art	Versicherungsleistungen	Beiträge	Versicherungsträger
Krankenver-sicherung	⊙ ärztliche und zahnärztliche Behandlung ⊙ Arznei-, Verbands-, Heilmittel (mit Bezahlung eines Eigenanteils) ⊙ Krankengeld ⊙ Vorsorge-/Früherkennungsuntersuchungen	**Beiträge**: Arbeitgeber und Arbeitnehmer zahlen i. d. R. jeweils 50 %; seit dem 1.7.2005 zahlt der Arbeitnehmer für die Krankenversicherung einen Zusatzbeitrag. Ab dem 1.1.2009 wird die Krankenversicherung über einen steuerfinanzierten Gesundheitsfonds mitfinanziert.	Krankenkassen, darunter: ⊙ Ortskrankenkassen ⊙ Innungskrankenkassen ⊙ Betriebskrankenkassen ⊙ Ersatzkassen
Rentenver-sicherung	⊙ Altersrente ⊙ Rente an Hinterbliebene ⊙ Rehabilitationsmaßnahmen zur Besserung oder Wiederherstellung der Erwerbsfähigkeit		Träger der RV, darunter: ⊙ Dt. RV Bund ⊙ Dt. RV Knappschaft-Bahn-See ⊙ Landwirtschaftliche Alterskassen
Arbeits-losenvers.	⊙ Arbeitslosengeld I (Dauer begrenzt) ⊙ Arbeitslosengeld II = Hartz IV ⊙ Arbeitsförderung		⊙ Bundesagentur für Arbeit: Jobcenter und Jobbörsen ⊙ Agenturen für Arbeit
Pflegever-sicherung	⊙ häusliche Pflege durch Angehörige, Nachbarn, Pflegedienste ⊙ stationäre Pflege ⊙ Pflegehilfsmittel (Zuschuss o. begrenzte Kostenübernahme)		Pflegekassen bei den Krankenkassen
Unfallversi-cherung	⊙ ärztliche Versorgung nach Eintritt eines Arbeits- oder Wegeunfalls oder einer Berufskrankheit ⊙ Unfallverhütung	Beitrag zahlt allein der Arbeitgeber bzw. Unternehmer	Berufsgenossenschaften

Tab. 3.7: Zweige der Sozialversicherung

3.9 Reform des Sozialstaats

Weil Lebenslagen sich rapide verändern, Mentalitäten sich zerklüften, der Ton politischer Auseinandersetzung schriller wird und Aggression auf vielen Feldern des Zusammenlebens ausbricht, erodiert die deutsche Konsensgesellschaft. Es gibt mehr sozial motivierten Protest und in Teilen der Bevölkerung eine größere Demonstrations- und Gewaltbereitschaft. Die kontrovers aufgenommene Steuerung der Flüchtlingskrise durch die CDU/CSU-SPD-Bundesregierung (2014 ff.), das von der Globalisierung mitverursachte Auseinanderdriften der bereits von Segmentierung, Heterogenität und Individualisierung geprägten Gesellschaft in Arm und Reich und die offen diskutierte Spaltung des Landes in Gewinner- und Verliererregionen verunsichern viele Menschen. Dies und die Forderung nach mehr Gerechtigkeit sowie der Verlust an sozialer Sicherheit sind aktuell noch ungelöste Aufgaben der Politik.

Ein „permanenter Reformprozess" ist das Ideal vieler Gesellschaftspolitiker. In der Realität aber sind Reformen Reparaturbemühungen des Sozialstaats. Kaum ein Sozialstaat hat ein Sozialsystem, das über Jahre oder Jahrzehnte gut und unverändert funktioniert; immer wieder ändern sich Rahmenbedingungen und Umstände, oft tun sich Finanzlücken auf. Auch die letzte große Reform des deutschen Sozialversicherungssystems (2002: „Agenda 2010") steht wieder unter Veränderungsdruck. Der demografische Wandel, die zunehmende Europäisierung, die Euro-Krise, die den Staatshaushalt immer neu fordernde Höhe des Sozialetats und die Globalisierungsfolgen geben Inhalt, Umfang und Tempo sozialer Reformen vor. Damit ist absehbar, dass für einen wachsenden Teil der Bevölkerung der Begriff „Reform" eher negativ als positiv klingt. Viele Menschen sehen Deutschland heute als ein Land mit vielfältigen Spaltungen. Das Nebeneinander von großem privaten Reichtum, verbreiteter öffentlicher Geldnot und offensichtlicher Armut bei zugleich politisch definiertem Mangel an (noch) mehr öffentlichen finanziellen Mitteln zum Ausgleich von Notlagen, Benachteiligungen und nicht vorhandenen Chancen befeuert Diskussionen und Streit um den tatsächlichen Reformbedarf. Gefordert wird etwa ein bedingungsloses Grundeinkommen, andererseits wird Selbstvorsorge angemahnt.

Sozialstaatmodelle

	kontinentaleuropäisches Modell (z. B. Deutschland)	skandinavisches Modell (z. B. Schweden, Finnland)	angelsächsisches Modell (z. B. Großbritannien)
Hauptmerkmal	Staat gleicht die Unwägbarkeiten des ersten Arbeitsmarktes aus	Staat tritt als Arbeitgeber auf dem ersten Arbeitsmarkt auf	Eingliederungsdruck in den ersten Arbeitsmarkt
„Recht auf ..."	regelmäßiges Einkommen	Arbeit	residuale Absicherung (= Absicherung gegen individuelle Lebensrisiken überwiegend Privatsache, Staat springt nur im Notfall ein)
Ziel	Sicherung des Lebensstandards	soziale Sicherheit	Mindest- bzw. Grundsicherung
Kreis der Versicherten	alle abhängig Beschäftigten	alle Bürger	alle Bürger

	kontinentaleuropäisches Modell (z. B. Deutschland)	skandinavisches Modell (z. B. Schweden, Finnland)	angelsächsisches Modell (z. B. Großbritannien)
Verständnis von der Rolle des Staates	konservatives Verständnis: Subsidiaritätsprinzip, auf Lohnarbeit basierend, Leistungen nach dem Versicherungsprinzip der gesetzlichen Versicherung (= Zwangsversicherung)	sozialdemokratisches Verständnis: Emanzipation des Einzelnen von Marktabhängigkeit, Zugangsrecht des Einzelnen zur breit gefächerten Palette staatlicher sozialer Leistung	liberales Verständnis: Betonung der Eigenverantwortlichkeit, staatlich geförderte freiwillige Versicherungssysteme, staatliche Fürsorgeleistungen bei streng kontrollierter Zugangsbeschränkung
zentrale Steuerungsinstanz	Familie bzw. Haushalts bzw. Erwerbsgemeinschaft	Staat	Markt
Wirkungen	große umverteilte Geldmenge bei geringen Umverteilungseffekten	zielgerichtet effizienter Geldmitteleinsatz	Spreizung der Gesellschaft

Tab. 3.8: Sozialstaatmodelle

2019: Rechengrößen in der Sozialversicherung

Beitragssätze	2009	2011	2019
Rentenversicherung	19,9 %	19,9 %	18,60 %
Arbeitslosenversicherung	2,8 %	3,0 %	2,50 %
Krankenversicherung Arbeitgeberanteil Versichertenanteil	15,5 % 7,3 % 8,2 %	15,5 %[1] 7,3 % 8,2 %	14,60 % 7,3 % 7,3 % + x %
Pflegeversicherung	1,95 %	1,95 %	2,85 %
Pflegeversicherung für über 23-jährige Kinderlose[2]	2,2 %	1,95 %	3,10 %
Beitragsbemessungsgrenzen/Höchstbeiträge als Prozentsatz der Beitragsbemessungsgrenze in Euro pro Monat			
Rentenversicherung Höchstbetrag	5 400,00 1 074,60	5 500,00 1 094,50	6 350,00 1 181,10
Arbeitslosenversicherung Höchstbetrag	5 400,00 151,20	5 500,00 165,00	6 350,00 158,75
Krankenversicherung Höchstbetrag	3 675,00 569,63	3 712,50 575,44[3]	4 350,00 635,10
Mindestbemessungsgrenze für freiwillig versicherte Selbstständige in der Krankenversicherung	1 890,00 1 260,00	1 916,25 1 277,50	2 283,75 1 522,50
Pflegeversicherung Höchstbeitrag Höchstbeitrag für Kinderlose	3 675,00 71,66 80,85	3 712,50 72,39 81,68	4 350,00 123,97 134,85

Arbeitnehmer-Versicherungspflichtgrenze in Euro pro Monat

Kranken- und Pflegeversicherung	4 050,00	4 125,00	4 462,50

Tab. 3.9: Rechengrößen der Sozialversicherung
[1]   Zuzahlungen und Boni – je nach Krankenversicherung
[2]   Die zusätzlichen 0,25 Prozentpunkte zahlen allein die Versicherten.
[3]   Bei einem gesetzlich vorgegebenen Beitragssatz von 14,6 %

Überblick

Wenn Sie sich durch dieses Kapitel gearbeitet haben, haben sie sich mit dem Gesellschaftsbegriff auseinandergesetzt. Sie kennen jetzt die unterschiedlichen Modelle der Gesellschaftsanalyse. Die unterschiedlichen Modelle zur Sozialstruktur sollten Ihnen jetzt geläufig sein.
Sie sollten wissen, dass allein der Modell-Begriff das Handwerkszeug dazu liefert, die komplexe und in Bewegung geratene Gesellschafts- und Sozialstruktur Deutschlands begrifflich exakt zu erfassen. Lebensläufe/ Biografien müssten Sie als illustrierende Einzelfälle erkennen, die sich in die strukturierte Gesamtansicht von der Gesellschaft einpassen.

Die wesentlichen Modelle, hier besonders das Modell der Klassengesellschaft von Marx und Engels, aber auch die Modelle der eingeschmolzenen Klassengesellschaft, das Modell der nivellierten Mittelstandsgesellschaft, Dahrendorfhaus und Boltezwiebel sollen Ihnen jetzt bekannt sein.
Rainer Geisslers Modell des westdeutschen Ungleichheitsgefüges und der Ansatz von Sinus Sociovision sind ebenso von Bedeutung.

Im Wesentlichen sind die gesellschaftlichen Entwicklungen auf die Entwicklung des Sozialstaats zurückzuführen, weil hierdurch eine entsprechende Absicherung der Bevölkerung geschaffen wurde. Sie sollen sich mit dem Sozialversicherungssystem auseinandergesetzt haben.

Die Europäische Union

In diesem Kapitel erhalten Sie einen Überblick über das Werden der EU sowie die politische und wirtschaftliche Struktur der Union.
Das Kapitel befasst sich mit den Organen der EU und der Frage der Demokratie, aber auch mit den aktuellen Krisen, die Europa zu bewältigen hat.

4

Mit 28 Mitgliedstaaten und ca. 500 Millionen Menschen ist der Binnenmarkt der Europäischen Union (EU) der größte Wirtschaftsraum der Erde. Die EU entwickelte sich in mehreren Etappen, parallel zur räumlichen Ausdehnung erweiterten sich ihre Zuständigkeiten. Heute ist sie auf fast allen Politikfeldern aktiv. Die Europäische Union hat eine eigene **Rechtspersönlichkeit**, d. h. sie kann selbstständig Verträge schließen.

Die seit den Umbruchjahren 1989/91 beschleunigte Globalisierung, die Krise der Finanzmärkte seit 2008, die folgende Weltwirtschafts-, Banken- und Eurokrise, das Brexit-Referendum in Großbritannien und die US-Präsidentschaft Donald Trumps erfordern eine „Runderneuerung" der EU: Institutionen, Entscheidungsprozesse und Handlungsfelder müssen reformiert werden.

4.1 Eine Europa-Chronik

1951	Vertrag über die Europäische Gemeinschaft für Kohle und Stahl (EGKS = Montanunion)
1957	„Römische Verträge": Gründung der Europäischen Wirtschaftsgemeinschaft (**EWG**) und der Europäischen Atomgemeinschaft (EURATOM)
1962	gemeinsame Agrarpolitik für alle EWG-Staaten
1968	Zollunion: Zollfreiheit zwischen allen EWG-Staaten
1970	eigener EWG-Haushalt durch Eigeneinnahmen der EWG
1973	Beitritte: Dänemark, Irland, Großbritannien; Norwegens Beitritt scheiterte nach Referendum 1972
1979	Start des Europäischen Währungssystems (EWS)
1979	erste Direktwahl des Europäischen Parlaments
1981	Beitritt Griechenlands
1984	zweite Direktwahl des Europäischen Parlaments
1986	Beitritt von Portugal und Spanien
1986	erste umfassende Änderung der Gründungsverträge
1989	dritte Direktwahl des Europäischen Parlaments (EP)
1990	Deutschlands Wiedervereinigung

Das Schengener Abkommen wurde von BeNeLux, F und D ausgehandelt. Heute gilt es für Mitgliedstaaten der EU sowie die Nicht-EU-Länder Island, Liechtenstein, Norwegen und Schweiz. Ausnahmen gelten für GB, Irland, Rumänien und Bulgarien.

1990	Schengener Abkommen: Abschaffung von Personenkontrollen an den Grenzen der Schengen-Staaten
1992	Maastrichter Vertrag über die Europäische Union (EU)
1993	Inkrafttreten des Maastricht-Vertrags: europäischer Binnenmarkt (freier Personen-, Güter-, Dienstleistungs- und Kapitalverkehr)
1994	Schaffung des Europäischen Wirtschaftsraums EWR zwecks Zusammenarbeit mit Nicht-EU-Staaten in Europa; vierte Direktwahl des EP
1995	Beitritt von Finnland, Österreich, Schweden
1997	Amsterdamer Vertrag mit Unionsbürgerschaft; Betrugsbekämpfung; Datenschutz; Umweltschutz; Beschäftigungs-, Sozial-, Verkehrspolitik
1998	Gründung der Europäischen Zentralbank EZB und des Europäischen Systems der Zentralbanken ESZB
1999	fünfte Direktwahl des Europäischen Parlaments
1999	Einführung des Euro als Gemeinschaftswährung der EU
2001	Vertrag von Nizza: Vorbereitung der Ost-Erweiterung, veränderte Stimmgewichte der Staaten im Rat und im Parlament, neue Zusammensetzung der EU-Kommission, Ausdehnung von Mehrheitsentscheidungen, Ermöglichung von verstärkter Zusammenarbeit einzelner Staaten
2002	Ausgabe der Euro-Münzen und Euro-Scheine in „Euroland"
2003	Inkrafttreten des Nizza-Vertrags
2004	Ost-Erweiterung der EU um Polen, Tschechien, Slowakei, Ungarn, Slowenien, Litauen, Lettland, Estland, Malta, Zypern
2004	sechste Direktwahl des Europäischen Parlaments
2005	Scheitern des seit 2000 geplanten Verfassungsvertrags
2005	Einigung im Europäischen Rat über den Finanzrahmen der EU für 2007 bis 2013 (862 Mrd. Euro = 1,045 % der EU-Wirtschaftsleistung)
2005	Aufnahme der Beitrittsverhandlungen mit der Türkei und mit Kroatien
2007	13. Dezember: Unterzeichnung des EU-Reformvertrags von Lissabon
2008	Euro-Einführung in Zypern und Malta; Schweiz im Schengen-Vertrag
2009	Einführung des Euro in der Slowakei; siebte Direktwahl des Europäischen Parlaments; weltweite Finanzkrise: Strengere EU-Vorgaben zwecks Haushaltsdefizite-Abbau; institutionelle und personelle Neuausrichtung aller EU-Organe nach Inkrafttreten des Lissabon-Vertrages
2010	Drohende Insolvenz Griechenlands und Gründung des EU-Rettungsschirms EFSF (750 Mrd. Euro) zur Abwendung von Staatsbankrotten – bei strengen Haushaltsauflagen in GR; Irland unter dem „Rettungsschirm"; EU-Gipfel-Beschluss: dauerhafter Rettungsfonds ESM für vom Staatsbankrott bedrohte Euro-Staaten
2011	Einführung des Euro in Estland/Schuldenschnitt von 50 Prozent für GR/neues Rettungspaket und Regierungswechsel in GR; Krise in P (Rettungsschirm), E und I; Regierungswechsel, Sparprogramme, Haushaltsreformen in I; Wirtschafts- und Haushaltsreformen in Irland
2012	GR: 100-Mrd.-Euro-Schuldenschnitt mit Gläubigerbeteiligung/Ausweitung des ESM auf 800 Mrd. Euro; zweimalige Neuwahlen in GR; Regierungswechsel in E; EU-Fiskalpakt (nationale Schuldenbremsen, ausgeglichene Haushalte, quasiautomatisches Defizitverfahren) und Beschluss zum Aufbau einer „echten" Wirtschafts- und Währungsunion mit zentraler Bankenaufsicht

2013	Fortdauer der EU-Krise als Staatsschulden-, als Banken-, als Euro-, als Politik- und als Wirtschaftskrise in den vom Staatsbankrott bedrohten EU-Staaten Griechenland, Portugal, Italien, Spanien; Kritik an der deutschen Europa-Politik, die in den EU-Krisenstaaten Haushaltssanierungen und Strukturreformen erzwingen will; Beitritt Kroatiens zur EU (EU – 28); Einigung über den EU-Finanzrahmen für 2014 bis 2020; Brüsseler EU-Gipfel (12/2013) verabredet eine Bankenunion, die ab 2016 gelten soll: eine effektivere Bankenaufsicht, ein gesetzlich geregelter Kleinanlegerschutz, einen Mechanismus für die Sanierung oder Abwicklung maroder Banken
2014	Einführung des Euro in Lettland; achte Direktwahl des Europäischen Parlaments (05/2014)
2015	Flüchtlingskrise (Bürgerkrieg in Syrien, Terror des „Islamischen Staates", Zerstrittenheit der EU darüber, wie die entstehenden Lasten gerecht verteilt werden könnten)
2016	Brexit-Referendum in GB bestimmt den Austritt GBs aus der EU
2017/18	Herausforderungen: „America-first-Strategie von US-Präsident Trump/ Brexit-Verhandlungen der EU mit Großbritannien, geplanter Austrittstermin 30.03.2019/ Flüchtlingsthematik/ Migration ...

Tab. 4.1: Zeittafel

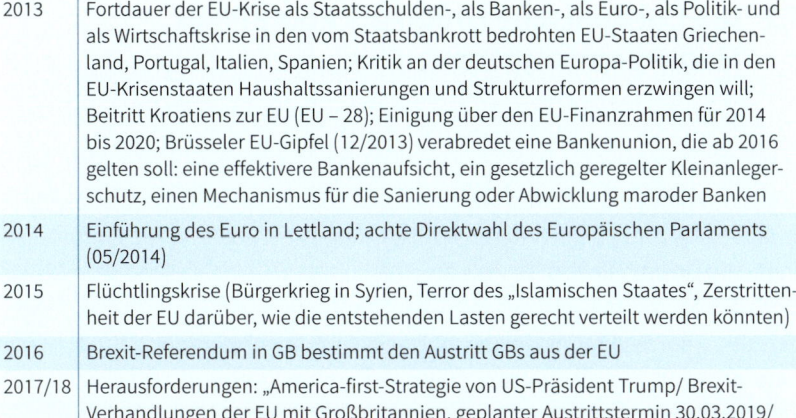

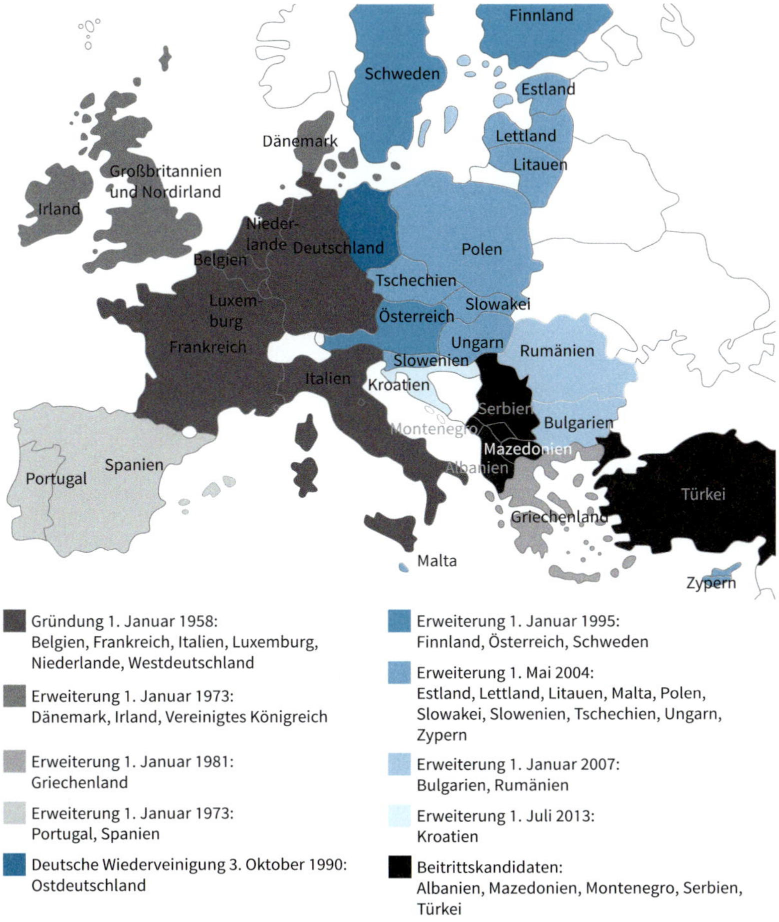
Finnland
Schweden
Estland
Dänemark
Lettland
Litauen
Großbritannien und Nordirland
Irland
Nieder-lande
Deutschland
Polen
Belgien
Tschechien
Luxem-burg
Slowakei
Österreich
Frankreich
Ungarn
Rumänien
Slowenien
Italien
Kroatien
Serbien
Montenegro
Bulgarien
Mazedonien
Albanien
Spanien
Portugal
Türkei
Griechenland
Malta
Zypern
Gründung 1. Januar 1958: Belgien, Frankreich, Italien, Luxemburg, Niederlande, Westdeutschland
Erweiterung 1. Januar 1973: Dänemark, Irland, Vereinigtes Königreich
Erweiterung 1. Januar 1981: Griechenland
Erweiterung 1. Januar 1973: Portugal, Spanien
Deutsche Wiederveinigung 3. Oktober 1990: Ostdeutschland
Erweiterung 1. Januar 1995: Finnland, Österreich, Schweden
Erweiterung 1. Mai 2004: Estland, Lettland, Litauen, Malta, Polen, Slowakei, Slowenien, Tschechien, Ungarn, Zypern
Erweiterung 1. Januar 2007: Bulgarien, Rumänien
Erweiterung 1. Juli 2013: Kroatien
Beitrittskandidaten: Albanien, Mazedonien, Montenegro, Serbien, Türkei

Abb. 4.1: Mitgliedstaaten der EU und Beitrittskandidaten

4.2 Die Europäische Union als komplexes Mehrebenensystem

Wie anziehend die EU trotz aller Krisen und trotz aller innerer Widersprüche für die Staaten Europas von Anfang an war, zeigen die Beitrittsschübe zur EWG/EG/EU – von sechs zu 28 Mitgliedstaaten.

Zwar wird nach dem Austrittsvotum der Briten (Mai 2016) die EU-28 voraussichtlich zur EU-27 schrumpfen und der Prozess der Aufnahme weiterer Staaten in den EU-Verbund wird sich verzögern; Beitrittsverhandlungen mit den beitrittswilligen Staaten laufen aber trotz des „Brexit" weiter.

Mit den Abstimmungsniederlagen über den Verfassungsvertrag des Verfassungskonvents (Referenden in den Niederlanden und in Frankreich 2005) und mit der Ablehnung des daraufhin ausgearbeiteten Reformvertrags von Lissabon (12/2007) beim Referendum in Irland (Mai 2008) war die Europäische Union (EU) in eine tiefe Krise geraten.

Erst die Unterzeichnung des Lissabon-Vertrags im Dezember 2007 hat eine Neuordnung der EU-Binnenstrukturen auf den Weg bringen und durchsetzen können. Das Ziel einer Beschleunigung von Entscheidungsfindungsprozessen und einer stärkeren Demokratisierung des „komplexen Mehrebenensystems" der EU ist mit diesem Vertrag dennoch kaum erreicht. Der „Nicht-Staat" und der „Nicht-Staatenbund" EU steckt mit seinen quasi-staatlichen Institutionen und mit seinen konsensualen Verfahren weiterhin in seiner Entwicklung zu einer kompletten Union auf halbem Wege fest. Dass diese staatsähnliche „Union im Werden" in absehbarer Zeit wirklich zu einer staatlichen Einheit wachsen könnte, ist wegen der unvollständigen und krisenbehafteten Wirtschafts- und Währungsunion und wegen des bislang fehlenden Willens zu einer echten politischen Union nicht zu erkennen, auch wenn heute in der Europäischen Union alle Insignien klassischer Staatlichkeit verwendet werden:

Europatag	Europaflagge	Europahymne	Europamotto
9. Mai in Erinnerung an den Vorschlag von Robert Schuman für die europäische Montanunion (9.5.1950)	Im Jahr 1986 vom Europarat übernommene Flagge, die mit zwölf (für Vollkommenheit) fünfzackigen goldenen (für Edles und für Erfolg) und im Kreis (für Einigkeit) angeordneten Sternen auf dunkelblauem Grund die EU symbolisiert	Die „Ode an die Freude" aus Beethovens 9. Synphonie (Freude schöner Götterfunken, ...)	„In Vielfalt vereint"

Tab. 4.2: Insignien der EU

Für die Beurteilung eines Beitrittsantrags sind die sogenannten **Kopenhagener Kriterien** von 1993 ausschlaggebend:

Politisches Kriterium	Wirtschaftliches Kriterium	Acquis- Kriterium
Institutionelle Stabilität als Garantie für demokratische und rechtsstaatliche Ordnung mit Wahrung der Menschenrechte, Achtung und Schutz der Minderheiten im beitrittswilligen Staat	Funktionsfähige Marktwirtschaft und Fähigkeit des beitrittswilligen Staates, dem Wettbewerbsdruck innerhalb der Euroäischen Union standzuhalten	Fähigkeit des beitrittswilligen Staates, sich aus der EU-Mitgliedschaft entstehenden Verpflichtungen und Ziele zu eigen zu machen, also die Übernahme des Gemeinschaftsregelwerks „aquis communautaire", zu garantieren

Tab. 4.3: Kopenhagener Kriterien

Die EU in Basiszahlen

	Bevölk. (in Mio. 2018)	BIP zu Markpreisen in Mrd. Euro	Arbeits-losenquote	Staatsdefizit- bzw. Überschussquote in % des BIP		Staatsverschuldung in % des BIP	
	2018	2018	2018	2012	2017	2012	2018
EU (EU 28)	512,60	13 921,00	7,0	−4,3	−1,0	85,3	81,2
Euroraum (EU 19)	341,46	15 330,00	8,4	−3,7	−0,9	0,0	86,5
Belgien (B)	11,43	437,20	6,0	−4,2	−1,0	99,6	101,5
Bulgarien (BG)	7,06	50,43	5,0	−0,3	0,9	18,5	23,3
Dänemark (DK)	5,80	288,67	5,2	−3,5	1,0	45,8	33,6
Deutschland (D)	83,20	3 263,35	3,2	−0,2	1,3	0,0	60,2
Estland (EST)	1,32	23,00	5,0	−0,3	−0,3	10,1	8,8
Finnland (FIN)	5,52	223,52	7,9	−2,2	−0,6	53,0	60,4
Frankreich (F)	67,25	2 287,60	9,2	−5,0	−2,6	90,2	96,4
Griechenland (GR)	10,68	177,74	20,1	−8,9	0,8	156,9	177,8
Großbrit. (GB)	66,30	2 324,29	4,1	−8,2	−1,9	0,0	86,3
Irland (IRL)	4,76	296,15	5,3	−8,0	−0,3	117,6	65,6
Italien (I)	60,76	1 716,93	10,7	−2,9	−2,3	127,0	130,7
Kroatien	4,13	48,68	8,9	−5,2	0,8	57,0	73,7
Lettland (LV)	1,99	26,86	7,4	−1,2	−0,5	40,7	37,0
Litauen (LT)	2,82	41,86	6,8	−3,1	0,5	0,0	36,0
Luxemburg (L)	0,60	55,38	5,2	0,3	1,5	20,8	0,0
Malta (M)	0,44	11,11	3,9	−3,5	3,9	72,1	41,1
Niederlande (NL)	17,42	733,17	3,9	−3,9	1,1	71,2	53,5
Österreich (A)	8,85	369,22	4,6	−2,2	−0,7	73,4	74,8
Polen (PL)	37,97	465,60	3,8	−3,7	−1,7	0,0	49,6
Portugal (P)	10,28	193,05	7,3	−5,7	−3,0	123,6	122,5
Rumänien (RO)	19,49	187,87	4,6	−3,7	−2,0	37,8	35,3
Schweden (S)	10,09	477,86	6,2	−1,0	1,3	38,2	38,0
Slowakei (SK)	5,44	84,99	6,8	−4,3	−1,0	52,1	49,0
Slowenien (SLO)	2,07	43,28	5,6	−4,0	0,0	54,1	73,6
Spanien (E)	46,49	1 163,66	15,8	−10,5	−3,1	84,2	97,6
Tschechien (CZ)	10,61	192,02	2,3	−3,9	1,6	45,8	32,7
Ungarn (H)	9,67	123,49	3,7	−2,4	−2,0	79,2	73,3
Zypern (CY)	0,86	19,21	8,4	−5,6	1,8	85,8	105,7

Tab. 4.4: Basiszahlen der EU

Quelle: © Europäische Union, 1995–2018

Die Erfüllung der politischen Kriterien von Kopenhagen (EU-Gipfel 1993) ist eine Voraussetzung für jeden Verhandlungsbeginn mit einem Bewerberstaat. Die Kopenhagener Kriterien sind das Nadelöhr, durch das die damalige EU-15 alle Bewerberstaaten geschickt hat; jährliche Fortschrittsberichte der Europäischen

Kommission für alle Bewerberstaaten haben die Grundlage der Erweiterung zur EU-25 im Jahr 2004, zur EU-27 im Jahr 2007 und zur EU-28 im Jahr 2013 gelegt. Das Europäische Parlament (11/2016) hat empfohlen, die Verhandlungen mit der Türkei wegen der autoritären Entwicklungen (weitreichende Maßnahmen nach Ausrufung des Staatsnotstands durch Staatspräsident Erdogan und die Regierung Yildirim nach dem Putschversuch von Teilen der Armee, 07/2016) auszusetzen. Mit dem Übergang vom parlamentarischen System zum autokraritschen Präsidialsystem, das mit der Wahl am 24.6.2018 besiegelt wurde, ist ein Beitritt der Türkei in die EU in weite Ferne gerückt. Den Status eines Beitrittskandidaten hat die Türkei seit 1999. Weitere Beitrittskandidaten sind Mazedonien (seit 2005), Montenegro (seit 2010), und Albanien (seit 2014). Serbiens Kandidatenstatus scheiterte bislang an der Nichtanerkennung des Kosovo als Staat; Bosnien-Herzegowina hat keinen Beitrittsantrag gestellt und Islands Beitrittsantrag aus dem Jahr 2009 ruht auf isländischen Wunsch seit 2013.

4.3 Europäische Institutionen und ihre Kompetenzen (Stand: 2018)

Lissabon – Neuausrichtung der europäischen Institutionen

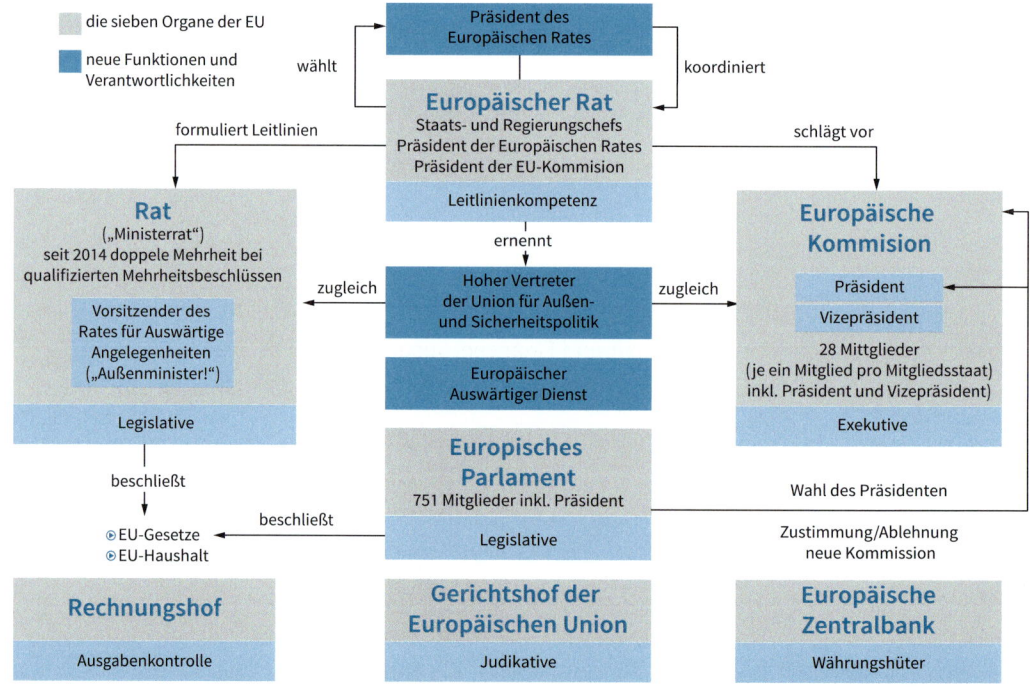

Abb. 4.2: Europäische Institutionen

Der Europäische Rat

Der **Europäische Rat** setzt sich aus dem Präsidenten der Europäischen Kommission und den Staats- und Regierungschefs der Länder zusammen, die die Europäische Union bilden. Die Institution ist seit dem Jahr 2009 ein offizielles Organ der EU mit Standort in Brüssel.

Aufgabe des Europäischen Rates ist es, die Ausrichtung der Politik der EU vorzugeben. Sensible oder komplexe Themen, die auf untergeordneten Ebenen nicht geklärt werden konnten, werden hier aufgegriffen und eine Klärung versucht. Rechtsvorschriften kann diese Institution jedoch nicht erlassen. In diesem Gremium wird die Außen- und Sicherheitspolitik der Europäischen Union festgelegt. Dem Europäischen Rat obliegt auch die Ernennung der Kandidaten wichtiger Positionen auf EU-Ebene, nämlich den Kommissionspräsidenten, den hohen Vertreter der EU sowie die Mitglieder des Direktoriums der Europäischen Zentralbank.

Dem **EAD Europäischer Auswärtiger Dienst** (EAD) obliegt die Pflege diplomatischer Beziehungen der EU zu Drittländern. Er ist das ausführende Organ für die Außen- und Sicherheitspolitik der Europäischen Union und setzt die Außen- und Sicherheitspolitik der EU um.

Der Rat der Europäischen Union

Der **Rat der Europäischen Union** ist das Legislativorgan der Gemeinschaft. In den Rat wird je ein Minister eines jeden Mitgliedslandes der EU entsandt. Je nach Ressort, aus dem eine Entscheidung zu treffen ist, wird der jeweilige Fachminister entsendet.

Möglich sind zehn Ratsformationen, der Rat für Allgemeine Angelegenheiten; Auswärtige Angelegenheiten; Wirtschaft und Finanzen; Justiz und Inneres; Beschäftigung, Sozialpolitik, Gesundheit und Verbraucherschutz; Wettbewerbsfähigkeit; Umwelt; Bildung, Jugend, Kultur und Sport; Verkehr, Telekommunikation und Energie; Rat für Landwirtschaft und Fischerei.

Die Ratspräsidentschaft wechselt halbjährlich, jeweils zum 1.1. und 1.7. eines Jahres. Der Rat der Europäischen Union erlässt die Rechtsvorschriften. Meist ist jedoch eine Mitentscheidung des Parlaments notwendig. Ferner nimmt er die Befugnisse zur Durchführung von Vorschriften wahr. Dies kann der Rat jedoch auch an die Kommission delegieren.

Der Präsident des Europäischen Rates, derzeit Donald Tusk (Stand 2018) wird auf zweieinhalb Jahre gewählt, mit der Möglichkeit auf Wiederwahl für eine weitere Amtszeit. Der Präsident beruft die Sitzungen ein, die in der Regel vierteljährlich stattfinden.

Hoher Vertreter der Europäischen Union
Der Hohe Vertreter ist der Vertreter des Rates und gleichzeitig Vizepräsident der Europäischen Kommission. Daneben leitet er den Rat der Außenminister. Er ist der „Außenminister" der Europäischen Union. Damit obliegt ihm die Aufgabe, zur Festlegung der gemeinsamen Außen- und Sicherheitspolitik der EU beizutragen und diese international zu vertreten. Mit Stand Oktober 2018 ist dies die Italienerin Federica Mogherini, die vorher italienische Außenministerin war.

Die Aufgaben des Rates als Beschluss- und Lenkungsorgan der EU und zugleich Legislativ- und Exekutivorgan sind: die Verabschiedung europäischer Rechtsvorschriften – in vielen Bereichen gemeinsam mit dem Europäischen Parlament,die Abstimmung der Grundzüge der Wirtschaftspolitik in den Mitgliedsstaaten,den Abschluss internationaler Übereinkünfte zwischen der EU und anderen Staaten oder mit internationalen Organisationen, die Genehmigung des Haushaltsplans der EU gemeinsam mit dem Europäischen Parlament, die Entwicklung der gemeinsamen Außen- und Sicherheitspolitik der EU, die Koordinierung der Zusammenarbeit der nationalen Gerichte und Polizeikräfte in Strafsachen.

Ministerrat

	Rat der Europäischen Union (Ministerrat)	
Ausschuss der Ständigen Vertreter der Mitgliedstaaten	**Zentrales Beschluss- und Lenkungsorgan der Europäischen Union** besteht aus Ministern der Mitgliedsstaaten in wechselnder fachlicher Zusammensetzung je nach dem Gegenstand der Beratungen	**Ratspräsidentschaft** wechselt halbjährlich zwischen den EU-Mitgliedstaaten
		Generalsekretariat (Brüssel)

Abb. 4.3: Der Ministerrat der EU

Der EU-Ministerrat stimmt über die Vorschläge der Kommission ab. Es gilt eine Mehrheitsentscheidung durch „doppelte Mehrheit": Es müssen mindesten 55 % der Mitgliedsstaaten zustimmen, die mindestens 65 % der EU-Bevölkerung vertreten. In einzelnen Fällen sind sogar 72 % der Staaten nötig. Dazu gibt es ein Vetorecht über außenpolitische und sicherheitsrelevante Entscheidungen sowie welche des Steuerrechts. Bei der Innen- und Justizpolitik gibt es weitere Einschränkungen.

Die Einschränkungen sollen verhindern, dass gerade kleinere Mitgliedsstaaten sich in berechtigten Interessen „überrollt" sehen.

Ratspräsidentschaften bis zum Jahr 2025. In der Zeit vom 1.7. – 31.12.2020 wird Deutschland den Ratsvorsitz einnehmen

2018	Bulgarien	Österreich
2019	Rumänien	Finnland
2020	Kroatien	Deutschland
2021	Portugal	Slowenien
2022	Frankreich	Tschechische Republik
2023	Schweden	Spanien
2024	Belgien	Ungarn
2025	Polen	Dänemark

Tab. 4.5: Ratpräsidentschaft

Quelle: Europ. Union – Official Journal of the European Union. Council Desicion (EU) 2016/1316 of July 2016

Die Europäische Kommission

Die **Europäische Kommission** ist das Exekutivorgan der Europäischen Gemeinschaft, in gewisser Weise kann man sie als Regierung bezeichnen. Jedes Mitgliedsland entsendet ein Mitglied in die Kommission. Die Amtszeit der Kommission beträgt fünf Jahre. Der deutsche Vertreter ist bis zum Jahr 2019 GÜNTHER OETTINGER. Der Kommissionspräsident, bis 2019 JEAN-CLAUDE JUNKER, wird vom Europäischen Rat bestimmt. Wie die Minister in der Bundesregierung besetzen die Kommissare in der Kommission bestimmte Ressorts, die den Kommissaren vom Kommissionspräsidenten zugeteilt werden.

Das Europaparlament

Das Europaparlament ist das einzige von den Bürgerinnen und Bürgern der EU direkt gewählte Organ. In der Legislaturperiode 2014 – 2019 sitzen 751 Abgeordnete im Parlament. Der derzeitige Präsident ist Antonio Terjani.

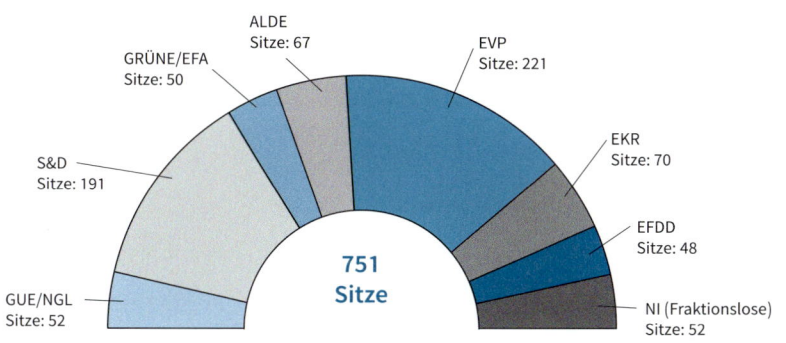

Abb. 4.4: Zusammensetzung des Europaparlaments in der Legislaturperiode 2014 bis 2019

Die Sitzverteilung berücksichtigt die Einwohnerzahl eines Landes. Mit steigender Zahl steigt auch die Anzahl der Sitze, die jedoch bei 96 Sitzen gedeckelt ist. Jedes Land ist jedoch mit mindestens sechs Sitzen vertreten. Für die Wahl 2019 und nachfolgende Wahlen ist eine Überarbeitung der Anzahl der Sitze geplant, damit demographische Entwicklungen Berücksichtigung finden.

Das Parlament ist neben dem Rat der Europäischen Union (Ministerrat) das legislative Organ der EU. Die Vorschläge für die Rechtsvorschriften unterbreitet die Europäische Kommission. Erweiterungen der EU werden auch vom Parlament bestimmt. Das Parlament ist ebenso ein Kontrollorgan. Es kontrolliert alle EU-Organe und hat das Recht auf ein Misstrauensvotum gegenüber der Kommission. Das Parlament kann erwirken, dass die Kommission als Ganzes zurücktritt. Zusammen mit dem Rat der Europäischen Union stellt das Parlament

Die Europäische Kommission ist die Hüterin der Verträge und überwacht daher das Gemeinschaftsrecht in der EU. Bei Vertragsverletzungen kann ein Verfahren gegen das entsprechende Land eingeleitet werden. Im Zweifel entscheidet aber der Europäische Gerichtshof. Die Kommission hat das Recht Gesetzesvorschläge zu unterbreiten, die vom Europäischen Parlament und dem Ministerrat verhandelt werden. Sie verwaltet die Haushaltsgelder und stellt den EU-Haushalt auf. Beschlossen wird dieser allerdings vom Parlament und dem Rat der Europäischen Union.

Fraktionen im Europäischen Parlament
GUE/NGL Konföderale Fraktion der Vereinigten Europäischen Linken/ Nordische Grüne Linke (in D die Linken)
S&D Progressive Allianz der Sozialdemokraten (in D die SPD)
Grüne/EFA Fraktion der Grünen/ Freie Europäische Allianz (in D die Grünen)
ALDE Fraktion der Allianz der Liberalen und Demokraten für Europa (in D FDP)

EVP Fraktion der Europäischen Volkspartei
(Christdemokraten) und
europäischer Demokra-
ten (in D CDU/ CSU)
EKR Allianz der Europäischen Konservativen
und Reformisten (in D
Familienpartei)
EFDD (ehemals EFD-
Fraktion) Fraktion für
ein Europa der Freiheit
und der direkten Demo-
kratie (in D AFD)
Fraktionslose: Parla-
mentarier, die keiner
Fraktion angehören

den Haushaltsplan auf und bestimmt über den langfristigen Finanzrahmen des EU-Haushalts. Außer im Bereich der gemeinsamen Außen- und Sicherheitspoli-tik (GASP) sowie im Bereich der Zusammenarbeit im Bereich Justiz und Inneres (ZBJI) ist das Mitentscheidungsrecht des Parlaments der Regelfall.
Derzeit sind 7 Fraktionen im Parlament vertreten. Mit 221 Sitzen ist die EVP die stärkste Fraktion.

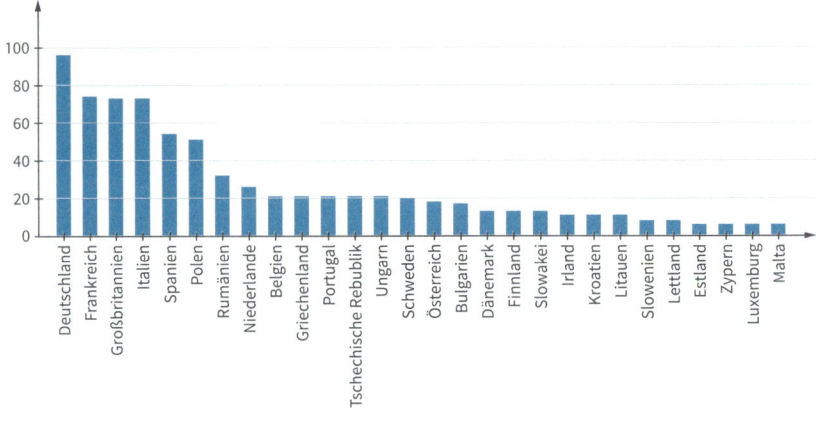

Abb. 4.5: Sitzverteilung nach Ländern

Weitere Europäische Institutionen

Die Organe der Eu

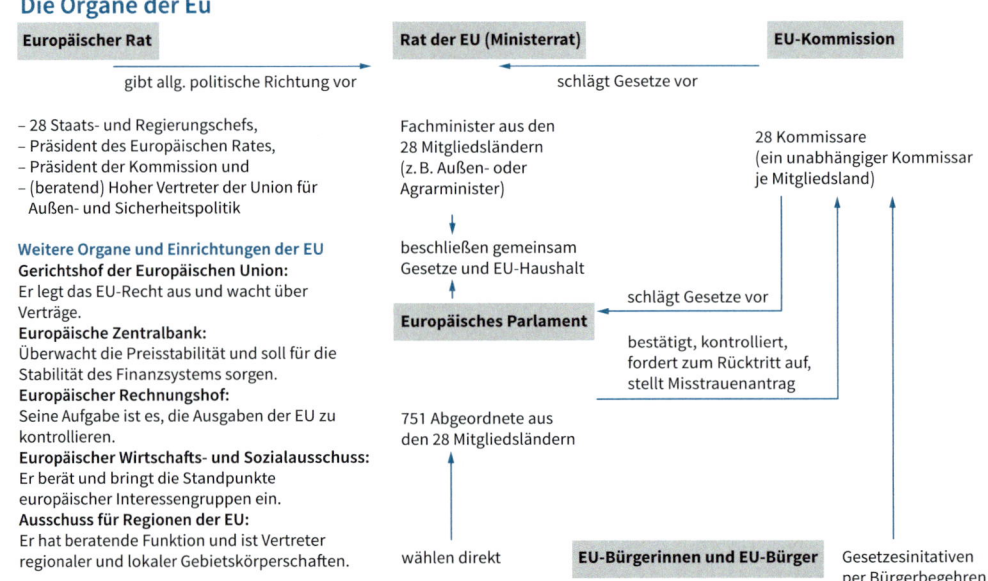

Abb. 4.6: Organe der EU

Der Europäische Gerichtshof (EuGH)

Der EuGH mit Sitz in Luxemburg ist das rechtsprechende Organ der EU. Der EuGH beinhaltet den Gerichtshof, das Gericht und die Fachgerichte.

Jedes Mitgliedsland der EU entsendet einen Richter in den EuGH. Der EuGH ist Verfassungsgericht, entscheidet also bei Streitigkeiten zwischen Organen der EU. Ferner fungiert er als Verwaltungsgericht, entscheidet also darüber, ob nationale Rechtsverordnungen mit EU-Recht in Einklang stehen.

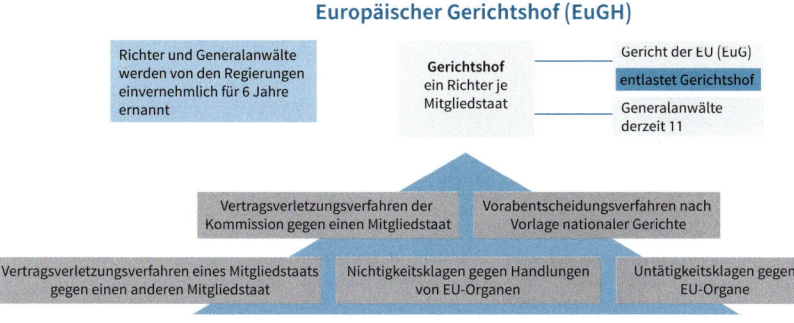

Abb. 4.7: Der Europäische Gerichtshof

Die Europäische Zentralbank

Die **Europäische Zentralbank** als Teil des Europäischen Systems der Zentralbanken (ESZB) beinhaltet zwei Organe. Das sechsköpfige Direktorium, das vom Europäischen Rat bestimmt wird, und den Europäischen Zentralbankrat, der aus dem Direktorium und den Präsidenten der Nationalen Zentralbanken der Mitgliedsländer, die den Euro als Währung eingeführt haben, besteht. Die Präsidenten der Nationalen Zentralbanken besetzen den Rat in einem Rotationssystem. Hauptaufgabe ist die Stabilität der Gemeinschaftswährung Euro.

ECOFIN-Rat

Der **ECOFIN- Rat** (**Eco**nomic and **Fin**ancial Minister) ist der Rat der Wirtschafts- und Finanzminister der Europäischen Union. Der halbjährlich tagende Rat tritt zusammen, um wirtschafts- und finanzpolitische Divergenzen innerhalb der EU zu vermeiden.

Europäischer Stabilitätsmechanismus

Der **Europäische Stabilitätsmechanismus (ESM)** mit Sitz in Luxemburg ist eine europäische Finanzinstitution, deren Aufgabe es ist, finanziell in Schwierigkeiten geratene Mitgliedsstaaten der EU zu unterstützen. Das ESM setzt sich aus einem Direktorium, in das jedes Mitgliedsland einen Vertreter entsendet, und dem Gouverneursrat zusammen. Im Gouverneursrat sitzen die Finanzminister jener Mitgliedstaaten, die den Euro als Währung eingeführt haben.

Das Stammkapital des ESM in Höhe von 705 Mrd. Euro wurde von den Mitgliedstaaten eingelegt. Je nach Wirtschaftskraft mussten unterschiedlich hohe Einlagen geleistet werden, die sich an der Beteiligung der Staaten am Stammkapital der EZB orientierten.

Finanzhilfen werden in Form von Krediten gewährt. Im Gegenzug für die Unterstützung werden jedoch strenge wirtschaftliche Auflagen und in der Regel Reformvorgaben eingefordert, die das zu unterstützende Land wirtschaftlich wieder stabilisieren sollen, damit die Finanzhilfen in absehbarer Zeit nicht mehr nötig sind.

Hilfen aus dem ESM Spanien 2012–2014 (41,3 Mrd. €) Zypern 2013–2016 (7,3 Mrd. €) Griechenland 2015–2018 (86 Mrd. €) Angaben nach: Bundesministerium für Finanzen (Stand: 30.6.2018)

Beteiligungen der Mitgliedstaaten in % des Stammkapitals

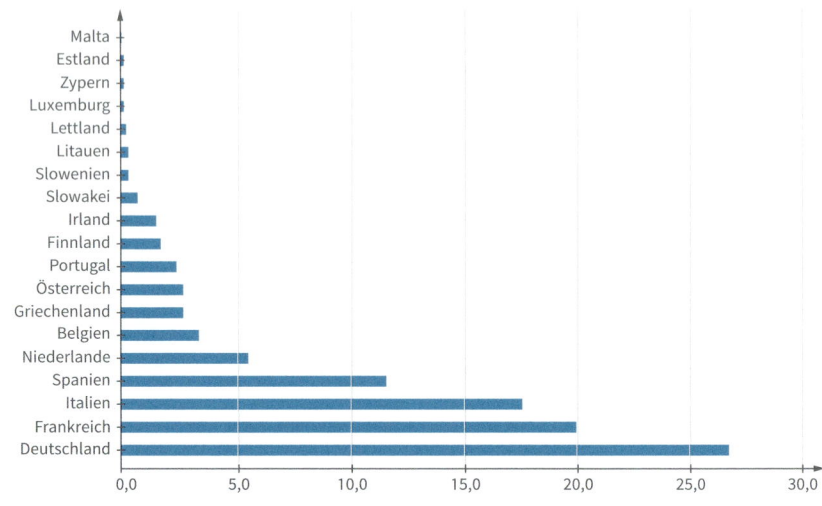

Zahlen Bundesfinanzministerium, Stand Feb. 2015, Grafik eigene Darstellung

Abb. 4.8: Beteiligungen am Stammkapital in Prozent

Beteiligungen der Mitgliedstaaten am ESM in Mrd €

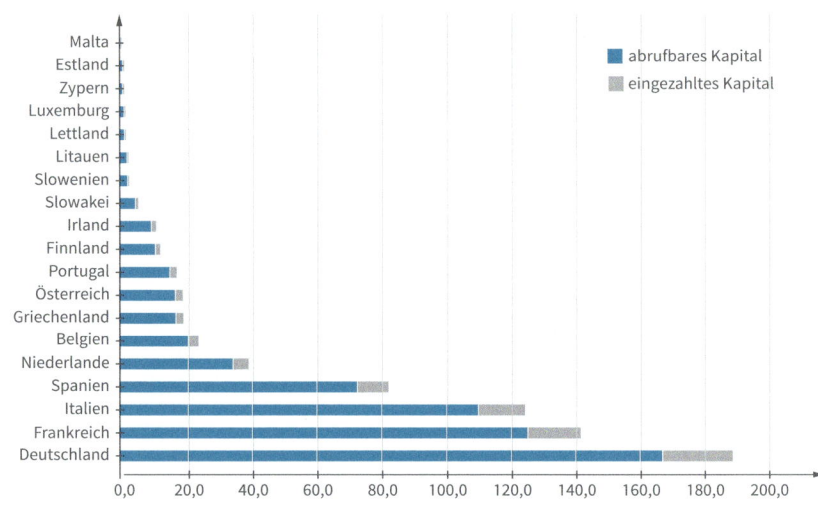

Abb. 4.9: Beteiligungen der Mitgliedsstaaten am ESM in absoluten Zahlen

Europäischer Rechnungshof

Der Europäische Rechnungshof überprüft die Einnahmen und Ausgaben der EU. Er stellt im Sinne einer sparsamen, wirtschaftlichen und wirksamen Mittelverwaltung fest, inwieweit Einnahmen und Ausgaben korrekt erfasst werden.

Damit ist der Rechnungshof quasi Vertreter der Steuerzahler der Gemeinschaft. Jedes Mitgliedsland entsendet einen Vertreter in dieses Gremium. Die Personalentscheidung trifft der Europäische Rat. Eine Amtszeit dauert sechs Jahre.

Haushalt der Europäischen Union 2018 (in Millionen Euro)

1a	Wettbewerbsfähigkeit im Dienste von Wachstum und Beschäftigung	21 845,61
1b	Wirtschaftlicher, sozialer und territorialer Zusammenhalt	55 407,88
2	Nachhaltiges Wachstum: natürliche Ressourcen	59 499,62
3	Sicherheit und Unionsbürgerschaft	3 473,06
4	Globales Europa	9 588,03
5	Verwaltung	9 687,42
6	Ausgleichszahlungen	0,00
Gesamt		160 298,89

Tab. 4.6: Haushaltszahlen 2018

Angaben nach: Europäische Kommission

Die EU gibt ca. 6 % ihres Jahreshaushaltes für Personal, Verwaltung und die Instandhaltung ihrer Gebäude aus. Die Sprachendienste aller 4300 Übersetzer und der 800 Dolmetscher/-innen kosten 1 % des EU-Jahreshaushaltes, also etwa 2 Euro pro EU-Person und Jahr.

Zusammenarbeit der Europäischen Union und ihrer Mitgliedstaaten

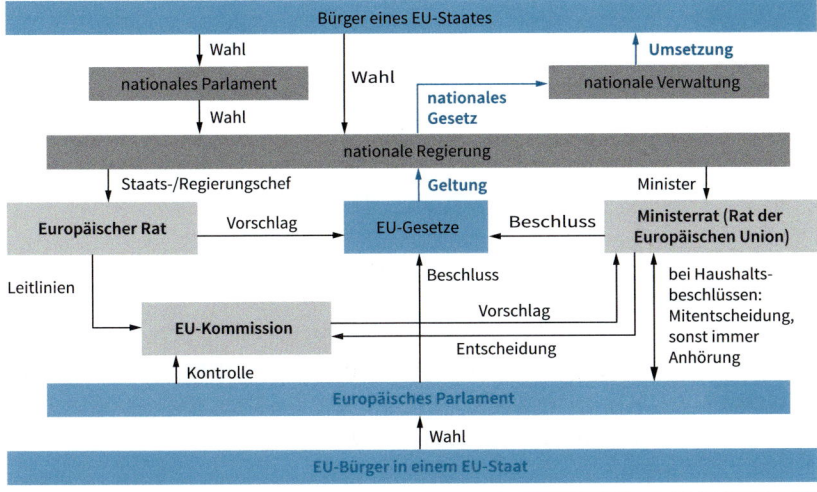

Abb. 4.10: Zusammenarbeit der EU und ihrer Mitgliedsstaaten

Die Grundrechtcharta

Die **Grundrechtecharta** beinhaltet in 54 Artikeln die Freiheiten und Rechte der Menschen in der Europäischen Union. Sie gilt außer für Großbritannien für alle Mitgliedsstaaten. Im Wesentlichen umfasst die Charta sechs Bereiche:

Würde des Menschen	Freiheiten	Gleichheit	Solidarität	Bürgerrechte	Justizielle Rechte
Unantastbarkeit der Menschenwürde, Recht auf Leben und Unversehrtheit Verbot von Folter und Sklaverei	Recht auf Freiheit und Sicherheit, Achtung des Privatlebens, Schutz personenbezogener Daten, Eherecht, Gedanken-, Gewissens- und Religionsfreiheit Meinungs- und Versammlungsfreiheit, Freiheit der Kunst, Recht auf Bildung, Berufsfreiheit, Unternehmensfreiheit, Recht auf Eigentum Asylrecht, Schutz vor Abschiebung	Gleichheit vor dem Gesetz, Nichtdiskriminierung, Vielfalt von Religionen, Kulturen, Sprachen, Gleichheit von Mann und Frau, Rechte von Kindern und älteren Menschen, Integration von Menschen mit Behinderung	Recht auf Arbeitnehmervertretung, Kollektivmaßnahmen und Zugang zu Arbeitsvermittlungsdiensten, Kündigungsschutz, gerechte und angemessene Arbeitsbedingungen, Verbot von Kinderarbeit, Recht auf Familien- und Berufsleben, soziale Sicherheit, Gesundheitsschutz, Zugang zu Dienstleistungen von allgemeinem wirtschaftlichen Interesse, Umweltschutz, Verbraucherschutz,	Aktives und passives Wahlrecht zum EP und zu Kommunalwahlen, Recht auf gute Verwaltung und Zugang zu Dokumenten, Recht auf Bürgerbeauftragte, Petitionsrecht, Freizügigkeit und Aufenthaltsfreiheitsrecht, diplomatischer und konsularischer Schutz	Recht auf wirksamen Rechtsbehelf und unabhängige Gerichte, Unschuldsvermutung und Verteidigungsrecht, Grundsätze der Gesetzmäßigkeit und Verhältnismäßigkeit im Zusammenhang mit Straftaten und Strafen, Bestrafung wegen der selben Tat nur einmal möglich
Art. 1 – 5	Art. 6 – 19	Art. 20 – 26	Art. 27 – 38	Art. 39 – 46	Art. 47 – 50

Tab. 4.7: Grundrechtecharta

Quelle: Charta der Grundrechte der Europäischen Union

Tipp

EU-Grundwissen

Worüber Sie auf jeden Fall Bescheid wissen sollten:

- ⊙ die wichtigsten Stationen der Geschichte und Vorgeschichte der EU;
- ⊙ verfassungsrechtliche Besonderheiten des komplexen „Mehrebenensystems" im Zusammenhang mit Geschichte und Struktur Europas;
- ⊙ weshalb die „Kopenhagener Kriterien" in der Auseinandersetzung in der EU und in einzelnen EU-Staaten immer wichtiger werden;
- ⊙ den Zugewinn an Gestaltungsmacht für den Europäischen Rat im Verlauf der Banken-, Euro- und Flüchtlingskrise;
- ⊙ den Bedeutungsgewinn des Geld- und Kapitalsektors sowie der EZB zu Lasten der Politik;
- ⊙ die Rolle der EZB angesichts der Staatsschulden- und Euro-Krise;
- ⊙ die zentrale Rolle Deutschlands in der EU-Krise.

4.4 Neuerungen durch den Lissabon-Vertrag

Der „Vertrag von Lissabon" (2007/2009) hat mit seinem Inkrafttreten die vertraglichen Rechtsgrundlagen der Europäischen Union geändert. Die wichtigsten Änderungen sind:

Der Vertrag von Lissabon ist das Ergebnis mehrjähriger Diskussionen insbesondere über die wenig demokratische Ausrichtung der Europäischen Union mit einem Parlament ohne wirkliche Macht.

Verbindlichkeit der Grundrechte der EU-Bürgerinnen und EU-Bürger durch Geltung der **Grundrechte-Charta**

Europäisches Volksbegehren – Initiierung eines Gesetzesvorschlags seitens der EU-Kommission aufgrund von einer Million Unterschriften aus einer erheblichen Anzahl von EU-Mitgliedsländern

Stärkung des Europäischen Parlaments durch die fast volle Mitwirkung in der europäischen Gesetzgebung neben dem EU-Ministerrat (in Zukunft bei ca. 95 % aller EU-Gesetze) durch zusätzliche Kontrollbefugnisse, durch Mitbestimmung bei der Zusammensetzung der EU-Kommission durch Wahl des Präsidenten der EU-Kommission durch das Europäische Parlament, durch Einholen der Zustimmung des Europäischen Parlaments bei Ernennung des Kommissionskollegiums

Stärkung der nationalen Parlamente durch mehr Mitwirkungs- und mehr Kontrollrechte in EU-Angelegenheiten

Mehr Konstanz in der EU durch das Amt eines Präsidenten im Vorsitz des Europäischen Rates für zweieinhalb Jahre bei jährlich vier regulären Tagungen, wobei dieser Präsident kein nationales Regierungsamt innehat

Doppelte bzw. dreifache Mehrheit: Neue Regel für die Entscheidungsfindung im Rat der Europäischen Union: Das Prinzip der doppelten Mehrheit – mindestens 55 % der Mitgliedstaaten und mindestens 65 % der EU-Bevölkerung hinter einem EU-Gesetzgebungsvorschlag plus qualifizierte Abstimmungsmehrheit (ab 2014, Übergangsperiode bis 2017)

Beschleunigte Entscheidungsfindung: Ausweitung des Prinzips der „doppelten Mehrheit" bei qualifizierter Abstimmungsmehrheit auf 40 neue Politikbereiche, insbesondere auf Asyl- und Einwanderungsfragen, polizeiliche Zusammenarbeit und justizielle Kooperation, Verkleinerung der EU-Kommission (nachträglicher Verzicht)

Vereinheitlichung der EU-Außenbeziehungen durch Schaffung des Amtes eines EU-Außenministers, der „Hoher Vertreter der Außen- und Sicherheitspolitik" genannt wird, zugleich Vizepräsident der EU-Kommission und Mitglied des Europäischen Rates ist, einen eigenen diplomatischen Dienst der EU aufbaut und Ratstreffen der EU-Außenminister leitet

Rahmenregeln für ein bisher unbekanntes **Recht auf EU-Austritt.**

4.5 Europas Währung – der Euro und die EZB

Die Idee einer gemeinsamen Europäischen Währung ist schon deutlich älter als der Euro. Unter dem Namen **ECU** (**E**uropean **C**urrency **U**nit) wurde im Jahr 1979 ein Währungskorb errichtet, an dem zwölf europäische Länder beteiligt waren. Das Europäische Währungssystem (EWS) war keine eigene Währung, sondern eine Rechengröße, die als Bezugsgröße für die Wechselkurse der beteiligten Staaten herangezogen wurde. Die ECU wurde am 1.1.1999 durch den Euro, der zu diesem Datum in elf Ländern eingeführt wurde, ersetzt.

Der Plan einer engen wirtschaftlichen und geldpolitischen Zusammenarbeit mit dem Ziel eines Zusammenschlusses in Europa wurde im Jahr 1992 mit dem Vertrag von Maastricht besiegelt. Der Maastrichtvertrag umfasste drei Säulen, die Säule der Europäischen Gemeinschaft, die insbesondere eine stärkere wirtschaftliche Bindung erzeugen sollte, die gemeinsame Außen- und Sicherheitspolitik und die stärkere polizeiliche und justizielle Zusammenarbeit.

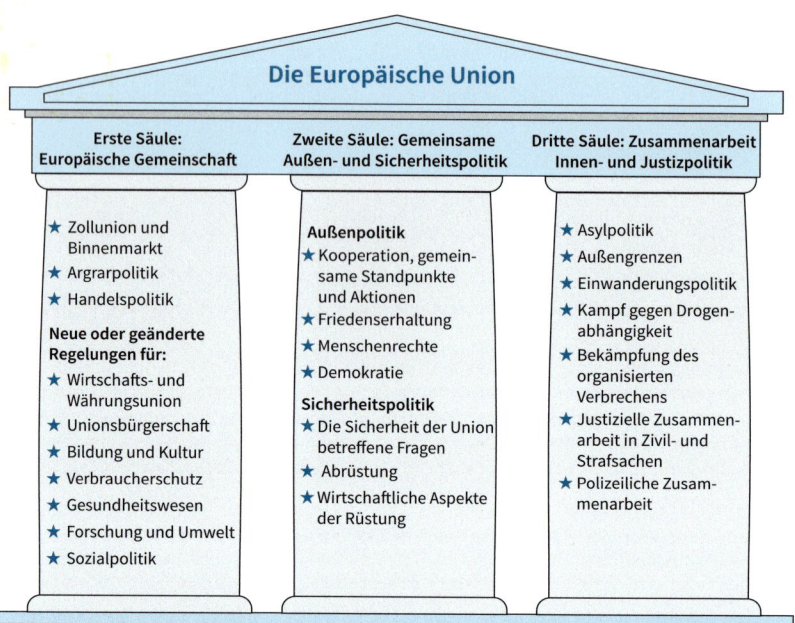

Abb. 4.11: Das Säulenmodell des Aufbaus der EU

Die Schaffung des Eurogebiets und die Errichtung einer neuen, zugleich Gemeinschafts- und supranationalen Institution, der EZB, waren Meilensteine im langen und komplexen Prozess der europäischen Integration

Die Europäische Zentralbank (EZB) ist seit dem 1. Januar 1999 die Notenbank für die gemeinsame Währung Europas, den Euro. Ihre Hauptaufgabe ist, die Geldpolitik des Euro-Währungsgebietes so durchzuführen, dass die Kaufkraft des Euro und somit Preisstabilität im Euroraum gewährleistet werden. Das Euro-Währungsgebiet besteht aus den 19 Ländern (Stand: 1.1.2018) der Europäischen Union, die den Euro seit 1999 eingeführt haben.

Für den Beitritt zum Euro-Währungsgebiet mussten die 19 Länder die Konvergenzkriterien erfüllen, die als fiskalische und als monetäre Vorgabewerte auch für die anderen EU-Mitgliedstaaten vor der Einführung des Euro zwecks erfolgreicher Teilnahme an der Wirtschafts- und Währungsunion verbindlich sind. Damit verbunden sind praktische Maßnahmen im Eurosystem, z. B. die Teilnahme am Zahlungsverkehrssystem Target2 (**T**rans- European **A**utomated **R**ealtime **G**ross Settlement **E**xpress **T**ransfer System), die Unterstützung bei der Erhebung statistischer Daten, auch die währungs- und wechselkurspolitische Zusammenarbeit (europäischer Wechselkursmechanismus II = WKM II) mit dem Eurosystem im Erweiterten Rat der EZB.

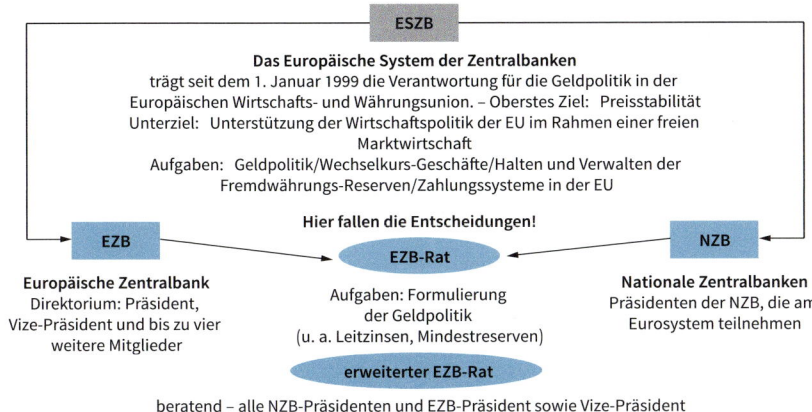

Abb. 4.12: Europäische Finanzinstitutionen

Konvergenzkriterien

Um Mitglied im Eurowährungsraum zu werden, muss ein Staat geldwirtschaft-
liche Kriterien erfüllen. Diese wurden vorbereitend zur Schaffung der Eurozone
festgeschrieben und mussten bereits 1998 von allen Staaten, die der Eurozone
beitreten wollten, erfüllt werden. Heute bildet die Basis der Vertrag über die Ar-
beitsweise der Europäischen Union (AEU-Vertrag) (= Lissabon-Vertrag 2007/09)

Kriterium	Preisniveauentwicklung / Inflationsrate	Entwicklung der öffentlichen Finanzen	Wechselkursentwicklung	Entwicklung der langfristigen Zinssätze
Vertragliche Grundlage	AEU-Vertrag, Art. 140 Abs. 1 erster Gedankenstrich	AEU-Vertrag, Art. 140 Abs. 1 zweiter Gedankenstrich	AEU-Vertrag, Art. 140 Abs. 1 dritter Gedankenstrich	AEU-Vertrag, Art. 140 Abs. 1 vierter Gedankenstrich
Vertragstext	„Erreichung eines hohen Grades an Preisstabilität, ersichtlich aus einer Inflationsrate, die der Inflationsrate jener – höchstens drei – Mitgliedstaaten nahe kommt, die auf dem Gebiet der Preisstabilität das beste Ergebnis erzielt haben"	„Eine auf Dauer tragbare Finanzlage der öffentlichen Hand, ersichtlich aus einer öffentlichen Haushaltslage ohne übermäßiges Defizit"	„Einhaltung der normalen Bandbreiten des Wechselkursmechanismus des Europäischen Währungssystems seit mindestens zwei Jahren ohne Abwertung gegenüber dem Euro"	„Dauerhaftigkeit der von dem Mitgliedstaat mit Ausnahmeregelung erreichten Konvergenz und seiner Teilnahme am Wechselkursmechanismus, die im Niveau der langfristigen Zinssätze zum Ausdruck kommt"
Vorgabewerte	max. 1,5 % über dem Durchschnitt der drei preisstabilsten EU-Staaten	Haushaltsdefizit max. 3,0 % des BIP + Staatsschuldenquote max. 60 % des BIP	Zweijährige Teilnahme am Wechselkursmechanismus II = Wechselkursstabilität mit max. Schwankungsbreite von 15 % gegenüber dem Euro-Kurs	Zinsniveau max. 2 % über dem Durchschnitt der drei preisstabilsten EU-Staaten

Tab. 4.8: Übersicht der Konvergenzkriterien

4.6 Die Demokratie in der Europäischen Union

Die Gründe für die Kompliziertheit der Europäischen Union und für die Schwierigkeiten ihres Verstehens liegen erstens im Umfang der Vertragstexte, zweitens in der sogenannten flexiblen Integration, drittens in den Folgen der Harmonisierungsverweigerung durch einzelne Mitgliedstaaten und viertens im Gegensatz von alltäglicher Schnelllebigkeit und europapolitischer Langsamkeit bzw. Langfristigkeit.

Der Unsicherheit über die aktuelle politische und rechtliche Qualität der Europäischen Union als Ganzes ist ihrer nicht transparent wirkenden Innenstruktur geschuldet. Diese Unübersichtlichkeit ist verursacht durch die komplexe rechtliche Struktur, die der Vertrag über die Europäische Union (**Maastricht-Vertrag**) schuf und die der **Lissabon-Vertrag** nicht deutlich verändern konnte. Dieser Maastricht-Vertrag stülpte die Europäische Union über drei bis dahin selbstständige internationale Organisationen, nämlich die Europäische Gemeinschaft für Kohle und Stahl (EGKS), die Europäische Wirtschaftsgemeinschaft (EWG) und die Europäische Atomgemeinschaft (EURATOM).

Immer wieder wird auf das **Demokratiedefizit der EU** hingewiesen. Damit ist der von Bürgern, Publizisten und Politikern beklagte Mangel gemeint, der die Legislative der EU kennzeichnet: Der Rat wirke als Gesetzgeber, als Legislative der EU – und dieser Rat bestehe ja aus den jeweils in ihrem Staat gewählten Regierungsmitgliedern, die doch dort „nur" Exekutivorgan seien. Also lautet der doppelte Vorwurf: Es gebe – bisher – kein europäisches Volk; das Europäische Parlament arbeite nicht souverän als ein vom europäischen Volk direkt gewähltes Parlament, sondern es bleibe – bei nach wie vor fehlendem Initiativrecht – reduziert auf verschiedene Verfahren des politischen Prozesses, die – gemessen am Maßstab der vollen Souveränität – als demokratisch defizitär einzuschätzen seien, auf Anhörung, Mitwirkung, Mitentscheidung. Allerdings: Die Befugnisse des Europäischen Parlaments sind von Vertrag zu Vertrag stetig ausgeweitet worden, und bei politischen Alltagsgeschäften führt heute kein Weg an öffentlichen Debatten im Europäischen Parlament vorbei; allmählich entsteht eine europäische Öffentlichkeit.

Wahl zum Europäischen Parlament

Informieren Sie sich über die aktuellen Basiszahlen der EU und die Wahl zum Europäischen Parlament im Mai 2019: (Sitze im Parlament, Stimmen im Rat, evtl. im Vergleich zu Einwohnerzahlen und BIP); z. B. bei: europa.eu/abc/keyfigures/index_de.htm.

Zwischen 22. und 25. Mai 2014 wurde zum 8. Mal in den Ländern der EU das Europäische Parlament gewählt. In der andauernden Finanz- und Wirtschaftskrise, die die EU 2008 mit voller Wucht getroffen hatte, waren die Rahmendaten dieser „Europawahl" bemerkenswert: Die Wahlbeteiligung betrug 42,54 %; in Deutschland lag sie bei 48,1 %. Das Wahlergebnis verrückte das Europäische Parlament politisch deutlich nach „rechts", weil EU-Skeptiker und EU-Gegner Anhänger dazugewannen. – Die gewählten Abgeordneten organisierten sich nach Parteizugehörigkeit in Fraktionen („europäische Parteienfamilien").

4.7 Die Euro-Krise gefährdet EU-Europa

Als Reaktion auf die Euro-Krise wurde die Umsetzung eines Krisenbewältigungsprogramms zum langfristigen Schutz von EU und EU-Gemeinschaftswährung vor Währungskrisen beschlossen – Harmonisierung der nationalen Wirtschaftspolitiken („Pakt für Wettbewerbsfähigkeit"), strikte Orientierung am verschärften Stabilitätspakt („Sixpack", 2011) und Einführung eines institutionalisierten Europäischen Stabilitätsmechanismus (ESM) (EU-Gipfel, 07/2012):

- ⊙ Defizitabbau in Staatshaushalten = maximal 3-prozentiges Defizit
- ⊙ Rückführung der Staatsverschuldung auf angezielte 60 % vom BIP
- ⊙ Angleichung der Steuern und der Steuersätze
- ⊙ Anpassung des Renteneintrittsalters an demografische Entwicklung
- ⊙ gegenseitige Anerkennung von Bildungs- und Berufsabschlüssen
- ⊙ Eindämmung der Verschuldung durch Einführung einer Schuldenbremse zur Stabilisierung der öffentlichen Haushalte

Die gesamte Euro-Zone bzw. ganz EU-Europa steckt seit dem Übergreifen der Bankenkrise auf die von den kriselnden Banken kreditfinanzierten Staatshaushalte in Schwierigkeiten. Eine dauerhafte Lösung der Staatsschulden- und Eurokrise ist nicht in Sicht, weil es nicht gelingt, die EU-28 zu einer wirklichen Union zu entwickeln. Nur zögerlich wird die Euro-basierte Wirtschafts- und Währungsunion seither ausgebaut. Kern der Stabilisierungsbemühungen ist die neue Finanzmarktordnung in Europa, die mithilfe der Bankenunion (zentrale Bankenaufsicht durch die EZB, 2014; Banken-Abwicklungsmechanismus, 2016; sukzessiver Aufbau nationaler Einlagensicherungssysteme, ab 2014) erreicht werden soll. Und der Fiskalvertrag, ein verschärfter Stabilitäts- und Wachstumspakt mit einheitlichem Planungs- und Berichtszyklus („Europäisches Semester"), soll die Haushaltsdisziplin der Mitgliedstaaten und deren Staatshaushalte – also letztlich den Euro – nachhaltig stabilisieren.

Die bis heute (2018) andauernde Krise zeigt, dass die EU als Ganzes und die Eurozone als ihr zentraler Kern sich zuallererst regelgetreuer verhalten müssten, damit die Idee des gemeinsamen Europa mit Binnenmarkt und Euro auch in Krisenzeiten das Vertrauen der Bürger und der Investoren behält (oder zurückgewinnt) und EU-Europa lenkbar bleibt.

4.9 Europa in der Krise – Europa am Scheideweg

6. April 2014: Russland-Orientierung Ungarns nach dem Wahlsieg des EU-kritischen, rechtspopulistisch-nationalistischen Victor Orban (Fidesz) – **2015**: Andauer des Bürgerkriegs in Syrien, Irak, Afghanistan; verstärkte Migrations- und Flüchtlingswelle über das Mittelmeer und durch die Türkei über die „Balkanroute" nach EU-Europa bzw. Deutschland mit humanitär chaotischen und politisch als krisenhaft bewerteten Zuständen bei der Ein- oder Durchreise; Grenzschließungen zwischen den Balkanstaaten; Nichtanwendung des EU-Dublin-Verfahrens; öffentliche Zusicherung von Bundeskanzlerin Angela Merkel, Deutschland gebe Flüchtlingen aus Bürgerkriegsländern ein Bleiberecht

25. Oktober 2015: Wahlsieg der rechtskonservativen Partei PiS (Partei Recht und Gerechtigkeit) in Polen; Behinderung des Verfassungsgerichts und Beschneidung des Rechtsstaats mit dem Ziel einer „Runderneuerung" und Umstellung des polnischen Nationalstaates auf ein katholisch-konservatives Wertefundament

25. Mai 2016: Referendum in Großbritannien – 52 Prozent der Wähler stimmen für den „Brexit", den Austritt Großbritanniens aus der EU, der lt. Lissabon-Vertrag binnen zwei Jahren ausgehandelt sein muss; Rücktritt von Premierminister David Cameron, Nachfolgerin Theresa May kündigt den Brexit-Verhandlungsbeginn für März 2017 an.

16. September 2016: Gipfeltreffen der EU-Staats- und Regierungschefs in Bratislava zwecks Beratung der EU-Zukunft angesichts des „Brexit"-Referendums, der Flüchtlingskrise und der Terrorgefahr durch den sog. Islamischen Staat

4. Dezember 2016: Bundespräsidentenwahl in Österreich: Alexander Van der Bellen (ehem. Grüner, EU-Befürworter) besiegt Norbert Hofer, (Rechtspopulist, EU-Gegner, Freiheitliche Partei Österreichs, FPÖ).

4. Dezember 2016: Rücktritt des europafreundlichen Ministerpräsidenten Matteo Renzi (Partido Democratico, PD) nach dem Verfassungsreferendum in Italien, bei dem die Wähler die Neuregelung der Zuständigkeiten und Mehrheitsbedingungen in den beiden Kammern des Parlaments sowie die Abschaffung einer Verwaltungsebene (120 Provinzen) ablehnen; Renzi wollte so lähmende Strukturen abbauen, die Blockademacht der Zweiten Kammer beseitigen und das Land EU-und zukunftsfähig machen.

13. März 2017: Parlamentswahl in den Niederlanden, bei der Geert Wilders (Rechtspopulist, EU-Gegner) den Eintritt in die Regierung nicht schafft.

23. April / 7. Mai 2017: Bei der Präsidentschaftswahl in Frankreich besiegt Emmanuel Macron die rechtspopulistische EU-Gegnerin Marine Le Pen (Front National).

24. September 2017: Die Bundestagswahl hat einen Sechs-Parteien-Bundestag, gescheiterte „Jamaika"- bzw. „GroKo"-Verhandlungen (12/2017), eine Schwächung der Bundeskanzlerin und eine Lähmung der Rolle Deutschlands in der EU zur Folge.

Überblick

Am Ende dieses Kapitels kennen Sie sich mit der Europäischen Union und ihren Institutionen gut aus. Sie kennen zahlreiche Fakten, die die Binnenstruktur der EU als Machtstruktur kennzeichnen und haben einen guten Überblick über die Historie der Gemeinschaft. Sie sollten in der Lage sein, die Frage danach, wer denn die Macht in der EU habe, als eine zentrale Frage aufzugreifen und sie in Form einer transparenten Erörterung zu bearbeiten bzw. als eine argumentationsstarke Pro-Kontra-Debatte vorzutragen.

Globalisierung

Globalisierung ist ein Prozess, bei dem über Staatsgrenzen hinausreichend immer stärkere Verbindungen entstehen. In diesem Kapitel lernen Sie die Ursachen für den Globalisierungsprozess kennen. Dargestellt werden die Folgen der Globalisierung, die nicht nur Positives mit sich bringen, sodass Sie sich kritisch mit der Entwicklung auseinandersetzen können.

5

5.1 Globalisierung – Definitionen

Globalisierung	ist ein Prozess, durch den die Volkswirtschaften verschiedener Länder zusehends mehr verzahnt werden. Laut OECD ist Globalisierung ein Prozess, durch den Märkte und Produktion in verschiedenen Ländern immer mehr voneinander abhängig werden – dank der Dynamik des Handels mit Gütern und Dienstleistungen und durch die Bewegung von Kapital und Technologie. Die OECD sieht die Globalisierung damit vor allem als einen Prozess von Kapital, Technologie und Wirtschaft, nicht ausdrücklich auch als kulturelle Entwicklung. Dabei ist Globalisierung heute weit mehr als nur Interdependenz – sie ist Realität selbst im letzten Winkel dieser Erde, wie sich an der Finanzmarktkrise 2008, an der Weltwirtschaftskrise 2009, der ersten Krise der Globalisierung, an der weltweiten Migration und an der Staatsschuldenkrise der Euro-Staaten 2010/2011 zeigt.
Globalismus	bedeutet, dass der Weltmarkt politisches Handeln verdrängt, ersetzt oder ganz überflüssig macht, betriebswirtschaftlich-unternehmerische Marktrationalität ermöglicht; ja er erfordert geradezu eine entsprechend angelegte Führung von komplexen Strukturen, auch von Staaten. So hat die Politik die von der Ökonomie geforderten Rahmenbedingungen herzustellen, um deren optimale Zielerreichung zu ermöglichen. Politik erscheint als Funktion der Marktwirtschaft.
Globalität	hingegen bedeutet, dass eine offene und entgrenzt-grenzenlose Weltgesellschaft mit ihren verschiedenen ökonomischen, politischen, kulturellen Formen längst Realität geworden ist. Diese Unabgeschlossenheit erfordert ständige Legitimierung, z. B. des starken Arm-Reich-Wohlstandsunterschieds oder von Gewaltanwendung.

Tab. 5.1: Definitionen Globalisierung und verwandter Begriffe

5.2 Ursachen von Globalisierung

Außenhandel ist keine Entwicklung in der jüngeren Geschichte. Handelsströme lassen sich in der Antike bereits bei den Griechen nachweisen. Handelswege, die ferne Länder miteinander verbinden, wie z. B. die Seidenstraße, gibt es seit vorchristlicher Zeit. Der Globalisierungsprozess wie wir ihn heute verstehen, beginnt jedoch erst in neuerer Zeit mit der Entwicklung moderner Transportmittel und Kommunikationsmöglichkeiten und nimmt seit Ende des Zweiten Weltkrieges an Fahrt auf. Mit dem Zerfall des Ostblocks Anfang der 1990er-Jahre bekommt die Globalisierung noch einen erheblichen Schub.

Wirtschaftliche Ursachen der Globalisierung

Globalisierung wird oft auf wirtschaftliche Ursachen reduziert. Mangelnde Verfügbarkeiten von Waren wie Rohstoffen oder Know-how, Preis- oder Qualitätsunterschiede bei Waren sind Motive für Außenhandel und damit für Globalisierungsprozesse. Die wirtschaftlichen Aspekte werden im Kapitel 12 aufgegriffen und vertieft behandelt. Tatsächlich sind die Ursachen der Globalisierung vielschichtiger.

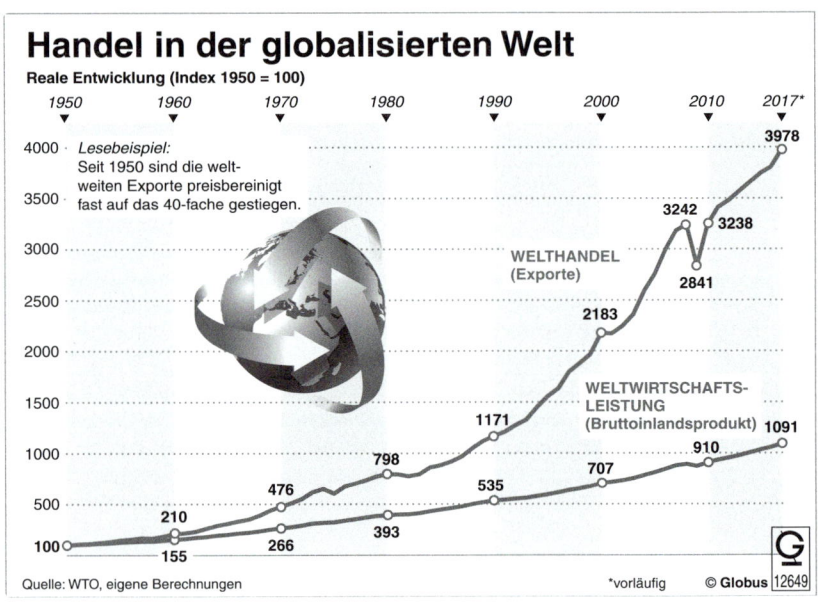

Quelle: World Trade Organization, Short-term merchandise trade statistics; OECD; eurostat

Abb. 5.1: Globaler Handel

Diverse Ursachen der Globalisierung

wirtschaftliche	technologische	gesellschaftliche	kulturelle	politische	rechtliche
⊙ wachsende internationale Arbeitsteilung ⊙ mangelnde Verfügbarkeiten von Produkten ⊙ mangelndes Know-how ⊙ Preisunterschiede ⊙ Qualitätsunterschiede ⊙ Spezialisierung	⊙ Verbesserung der Transportmöglichkeiten ⊙ Verbesserung der Kommunikationsmöglichkeiten	⊙ Verbreitung der englischen Sprache als internationale Kommunikationsbasis ⊙ weltumspannende Soziale Netzwerke	⊙ stärkerer Austausch zwischen den Kulturen	⊙ internationale Organisationen ⊙ internationale Kooperationen ⊙ Auflösung des Ostblocks	⊙ Völkerrecht ⊙ Vereinheitlichung von Normen auf internationaler Ebene

Tab. 5.2: Ursachen der Globalisierung

Arbeitsteilung und Strukturwandel

Ein wesentlicher Aspekt zur Förderung der Globalisierung ist die Arbeitsteilung. Die Entwicklung von der Subsistenzwirtschaft in eine arbeitsteilige Welt ist vollzogen, und längst macht die Arbeitsteilung nicht mehr an Staatsgrenzen halt. In der Bundesrepublik Deutschland und anderen entwickelten Volkswirtschaften vollzieht sich damit ein Strukturwandel, der die Industriegesellschaften in Gesellschaften verwandelt, deren Wertschöpfung zunehmend im Tertiären, Quartären und Quintären Sektor, also im Bereich von Dienstleistungen, dem Informationssektor und der Entsorgung stattfindet. Strukturwandel ist ein fortwährender Prozess von wirtschaftlichen Umwälzungen, wobei sich der innere Aufbau der Gesamtwirtschaft verändert, das heißt, die Anteile der Wirtschaftszweige verschieben sich kontinuierlich. Das Tempo des Wachtums der einzelnen Branchen variiert stark, ebenso die Anzahl der Beschäftigten in den einzelnen Bereichen. Der Strukturwandel wird durch unterschiedliche Impulse bewirkt: technologische, weltwirtschaftliche und staatlich-politische Faktoren, Produkt- und Prozessinnovationen, Veränderungen in der Nachfragestruktur und in den Preisrelationen bei strategischen Gütern (Rohstoffe, Energie) – und anderes mehr. Der wirtschaftliche Strukturwandel ist ein hoch **komplexer Anpassungsprozess**, der die gesamte wirtschaftliche Entwicklung umfasst und schließlich weite gesellschaftliche Bereiche erreicht und verändert. Ergebnis des Strukturwandels, wie er in der Bundesrepublik Deutschland zu beobachten ist, ist eine Verlagerung von Arbeitsplätzen besonders in arbeitsintensiven Branchen, wie z. B. der Textilindustrie ins Ausland, zunächst nach Osteuropa, dann nach China und Südostasien. Das Streben nach Wettbewerbsfähigkeit gepaart mit im internationalen Vergleich relativ hohen Arbeitskosten und damit auch Lohnstückkosten, verursachen diese Verlagerung.

Vom Strukturwandel zur Globalisierung

Lebensmitteldiscounter Beispiel

Der Strukturwandel von Handelsunternehmen führt in die Globalisierung – der Formatwandel der Betriebe, die vertikale Integration von Groß- und Einzelhandel sowie der horizontale Konzentrationsprozess zeigen das. Dabei weisen die Beziehungen zwischen Produktion und Handel Konzepte des *lean retailing* (effizientes Prozessmanagement mittels Kostensenkung und Gewinnerhöhung zwecks Steigerung der schwachen Profitabilität) und einer veränderten Arbeitsaufteilung auf (Bedeutungszunahme von Handelsmarken). Die beschleunigte Internationalisierung eigener Einzelhandelsaktivitäten durch Aufbau oder Übernahme ausländischer Filialnetze und Distributionssysteme geht einher mit dem Aufbau eines weltweiten Beschaffungswesens mit den von der Zentrale gesteuerten Wertschöpfungsketten.

Beispiel   **Ein Unternehmen expandiert**

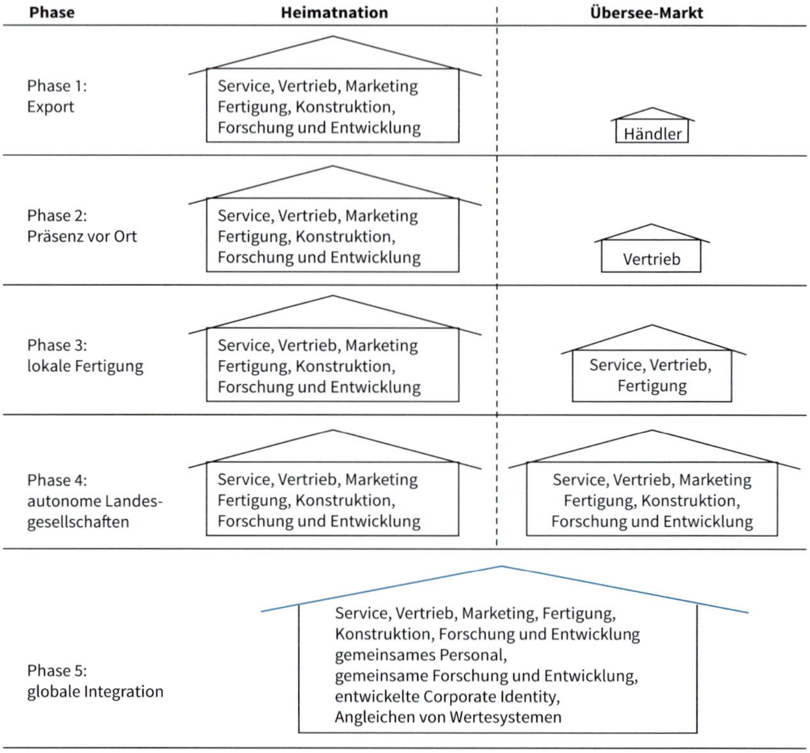

Phase	Heimatnation	Übersee-Markt
Phase 1: Export	Service, Vertrieb, Marketing Fertigung, Konstruktion, Forschung und Entwicklung	Händler
Phase 2: Präsenz vor Ort	Service, Vertrieb, Marketing Fertigung, Konstruktion, Forschung und Entwicklung	Vertrieb
Phase 3: lokale Fertigung	Service, Vertrieb, Marketing Fertigung, Konstruktion, Forschung und Entwicklung	Service, Vertrieb, Fertigung
Phase 4: autonome Landes- gesellschaften	Service, Vertrieb, Marketing Fertigung, Konstruktion, Forschung und Entwicklung	Service, Vertrieb, Marketing Fertigung, Konstruktion, Forschung und Entwicklung
Phase 5: globale Integration	Service, Vertrieb, Marketing, Fertigung, Konstruktion, Forschung und Entwicklung gemeinsames Personal, gemeinsame Forschung und Entwicklung, entwickelte Corporate Identity, Angleichen von Wertesystemen	

Abb. 5.2: Unternehmensexpansion

Mexiko	4,81	Großbritannien	−32,3 %
Türkei	6,57	Griechenland	−28,2 %
Polen	7,67	Bulgarien	−27,7 %
Tschechien	10,15	Frankreich	−21,7 %
Portugal	11,27	EU-Durchschnitt	−17,1 %
Spanien	22,78	Niederlande	−16,6 %
Japan	25,78	Italien	−16,0 %
Großbritannien	26,89	Spanien	−13,9 %
Italien	27,54	Deutschland	−8,2 %
USA	35,60	Österreich	−6,3 %
Frankreich	38,05		
Deutschland	39,98		
Belgien	43,21		

Quelle: Institut der deutschen Wirtschaft

Tab. 5.4: Arbeitskosten/Stunde im ver-
arbeitenden Gewerbe in Euro – Stand 2016

Quelle: Eurostat

Tab. 5.3: Verlust an Arbeitsplätzen in der
Industrie in ausgewählten Ländern
Rückgang in Prozent im Zeitraum von 1995
bis 2015

Technologische und gesellschaftliche Ursachen der Globalisierung

Globalisierung erfordert Möglichkeiten des Transports von Gütern und Informationsaustausch. Besser werdende Transportwege zu Lande, Wasser und in der Luft begünstigen wachsende Globalisierung. Die Erfindung und die massenhafte Verwendung von Warencontainern ist ein Faktor, der dies fördert. Durch die Normung der Container lässt sich die Ware vom Schiff auf die Schiene oder Straße bringen und umgekehrt, ohne dass diese zeit- und arbeitskraftintensiv umgepackt werden müsste. Auch dadurch sinken die Transportkosten. Das begünstigt den Welthandel und die Globalisierung ebenso.

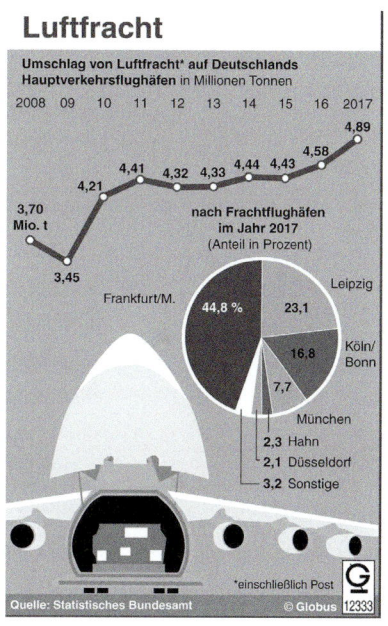

Quelle: Statistisches Bundesamt

Abb. 5.3: Anstieg bei der Luftfracht

Baujahr	Schiffsname	Ladekapazität in Standardcontainern
1955	Clifford J. Rogers	210
1968	Hakone Maru	752
1972	Hamburg Express	3010
1984	American New York/	4400
1997	Sovereign Maersk	8160
2005	Colombo Express	8749
2012	CMA CGM Marco Polo	16020
2017	OOCL Hong Kong	21413

Tab. 5.5: Ladekapazitäten der jeweils größten Containerschiffe (Auswahl)

Der Trend zur Globalisierung wird ebenso durch wachsende Kommunikationsmöglichkeiten gefördert. Der Zugang zu Informations- und Kommunikationstechnologien, die weltweite Vernetzung der Menschen via Internet und die Erfindung sozialer Netzwerke schafft Möglichkeiten, die Kommunikation und den Informationsaustausch schnell und günstig machen. Während das Internet in den 1990er-Jahren privat so gut wie keine Rolle spielte, liegt die Zahl der Nutzer im Jahr 2018 bei über vier Milliarden.

Die Vernetzung über soziale Netzwerke (beispielsweise Facebook) lässt die Welt insgesamt zusammenrücken. Gefördert wird die Globalisierung durch die Verbreitung der englischen Sprache als Kommunikationsbasis, die in den Schulen vieler Länder zumeist als erste Fremdsprache gelehrt wird. Englisch ist zudem die offizielle Sprache in vielen internationalen Organisationen und im Bereich der Informatik.

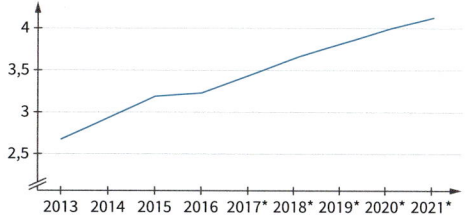

Quelle: Statistisches Bundesamt

Abb. 5.4: Anzahl der Internetnutzer weltweit

5.3 Kulturelle und poltitische Globalisierung

Der Globalisierungsprozess beschränkt sich nicht auf den Warenhandel. Durch Informationsaustausch mittels moderner Medien, durch Mobilität von Arbeitskräften sowie wachsenden Tourismus lernen Menschen verschiedener Kulturen andere Lebensweisen, Wertevorstellungen und Verhaltensweisen kennen. Mit der Gastarbeiterwelle in den 1960er-Jahren wurden nicht nur Arbeitskräfte nach Deutschland geholt, auch deren Lebensweisen und Ernährung wurden importiert. Pizzerien und Dönerbuden stehen dafür fast symbolhaft. **Lebensweisen und Wertevorstellungen** werden in die Welt getragen und vermischen sich. Das Verneinen bestimmter Lebensmittel aus religiösen Gründen, wie Schweinefleisch im Islam oder Rindfleisch im Hinduismus, die Ungleichbehandlung der Frau gegenüber dem Mann trifft auf westliche Wertevorstellungen, wie der Gleichberechtigung der Geschlechter und andere. Traditionelle Ansichten treffen auf progressive Wertevorstellungen, was sowohl einen Kampf der Kulturen als auch Anpassungs- und Entwicklungsprozesse hervorruft, die Veränderungen in allen Kulturen bewirken.

Um die **politische Gestaltung von Weltwirtschaft, Welthandel und Devisenhandel** als Teil der Globalisierung wird gerungen. Sie ist einerseits umstritten hinsichtlich der generellen Machbarkeit von Kontrolle und Steuerung, andererseits hinsichtlich des Umfangs und der Tiefe einer wie auch immer angelegten Regulierung. Unumstritten ist ein begrifflicher und konzeptioneller Apparat zur Erfassung des Globalisierungsprozesses.

Globalisierung: Erschließungsbegriffe

Kommunikation	Ökonomie	Gesellschaft	Umwelt
Vernetzte Welt	Weltbinnenmarkt	Die Welt als globales Dorf	Die Welt als Risikogemeinschaft
Innovation der Telekommunikation (informationstechnische globale Vernetzung)	Liberalisierung des Handels	Souveränitätsverlust für Nationalstaaten	Globale Umweltgefährdungen
	Mobilität der Produkte, des Kapitals und der Produktionsstandorte	Probleme und Chancen regionaler Identität	Ressourcenverschwendung
Logistik	sinkende Transportkosten	Homogenisierung des Lebensstils? („Weltgesellschaft"?)	
	regionale Arbeitsmarktentwicklungen	„Verlust räumlicher Distanz"	

Global Player

Global City

Global Village

Global Governance

Internationaler Währungsfonds (IWF)

Der Internationale Währungsfonds wurde im Jahr 1944 als International Monetary Fund (IMF) mit dem Ziel gegründet, die internationale Zusammenarbeit in der Währungspolitik zu fördern, um eine Lösung für die Währungsprobleme nach dem Zweiten Weltkrieg zu finden. Die Idee war ein Verzicht auf eine Beschränkung des Devisenhandels und eine Harmonisierung der Wirtschaftspolitik, um ein Wachstum des Welthandels zu ermöglichen. Beschlossen wurde ein System fester Wechselkurse, in dem der US-Dollar als Leit- und Reservewährung galt. Zur Förderung eines expandierenden Welthandels sollten Länder mit Zahlungsbilanzungleichgewichten mithilfe kurz- und mittelfristiger Kredite finanziell unterstützt werden. Hauptaufgabe des IWF ist es, im Bereich der Währungspolitik die internationale Zusammenarbeit zu fördern und damit ein Wachstum des Welthandels zu begünstigen. Mittlerweile sind 189 Staaten Mitglied im IWF.

Bei Abstimmungen hängen die Stimmgewichte der Gouverneure (siehe links) und der Direktoren vom Kapitalanteil ihrer Länder am Fonds ab. Wichtige Entschlüsse müssen mit einer Stimmenmehrheit von 85 Prozent getroffen werden. Größter Anteilseigner sind mit rund 16,5 Prozent die USA (Japan 6,15 Prozent, China 6,09 Prozent, Deutschland 5,32 Prozent, Frankreich und Großbritannien jeweils 4,03 Prozent, Italien 3,02 Prozent, Indien 2,64 Prozent, Russland 2,59 Prozent, andere fast 50 Prozent; Stand 2018).

Aufbau des IWF
Der Gouverneursrat (trifft sich einmal jährlich, je ein Vertreter der 189 Mitgliedsländer) bestimmt und wählt das Exekutivdirektorium (24 Direktoren, auf jeden Fall vertreten jeweils ein Vertreter aus den USA, Japan, China, Deutschland und Großbritannien. Das Direktorum wählt und kontrolliert die Geschäftsführung (Direktor und vier Stellvertreter).

Weltbank (Weltbank-Gruppe – World Bank Group)

Gemeinsam mit dem Internationalen Währungsfonds wurde auch die Weltbank (International Bank for Reconstruction and Development, IBRD, errichtet. Zur Weltbankgruppe gehören neben der IBRD auch die Internationale Entwicklungsorganisation (International Development Association, IDA), die die Aufgabe hat, günstige Kredite an arme Entwicklungsländer zu vergeben, International Finance-Corporation (IFC), deren Aufgabe es ist, Direktinvestitionen in Entwicklungsländern zu fördern, die Multilaterale Investitionsgarantie-Agentur (Multilateral Investment Guarantee Agency, MIGA), deren Aufgabe es ist, Garantien gegen politische Ausfallrisiken von privaten Direktinvestitionen zu geben, und das Internationale Zentrum zur Beilegung von Investitionsstreitigkeiten (International Centre for Settlement of Investment Disputes, ICSID), eine Schiedsinstitution, die zwischen Investoren und Staaten im Rahmen von Investitionsschutzabkommen vermittelt.

Hauptaufgabe der Weltbank ist die Befreiung der Welt von Armut. Dies soll mit Hilfe von Entwicklungshilfekrediten gelingen.

Welthandelsorganisation (World Trade Organisation, WTO)

Die im Jahre 1995 gegründete Welthandelsorganisation (Nachfolgeorganisation der Koordinationsagentur für den internationalen Handel (General Agreement on Trade and Tariffs = GATT) ist eine Koordinationsagentur für den internationalen Handel. Der Organisation gehören derzeit 164 Ländern an. Ziel ist es, den globalen Handel nach dem Gebot der Nichtdiskriminierung und der gleichen Bedingungen für alle Staaten und Akteure zu gestalten. Mehrere Zollsenkungsrunden haben den Welthandel bereits wesentlich erleichtert.

Wirtschaftsbündnisse weltweit unter dem Dach der Welthandelsorganisation (WTO)
– APEC – Asiatisch-Pazifisches Wirtschaftsforum
– ASEAN – Südostasiatische Staatengemeinschaft
– CAN – Andengemeinschaft
– CEFTA – Mitteleuropäisches Freihandelsabkommen
– COMESA – Gemeinsamer Markt für das östliche und südliche Afrika
– ECOWAS – Westafrikanische Wirtschaftsgemeinschaft
– EFTA – Europäische Freihandelszone
– EU – Europäische Union
– NAFTA – Nordamerikanische Freihandelszone
– MERCOSUR – Gemeinsamer Markt Südamerikas
– SADC – Entwicklungsgemeinschaft des südlichen Afrika
– SACU – Zollunion des südlichen Afrika

Vom Gatt zur Doha-WTO

Zeitraum	Ort/Name	teiln. Staaten	ø Zollsenkung für Ind.-güter
1947	Genf	23	26 %
1949	Annecy	13	3 %
1950 – 1951	Torquay	38	4 %
1955 – 1956	Genf	26	3 %
1961 – 1962	Dillon-Runde	26	4 %
1964 – 1967	Kennedy-Runde	62	8 %
1973 – 1979	Tokyo-Runde	102	3 %
1986 – 1994	Uruguay-Runde	123	38 %
1995	Umgründung: Das GATT wird Bestandteil der neuen WTO.		
2001 – heute	unabgeschlossene Doha-Runde mit zahlreichen Verhandlungspausen	157	
12/2013	Erstes WTO-Abkommen in Bali/Indonesien: weiterer Zollabbau	159	
ab 2017	Genf: Ständige Arbeit der WTO	164 + 26*	*beobachtend

Tab. 5.6: Vom Gatt zur Doha-WTO

Doha-Runde der Welthandelsorganisation

Mit der **Doha-Runde** wollten die Mitgliedstaaten der Welthandelsorganisation (WTO) den globalen Handel auf eine neue Vertragsgrundlage stellen. Schon die Agenda der Verhandlungen war lange umstritten. Erst die WTO-Ministerkonferenz 2001 in Doha setzte als Verhandlungsziele erstens eine weitere Öffnung der Märkte, zweitens einen besseren Einbeziehung der Entwicklungsländer in den Welthandel und drittens den 1. Januar 2005 als Abschlusstermin fürs Verhandeln fest.

Schwerpunkte der Verhandlungen waren

⊙ der Abbau von Agrarzöllen/Subventionen für landwirtschaftliche Produkte und niedrigere Zölle für Industrieprodukte,

⊙ die Liberalisierung im Dienstleistungssektor,

⊙ eine neue Anti-Dumping-Regeln/Umweltfragen/Schutz des geistigen Eigentums bezüglich Generika in Entwicklungsländern,

⊙ der Verzicht auf bilaterale bzw. regionale Abmachungen und Rückkehr zum Konzept des Multilateralismus.

Zentrale Streitthemen waren

◉ die Forderung der Entwicklungsländer an die USA, an die Europäische Union und an Japan: Abbau ihrer Agrarsubventionen; Ziel: bessere Exportchancen für Bauern aus Ländern der Dritten Welt;

◉ die Forderung der entwickelten Länder an Entwicklungs- und Schwellenländer; Ziele: Absenkung ihrer Zölle für Industrieprodukte, einfacherer Marktzugang der eigenen Dienstleistungsunternehmen.

Im Laufe der Doha-Runde bildeten sich zahlreiche Ländergruppen. Besonders Entwicklungs- und Schwellenländer organisierten sich auf diese Weise, um ihre Interessen durchzusetzen. Alle Bemühungen um weitere Abkommen im Rahmen der multilateralen WTO-Regeln sind gescheitert; wohl aber wurden drei Regionalverträge ausgehandelt:

◉ **TPP** (Trans Pacific Partnership; ASEAN),

◉ **TTIP** (Transatlantic Trade and Investment Partnership; USA–EU),

◉ **CETA** (Comprehensive Economic and Trade Agreement; Canada–EU).

Kurz nach seiner Amtseinführung als Präsident der USA beschloss Donald Trump per Dekret den Ausstieg aus TTP. Die Verhandlungen zum TTIP-Abkommen sind EU-seitig bis auf weiteres ausgesetzt. Ceta ist im September 2017 in Kraft getreten.

5.4 Rechtliche Globalisierung

Die Rechtsordnung ist wohl der am wenigsten globalisierte Sektor internationaler Zusammenarbeit. Zwar gibt es seit 1945 die Charta der Vereinten Nationen mit dem Ziel des friedlichen Zusammenlebens der Völker und zahlreiche Abkommen zwischen einzelnen Staaten, jedoch existiert keine gerichtliche Ebene, die dieses Recht durchsetzen könnte. Der Internationale Gerichtshof in Den Haag kann nur tätig werden, wenn sich die beteiligten Parteien einverstanden erklären. Die Einhaltung des Völkerrechts ist damit stark abhängig von der Interessenslage der beteiligten Staaten.

Gemeinsame Normen ermöglichen globalen Handel, ohne dass Anpassungsprozesse, die Kosten verursachen, erforderlich werden. Für internationale Normung gibt es verschiedene Organisationen, z.B. die International Standards Organization (ISO) für allgemeine Normungen oder International Electrotechnical Commission (IEC), die Normungen auf dem Gebiet der Elektrotechnik ausarbeitet.

5.5 Transnationale Unternehmen

Als Beispiel sei hier Nestle genannt. Der Konzern ist in vielen Bereichen tätig: Milchprodukte, Schokolade und Süßwaren, Cerealien, Erfrischungsgetränke, Heißgetränke, Medizinische Ernährung, … Viele bekannte Marken gehören zum Konzern: Acqua Panna, After Eight, Beba, Buitoni, Caro, Felix (Tiernahrung), Kitkat, Lion, Maggi, Nespresso, S. Pellegrino, Wagner (u. a. Pizza). Weltweit sind es nach Angaben der Firma über 2000 Marken.

Träger der Globalisierung sind vor allen anderen Akteuren die transnationalen Unternehmen (TNU), die sogenannten **Global Players**. Diese Multis treiben den alle Grenzen überschreitenden Austausch von Technologiewissen, von Finanzkapital, von Managementfähigkeiten und Managementfertigkeiten voran. Dabei hat das Konzept des **Shareholder Value** eine zentrale Rolle inne: Das Wohl der Aktionäre sei das wichtigste Unternehmensziel, die – auch kurzfristige – Gewinnmaximierung gehe den übrigen Unternehmenszielen vor; die Senkung der Lohnstückkosten, Fusionen und Arbeitsplatzverlagerungen seien dazu probate Mittel; das Ziel der Beschäftigungssicherung für die im Unternehmen Beschäftigten und die Stakeholder-Interessen seien eher nachrangig.

Vergleicht man Bruttoinlandsprodukte mit den Umsätzen von Konzernen, so wird deren Finanzkraft deutlich. Im Jahr 2018 übersteigt der Jahresumsatz des Global Players Royal Dutch Shell das Bruttoinlandsprodukt Argentiniens um sechs Mrd. US $. Walmart und Exxonmobil erzielen Umsätze, die in etwa diesem Bereich liegen. Die Konzentrationsvorgänge, die inzwischen weltweit zu beobachten sind, haben dazu geführt, dass ein großer Teil des Warenhandels in der Hand weniger Konzerne liegt.

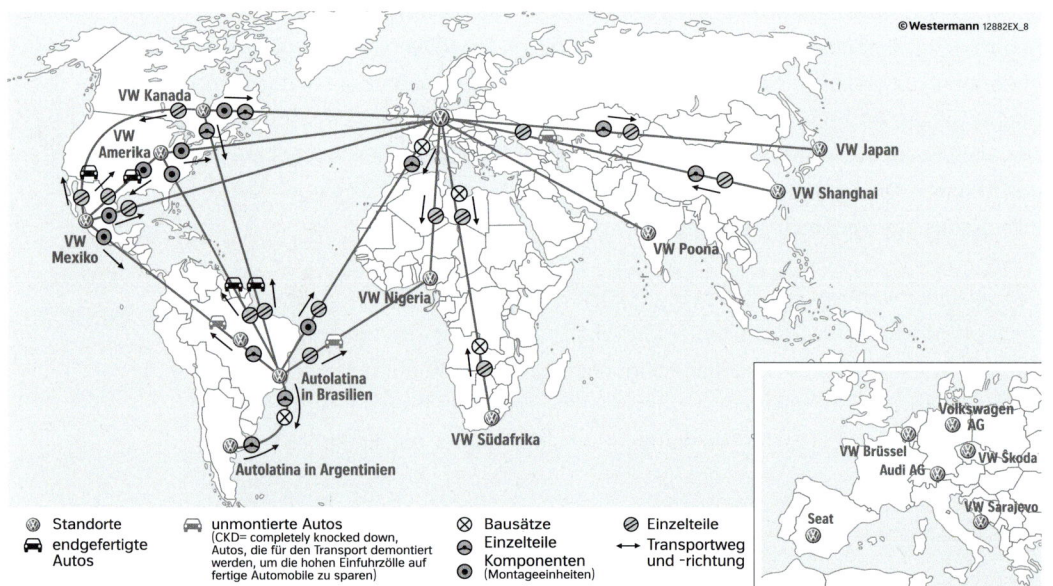

Abb. 5.5: VW als transnationales Unternehmen

5.6 Ursachen, Verlauf, Tendenzen

David Ricardo (1772–1823) sah in weltweiter Arbeitsteilung eine Chance auf wirtschaftlichen Fortschritt; die Tatsache der vergleichsweise günstigeren Herstellung in einem Land müsse durch Freihandel zu segensreicher Wirkung gebracht werden. Seine **Theorie der komparativen Kostenvorteile** besagt, dass internationale Spezialisierung allen Staaten Kostenvorteile verschaffe, die dann als nationaler Wohlstandsgewinn anfallen. Die These von der **fortschreitenden Konvergenz der Staatenwelt** besagt, dass im Prozess der Globalisierung drei sich gegenseitig verstärkende Prozesse weltweit zu ähnlichen Nutzenstrukturen bei den Konsumenten führen, womit eine Angleichung von Verbraucherbedürfnissen und von Konsumentenpräferenzen in Gang gesetzt wird: exponentielle Vergrößerung des menschlichen Wissens, länderübergreifender Austausch von Wissen und Erfahrungen, Akkulturation als Angleichung der Kulturen. Auf der Seite der Produzenten wirkt der technische Fortschritt im Sinne einer weltweiten Konvergenz über wachsende Fixkostenanteile bei sinkenden Produktpreisen, verkürzte Produktlebenszyklen, verkürzte Amortisationszeiten von Investitionen, Rückkopplungseffekte im Kampf um Ländermärkte, konsequente Internationalisierung.

Deutsche Direktinvestitionen ins Ausland (Stand Anfang 2017) 1094 Milliarden Euro
Darunter (Top 5):
USA: 224 Mrd. Euro
Luxemburg: 124 Mrd. Euro
Großbritannien: 106 Mrd. Euro
Niederlande: 106 Mrd. Euro
China (ohne Hongkong) 73 Mrd. Euro

Globalisierung findet **im Bereich der Wirtschaft** nach leidlich überstandener Weltfinanzkrise (2008) trotz aller Widrigkeiten als internationale Arbeitsteilung auf drei Betätigungsfeldern statt:

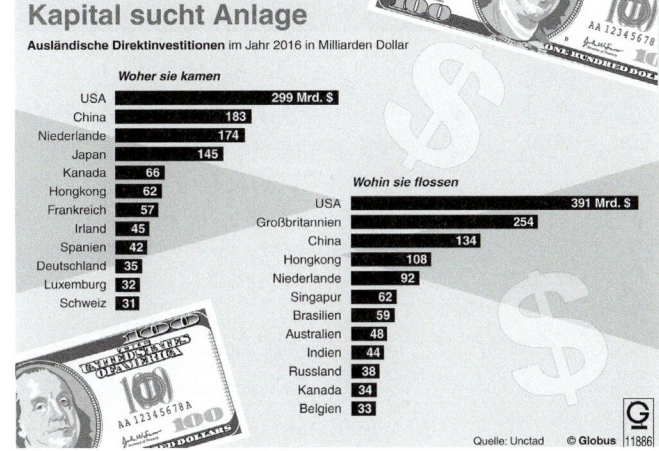

- ⊙ **Exporte:** „Die Güter gehen zum Markt" – Wachstum des weltweiten Außenhandels 1985 bis 2009 um ca. 10 % pro Jahr bei gleichzeitig nur rund 6-prozentigem Anstieg der Produktion.

Abb. 5.6: Ausländische Direktinvestitionen

- ⊙ **Direktinvestitionen:** „Die Produktion geht zum Markt" – Steigerung des Kapitaltransfers seit 1985 um ca. 20 % pro Jahr; Ursachen: Nutzung der politischen Veränderungen (z. B. EU-Binnenmarkt, Zerfall des Ostblocks, neue Handelsblöcke, Investitions- und Handelsabkommen) und der Innovationen bei den Kommunikationstechnologien.

- ⊙ **Finanzmärkte:** „Das Kapital geht zur Produktion" – Vereinfachung der Finanzierung grenzüberschreitender Aktivitäten durch Liberalisierung der

Finanzmärkte; Steigerung des globalen Geld- und Anleihevolumens auf den Finanzmärkten seit 2008 um über 200 %.

5.7 Finanzkapitalismus

◉ **Banken** sammeln Geld von vielen Sparern (Anlegern) ein und leiten es weiter an Kreditnehmer; sie verringern das Risiko für den Anleger: Einerseits vergeben sie riskante Kredite, andererseits ermöglichen sie es den Anlegern, ihre Ersparnisse risikofrei anzulegen – das nennt man **„Risikowandlung"**. Banken verändern die Liquidität des angelegten Geldes: Sparer können ihre Einlagen jederzeit abheben, während die Banken ihren Kreditkunden das Geld langfristig zur Verfügung stellen – das ist die **„Fristenwandlung"**. Banken bündeln viele kleine Einlagen (Lose) zu wenigen großen Darlehen, zum Beispiel zu Unternehmenskrediten, die **„Losgrößenwandlung"**. Die **„Informationsbeschaffung"** der Banken klärt ab, ob Unternehmen kreditwürdig sind. Banken veröffentlichen ihre Informationen nicht, denn im Informationsvorsprung liegt ihre besondere Wertschöpfung.

◉ An den **Börsen** sind nicht nur die Pläne der Unternehmen öffentlich, die Börse verarbeitet sie auch noch zu einem Marktwert – als Börsenkurs. Börsen sind solche Orte, an denen sich zum Handel Zugelassene („Börsianer") regelmäßig zum Abschluss von Handelsgeschäften treffen; gehandelt werden Wertpapiere, Waren, Devisen. „An der Börse" treffen Angebot und Nachfrage marktmäßig zusammen.

◉ **Spekulation** meint ursprünglich „gewagte Geschäfte machen", „auf etwas rechnen", also Käufe und Verkäufe unter Ausnutzung von erwarteten Preisänderungen, besonders auf den Wertpapier-, Waren- und Grundstücksmärkten sowie im Börsenhandel. Ein Spekulant kauft Wertpapiere, weil er hofft, dass der Kurs schnell steigt und er sie mit Gewinn wieder verkaufen kann (Hausse-Spekulant); oder er verkauft Wertpapiere in der Annahme, dass die Kurse weiter fallen und er sie günstig zurückkaufen kann (Baisse-Spekulant).

◉ **Spekulationsblase:** Die Spekulation hat alle Banken und alle Börsen erfasst. Alle Werte und Waren werden zunehmend spekulativ gehandelt: Das Volumen dieses **Börsen- bzw. Finanzkapitalismus** liegt um ein Mehrfaches über dem der Realwirtschaft. Die Spekulation hat eine „Spekulationsblase" geschaffen, deren Platzen (Lehman-Krise, 09/2008) eine globale Finanzmarktkrise und ihrem Gefolge eine Weltwirtschaftskrise sowie die immer noch nicht überwundene Staatsschulden-, Banken- und Eurokrise ausgelöst hat.

⊙ **Liquidität** meint, dass alle handelbaren Werte und Waren, ob Aktien und Wertpapiere aller Art, Rohstoffe, Devisen usw., zu Geld gemacht, also verflüssigt – „liquide" gemacht – werden können. Bei Banken und an Börsen wird heutzutage also letztlich Liquidität gehandelt; vor allem deren Kosten und deren Sicherheit sind heute das Movens der globalen Kapitalströme.

5.8 Zwischenstand der Globalisierung

Der Kapitalismus hat mit seiner marktwirtschaftlichen Ordnung Freiheit ermöglicht, individuellen Wohlstand geschaffen und mit beeindruckendem gesellschaftlichen Fortschritt die **Systemkonkurrenz** mit dem Kommunismus und dessen Zentralplanwirtschaft gewonnen. Die mittlerweile über die ganze Welt **als Globalisierung sich ausbreitende Marktwirtschaft** hat vielfältig positive Wirkungen für hunderte Millionen Menschen in den Schwellen- und in den Entwicklungsländern gehabt – Not und Elend konnten verringert werden.

Wahrnehmung der Globalisierung als Kasino-Kapitalismus

Nicht erst angesichts negativer Entwicklungen in Weltwirtschaft und Welthandel, eher wegen uneingelöster Hoffnungen und zu langsamem Entwicklungsfortschritt in der sogenannten Dritten Welt wird aus einer globalisierungskritischen Position heraus die deregulierte Marktwirtschaft als **Turbo-**, als **Raubtier-** oder als **Kasino-Kapitalismus** gekennzeichnet. Insbesondere die explosionsartige Zunahme des **spekulativen Börsenhandels mit Aktien, Derivaten, Rohstoffen, Devisen** – z. T. mithilfe geliehenen, „gepumpten" Geldes (**Pump-Kapitalismus**) – hat warnende Gegenreaktionen und Veränderungsvorschläge hervorgerufen.

5.9 Kritik an der Globalisierung

Seit der Ausweitung der amerikanischen Hypotheken- und Immobilienkrise 2008 zur Weltfinanzkrise, zur Weltwirtschaftskrise 2009, zur Eurokrise 2010 ff. und seit dem Wahlsieg des „America-first"-Protektionisten Donald Trump (11/2016) beschäftigen kritische Meldungen zur Globalisierung die deutsche Öffentlichkeit, so werden etwa Firmenaufkäufe durch chinesische Firmen stark debattiert. Auch der Export von Industriearbeitsplätzen in Billiglohnländer, der Abbau von Sozialstandards, die als ungenügend eingeschätzte Banken-Regulierung, Deutschlands Exportüberschüsse, Riesengewinne bei Großkonzernen,

Insbesondere seit dem Wahlsieg (11/2016) des rechtspopulistisch-nationalistischen (Slogan: „America first!") und unilateral-protektionistisch eingestellten Republikaners Donald Trump (Infragestellung der NATO, Aufkündigung des multilateralen TTP-Abkommens), seit Trumps Anti-Globalisierungsreden und seinen die Superreichen bevorzugenden Steuerreform-Plänen (10/2017) formieren sich Globalisierungsgegner in massiven Protestaktionen und organisieren sich in lautstark-rechtspopulistischen Parteien.

unveränderte Banker-Boni und sehr hohe Managementgehälter, die Öffnung der Schere zwischen Arm und Reich u. v. a. werden kritisch beäugt. Das alles legt nahe, die Globalisierung multiperspektivisch zu betrachten.

Mit fortschreitender Globalisierung ergeben sich zahlreiche Veränderungen im sozialen, kulturellen, politischen und wirtschaftlichen Leben. Diese bringen auch Unsicherheiten und Ängste mit sich. Mit der Verlagerung von Arbeitsplätzen in Billiglohnländer steigt die Angst vor Arbeitslosigkeit. Globalisierung führt nicht nur zu einer Ausweitung des Warensortiment. Auch Waffenhandel, Drogenhandel, organisierte Kriminalität werden in der Wahrnehmung oft mit Globalisierung verbunden. Insbesondere die wachsende Marktmacht der Global Player, die vor allem über die Drohung auf andere Standorte auszuweichen Druck auf Regierungen ausüben können, wird von vielen kritisch gesehen.

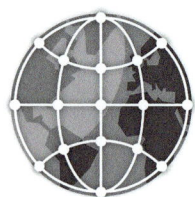

Mit der Welt verflochten

#		
1	Niederlande	92,84
2	Irland	92,15
3	Belgien	91,75
4	Österreich	90,05
5	Schweiz	88,79
6	Dänemark	88,37
7	Schweden	87,96
8	Großbritannien	87,26
9	Frankreich	87,19
10	Ungarn	86,55
11	Kanada	86,51
12	Finnland	86,30
13	Portugal	85,04
14	Zypern	85,00
15	Tschechien	84,88
16	Deutschland	84,57
17	Spanien	84,56
18	Slowakei	84,36
19	Luxemburg	84,21
20	Singapur	83,64

Der **Globalisierungsindex** 2017 zeigt, wie die Länder wirtschaftlich, politisch und sozial mit dem Rest der Welt verbunden sind. Je höher der Wert, desto globalisierter ist das Land.

höchstmöglicher Wert = 100
Stand 2014
Quelle: ETH Zürich
© **Globus**

11712

Abb. 5.7: Der Globalisierungsindex

Mittlerweile haben sich verschiedene globalisierungskritische **Nichtregierungsorganisationen** (NGOs) gebildet, die sich für höhere Unternehmenssteuern, gerechtere Löhne und eine Verbesserung der Rechte der Arbeitnehmer stark machen. Eine Organisation ist das Netzwerk attac, das in mittlerweile über vierzig Ländern aktiv ist und bereits rund 90 000 Mitglieder hat.

Die NGO-Programme und die weltweiten NGO-Aktionen anlässlich von IWF- und Weltbank-Treffen begleiten fordernd die Versuche der supranationalen „Globalisierungsagenturen" IWF, Weltbank, WTO, G8 bzw. G20, die politische Ausgestaltung der Globalisierung und damit den Primat der Politik gegenüber der immer weiter deregulierten globalen Wirtschaft zu sichern. **Anti-Globalisierungsproteste** anlässlich von G20- und WTO-Treffen gehören mittlerweile zum Gipfel-Ritual (z. B. Hamburg 2017).

Abb. 5.8: nach: Sachverständigenrat, Jahresgutachten 2011/12, S.11

5.10 Politik als Krisenmanagement

G8-Weltwirtschaftsgipfel – Gipfeldiplomatie

Die Gruppe der „Großen Acht" (USA, J, D, F, GB, I, CAN, RUS) ist weder eine Organisation noch eine Institution, sondern ein Forum für den Gedankenaustausch in Fragen der Weltwirtschaftspolitik. Auch wenn die jährlichen Treffen der beteiligten Staats- und Regierungschefs (der sechs demokratischen Industrienationen seit 1975, erweitert um Kanada 1976 und Russland 1998) die Bezeichnung „Weltwirtschaftsgipfel" tragen, bleiben diese Gespräche nur informell. Themen sind Probleme der Weltwirtschaft und der Währungspolitik, aber je nach aktueller Lage auch Sicherheitsfragen, internationaler Terrorismus, globale Herausforderungen.

G20 – ein neues Globalisierungsmanagement?

An seine Grenzen kam diese **Gipfeldiplomatie** am Ende des Jahres 2008, als die fast völlig deregulierten Weltfinanzmärkte unüberschaubar komplex geworden waren und – für fast alle Beobachter überraschend – wegen der amerikanischen Hypothekenkrise kollabierten. Die dadurch und mit der Pleite der Bank Lehmann Brothers am 15. September 2008 in Gang gekommene Kettenreaktion löste **2008 eine Weltfinanz- und Weltwirtschaftskrise** aus, die allein mit der Krise 1929 und der folgenden „Großen Depression" der Weltwirtschaft zu vergleichen ist. Die Erweiterung der G8-Gipfelgespräche zum G 20-„Weltgipfel" in London im April 2009 war der Versuch, die internationale Finanzarchitektur zu stabilisieren und durch antizyklisches Staatenhandeln koordiniert gegen die Gefahr des Zusammenbruchs der globalen Marktwirtschaft und der drohenden Insolvenz einzelner Staaten vorzugehen; dieser Versuch dauert bis heute an, trotz des protektionistischen agierenden US-Präsidenten Donald Trump.

Insbesondere die Euro-Zone ist gefordert, sich als geschlossene Währungseinheit zu präsentieren. Dazu ist eine Stabilisierung ihres mit faulen Krediten belasteten Bankensektors mittels einer **Bankenunion** und eine nachhaltig-regelgerechte Haushaltswirtschaft ihrer hoch verschuldeten Krisenstaaten mittels Fiskalunion erforderlich. Das von Deutschland den anderen Euro-Staaten aufgedrängte **EU-Sanierungskonzept** (ausgeglichene Staatshaushalte durch Ausgabenkürzungen, Schuldenbremse, liberale Wirtschaftreformen) scheint einerseits erfolgreich umgesetzt (Irland, Portugal, Spanien), andererseits nur zögerlich betrieben (Italien, Frankreich) oder sogar zu spät begonnen zu sein (Griechenland).

Geldmarkt-Steuerung durch die großen Notenbanken

Zinsvergleich Eurozone/USA

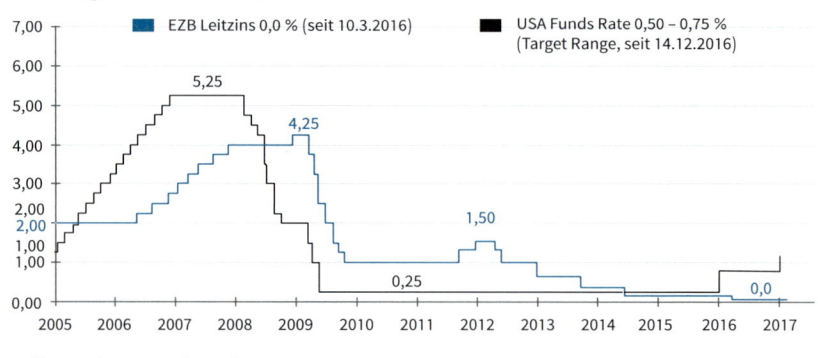

Grafik: www.leitzinsen.info, Quelle: EZB/FED

Abb. 5.9: Zinsvergleich

Tipp

Vor allem in mündlichen Prüfungen kann es passieren, dass Sie Fragen zu tagesaktuellen politischen Ereignissen beantworten müssen. Bereiten Sie sich darauf vor, indem Sie aktuelle Geschehnisse in der Presse (Tageszeitungen, politische Magazine, Fernsehen, Internet) verfolgen, und beschäftigen sich mit den Hintergründen. Auch eine (gut begründete) „eigene Meinung" schadet gerade im mündlichen Prüfungsgespräch sicherlich nicht!

Wenn Sie dieses Kapitel durchgearbeitet haben, sollten Sie den Gesamtkomplex „Globalisierung" in Ihrer Analyse in seine kennzeichnenden Einzelbestandteile zerlegen können und folgende Aspekte herausarbeiten können:

Überblick

- ⊙ erstens die Funktionen der weltumspannenden Einrichtungen: UNO, Gipfeltreffen, bilaterale Beziehungen und Diplomatie;
- ⊙ zweitens die Möglichkeiten der sogenannten Globalisierungsagenturen: IWF, Weltbank, WTO;
- ⊙ drittens die Konferenz-, Gipfeltreffen- und Verhandlungsbemühungen dieser Welt-Organe, Welt-Agenturen, Staaten und NGOs;
- ⊙ viertens die Vorgeschichte, den bisherigen Verlauf und den derzeitigen Stand der Weltwirtschaft, die sich in jetzt benennbaren Etappen seit der Jahrtausendwende entwickelt hat. Tagesaktuelle Ereignisse können in diesem Themenkomplex wichtige Prozesse auslösen, sodass Sie, was aktuelle Ereignisse und Entwicklungen betrifft, auf dem Laufenden sein sollen, z. B. bzgl. der Rolle der EZB in der Eurokrise, des Standes rund um Großbritanniens „Brexit", des EU-Zusammenhalts, der Rolle der USA in der veränderten Weltordnung.

6 Internationale Konflikte: Krieg, Frieden und Sicherheit

Jenseits der alltäglichen weltweiten Wirtschafts- und Finanzschwierigkeiten strukturieren etliche langwierige Kriege und zahlreiche ungelöste Konflikte (Syrienkrieg, Krimannexion, Ostukrainekrieg) das internationale politische Geschehen. Sicherheitspolitische und militärpolitische Fakten durchwirken die wirtschaftspolitischen und die finanzpolitischen Entwicklungen. Daraus entsteht eine spannungsreiche internationale Konfliktlage, die zu beruhigen die UN-Vetomächte und die US-Regierung unter Präsident Donald Trump aufgefordert sind. Dieses Kapitel befasst sich mit den Krisenherden der Welt, der Rolle internationaler Organisationen und Deutschlands und insbesondere der Bundeswehr und zeigt internationales Handeln infolge der Konflikte.

6.1 Krieg, Frieden, Sicherheit im 21. Jahrhundert

Das 21. Jahrhundert beschert den Menschen in der nicht mehr bipolaren „Einen Welt" neben einer beachtlichen Wohlstandsmehrung im erschlossenen „Norden" und „Westen" und in den Schwellenländern gleichzeitig davon erheblich abweichende Lebensverhältnisse im „Süden" und damit also letztlich eine deutliche Auseinanderentwicklung in der „Einen Welt".
Zahlreiche kriegerische Konflikte finden sich im Nahen Osten und Afrika, aber auch Pakistan, Indien und die Ukraine sind betroffen. Die verzeichneten kriegerischen Auseinandersetzungen des noch jungen 21. Jahrhunderts im Überblick:

- die „Jasmin"-Revolution in Tunesien; Umbrüche und Militärputsch in Ägypten; Bürgerkrieg und Staatszerfall in Libyen; Bürgerkrieg im Jemen, Bürgerkrieg und Massenflucht in Syrien, usw.
- das Aufflackern von Konflikten und Kriegen, z. B. Nahost-Konflikt, Irak, Afghanistan, Sudan vs. Südsudan, Mali, Pakistans Nordwesten (US-Drohnenkrieg), Ost-Kongo, Zentralafrikanische Republik;
- die begrenzte Befriedung in alten Kriegs- und Bürgerkriegsgebieten, z. B. Irak, Tschetschenien, Kaschmir, Westsahara, Ost-Kongo, usw.
- die Entstaatlichung von Kriegen und Privatisierung militärischer Gewalt, z. B. Islamischer Staat, al-Quaida-Attentate, al-Nusra-Front in Syrien, ständige Clan-Kriege in Somalia, Drogen-Krieg in Mexiko;
- die Häufung ethnischer Konflikte und Kriege, z. B. in Darfur, Nigeria;
- Implosion von Staaten (*failed states*) und Staaten-Regionen, z. B. Libyen, Somalia ...;

- die Zunahme des internationalen Terrorismus, z.B. Anschläge nach dem 11. September 2001: Madrid, London, Bali, Mumbai, Paris, Nizza, Berlin usw.;
- die begrenzte Reichweite bei der Kontrolle von Massenvernichtungswaffen, z.B. Irans Atompolitik, Fortbestand von Atom- und Biowaffenarsenalen, teilweise Vernichtung syrischer Bio-Waffen.

Terrorismus:
2016 fordern terroristische Anschläge weltweit 25 673 Todesopfer. Die folgenden 10 Länder sind dabei am stärksten betroffen:
Irak – 9765 Todesopfer
Afghanistan – 4574
Syrien – 2102
Nigeria – 1032
Pakistan – 956
Somalia – 740
Türkei – 658
Jemen – 641
Libyen – 376
Indien – 340

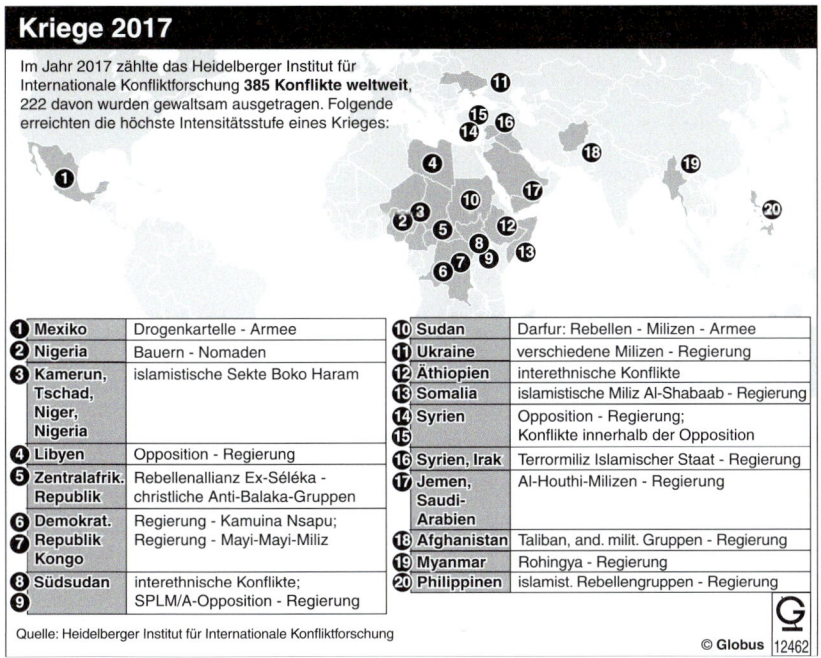

Quelle: Institute for Economics and Peace

Abb. 6.1: Kriege 2017

Zusammenhang Armut und Wahrscheinlichkeit von Bürgerkriegen

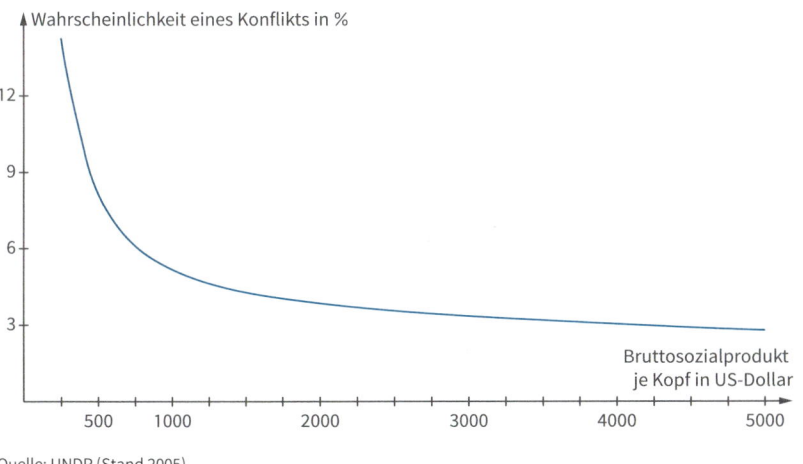

Quelle: UNDP (Stand 2005)

Abb. 6.2: Mehr Wohlstand = weniger gewaltsame Konflikte

Ursachen für Kriege und andere Konflikte sind vielfältig

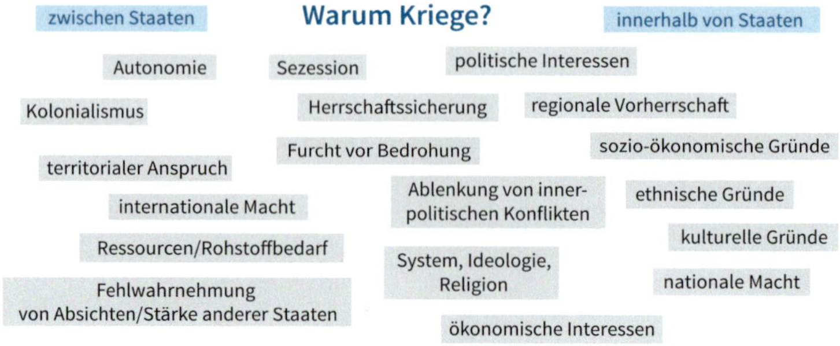
zwischen Staaten
Warum Kriege?
innerhalb von Staaten
Autonomie
Sezession
politische Interessen
Kolonialismus
Herrschaftssicherung
regionale Vorherrschaft
Furcht vor Bedrohung
sozio-ökonomische Gründe
territorialer Anspruch
Ablenkung von inner-politischen Konflikten
ethnische Gründe
internationale Macht
kulturelle Gründe
Ressourcen/Rohstoffbedarf
System, Ideologie, Religion
nationale Macht
Fehlwahrnehmung von Absichten/Stärke anderer Staaten
ökonomische Interessen

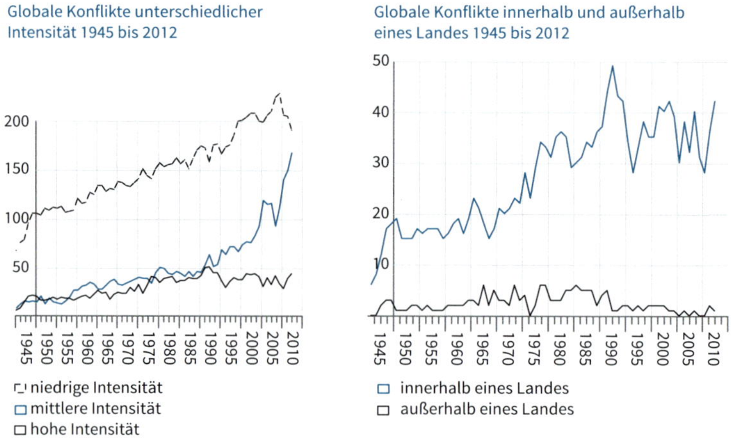
Globale Konflikte unterschiedlicher Intensität 1945 bis 2012
200
150
100
50
1945
1950
1955
1960
1965
1970
1975
1980
1985
1990
1995
2000
2005
2010
niedrige Intensität
mittlere Intensität
hohe Intensität
Globale Konflikte innerhalb und außerhalb eines Landes 1945 bis 2012
50
40
30
20
10
1945
1950
1955
1960
1965
1970
1975
1980
1985
1990
1995
2000
2005
2010
innerhalb eines Landes
außerhalb eines Landes

Abb. 6.3: Fieberkurve der Konflikte

aus: CONFLICT BAROMETER 2012, Heidelberg Institute for International Conflict Research

2017 ließen gewaltsame Konflikte mehr als 2,7 Millionen Menschen ihr Heil in der Flucht suchen. Aus dem Südsudan allein flohen rund 1 Million Menschen, zumeist in den Sudan und nach Uganda. Aus Syrien flohen rund 750 000 Menschen, fast 700 000 davon in die Türkei. Aus Myanmar flohen 655 000 Konfliktopfer nach Bangladesch. – Zahlen: UNHCR

- Die Vergrößerung des Abstandes zwischen Arm und Reich stellt besonders in Afrika ein erhebliches Konfliktpotenzial dar.
- Damit verbunden ist die Verschärfung des Wettlaufs um die Ressourcenkontrolle, z. B. bei Wasser, Erdöl, Gas, Tropenholz, Seltenen Erden und vielen anderen Rohstoffen. Sambia verfügt über die drittgrößten Kupfervorkommen der Welt, gleichzeitig ist es eines der 20 ärmsten Länder der Erde. Die Kupferminen befinden sich in der Hand multinationaler Konzerne. Von den hohen Gewinnen, die erwirtschaftet werden, kommt bei der Bevölkerung deutlich zu wenig an.
- Zu beobachten sind die Verschlechterung der Umwelt- und Lebensbedingungen, z. B. der Kampf um Trinkwasser, Bildung und medizinische Versorgung. In vielen Entwicklungsländern haben große Teile der Bevölkerung keinen oder nur unzureichenden Zugang zu sauberem Trinkwasser. Die Schätzungen liegen bei 900 Millionen Menschen.

- Verunreinigtes Trinkwasser ist die Hauptursache für die Erkrankung an Cholera oder für Durchfallerkrankungen. Auch tritt eine Häufung von Seuchen und von Epidemien, etwa AIDS und Malaria, Tuberkulose, Kinderlähmung sowie Zika auf.
- Die Befürchtung des Auftretens von Pandemien, z. B. Vogelgrippe hat längst die Grenzen der Länder, in denen sie ursprünglich aufgetreten sind verlassen und erreicht die westliche Welt.
- Zu beobachten ist der Stillstand im Kampf gegen den Drogenhandel und den Anbau von Mohn (Afghanistan) und Koka (Kolumbien, Ecuador, Peru, Bolivien).
- Die Welt hat mit der Beseitigung der Folgen gigantischer Natur- und Technikkatastrophen, z. B. Tsunami-Welle im Indischen Ozean 12/2004; Erdbeben in Nord-Pakistan 9/2005, Mittelchina 8/2008, Haiti 12/2009; Tsunami-Welle und Atomkatastrophe in Fukushima/Japan 03/2011; Taifun Haiyan auf den Philippinen 11/2013 zu kämpfen.
- Infolge der zahlreichen Konflikte auf der Erde ergibt sich eine erhebliche Zunahme von Migration wegen wirtschaftlicher Not oder ausgelöst durch Kriegshandlungen. Wohlstandsgrenzen etwa zwischen USA und Mexiko und am Mittelmeer sind neue Konfliktorte. Der Bürgerkrieg in Syrien und Konflikte in der Türkei und im Irak verursachen schon seit einigen Jahren Flüchtlingswellen in die Anrainerstaaten und nach Europa.

Vom „Recht zum Krieg" zum „gerechten Krieg?"

Carl von Clausewitz (1780 – 1831) verlieh der Meinung seiner Zeit Ausdruck, als er in seiner Theorie der Kriegsführung vom **Krieg als einem letzten Mittel der Politik** sprach: Souveräne Staaten dürften Kriege führen, sie hätten ein Recht darauf. So wurden Staatskriege als Kriege an der Öffentlichkeit vorbei vorbereitet; sie waren Kabinettskriege und wurden mit begrenzten politischen Zielen geführt. Clausewitz' Warnung vor den nach 1789 sich entwickelnden Volkskriegen war der Erwartung geschuldet, große Leidenschaften von Nationen und die Vernichtung des Gegners als Feind könnten den Krieg als Mittel zum Zweck untauglich werden lassen. Genau dieses Szenario erfüllte sich dann 1914 – 1918 und 1939 – 1945. Sozialdarwinistische und rassistische Ideologien stilisierten den Krieg als „höchste Äußerung des Lebenswillens", interpretierten ihn als „Helden- und Überlebenskampf" und entfesselten ihn im „totalen Krieg" bis zur massenhaften Menschenvernichtung. Der Radikalisierung des Krieges traten Völkerrechtler entgegen; sie versuchten, das Ausmaß der bis dahin zulässigen Gewalt einzugrenzen und zu verringern. Der Gedanke der Unterscheidung von Soldaten, Kombattanten und Zivilisten sowie der zu beachtenden Neutralität von Staaten setzte sich durch.

Carl von Clausewitz, *1.7.1780, †16.11.1831, preußischer Generalmajor, Militärwissenschaftler
Die von Clausewitz aufgestellten Theorien zu Taktik und Strategie werden heute noch an Militärakademien gelehrt

Die **Haager Landkriegsordnung** von 1907 nahm sich auch der Kriegsgefangenen an – ein Fortschritt in der Re-Zivilisierung von kriegerischer Gewalt.

Der Briand-Kellogg-Pakt von 1929 beschränkte die **Zulässigkeit des Krieges auf den Verteidigungsfall**. Die Charta der UN erkannte das Verteidigungsrecht an, formulierte im Noch-Kriegsjahr 1945 aber ein generelles Gewaltverbot in den Beziehungen zwischen Staaten und ergänzte dieses um eine allgemeine **Friedenspflicht**.

Die Idee vom **„gerechten Krieg"** gewann mit dem Terroristen-Attentat am 11. September 2001 und dem ohne ein Mandat der UN von den USA begonnenen Krieg im Irak (seit 12/2003) wieder an Bedeutung. Der heutige Rückgriff auf den Begriff geht auf Aurelius Augustinus (354–430), auf Thomas von Aquin (1225–1274) und auf deren Sicht von der gerechtfertigten Verteidigung des christlichen Römischen Reiches gegen die heidnischen Barbaren zurück. Aber der **Selbstermächtigung** der sich überlegen wähnenden Zivilisation stand auch der Gedanke der **Selbstbindung** und der **Selbstbeschränkung** im Krieg zur Seite. **Gerechte Kriege** zeichnen sich nach Thomas von Aquin durch drei Kriterien aus:

- die fürstliche Vollmacht (ein legitimierendes Mandat);
- den gerechten Grund (die Ahndung eines Unrechts);
- die rechte Absicht (Krieg um des Friedens willen und bei Vermeidung von Grausamkeiten).

6.2 Die Vereinten Nationen

„Blauhelme" ist eine umgangssprachliche Bezeichnung für die seit 1948 in Krisengebieten eingesetzten UN-Friedenstruppen (benannt nach den von den Soldaten getragenen blauen Schutzhelmen), die sich aus Soldaten, unbewaffneten zivilen Beobachtern und Militärbeobachtern zusammensetzen

Heute zählen die UN 193 Mitglieder. Wünschten sich die 51 Gründungsmitglieder bei der Unterzeichnung der UN-Charta am 26. Juni 1945 die UNO als zukünftige **Weltordnungsmacht**, so haben die nachfolgenden 70 Jahre für eine bescheidenere Rolle mit auch ganz anderen Tätigkeitsfeldern gesorgt: Vielerlei **UN-Hilfsorganisationen** und die ständigen **UN-Sonderorganisationen** sind weltweit aktiv. Im Kriegsendejahr 1945 aber galt diese Frage als zentral: Mit welchen militärischen Mitteln soll die Völkergemeinschaft den Erhalt bzw. die Wiederherstellung des Friedens erzwingen können?

Der Kalte Krieg zwischen Ost und West machte das Konzept der kollektiven Sicherheit undurchführbar.

Stattdessen entwickelten die UN auf viel bescheidenerer Stufe ein Instrumentarium von **Frieden erhaltenden Maßnahmen** (*peacekeeping operations*), das in der UN-Charta eigentlich nicht vorgesehen ist. Diese teilweise sehr erfolgreich verlaufenen „**Blauhelm-Aktionen**" reichen von der Untersuchung bei Grenz-verletzungen über die Kontrolle von Waffenstillständen bis zur Überwachung von Wahlen oder der Übernahme von Verwaltungsaufgaben. Voraussetzung für die Entsendung der „Blauhelme" ist die Zustimmung des UN-Sicherheitsrates und aller Konfliktbeteiligten. Das Personal wird von Mitgliedstaaten freiwillig bereitgestellt.

Frieden schaffende Maßnahmen (*peacemaking operations*) sind Operationen, die einen akut bedrohten oder bereits gebrochenen Frieden sichern oder wiederherstellen sollen. Da es keine eigenen Friedenstruppen der UN gibt, beschließt der UN-Sicherheitsrat zwar den Einsatz, überlässt das Kommando jedoch einzelnen Mitglied-staaten.

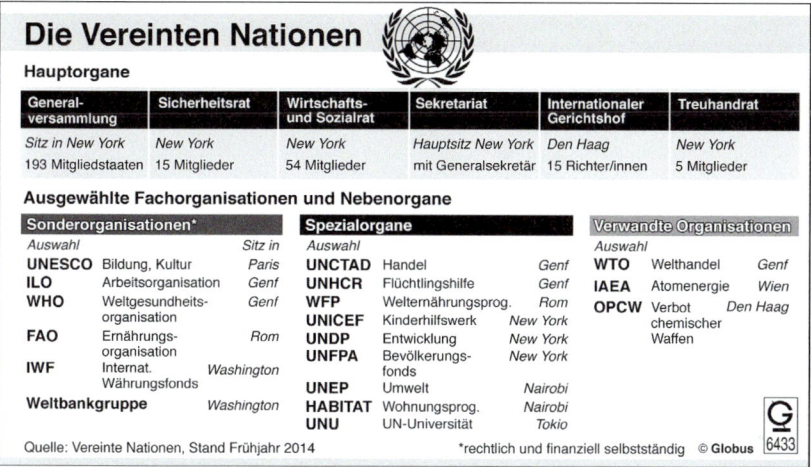

Abb. 6.4: Aufbau der Vereinten Nationen

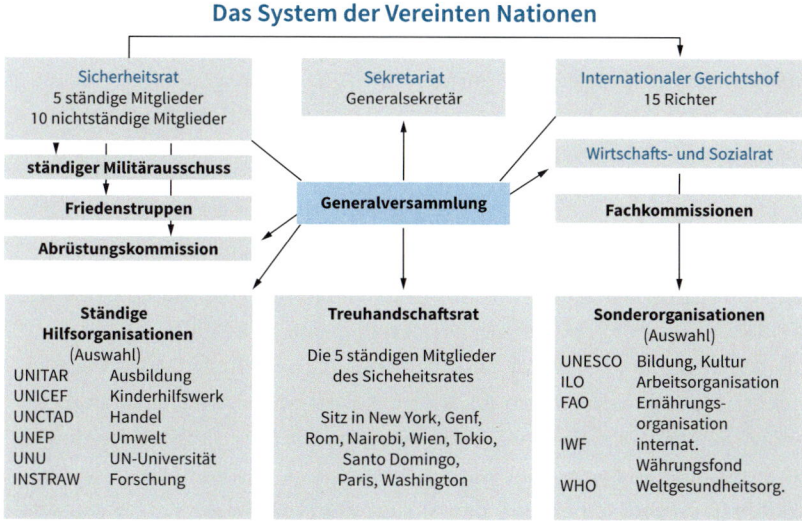

Abb. 6.5: Das System der Vereinten Nationen

Die UN konnten auf die neuen Konflikte oftmals nur spät (Jugoslawien-Kriege 1992 – 1995; Kosovo-Krieg 1998) und schwach reagieren (nach dem Völkermord in Ruanda 1994); die Mittel der UN reichten oft nicht aus (Somalia, seit 1991). Oder es fehlte am Willen der Mitgliedstaaten, den UN-Einsatz politisch, finanziell und/oder militärisch zu unterstützen. Das Vetorecht der fünf ständigen Mitglieder des **UN-Sicherheitsrats** wurde oftmals genutzt, um zum Frieden führende Entscheidungen zu verhindern. So hat z. B. der Bürgerkrieg in und um Syrien (seit 2011) den gesamten Nahen Osten zum Brandherd gemacht. Der Krieg hat bislang über 500 000 Menschenleben gekostet und mehr als 12 Mio. Flüchtlinge sowie eine nach Europa gerichtete Migrationswelle zur Folge (Stand 01/2018). Russland hat militärisch zugunsten des international verfemten Assad-Regimes eingegriffen, wie auch der Iran mithilfe der libanesischen Schiiten-Miliz Hisbollah. So hat dieser Syrien-Krieg das Konzept des Friedenschaffens per UN-Multilateralität an seine Grenze und die UN in eine Selbstblockade geführt.

Als der Kalte Krieg im **Umbruch der Jahre 1989/91** endete, wurde wieder neu über die **Rolle der UN** diskutiert. Wie sollten sich die UN der Zukunft darstellen – als neutraler Vermittler oder als entschiedener Parteigänger, als Moderator oder als Gestalter, als Mithelfer oder als Chef? Die 1990er-Jahre hinterließen einen zwiespältigen Eindruck: Zahlreiche innerstaatliche Konflikte mit ethnischem, nationalistischem oder religiösem Hintergrund waren aufgebrochen.

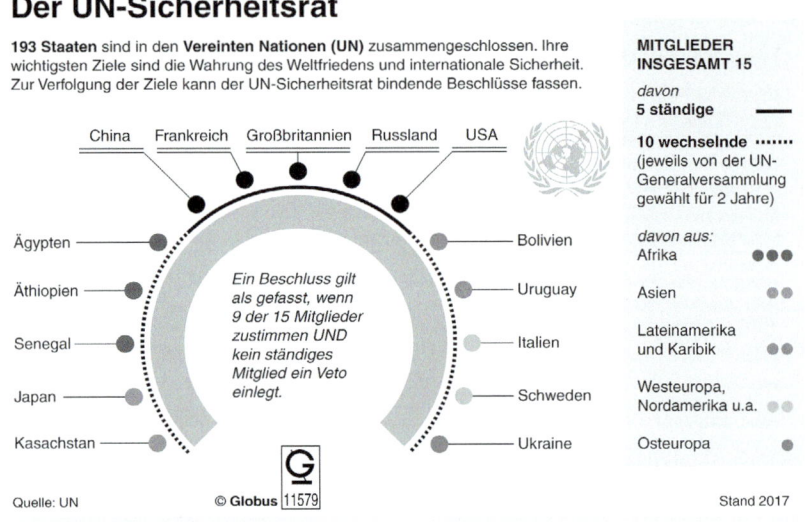

Abb. 6.6: Der UN-Sicherheitsrat

Das Gewaltmonopol der UN-Charta

Art. 41: Der Sicherheitsrat kann beschließen, welche Maßnahmen – unter Ausschluss von Waffengewalt – zu ergreifen sind, um seinen Beschlüssen Wirksamkeit zu verleihen; er kann die Mitglieder der Vereinten Nationen auffordern, diese Maßnahmen durchzuführen. Sie können die vollständige oder teilweise Unterbrechung der Wirtschaftsbeziehungen, des Eisenbahn-, See- und Luftverkehrs, der Post-, Telegraphen- und Funkverbindungen und den Abbruch der diplomatischen Beziehungen einschließen.

Art. 42: Ist der Sicherheitsrat der Auffassung, dass die in Artikel 41 vorgesehenen Maßnahmen unzulänglich sein würden oder sich als unzulänglich erwiesen haben, so kann er mit Luft-, See- oder Landstreitkräften die zur Wahrung oder Wiederherstellung des Weltfriedens und der internationalen Sicherheit erforderlichen Maßnahmen durchführen. Sie können Demonstrationen, Blockaden und sonstige Einsätze der Luft-, See- und Landstreitkräfte von Mitgliedern der Vereinten Nationen einschließen.

https://www.unric.org/html/german/pdf/charta.pdf (Zugriff am 1.10.2018)

Tipp

Stellen Sie den Sicherheitsrat – und nicht die Vollversammlung der UN – in den Mittelpunkt aller Analysen von Außen- und von Sicherheitspolitik. Die zentrale Bedeutung der UN-Möglichkeiten nach UN-Charta-Artikel 41 und 42 sowie – einerseits ergänzend bzw. andererseits kontrastierend – die komplex strukturierte „UN-Agenda für den Frieden" stehen dabei im Mittelpunkt Ihrer Analyse weltpolitischer Konflikte.

Seit dem 11. September 2001 sehen die UN nicht nur die USA, sondern die gesamte Völkergemeinschaft durch den **internationalen Terrorismus** bedroht. Deshalb haben die UN auf diesen Anschlag mit einer Resolution gegen den Terrorismus reagiert. Sie haben dabei auf Möglichkeiten der UN-Charta zur Intervention der UN in solchen Staaten hingewiesen, die vom Terrorismus beherrscht werden. Da solche Interventionen jedoch einen massiven Eingriff in die Souveränitätsrechte des betreffenden Staates bedeuten, sind sie politisch umstritten. Politische Eliten – nicht nur in den Entwicklungsländern – sehen darin das Wiederaufleben von Großmachtpolitik untern dem Deckmantel der UN, ein Wiederaufleben des Kolonialismus mithilfe der UN oder eine Hegemonialpolitik der sich zurückziehenden Supermacht USA bzw. der neuen Supermacht China, die dabei ist, en neues Imperium zu erreichten.

Spätestens seit US-Präsident George W. Bush den **„Krieg gegen den Terrorismus"** ausgerufen und mit der nach ihm benannten **Bush-Doktrin** den Kampf gegen die Unterstützerstaaten auf der **„Achse des Bösen"** organisiert hatte, gab es eine offene Rivalität zwischen den USA und den UN. Die globale Finanzmarkt- und Wirtschaftskrise (seit 2007), die zögerliche Interpretation der US-Rolle durch US-Präsident Barack Obama (2009 – 2017), der Aufstieg Chinas und die Gründung der G 20 als probates Koordinationsforum von Politik-, Wirtschafts- und Finanzentscheidungen schufen eine **neue, multipolare Weltordnung**.

Bereits anlässlich des dritten Golf-Krieges, des Irak-Krieges von 2003, stellten sich aber folgende Fragen als grundsätzlich abzuklärend heraus:

- Wer beherrscht die Welt im 21. Jahrhundert? Ist es der freiwillige Zusammenschluss souveräner Staaten in der Organisation der UN oder ist es die alte militärische Supermacht USA bzw. die aufstrebende Weltmacht China, je aufgrund eigener Macht und dank wirtschaftlicher, militärischer, politischer und kultureller Kraft?
- Wer ist wem untergeordnet?
- Wer ist der Hegemon dieser Welt: Die oftmals unilateral handelnden USA bzw. China oder die multilateral angelegten UN?
- Welche Rolle spielt China, die wahrscheinlich größte wirtschaftliche Welt- und politische Supermacht zur Mitte des 21. Jahrhunderts?

Erster Golfkrieg: 1980 bis 1988; Auseinandersetzung zwischen Irak und Iran
Zweiter Golfkrieg: 1990/91; Krieg zwischen dem Irak und einer US-geführten Koalition
Dritter Golfkrieg: 2003; Krieg zwischen dem Irak und einer US-geführten Koalition

Afghanistan-Krieg und der beginnende Rückzug aus Afghanistan

Sofort nach den Terroranschlägen des 11. September 2001 verabschiedete der UN-Sicherheitsrat Resolutionen, die sich mit der Gefahr des internationalen Terrorismus befassten und die Staatengemeinschaft zu mehr gemeinsamen Anstrengungen im Kampf gegen den Terror aufriefen. Die **Resolution 1368** und die **Resolution 1373** dienten als Rechtfertigung für den am 7. Oktober 2001 von den USA, Großbritannien und anderen Staaten begonnenen Afghanistan-Krieg gegen al Quaida und gegen die Taliban als deren Förderer. Diese Resolutionen des UN-Sicherheitsrats und vorausgegangene UN-Anti-Terror-Resolutionen und -Konventionen legen nahe, dass der Kampf gegen den Terror zuvorderst nicht mit militärischen Mitteln – mit Krieg also – geführt werden sollte, sondern dass zivile Mittel und Maßnahmen zum Einsatz kommen sollten. Die **Resolutionen 1566** (8.10.2004), **1624** (14.9.2005), **1817** (11.6.2008) betonten die Notwendigkeit zivilgesellschaftlicher Fortschritte im Kampf gegen Drogenanbau und Drogenschmuggel, Korruption und Geldwäsche, Bandenwesen und Terrorismus sowie Angriffe der islamistischen Taliban. Indem die afghanische Zentralregierung und Präsident Barack Obama den Rückzugsbeginn der US-Kampftruppen für 2014 ankündigten, schlossen sich die Nato – auch Deutschland – und andere Truppensteller diesem Endtermin für den Kampftruppeneinsatz an. Der verlustreiche Afghanistan-Bundeswehreinsatz läuft seit 2001, inzwischen aber als mehrfach verlängerte Nato-Ausbildungsmission. Mit **Resolute Support** (Bundestagsmandat vom 21.11.2017; rund 16.000 Nato- bzw. 980 Bundeswehr-Soldaten) soll die Ausbildung afghanischer Spezialkräfte und der afghanischen Luftwaffe gelingen, der Abzug aller Nato-Kräfte hinausgezögert und die Regierung doch noch in die Lage versetzt werden, die durch ständige Taliban-Attentate gefährdete Sicherheit im eigenen Land wiederherzustellen und dann auch aufrechtzuerhalten.

Bürgerkrieg in Syrien

Es beginnt als friedlicher Protest: Ab März 2011 gehen in Syrien Menschen auf die Straßen. Das Regime von Bashar al-Assad und die Sicherheitskräfte gehen mit Härte gegen die Opposition vor, viele Menschen werden verhaftet, gefoltert und getötet. Bald forderte die syrische Protestbewegung den Sturz der Regierung von Präsident Bashar al-Assad. Die vom schiitischen Iran finanzierte libanesische Hisbollah-Miliz und Putins Russland griffen zugunsten des alewitisch-säkularen Assad-Regimes ein, retteten es vor dem Untergang und sorgten dafür, dass das Assad-Regime Anfang 2018 das in weiten Teilen zerstörte Land wieder fast komplett kontrolliert.

Der Syrien-Krieg hat nahezu eine halbe Million Menschenleben gefordert und 12 – 14 Mio. Menschen zu Flüchtlingen gemacht, was etwa der Hälfte der syrischen Bevölkerung entspricht. Versuche, das Assad-Regime im UN-Sicherheitsrat zu verurteilen und Syrien mithilfe der UN zu befrieden, scheitern an den Veto-Mächten Russland und China. Die militärischen und politischen Verhandlungen finden inzwischen an drei Orten statt: Astana (Kasachstan), Sotchi (RUS) und Genf. Eine tragfähige politische Lösung ist nicht in Sicht (12/2018).

Agenda für den Frieden

Vorschläge des UN-Generalsekretärs BOUTROS BOUTROS-GHALI zur Friedens- und Sicherheitspolitik der Vereinten Nationen UN, (vorgelegt 1992)

1. Vorbeugende Diplomatie

Ziel: das Entstehen von Streitigkeiten verhüten, den Ausbruch offener Konflikte verhindern oder Konflikte wieder eingrenzen

Mittel: unter anderem diplomatische Gespräche; Frühwarnsysteme, die rechtzeitig auf Spannungen hinweisen; formale Tatsachenermittlung; vorbeugender Einsatz von UN-Truppen

2. Friedensschaffung

Ziel: nach Ausbruch eines Konfliktes die feindlichen Parteien zu einer Einigung bringen

Mittel: friedliche Mittel (z. B. Vermittlung, Schiedsspruch); gewaltlose Sanktionen (Wirtschafts- und Verkehrsblockade); Friedensdurchsetzung durch ständig abrufbereite bewaffnete UN-Truppen; militärische Gewalt, wenn alle friedlichen Mittel versagen

3. Friedenssicherung

Ziel: die Lage in einer Konfliktzone entschärfen oder stabilisieren; die Einhaltung der Vereinbarungen zwischen den Konfliktparteien überwachen und durchsetzen

Mittel: unter anderem Entsendung von Beobachtermissionen; Einsatz von UN-Friedenstruppen zur Untersuchung von Grenzverletzungen, zur Grenzkontrolle, zur Beobachtung von Wahlen, Überwachung von Waffenstillstands- und Friedensvereinbarungen, Wahrnehmung von Polizeiaufgaben, Sicherung humanitärer Maßnahmen usw.

4. Friedenskonsolidierung

Ziel: den Frieden nach Beendigung eines Konfliktes konsolidieren; die Konfliktparteien zum friedlichen Wiederaufbau anhalten

Mittel: nach einem Konflikt innerhalb eines Landes z. B. Entwaffnung der verfeindeten Parteien, Wiederherstellung der öffentlichen Ordnung, Wahlüberwachung, Schutz der Menschenrechte, Reform oder Neuaufbau staatlicher Institutionen

nach: Mensch und Politik SII, Schroedel, Hannover 1999

6.3 Alter Dualismus – neue Unübersichtlichkeit

Auch das Verhältnis von UN und USA hat sich verändert. Der Wandel in der Auslegung des Völkerrechts hat dem Handeln der USA (Bush-Doktrin: Recht auf Selbstverteidigung durch Angriff, Recht auf Präventivkrieg im „Krieg gegen den Terror"; 2001 ff.) zuerst mehr Legitimität verschafft (Anti-Taliban-Einsatz in Afghanistan, 2001 ff). Aber der mithilfe der US-geführten „Koalition der Willigen" ausgefochtene Irak-Krieg (2003) war illegal und nicht erfolgreich; die seither während Destabilisierung des Nahen und des Mittleren Ostens hat hier ihren Ursprung. Der macht- und weltpolitische Gegensatz zwischen der einzig legitimierten Weltmacht UN und der bislang unangefochtenen militärischen Weltmacht USA entwickelte sich – auch während der Präsidentschaft des Multilaterlisten Barack Obama (2009 – 2017) – zu einem unentschiedenen Dualismus, machtpolitisch zugunsten der USA, moralisch zugunsten der UN. Unklarheit bzgl. der künftigen US-Außenpolitik herrscht seit dem Amtswechsel zu Präsident Donald Trump (2017).

Das Ende des Kalten Krieges und die Selbstauflösung der Sowjetunion (1989/91), die Wirtschaftsprobleme der rüstungsstarken Nachfolge-Atommacht Russland unter Präsident Putin (2000 – 2008, 2012 ff.), die inneren Reformen und der Aufstieg Chinas zur Großmacht (seit 1979), die Terroranschläge nach dem Attentat auf das New Yorker World-Trade-Center und das Washingtoner Pentagon (11.9.2001), der Boom der Schwellenländer Brasilien, Indien, Indonesien, Südafrika (2005 – 2014), die Attentatserien internationaler Terrororganisationen (z. B. al Quaida, seit 1998; Islamischer Staat, seit 2014) veränderten die Politik grundlegend. Nach dem Ost-West-Konflikt (bis 1991) schien sich eine multipolare Staatenwelt herauszubilden. Der schnelle Wandel der geopolitischen Kräfteverhältnisse, die Nichtberücksichtigung dieser Kräfteverhältnisse in den internationalen Politik-Institutionen und die Nutzung „des internationalen Systems zum eigenen, westlichen Vorteil bzw. zulasten von Völkerrecht [Irak-Krieg, 2003] und Entwicklungsimperativen [Haiti, 2010/16] anderer Länder" (JOHN P. NEELSEN, Hintergrund 4/2015) schufen eine wachsende Frontbildung gegenüber den USA und Westeuropa. Für EU-Europa ist die Finanz-, Banken- und Staatsverschuldungskrise (2008 ff.) noch nicht bewältigt, sie mündete in die Griechenland- und Euro-Krise (2010 ff.), als deren Folge Südeuropa beinahe ökonomisch kollabierte, und soziale sowie politische Verwerfungen dafür sorgten, dass EU-Europa seither als mitgestaltender Faktor auf der Weltbühne fast ausfällt, erst recht seit den unübersichtlichen Brexit-Verhandlungen.

Die Friedensmissionen der UNO

Zu den UN-Missionen zählen Frieden schaffende militärische Maßnahmen sowie Frieden erhaltende Maßnahmen wie z. B. die Überwachung von Waffenstillständen. Die derzeitigen 16 UN-Missionen (12/2017):

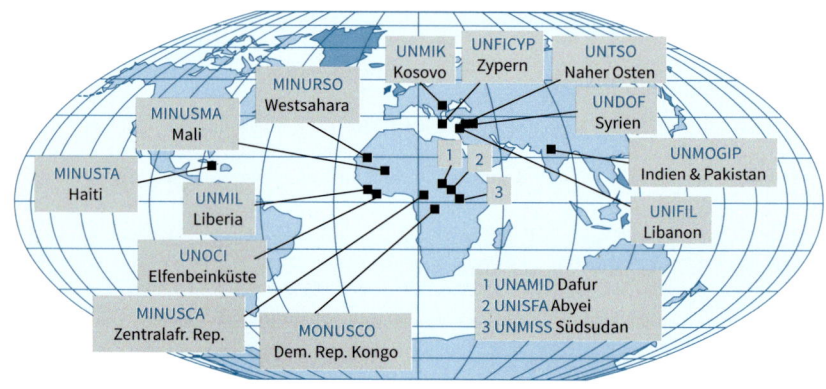

www.un.org/en/peacekeeping/operations/current.shtml

Abb. 6.7: UN-Missionen

6.4 Regionale Bündnisse und neue Blockbildung

Gerade seit der Doha-Runde der **WTO** (ab 2001) und nach der Weltfinanz- und Weltwirtschaftskrise 2007 hat sich eine vorher so nicht gesehene neue Struktur als Weltordnung herausgebildet. Auch eine neue Staaten-Rangfolge bezüglich ökonomischer bzw. wirtschaftspolitischer Macht ist entstanden. Es gibt etablierte Bündnisse und neue Gestaltungs- und Bündnisversuche.

- ⦿ Die **NATO** North Atlantic Treaty Organization (Nordatlantikvertrag) ist ein militärisches Bündnis europäischer und nordamerikanischer Staaten. Zielsetzung der Organisation ist es, die Freiheit und Sicherheit der Mitgliedstaaten zu gewähren. Ein Angriff gegen einen NATO- Partner wird als ein Angriff auf alle Partner gewertet, sodass die Partner in den Verteidigungsfall eintreten.
- ⦿ Die **OPEC** ist die Organisation of Petrol Exporting Countries, also ein Zusammenschluss erdölexportierender Staaten. Die OPEC-Staaten verfügen über etwa ¾ der gesamten Erdölreserven weltweit. Ziel des Erdölkartells ist es, sich auf dem Rohölmarkt zu behaupten und den Preis im Sinne des Kartells zu gestalten. Zur OPEC gehören Ecuador, Venezuela, Angola, Gabun, Äquatorialguinea, Nigeria, Algerien, Libyen, Irak, Iran, Kuwait, Katar, die Vereinigten Arabische Emirate und Saudi-Arabien. Bis Ende 2016 war auch Indonesien Mitglied.
- ⦿ Die **Europäische Union** (EU) ist ein Zusammenschluss von 28 europäischen Staaten (Stand September 2018) mit der Absicht enger wirtschaftlicher Zusammenarbeit, um wirtschaftlichen und sozialen Frieden zu schaffen. Großbritannien ist jedoch bestrebt, die EU zu verlassen. Im Jahr 2018 laufen Verhandlungen über den Austritt, der durch ein Referendum beschlossen wurde („Brexit"). Der Austritt soll im März 2019 erfolgen.
- ⦿ Die **Gemeinschaft unabhängiger Staaten** (GUS) ist eine Staatengemeinschaft, die nach dem Auseinanderfallen der Sowjetunion entstand, um einen gemeinsamen Wirtschafts- und Sicherheitsraum zu schaffen. Mitgliedsstaaten sind: Armenien, Aserbaidschan, Weißrussland, Kasachstan, Kirgisistan, Moldau, Russland, Tadschikistan, Turkmenistan (beigeordnet), Usbekistan, Ukraine (austrittswillig, Stand 11/2018).
- ⦿ Die Organisation für Sicherheit und Zusammenarbeit in Europa (**OSZE**) ist eine Staatengemeinschaft mit 55 Mitgliedstaaten und umfasst alle europäischen Staaten, die Nachfolgestaaten der Sowjetunion, die USA und Kanada. Hauptaufgabe der OSZE ist der Erhalt des Friedens und die Konfliktbewältigung. Ihr obliegt auch die Aufgabe eine Vermittlung und Annäherung zwischen Ost und West zu erreichen. Sie ist die einzige Organisation, die sowohl Staaten aus dem Westen und Osten umfasst. Die Mitgliedstaaten sind unter *www.osce.org/participating-states* abrufbar.

Mitgliedsstaaten NATO (Stand: 2018) Albanien, Belgien, Bulgarien, Dänemark, Deutschland, Estland, Frankreich, Griechenland, Island, Italien, Kanada, Kroatien, Lettland, Litauen, Luxemburg, Montenegro, Niederlande, Norwegen, Polen, Portugal, Slowakei, Rumänien, Slowenien, Spanien, Tschechien, Türkei, Ungarn, Vereinigtes Königreich, Vereinigte Staaten
Offizielle Beitrittskandidaten:
Bosnien und Herzegowina, (Ehemalige jugoslawische Republik) Mazedonien

- ⊙ **Das North American Free Trade Agreement** (NAFTA) ist die Nordamerikanische Freihandelszone und umfasst die Staaten Kanada, USA und Mexiko.
- ⊙ Der **Anden-Pakt**, ein Staatenzusammenschluss von Anrainerstaaten der Anden, hat die wirtschaftliche, soziale und politische Integration zum Ziel. Mitgliedsstaaten sind: Kolumbien, Bolivien, Ecuador, Peru.
- ⊙ Die **Mercado Común del Cono Sur** (MERCOSUR) ist ein Staatenzusammenschluss von sechs südamerikanischen Staaten, mit der Absicht, eine Freihandelszone und eine Zollunion zu schaffen. Mittlerweile handelt es sich um einen Binnenmarkt mit mehr als 250 Mio. Einwohnern. Mitgliedsstaaten sind: Argentinien, Brasilien, Paraguay und Uruguay. Im August 2017 wurde die Mitgliedschaft Venezuelas suspendiert.
- ⊙ Die **Afrikanische Union** (AU) ist eine Staatengemeinschaft afrikanischer Staaten, die sich im Jahr 2002 als Nachfolgeorganisation der OAU (Organisation für afrikanische Einheit) gebildet hat. Die Staatengemeinschaft hat sich zum Ziel gesetzt, die wirtschaftlichen, sozialen und gesundheitlichen Probleme des Kontinents zu bekämpfen.
- ⊙ Die **Asean Pacific Economic Conference** (APEC) + **Trans Pacific Partnership** (TPP) wurde im Jahr 1989 mit dem Ziel, eine Freihandelszone zu errichten, gegründet. Die USA wollten aus der APEC-Gruppe ein US-geführtes Bündnis schmieden, das Japan, Südkorea u. a. m. an die USA binden sollte und – de facto gegen China gerichtet – größer sein sollte als die EU. Der TPP-Freihandelsvertrag (2016) muss noch ratifiziert werden (Stand: März 2018). US-Präsident Donald Trump zeigt sich jedoch als Gegner von TPP.

6.5 Neue Unübersichtlichkeit

Die Auflösung der Ost-West-Bipolarität hat keineswegs automatisch zu einer globalen Multipolarität und zu einer neuen Weltordnung als Staatenordnung geführt. Zwei miteinander verbundene Entwicklungen sind bemerkenswert:

- ⊙ Im Zuge der sich herausbildenden **Multipolarität** sind zahlreiche Staaten wirtschaftlich, militärisch und sicherheitspolitisch ganz anders als vorher platziert; es haben sich zudem komplexere internationale Beziehungen entwickelt. Der Aufstieg Chinas, der Bedeutungsgewinn der Schwellenländer (Brasilien, Russland, Indien, Indonesien, Südafrika) und die Verbreitung modernster Waffentechnik haben zu einer Angleichung der Potenziale geführt. Unruhen, Aufstände und kulturelle Umbrüche in den arabischen Staaten (Syrienkrieg und Flüchtlingskrise 2012 ff., Ägypten 2013) und die Terroraktionen islamistisch-fanatischer Gruppen entziehen sich weitgehend der Steuerung durch den Westen. Die **wechselseitigen Abhängigkeiten** beschränken die Handlungsfähigkeit von Staaten und mindern deren politisches Gestaltungsvermögen.

◉ Der **Begriff der Sicherheit** hat einen qualitativen Wandel erfahren; bezog er sich in bipolarer Zeit auf Territorien und Grenzen, ist er nunmehr auf Individuen in staatlich verfassten und garantierten Grenzen erweitert: Privatisierung der Sicherheit bei vergrößerter Zahl von Akteuren, keine klare Trennung zwischen politischen, militärischen, ökonomischen und kulturellen Sachverhalten. Bedrohungen werden nicht mehr nur aus militärischer Perspektive gesehen, sondern entstehen auch z. B. als Natur- oder Umweltkatastrophe, Bevölkerungswachstum, Flüchtlingsstrom, Innovationen.

Damit ist Sicherheit für das 21. Jahrhundert neu definiert, und der Begriff **Sicherheitspolitik** hat eine neue Qualität erlangt: Fast jedes Ereignis, fast jeder neue Sachverhalt erfordert in dieser weltweit grenzenlosen Unübersichtlichkeit auch eine Deutung im globalen oder im regionalen Rahmen. Zunehmend bilden sich dabei quasi-pluralistische Muster internationaler Beziehungen heraus. Solche Ordnungen können auf mehrere Weisen betrachtet werden:

◉ **Staatenzentrierte Sichtweisen** betonen die internationale Ordnung der Welt als von den machtvollsten Akteuren bestimmt.
◉ **Gesellschaftsorientierte Sichtweisen** betonen die Gestaltungsmacht von nichtstaatlichen Akteuren, NGOs, Experten-, Wissenschafts- und Lobbygruppen, von Öffentlichkeit und von Informations- und Kommunikationstechnologien.

6.6 Wo steht die Bundeswehr?

Am 12. November 1955, also gut zehn Jahre nach Ende des Zweiten Weltkriegs, wurde die Bundeswehr gegründet. Anlass oder Begründung für die Wiederbewaffnung Deutschlands war der Ost-West-Konflikt. Mit Ende der Besatzungszeit im Jahr 1954 konnte Deutschland der NATO beitreten. Der Beitritt erfolgt im Mai 1955. Auslandseinsätze der Bundeswehr beschränken sich auf humanitäre Einsätze, ansonsten handelt es sich um eine reine Verteidigungsarmee. Mit dem Fall der Mauer im November 1989 fällt auch das Selbstverständnis der Bundeswehr die NATO-Außengrenze zu verteidigen.

Auslandseinsätze der Bundeswehr (Stand: 2018)
Mit dem Urteil des Bundesverfassungsgerichts von 1994, das den Auslandseinsatz der Bundeswehr unter dem Mandat der UN erlaubte, und mit der Beteiligung an der NATO-Intervention im Kosovo 1998 hat sich der Charakter

der Bundeswehr gewandelt. Bei veränderter Bedrohungslage wird ihr Aufgabenfeld weg von der **Landesverteidigung** und hin zu dem einer modernen und mobilen **Interventionsarmee** verlagert („Deutschland wird am Hindukusch verteidigt", so bereits 2004 der damalige Verteidigungsminister Struck).

Als **Parlamentsarmee** unterliegen dabei alle Bundeswehr-Auslandseinsätze einzeln der Genehmigung durch den Bundestag. Die Aussetzung der Wehrpflicht zum 1.3.2011 dokumentiert die **langwierige Strukturreform** der Bundeswehr, die in zahlreichen Auslandseinsätzen gebunden ist. Dabei liefern entweder die UN (Afghanistan) oder mittlerweile auch die EU (Kosovo) die politische Legitimation und den institutionell-organisatorischen Rahmen; der Teilnahme der Bundeswehr am ohne Mandat des UN-Sicherheitsrates geführten Irak-Krieg hatte Deutschland sich im Jahr 2002 aber verweigert. Der Afghanistan-Kampfeinsatz (ab 2001) wird seit 2014 als Ausbildungs- und Beratungseinsatz fortgeführt; Bundesverteidigungsministerin von der Leyen organisiert die Bundeswehr als erste Frau im Amt neu (seit 12/2013). Sie fördert nach dem Brexit-Beschluss Großbritanniens (2016) die deutsch-französische Militärkooperation, auch im Rahmen der EU (militärische Planungs- und Führungsfähigkeit = „Hauptquartier").

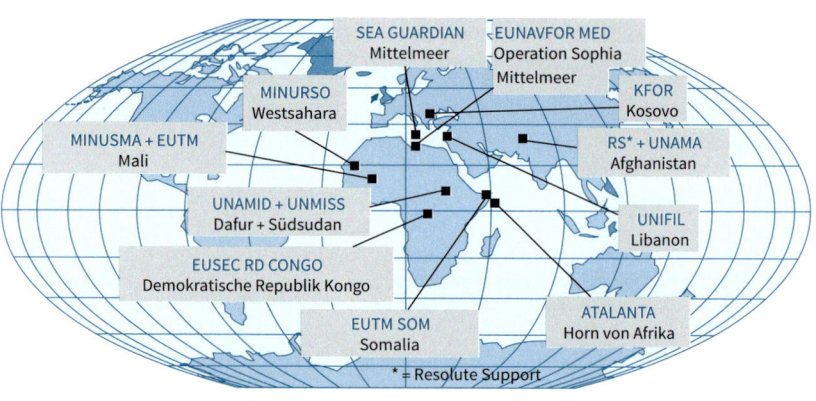

Abb. 6.8: Auslandseinsätze der Bundeswehr

Tipp

Sie sollten die Rolle der Bundeswehr als Parlamentsarmee, als NATO- und EU-gebunden und als Truppensteller „bis zum Hindukusch" beschreiben können. Verfolgen Sie aktuelle Diskussionen um Auslandseinsätze und um die NATO-EU-Zusammenarbeit. Beobachten Sie genau, welche Erweiterungen sich durch die zurzeit stattfindende Bundeswehrreform ergeben.

6.7 Internationale Zivilisierung

Die Zivilisierung der Staatenwelt ist ein bisher uneingelöster Menschheitstraum. Zwei Ordnungsprinzipien stehen sich dafür in unterschiedlicher Ausprägung gegenüber – Anarchie und Hierarchie.

Abb. 6.9: Internationale Zivilisierung

- ⊙ **Anarchische Staatenwelt:** Staaten sind egoistisch, streben mit Selbsthilfe nach Macht und nach Verbesserung ihrer Position – das Sicherheitsdilemma bestimmt das Handeln der Staaten.
- ⊙ **Horizontal selbst organisierte Staatenwelt:** Staaten agieren mittels Abkommen und Verträgen bi- bzw. multilateral – die Nicht-Einhaltung von Abkommen kann kaum sanktioniert werden.
- ⊙ **Hegemoniale Staatenwelt:** Individuelles, ungeteiltes und unkontrolliertes Gewalt- und Machtmonopol bei einem einzigen Hegemonialstaat – Erzwingung von Gehorsam und Gefolgschaft.
- ⊙ **Weltstaat-Ordnung:** Abgegebene Souveränität aller Staaten an eine überstaatliche, demokratisch-parlamentarisch kontrollierte Autorität mit Sanktionskraft durch Gerichte, Polizei, Militär.

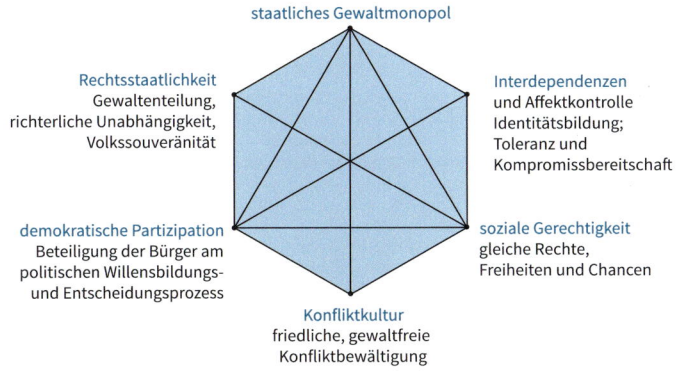

Abb. 6.10: Das zivilisatorische Hexagon von Dieter Senghaas als Zielkonzept der Zivilisierung

Trotz aller Veränderungen in der internationalen Politik, trotz neuer Akteure im internationalen System, trotz aller Enteignungen und Ohnmachten der Nationalstaaten und trotz ihrer „geteilten Souveränitäten" ist nicht absehbar, dass die immer durchlässiger werdenden Nationalstaaten (Permeabilität) ihre Rolle als unverzichtbare **Hauptakteure in der Weltpolitik** verlieren. Insbesondere seitdem sich autoritäre Staats- bzw. Regierungschefs (Putin, Erdogan, Duterte) populistisch und nationalistisch verhalten, werden die Staaten wichtiger, auch wenn sie in Bündnissen und Vertragsverhältnissen verankert bleiben.

Rodrigo Duterte, seit 2016 Präsident der Phillippinen (12/2018)

6.8 Global Governance als Weltordnungspolitik

Die Globalisierung politischer Probleme hat unausweichlich zu einer **Globalisierung der Politik** geführt. Aus dem Versuch, globale Herausforderungen mit globalen politischen Antworten zu versehen, hat sich das Konzept der Global Governance entwickelt. Eine solche **Weltordnungspolitik**, die nicht als Global Government ein nur theoretisch überzeugendes Modell einer Weltregierung in einem hierarchisch aufgebauten Weltstaat meint, setzt in der Gesellschaftswelt an und knüpft an Kants Vorschlag einer „Föderation freier Republiken" an. Die Architektur eines Systems der Global Governance fragt nach den Akteuren, den Handlungsebenen und den Regelungsformen in diesem System.

IGO – International Governmental Organizations: Eine durch multilateralen völkerrechtlichen Vertrag geschaffene Staatenverbindung mit eigenen Organen und Kompetenzen, die sich als Ziel die Zusammenarbeit von mindestens zwei Staaten auf politischem und/oder ökonomischem, militärischem, kulturellem Gebiet gesetzt hat.

Das Global-Governance-Konzept gründet sich auf ein elementares Interesse an der Lösung solcher Probleme, die erstens alle Grenzen überschreiten und zweitens nicht mehr marktwirtschaftlich oder einzelstaatlich gelöst werden. Als kultureller Grundwert und als zivilisatorische Grundlage steht dahinter ein **Weltethos** mit Achtung und Betonung der Menschenwürde, mit dem Ziel der Bewahrung einer **kulturellen Vielfalt** und mit der Praxis des **interkulturellen Dialogs**.

INGO – International Non-Governmental Organizations: Zusammenschluss von mindestens drei gesellschaftlichen Akteuren (Parteien, Verbände, Vereine) aus mindestens drei Staaten, der zur Ausübung seiner grenzüberschreitenden Zusammenarbeit Regelungen aufstellt.

BINGO – Business International Non-Governmental Organizations: Eine auf Erzielung ökonomischer Gewinne abzielende Organisation (transnationaler Konzern, **TNC**; transnationales Unternehmen, **TNU**).

Abb. 6.11: Das Zieldreieck nachhaltiger Entwicklung

Als Akteure sieht das Global-Governance-Konzept alle **Nationalstaaten** und die **IGO**, die **BINGO** und die **INGO** vor.

Die Arbeitsebene ist entweder national, übernational-regional oder global. Neben den IGO und den INGO (Kongresse, Initiativen, „Think Tanks") arbeiten zahlreiche BINGO an Konzepten für politische Führung, nicht nur um Frieden herzustellen und zu sichern, sondern auch, um Entwicklung zu generieren, das

Existenzminimum der Menschen zu sichern, die Wohlfahrt zu organisieren und den Wohlstand weltweit gerechter zu entwickeln. Bei ungleicher Zielstellung und wegen unterschiedlicher Interessen geraten Akteure und Handlungsebenen der internationalen Politik aber häufig in Konflikt miteinander.

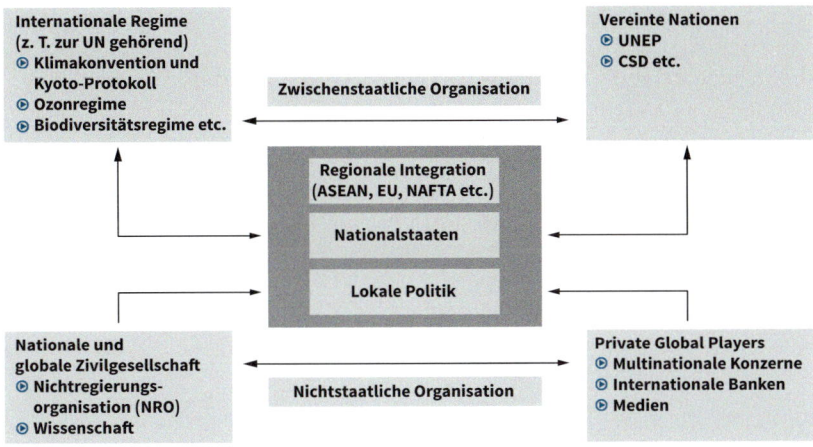

Abb. 6.12: Handlungsebenen und Akteure der globalen Umweltpolitik

6.9 Internationales Recht als Völkerrecht

Völkerrecht ist ein durch Vertrag oder Gewohnheitsrecht begründetes Recht, welches in Friedens- und Kriegszeiten die Rechte und Pflichten der Staaten und sonstiger Rechtssubjekte, wie z. B. Kirchen, internationale Organisationen u. a., zueinander regelt. Somit ist es eine überstaatliche Rechtsordnung. Die Basis des Völkerrechts ist die Charta der Vereinten Nationen aber auch Gewohnheitsrecht. Problematisch ist, dass es im Völkerrecht weder eine Legislative noch Exekutive gibt, was das Durchsetzen des Völkerrechts oft begrenzt.

Die **Präambel der Charta der Vereinten Nationen** formuliert die grundsätzlichen Ziele folgendermaßen:
„Wir, die Völker der Vereinten Nationen – fest entschlossen
- künftige Geschlechter vor der Geißel des Krieges zu bewahren, die zweimal zu unseren Lebzeiten unsagbares Leid über die Menschheit gebracht hat,
- unseren Glauben an die Grundrechte des Menschen, an Würde und Wert der menschlichen Persönlichkeit, an die Gleichberechtigung von Mann und Frau sowie von allen Nationen, ob groß oder klein, erneut zu bekräftigen,

- Bedingungen zu schaffen, unter denen Gerechtigkeit und die Achtung vor den Verpflichtungen aus Verträgen und anderen Quellen des Völkerrechts gewahrt werden können,
- den sozialen Fortschritt und einen besseren Lebensstandard in größerer Freiheit zu fördern,

und für diese Zwecke

- Duldsamkeit zu üben und als gute Nachbarn in Frieden miteinander zu leben,
- unsere Kräfte zu vereinen, um den Weltfrieden und die internationale Sicherheit zu wahren,
- Grundsätze anzunehmen und Verfahren einzuführen, die gewährleisten, dass Waffengewalt nur noch im gemeinsamen Interesse angewendet wird, und
- internationale Einrichtungen in Anspruch zu nehmen, um den wirtschaftlichen und sozialen Fortschritt aller Völker zu fördern –

haben beschlossen, in unserem Bemühen um die Erreichung dieser Ziele zusammenwirken.“

Völkerrecht

Das Völkerrecht regelt

- den zwischenstaatlichen Verkehr als Diplomatie,
- das Vertragsrecht und die Streitschlichtung
- sowie die Gerichtsbarkeit.

Das Völkerrecht umfasst im Wesentlichen

- die Abgrenzungen von Staatsgebieten,
- die Rechtsverhältnisse auf hoher See und in der Luft,
- Bestimmungen über Entstehung oder Auflösung von Staaten,
- das Verbot von Angriffskriegen,
- Mittel zur Kriegsverhütung,
- rechtliche Beschränkungen für die Kriegsführung.

Für die Anerkennung der Menschenrechte als Bestandteil des Völkerrechts bildet die Charta der Vereinten Nationen die Grundlage. Mit der Europäischen Menschenrechtskonvention (EKMR) und dem im Jahr 1959 errichteten Europäischen Gerichtshof mit Sitz in Straßburg wurde ein verbindlicher Rechtsschutz für Menschenrechte geschaffen, die auch jederzeit einklagbar sind. Umstritten ist, ob das Völkerrecht Vorrecht vor dem nationalstaatlichen Recht genießt oder diesem untergeordnet ist. Die Ursprünge des Völkerrechts liegen in der Antike. Bei Hugo Grotius (1583 – 1645) ist mit „De Iure Belli ac Pacis“ ein erster Ansatz zu einer Systematik des Völkerrechts zu finden. Bereits 1899 und 1907 wurden in Den Haag Konventionen zur Kriegsführung unterzeichnet, unter anderem zu den Regeln für einen Landkrieg.

Rechtssubjekt ist jeder, der Träger von Rechten und Pflichten sein kann.

Gewohnheitsrecht ist ungeschriebenes Recht, welches aus einer andauernden Anwendung bestimmter Verhaltensweisen, gegen die kein Widerspruch eingelegt wird und die als Recht empfunden werden.

Bsp. für internationales Gewohnheitsrecht: Anerkennung des Luftraums bis zu einer Höhe von 80 Kilometern als Staatsgebiet eines Staates.

Als heutige Grundlage gilt die **Genfer Konvention** von 1949, insbesondere die darin geregelte Behandlung von Kriegsgefangenen. Die Nürnberger Prozesse von 1945 waren das erste **internationale Strafgericht**; neuere sind die Sondergerichtshöfe zur Entscheidung über die Kriegsverbrechen im ehemaligen Jugoslawien (in Den Haag, NL) und in Ruanda (in Arusha/Tansania). Am 1. Juli 2002 hat der Internationale Strafgerichtshof (IStGH) als erstes ständiges Völkerrechtsgericht seine Arbeit in Den Haag aufgenommen.

Im Rahmen des Völkerrechts wird nach **Friedensvölkerrecht** und **Kriegsvölkerrecht** unterschieden. Friedensvölkerrecht umfasst dabei alle rechtlichen Regelungen, die im Friedensfalle gelten. Hier ist auch geregelt, für welche Fälle militärische Gewalt als rechtmäßig gilt. Kriesgvölkerrecht regelt das Recht im Kriegsfall.

Das Völkerrecht hat für alle Staaten Gültigkeit, unabhängig davon, ob ein Staat zugestimmt hat oder nicht. In der Bundesrepublik Deutschland ist das Anerkennen des Völkerrechts im Grundgesetz in Artikel 25 verankert.

> Art. 25 GG
>
> (1) Die allgemeinen Regeln des Völkerrechtes sind Bestandteil des Bundesrechtes.
> (2) Sie gehen den Gesetzen vor und erzeugen Rechte und Pflichten unmittelbar für die Bewohner des Bundesgebietes.

Internationaler Strafgerichtshof = IStGH = ICC

Gründung: Der **Internationale Strafgerichtshof** (IStGH; International Criminal Court, ICC; Sitz: Den Haag/Niederlande) ist am 11. März 2003 mit der Vereidigung von 18 Richtern feierlich eröffnet worden; er hat am 1. Juli 2002 seine Arbeit aufgenommen, nachdem die ersten 60 Staaten das zugrunde liegende **Römische Statut** von 1998 ratifiziert hatten; bis Juli 2012 waren es 121 Staaten. Der Internationale Strafgerichtshof ist kein Organ der Vereinten Nationen, sondern ein **eigenständiger Gerichtshof**, der die nationalen Gerichte ergänzt. Er fungiert nicht als letzte Instanz und kann nur tätig werden, wenn Staaten nicht gewillt oder nicht in der Lage sind, bestimmte Straftaten ernsthaft zu verfolgen.

Zuständigkeit: Sie ist auf vier besonders schwere Verbrechen beschränkt: Völkermord, Verbrechen gegen die Menschlichkeit, Kriegsverbrechen, Verbrechen der Aggression.

Weltgericht: Während die Kriegsverbrechertribunale für das ehemalige Jugoslawien (ICTY) und für Ruanda (ICTR), die direkt vom UN-Sicherheitsrat eingesetzt wurden (bis 2014) und dann in den Internationalen Residualmechanismus für die Ad-hoc-Strafgerichtshöfe (IRMCT = International Residual Mechanism for Criminal Tribunals) überführt werden sollen, zeitbegrenzt sind, ist der IStGH ein dauerhafter internationaler Gerichtshof, der auf der Basis eines multilateralen Vertrags arbeitet:

- ⊙ IStGH-Aufbau: Präsidium, Kanzlei, Vorverfahrensabteilung, Anklagebehörde, Hauptverfahrensabteilung, Berufungsabteilung;

Probleme: Der IStGH wird durch etliche Staaten abgelehnt, z. B. durch die USA, Russland, China, Türkei, Israel, Austritt Südafrikas, Burundis und Gambias mit dem Vorwurf des Neokolonialismus. Es herrschen Sonderabkommen der USA mit einzelnen Ländern bezüglich der Gewährung von Immunität für US-Soldaten, zur sofortigen Auslieferung von US-Angeklagten an die USA und zu deren gerichtlicher Verfolgung in den USA, nicht jedoch vor dem IStGH. Diese Regelungen, unterlaufen das IStGH-Konzept.

- 18 Richter mit einer Amtszeit von neun Jahren, ein Richter je Staat;
- 20 Prozent der Kosten des Gerichts finanziert und einen großen Teil der etwa 100 Stellen besetzt Deutschland;
- keine eigenen Polizeieinheiten, aber IStGH kann Haftbefehle ausstellen;
- Einleitung eines Verfahrens durch einzelne Staaten, den UN-Sicherheitsrat oder den IStGH mit Zustimmung von mindestens drei Richtern; Voraussetzung: Lage des Verbrechens bzw. Tatorts in einem der Ratifikationsstaaten;
- maximal lebenslange Freiheitsstrafe, Todesstrafe ausgeschlossen.

Internationaler Gerichtshof = IGH = ICJ

Der **Internationale Gerichtshof** IGH (International Court of Justice = ICJ) mit Sitz in Den Haag wurde 1945 gegründet und ist ein Organ der Vereinten Nationen (UN). Der IGH hat 15 von der UN-Generalversammlung und vom UN-Sicherheitsrat gemeinsam gewählte Richter. Nur **Staaten** können als Parteien vor dem IGH auftreten. Es gibt keinen Rechtssatz im Völkerrecht, der eine Unterwerfung eines Staates unter diese Gerichtsbarkeit der UN erzwingt. Allein der „**genossenschaftliche Charakter**" des Völkerrechts legt nahe, einer Anrufung dieses Gerichts die Vereinbarung voranzustellen, das Urteil zu akzeptieren. Fehlt diese Bereitschaft, so kann der IGH nicht tätig werden.

UN-Sondertribunale

Jugoslawien-Tribunal = ICTY

Auf der Basis von 161 richterlich bestätigten Anklageschriften gegen über 200 Verdächtige wurde vor dem ICTY gegen 133 zwangsweise oder freiwillig beim Tribunal erschienene Angeklagte verhandelt; kein Angeklagter ist noch flüchtig. In 36 Fällen wurde die Anklage zurückgezogen. In den rechtsgültigen Urteilen des Strafgerichtshofes kam es zu 64 Schuld- und zu 13 Freisprüchen. Mit dem Urteil („lebenslange Haft") gegen den bosnisch-serbischen General Ratko Mladic, u. a. wegen des Massakers/Völkermordes in Srebrenica (1992–95) wurde der ICTY am 22.11.2017 geschlossen.

Das Internationale Tribunal für das frühere Jugoslawien (International Criminal Tribunal for the Former Yugoslavia ICTY) ist als **UN-Sondertribunal** laut Resolution 827 des UN-Sicherheitsrates vom 25. Mai 1993 zuständig für die strafrechtliche Ahndung von Genozid, Verbrechen gegen die Menschlichkeit und Kriegsverbrechen, welche auf dem Gebiet des früheren Jugoslawiens begangen wurden. Das Wirken des Jugoslawien-Tribunals wird als erfolgreich eingestuft, erstens wegen des im Februar 2002 begonnenen Prozesses gegen Slobodan Milošević, Jugoslawiens sowie Serbiens ehemaligen Präsidenten, der im März 2006 kurz vor Ende seines Prozesses in Untersuchungshaft verstarb; er war in der Rechtsgeschichte das erste noch amtierende Staatsoberhaupt, das vor einem internationalen Strafgericht angeklagt wurde; zweitens wegen der Effektivität seiner Tätigkeit, seit das Tribunal 12/1994 seine Tätigkeit voll aufnahm.

Internationaler Strafgerichtshof für Ruanda in Arusha = ICTR

In nur drei Monaten hatten 1994 in Ruanda Hutu-Extremisten mehr als 800 000 Angehörige der Tutsi-Minderheit und politisch missliebige Hutu ermordet. Noch laufen etliche Strafverfahren gegen mutmaßliche Drahtzieher des

Völkermords. Das Gericht befand sich in Zeitnot: Es gab weit mehr Verdächtige, als der ICTR in Arusha jemals aburteilen konnte. Das Tribunal in Arusha erhob 92 Anklagen und fällte 53 Urteile: 45 Angeklagte wurden zu Haftstrafen verurteilt, 8 freigesprochen. – Beschluss der UN (2010): (**IRMCT = International Residual Mechanism for Criminal Tribunals**) übernimmt als Rechtsnachfolger ab 2014 erstens die Funktionen des Arusha-Tribunals und zweitens die Abwicklung des Jugoslawien-Tribunals.

UN-Sondertribunal für Sierra Leone (Special Court for Sierra Leone, SCSL) in Den Haag/Niederlande

Zuständig für die strafrechtliche Verfolgung der Hauptverantwortlichen für schwere Verbrechen, begangen im Bürgerkrieg auf Sierra Leones Territorium (vor allem: Charles Taylor, Guerillaführer 1989–1997, dann bis 2003 Liberias Präsident). 2003 von den Vereinten Nationen gegründet, wurde der Sondergerichtshof für Sierra Leone 2013 geschlossen. Seitdem verwaltet – nach bilateralem Vertrag zwischen Sierra Leone und den Vereinten Nationen – der **Residual Special Court for Sierra Leone** die bestehenden rechtlichen Verpflichtungen. Charles Taylor ist das erste afrikanische Staatsoberhaupt, das von einem internationalen Tribunal wegen Kriegsverbrechen zur Verantwortung gezogen und verurteilt wurde (50 Jahre Haft).

UN-Sondertribunal wegen Völkermordes und Verbrechen gegen die Menschlichkeit in Kambodscha, Phnom Penh/Kambodscha

Knapp 30 Jahre nach der Schreckensherrschaft der Roten Khmer in Kambodscha (1975–1979, Bürgerkrieg bis 1998) wurden am 2. Juli 2006 die Richter für ein UN-Tribunal gegen die Anführer des Regimes vereidigt. Auch wenn es sich um eine symbolische Geste handelte, war es ein „bedeutendes Ereignis", sagte der kambodschanische Sprecher des Tribunals. Nach jahrelangen Verhandlungen hatten sich die UNO und Kambodscha auf das Tribunal in Kambodschas Hauptstadt Pnom Penh geeinigt; 17 kambodschanische und 13 ausländische Richter gehören diesem Gericht an.

Hariri-UN-Sondertribunal in Den Haag/Niederlande

Das UN-Sondertribunal zur Aufklärung des Mordes an dem westlich orientierten libanesischen Regierungschef Rafik al-Hariri (**Special Tribunal for Lebanon = STL; Den Haag**) und 21 weiteren Todesopfern tagt – nach libanesischem Recht – seit 01/2014 in den Niederlanden. Mit dem Verfahren erhofft sich die Öffentlichkeit Aufklärung vor allem über die Hintermänner des Autobombenanschlags, das in Beirut am 14.2.2005 verübt wurde. 2005 waren vier Verdächtige in Untersuchungshaft genommen worden. Diese wurden aber 2009 wieder entlassen, sodass das Gericht bei Abwesenheit der Angeklagten tagt, die als

Den systematischen Morden der maoistischen Khmer waren zwischen 1975 und 1979 rund zwei Millionen Menschen zum Opfer gefallen, etwa ein Viertel der damaligen Bevölkerung. Der Führer der Roten Khmer, Pol Pot, starb 1998. Angesichts des fortgeschrittenen Alters der Verantwortlichen handelt es sich bei dem Prozess um einen Wettlauf gegen die Uhr. Zwei überlebende Anführer der Roten Khmer sind wegen Verbrechen gegen die Menschlichkeit verurteilt worden; ihr Berufungsverfahren war nicht erfolgreich.

Mitglieder der prosyrischen Hisbollah gelten. Die Hisbollah und die Regierung Assad in Damaskus bestreiten, an der Tat beteiligt zu sein. Die innerlibanesischen Auseinandersetzung um die Zusammenarbeit des Staates Libanon mit dem Hariri-Sondertribunal haben 2011 zum Sturz der westlich orientierten und zu einer Iran-freundlichen und Hisbollah-Miliz-gestützten neuen libanesischen Regierung geführt (bis 3/2013; seit 2/2014: Allparteien-Nachfolgeregierung). Der Prozess ruht seit Jahren.

Internationaler Seegerichtshof (ISGH), Hamburg

Grundlage: **Seerechtsübereinkommen (SRÜ) der Vereinten Nationen** (10.12.1982; in Kraft seit 16.11.1994); 21 auf neun Jahre gewählte Richter mit erneuerbarem Mandat; Berücksichtigung der hauptsächlichen Rechtssysteme der Welt und gerechte geographische Verteilung bei der Zusammensetzung des Gerichtshofs. Der ISGH ist zentraler Bestandteil eines umfassenden Streitbeilegungssystems, dem sich die Vertragsstaaten für alle zwischen ihnen entstehenden Streitigkeiten über Auslegung oder Anwendung des SRÜ unterworfen haben. Er besitzt in einigen Fällen ausschließliche Zuständigkeiten, etwa bei bestimmten Streitigkeiten im Meeresbodenbergbau. Verfahrensparteien sind Staaten, internationale Organisationen, auch natürliche und juristische Personen. Seerechtlichen Streitfälle, z. B.: Freigabe von beschlagnahmten Schiffen wegen illegaler Fischerei (ständig), Umwelt- und Haftungsstandards bei Aktivitäten auf dem Meeresboden (3/2012), Verlauf der Seegrenze zwischen Bangladesch und Myanmar im Golf von Bengalen (3/2012), Freigabe des Greenpeace-Schiffs „Arctic Sunrise" im Verfahren Königreich der Niederlande gegen Russische Föderation (11/2012).

Überblick

Am Ende dieses Kapitels verfügen Sie über Grundlagen-Kenntnisse zur Analyse und zur Bewertung internationaler Konflikte sowie der Außen- und Sicherheitspolitik. Sie kennen die Organisationen und Institutionen. Die Weltgerichte sollen Ihnen jetzt bekannt sein, ebenso wichtige wirtschaftliche und militärische Bündnisse, die sich gebildet haben: Anden-Pakt, APEC, AU, EU, GUS, MERCOSUR,NAFTA, NATO, OPEC, OSZE, TTP, WTO. Das Völkerrecht, das wesentlich auf der Charta der Vereinten Nationen basiert, haben Sie in dessen Bedeutung erfasst. Sie sollten um die Unübersichtlichkeit der Weltlage Bescheid wissen – aber dabei versuchen, diese dennoch analytisch zu durchdringen. Fachsprachliche Genauigkeit ist dabei wichtig. Nutzen Sie Senghaas' „zivilisatorisches Hexagon" sowie die realistische und die idealistische Theorie von internationaler Politik.

Wirtschaft
Soziale Marktwirtschaft

7

**In diesem Kapitel wird nach einem kurzen Überblick über die Wirtschafts-
systeme Zentralverwaltungswirtschaft und Freie Marktwirtschaft die
Wirtschaftsordnung Soziale Marktwirtschaft vorgestellt. Nach einem
historischen Rückblick erfolgt die Darstellung des rechtlichen Rahmens, der
wesentlichen Kennzeichen und der volkswirtschaftlichen Zielsetzung der
Sozialen Marktwirtschaft.**

7.1 Definition und historische Entwicklung

Das Wirtschaftsgeschehen prägt den Alltag und das Zusammenleben der
Menschen. Ständig müssen Entscheidungen getroffen werden, angefangen
beim täglichen Einkauf bis hin zur Berufswahl oder dem Kauf eines Hauses. Die
Wirtschaftsordnung, die das Wirtschaften in einem Land regelt, entscheidet
darüber, wie gut die Interessen der Wirtschaftssubjekte Berücksichtigung finden. Grundlage der Wirtschaftsordnung, die in einer Volkswirtschaft herrscht,
können verschiedene Wirtschaftssysteme sein.

Prinzipiell sind in den **Wirtschaftssystemen** drei Fragen zu klären:

Als Wirtschaftssubjekt
bezeichnet man jede
wirtschaftlich selbst-
ständig agierende Ein-
heit. Eine solche Einheit
kann beispielsweise
eine Einzelperson, eine
Firma, ein Verein oder
auch eine Gemeinde
sein.

Was, wie viel und wo wird etwas hergestellt?	Wer entscheidet?	Für wen soll produziert werden?
Koordinationsprinzip	Entscheidungsprinzip	Verteilungsprinzip

Tab. 7.1: Fragen an Wirtschaftssysteme

Es gibt zwei idealtypische Grundformen, um eine Volkswirtschaft zu organisieren. Bei der ersten erfolgt eine zentrale Organisation, in der eine Instanz
alle wesentlichen Informationen sammelt, Entscheidungen trifft und eine
Güterverteilung vornimmt. Dieses Wirtschaftssystem nennt man **Zentralverwaltungswirtschaft,** dessen geistiger Vater KARL MARX ist. In diesem System
gibt es kein Privateigentum. Die Produktionsfaktoren Arbeit, Boden, Kapital
sind Gesellschaftseigentum. Die zentrale Koordinationsinstanz entscheidet
über die Verwendung. Ebenso besteht in diesem System keinerlei Bedarf an
Verträgen oder Preisen für Güter, da die Wirtschaftssubjekte keine eigenen
wirtschaftlichen Entscheidungen treffen. Bedürfnisse werden der Zentralin-
stanz gemeldet. Diese prüft wiederum den Produktionsmittelbestand in den
Produktionsstätten und stockt diesen auf, sofern der Bestand zur Bedürfnisbe-
friedigung nicht ausreicht.

Das zweite System ist dezentral organisiert. Die sogenannte **Freie Marktwirtschaft** wird über den Markt koordiniert. Produzenten und Konsumenten treffen sich auf dem Markt für Produktionsfaktoren, um den Produktionsmittelbestand in den Unternehmen auf die Güternachfrage abzustimmen. Produktionsfaktoren sind in diesem System Privateigentum. Deswegen bedarf es einer Preisbildung, die die Produktionsmittel an die wirtschaftlich besten Orte lenkt. Ebenso existiert ein Markt für Konsumgüter. Hier sind die Produzenten die Anbieter, die Konsumenten die Nachfrager. Auch hier entscheiden Preise über Angebot und Nachfrage der Güter.

Ordnungsmerkmal	Freie Marktwirtschaft	Zentralverwaltungswirtschaft
geistige Grundlagen	Liberalismus	Sozialismus, Marxismus
Grundprinzip	Individualismus	Kollektivismus
Planung und Koordination	dezentrale Planung	zentrale Planung
Eigentum an Produktionsmitteln	Privateigentum	Kollektiveigentum
Ziele	individuelle Nutzenmaximierung (Gewinn)	Planerfüllung
Preisbildung und Lohnfestsetzung	durch den Markt	durch die Behörde
Rolle des Staates	keine staatliche Eingriffe – „Nachtwächterstaat"	Staat hat entscheidende Rolle
Investitionsentscheidungen	Betrieb/Unternehmer	Plan
Produktionssteuerung	Marktgegebenheiten	Plan (Sollziffern)
Güter	freie Güterwahl	vorgegebenes Angebot
Außenhandel	Ex- und Importe nach freier Entscheidung	staatliches Außenhandelsmonopol

Tab. 7.2: Wirtschaftssysteme

Situation in Deutschland nach dem Zweiten Weltkrieg

Als der in Europa durch Deutschland begonnene Zweite Weltkrieg im Mai 1945 durch den Sieg der Alliierten endlich beendet war, gab es auch in Deutschland viele Zerstörungen. Unter den rund 65 Millionen Kriegstoten waren über 6 Millionen deutsche Gefallene und zivile Opfer zu beklagen, Flüchtlinge und Vertriebene prägten das Bild des Landes. Die Währung war ohne realen Gegenwert. Das Nahrungsmittelangebot konnte die Bevölkerung keinesfalls versorgen. Lebensmittel wurden rationiert und über Lebensmittelkarten verteilt. Der erhebliche Mangel ließ Schwarzmärkte entstehen.

Weder die Zentralverwaltungswirtschaft noch die Marktwirtschaft sind in der Realität dieser reinen, modellhaften Form zu finden, sie stellen lediglich ideale Wirtschaftssysteme dar. Die tatsächliche Verwirklichung in einer Gesellschaft wird als Wirtschaftsordnung bezeichnet und liegt jeweils irgendwo zwischen diesen beiden Idealen.

Vor diesem Hintergrund mussten sich die entstehenden beiden deutschen Staaten auf eine Wirtschaftsordnung festlegen. Die Bundesrepublik Deutschland verwirklichte die Wirtschaftsordnung der Sozialen Marktwirtschaft, die auf der Grundlage der **Freien Marktwirtschaft** basiert, die DDR hingegen setzte eine sozialistisch geprägte Planwirtschaft um, die sich an dem Modell der Zentralverwaltungswirtschaft orientierte.

7.2 Menschenbild und Soziale Marktwirtschaft

Das Menschenbild der Marktwirtschaft basiert auf der Idee des **Liberalismus** (lat.: *liber* – frei). Hiernach ist der Mensch ein rationales, denkendes Wesen und muss deshalb über gewisse Freiheiten und Rechte wie z. B. das Recht auf Privateigentum, Gewerbefreiheit oder Vertragsfreiheit verfügen. Dadurch ist jeder für sich selbst verantwortlich, kann sich frei entfalten und wird eine individuelle Persönlichkeit. **ADAM SMITH** (1723 – 1790), einer der bedeutendsten Vertreter des Liberalismus, geht davon aus, dass es einer Gesellschaft und damit der Wirtschaft eines Landes gut geht, wenn jeder Mensch versucht, seine Ziele bestmöglich zu erreichen. Gerade der Egoismus des Menschen lenkt und befeuert die Wirtschaft. Damit würde der Idealzustand erreicht.

Da aber der Mensch nicht alleine lebt, sondern in Gemeinschaft mit anderen Individuen, übernimmt er nicht nur für sich selbst, sondern auch für andere Verantwortung. Deshalb wurde in Deutschland die Idee der Sozialen Marktwirtschaft verwirklicht. Ihre **Geburtsstunde** wird meist mit der Währungsreform von **1948** gleichgesetzt. Diese Wirtschaftsordnung soll einen sozialen Ausgleich und Sicherheit für alle Menschen, die in dieser Wirtschaftsordnung leben, bewirken. Vor allem leistungsschwächere Menschen sollen durch die Hilfe anderer unterstützt werden, etwa durch Einkommensumverteilung oder soziale Sicherungssysteme. Entwickelt wurde dieses Konzept von der „Freiburger Schule", und es ist untrennbar mit dem Namen **ALFRED MÜLLER-ARMACK** verbunden.
In Deutschland wurde es von **LUDWIG ERHARD** ab 1949 umgesetzt. Die Sozialen Marktwirtschaft verbindet das

Abb. 7.1: Mit dem Tag der Währungsreform im Juni 1948 füllten sich auch die Regale über Nacht wieder. Die Händler hatten die Waren aus Misstrauen in die Reichsmark gehortet.

Individualprinzip, d. h. das Recht auf Selbstbestimmung und Selbstentfaltung mit dem Sozialprinzip, d. h. dem Prinzip der Mitverantwortung für alle.

7.3 Merkmale der Wirtschaftsordnung

Die Soziale Marktwirtschaft ist ein Mischtyp, sie weist überwiegend Merkmale der Freien Marktwirtschaft auf und wird in einigen Teilbereichen durch Merkmale der Zentralverwaltungswirtschaft ergänzt. So versucht sie, ihrer sozialen Verantwortung nachzukommen.

Mit dem Begriff „Soziale Marktwirtschaft" wird eine Wirtschaftsordnung bezeichnet, die das Ziel hat, eine Wettbewerbswirtschaft mit einem sozialen Ausgleich zu koppeln. Dieses Modell gilt als Basis der deutschen Wirtschafts- und Sozialordnung.

- ⊙ *Planung und Koordination:* Die Planung und Koordination obliegt in der Sozialen Marktwirtschaft den Individuen. Jedoch kann der Staat versuchen, durch Eingriffe in die Wirtschaftsstruktur auf die Planung und Koordination Einfluss zu nehmen. Dies geschieht beispielsweise durch Subventionen, aber auch durch Transferzahlungen an Haushalte.
- ⊙ *Eigentum an Produktionsmitteln:* Überwiegend herrscht in der Bundesrepublik Deutschland Privateigentum. Dies ist grundgesetzlich verankert. Im Laufe der Geschichte der Bundesrepublik Deutschland wurden diverse staatliche Unternehmen privatisiert, etwa die Deutsche Bahn oder die Deutsche Post .
- ⊙ *Ziele:* Der Staat hat wirtschafts- und sozialpolitische Ziele zu erfüllen. Dies ist gesetzlich verankert, unter anderem im Gesetz zur Förderung der Stabilität und des Wachstums der Wirtschaft (siehe Kapitel 7.4).

Was sagt das Grundgesetz?

1949 trat das Grundgesetz der Bundesrepublik Deutschland in Kraft. Damit wurde nicht ausdrücklich eine bestimmte Wirtschaftsordnung festgelegt. Die Gesetze lassen eine Ausgestaltung als Soziale Marktwirtschaft zu, schreiben diese aber keineswegs zwingend vor.

Folgende Tabelle zeigt einige Artikel des Grundgesetzes auf, die marktwirtschaftliche und/oder soziale Elemente beinhalten:

Art.	freiheitliche Elemente (mit einer Zentralverwaltungswirtschaft schwer zu vereinbarende Grundrechte)	Art.	soziale Elemente (mit einer freien Marktwirtschaft schwer zu vereinbarende Verpflichtungen und Rechte)
2 (1)	Jeder hat das Recht auf die freie Entfaltung seiner Persönlichkeit.	20 (1), 28 (1)	Sozialstaatsprinzip (Schwächere unterstützen)
8 (1) 9 (3)	Versammlungsfreiheit, Koalitionsfreiheit und Tarifautonomie	109 (2)	gesamtwirtschaftliches Gleichgewicht muss beachtet werden
11 (1) 12 (1)	Aufenthalts-, Niederlassungsfreiheit (Freizügigkeit), Freiheit der Berufswahl (Beruf, Arbeitsplatz und Ausbildungsstätte frei wählbar)	15	Sozialisierung: Grund und Boden, Naturschätze und Produktionsmittel können zum Zwecke der Vergesellschaftung … in Gemeineigentum … überführt werden.
14 (1)	Privateigentum und Erbrecht werden gewährleistet.	14 (2)	Sozialpflichtigkeit des Eigentums: sein Gebrauch soll zugleich dem Wohl der Allgemeinheit dienen.
		14 (3)	Enteignung zugunsten des Allgemeinwohls
1 (1) 5 (1)	Unantastbarkeit der Menschenwürde, Recht der freien Meinungsäußerung und Information		

Tab. 7.3: Aussagen des Grundgesetzes zu Fragen der Freiheit und der sozialen Verantwortung

Grundsätzlich soll sich der Staat so weit wie möglich im Hintergrund halten, die Rahmenbedingungen für den Wirtschaftsprozess bereitstellen und nur dort eingreifen, wo der Markt ganz oder teilweise versagt. In der Sozialen Marktwirtschaft obliegen dem Staat jedoch verschiedene politische Bereiche, die es zu erfüllen gilt.

| | Dem Staat obliegt ... | |
die Wettbewerbspolitik	Konjunktur-, Wachstums-, Struktur- und Umweltpolitik	Sozialpolitik, Vermögens- und Verteilungspolitik
Der Staat soll den Markt erhalten und den Wettbewerb sichern. Dazu steht ihm ein gesetzlicher Rahmen zur Verfügung (z. B. Kartellgesetze)	Unerwünschte Marktergebnisse sollen korrigiert werden. So soll der Staat in Phasen schwacher Konjunktur durch passende Ausgabenpolitik wie z. B. Investitionsprogramme die Wirtschaft beleben	Soziale Maßnahmen des Staates sollen dafür sorgen, dass die Schwächeren in der Gesellschaft den Anschluss nicht verlieren und passend unterstützt werden.

Tab. 7.4: Aufgaben des Staates

7.4 Ziele der Sozialen Marktwirtschaft

Eine Wirtschaftsordnung soll stets einen „Idealzustand" für die Menschen, die in ihr leben, herbeiführen. Deswegen werden Ziele formuliert. Wenn diese erreicht sind, dann herrscht „der Idealzustand". Neben gesellschaftlichen Zielen wie Frieden, Freiheit, Gerechtigkeit, Wohlstand usw. ist aus wirtschaftlicher Sicht Stabilität von großer Bedeutung. Im § 1 des Gesetzes zur Förderung der Stabilität und des Wachstums der Wirtschaft (**Stabilitätsgesetzes**), welches im Jahr 1967 verabschiedet wurde, wird der Staat verpflichtet, in das Wirtschaftsgeschehen einzugreifen. Es nennt vier vorrangige Ziele, die im **magischen Viereck** aufgezeigt werden. „Magisch" deshalb, weil es kaum möglich ist, alle vier Ziele gleichzeitig zu erreichen:

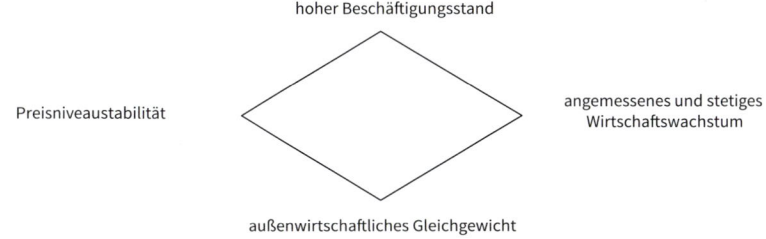

Abb. 7.2: Magisches Viereck

⊚ **Hoher Beschäftigungsstand** herrscht, wenn die Zahl der Arbeitslosen möglichst gering ist. Arbeitslos im Sinne der amtlichen Statistik ist eine Erwerbsperson, die vorübergehend nicht in einem Beschäftigungsverhältnis steht oder nur geringfügig beschäftigt ist und sich persönlich bei der Agentur für Arbeit als arbeitsuchend gemeldet hat. Eine Arbeitslosenquote unter 4 % gilt als Vollbeschäftigung. Man unterscheidet friktionelle, saisonale, konjunkturelle und strukturelle Arbeitslosigkeit.

Friktionelle Arbeitslosigkeit	Saisonale Arbeitslosigkeit	Konjunkturelle Arbeitslosigkeit	Strukturelle Arbeitslosigkeit
Kurzfristige Arbeitslosigkeit, die sich durch einen Wechsel des Arbeitsplatzes ergibt	Vorübergehende Arbeitslosigkeit, die sich ergibt, weil ein Arbeitsplatz nur zu bestimmten Zeiten im Jahr zur Verfügung steht (Erntehelfer, Skiliftbetreiber, Arbeiten im Baugewerbe im Winter)	Arbeitslosigkeit, die sich durch Schwankungen der Wirtschaftstätigkeit ergibt. In Phasen schwächerer Wirtschaft ist die Nachfrage nach Arbeitskräften geringer, sodass sich eine höhere Arbeitslosigkeit ergibt	Arbeitslosigkeit, die dadurch entsteht, weil sich Grundlegendes in der Wirtschaftsstruktur ändert. Der Untergang der Montanindustrie hat im Ruhrgebiet für hohe Arbeitslosenzahlen gesorgt, ebenso die Wiedervereinigung und damit verbundenen wirtschaftlichen Umstrukturierung in den neuen Bundesländern.

Tab. 7.5: Arten der Arbeitslosigkeit

Neben dem nationalen Verbraucherpreisindex wird vom Statistischen Bundesamt auch der harmonisierte Verbraucherpreisindex (HVPI) ermittelt. Dieser wird in allen Staaten der europäischen Union, Norwegen, Island und der Schweiz ermittelt. Der HVPI ermöglicht es, die Inflationsraten in den Staaten zu vergleichen. Dies ist insbesondere für die Staaten innerhalb der Eurozone von besonderer Bedeutung, da das Preisniveaustabilitätsziel der Europäischen Zentralbank für die gesamte Eurozone gilt. Entsprechend werden die Maßnahmen zur Schaffung bzw. Erhaltung der Preisniveaustabilität für die gesamte Eurozone getroffen.

▶ **Preisniveaustabilität** herrscht, wenn der Durchschnitt der Preise bei schwankenden Einzelpreisen konstant ist. Dabei ist eine Preissteigerungsrate nahe bei, aber unter 2 % das erklärte Ziel des ESZB. Gemessen wird dies anhand eines fiktiven Warenkorbs, der ca. 600 repräsentative Waren enthält, die je nach Bedeutung unterschiedlich gewichtet sind. Der Veränderung im Verbraucherverhalten wird Rechnung getragen, indem der Warenkorb alle fünf Jahre aktualisiert wird.

▶ **Außenwirtschaftliches Gleichgewicht** herrscht, wenn mittelfristig die Gold- und Devisenzuflüsse den Abflüssen entsprechen. Erfasst wird das außenwirtschaftliche Gleichgewicht in der Zahlungsbilanz. Die Zahlungsbilanz zeigt alle grenzüberschreitenden wirtschaftlichen Transaktionen eines Landes. Sie teilt sich in die Leistungsbilanz, die im Wesentlichen die Importe und Exporte von Sachgütern und Dienstleistungen zeigt und die Kapitalbilanz, die die grenzüberschreitenden finanziellen Transaktionen zeigt.

Die Leistungsbilanz umfasst insgesamt vier Teilbilanzen. Die Handelsbilanz umfasst den Warenhandel, die Dienstleistungsbilanz den grenzüberschreitenden Handel mit Dienstleistungen. Die Bilanz der Primäreinkommen, früher die Bilanz der Erwerbs- und Vermögenseinkommen genannt, umfasst alle grenzüberschreitenden Zahlungen aus Erwerbstätigkeit und Vermögensanlagen. In der Zahlungsbilanz der Bundesrepublik Deutschland ergeben sich in der Bilanz der Primäreinkommen regelmäßig Überschüsse, da jahrelang aus den Außenhandelsüberschüssen Auslandsvermögen aufgebaut wurde, aus denen jetzt Einnahmen erzielt werden. Die Bilanz der Sekundäreinkommen umfasst regelmäßige Zahlungen, denen keine erkennbaren Leistungen gegenüberstehen. Dazu gehören z. B. Einkommensüberweisungen ausländischer Erwerbstätiger in ihre Heimatländer oder Zahlungen des Staates an internationale Organisationen, wie z. B. die Vereinten Nationen, oder Entwicklungshilfe. Die Bilanz der Sekundäreinkommen der Bundesrepublik Deutschland ist regelmäßig defizitär, insbesondere aufgrund ihrer Stellung als Geberland. Die Vermögensbilanz umfasst einmalige, unentgeltliche

Leistungen, die sich z. B. aus einem Schuldnerlass, aus Schenkungen oder Erbschaften ergeben können.

Zahlungsbilanz			
Leistungsbilanz		**Kapitalbilanz**	
		Nettoerwerb von finanziellen Vermögenswerten	Nettoaufnahme von Verbindlichkeiten
Handelsbilanz		**Direktinvestitionen**	
Warenexport	Warenimport	Direktinvest. des Auslands im Inland	Direktinvest. des Inlands im Ausland
Dienstleistungsbilanz		**Wertpapieranlagen**	
Dienstleistungsexport	Dienstleistungsimport	Ausländische Käufe inländischer Wertpapiere	Inländische Käufe ausländischer Wertpapiere
Bilanz der Primäreinkommen		**Finanzderivate** und Mitarbeiteraktienoptionen	
Einkommen aus dem Ausland	Einkommen an das Ausland	Ausländische Käufe von inländischen Derivaten	Inländische Käufe von ausländischen Derivaten
Bilanz der Sekundäreinkommen		**Übriger Kapitalverkehr**	
Übertragungen aus dem Ausland	Übertragungen an das Ausland	Vom Inland in Anspruch genommene Kredite, Geldflüsse ins Inland	Vom Ausland in Anspruch genommene Kredite, Geldflüsse ins Ausland
Vermögensänderungsbilanz		**Währungsreserven**	
Zuflüsse an Leistungen	Abflüsse an Leistungen	Abnahme der Währungsreserven	Zunahme der Währungsreserven

Tab. 7.6: Zahlungsbilanz

Die Kapitalbilanz erfasst alle Käufe und Verkäufe von Vermögenswerten, bildet also die finanziellen Transaktionen zwischen Inländern und Gebietsfremden ab. In den Direktinvestitionen ist der grenzüberschreitende Kapitalfluss erfasst, der sich ergibt, weil Immobilien oder wesentliche Anteile an ausländischen Unternehmen erworben werden, Betriebsstätten oder Tochterunternehmen errichtet werden. Die Teilbilanz der Finanzderivate und Mitarbeiteroptionen erfasst Termingeschäfte, deren Preis mittelbar oder unmittelbar vom Börsen- oder Marktpreis eines Wertpapiers, von Wafren oder Edelmetallen oder Devisen abhängt, wie z. B. Optionsscheine. In der Bilanz des übrigen Kapitalverkehrs findet man Finanz- und Handelskredite, Bankguthaben und ähnliche Anlagen.

Ein Überschuss der Leistungs- und Vermögensänderungsbilanz erzeugt eine Zunahme der Auslandsforderungen, ein Defizit entsprechend eine Abnahme an Forderungen. Eine periodengerechte Zuordnung ist nicht immer möglich, ferner gibt es statistische Erfassungslücken (ist in statistisch nicht aufgliederbaren Transaktionen erfasst), weswegen die Summe der Leistungs- und Vermögensänderungbilanz nicht genau der Summe der Kapitalbilanz entspricht.

Aufgrund struktureller Defizite in der Leistungsbilanz, die regelmäßig Defizite in der Bilanz der Sekundäreinkommen und überwiegend in der Dienstleistungsbilanz zeigt, ist für die Bundesrepublik Deutschland ein außenwirtschaftliches Gleichgewicht erreicht, wenn der Außenbeitrag, also die Differenz von Export und Import einen Überschuss in Höhe von 1,5 – 2 % des BIP ausmacht.

⊙ **Angemessenes und stetiges Wirtschaftswachstum** meint, dass das Wirtschaftswachstum ohne große Sprünge kontinuierlich anwachsen soll, ohne dass die Zuwachsraten zu groß sind. Unter Wachstum versteht man die Veränderung des realen Bruttoinlandsprodukts gegenüber dem Vorjahr, die prozentuale Veränderung gegenüber dem Vorjahr nennt man Wachstumsrate. Das reale Wachstum beinhaltet nur Mengenänderungen, während das nominale Wachstum Mengen- und Preisänderungen enthält. Daher eignet sich für die Beurteilung des Wachstums nur das reale Wachstum, da bei Betrachtung des nominalen Wachstums Zuwächse auch aufgrund von Preissteigerungen vorliegen.

Es haben sich im Laufe der Jahre die Vorstellungen darüber, wann die Ziele erreicht sind, immer wieder geändert.

▶ Um die volkswirtschaftlichen Ziele erreichen zu können, kann der Staat innerhalb der Ordnungselemente der Wirtschaftsordnung Anreize wie beispielsweise Subventionen schaffen oder andererseits das Wirtschaftsgeschehen in bestimmten Bereichen etwa durch Steuern erschweren.
▶ Diese Ziele sind rein wirtschaftlicher Natur. Im Rahmen der Sozialen Marktwirtschaft jedoch gehen die Idealvorstellungen darüber hinaus. Zum einen sollen Einkommen und Vermögen so umverteilt werden, dass den Gerechtigkeitsvorstellungen des sozialen Gedankens Rechnung getragen wird. Dies bedeutet aber auch, dass die Arbeitsbedingungen menschlicher werden, z. B. durch entsprechende Arbeitszeitregelungen, Sicherheitsmaßnahmen usw. Zum anderen ist gerade in den letzten Jahrzehnten der Umweltaspekt verstärkt ins Bewusstsein der Bevölkerung gerückt. Denn wenn der Wohlstand zunimmt und die Wirtschaft wächst, steigen auch der Energieverbrauch und der Bedarf an Produktionsfaktoren. Deswegen ist es eine wichtige Aufgabe geworden, die Umwelt und die Ressourcen auch für die kommenden Generationen zu erhalten. Aus diesem Grund wird das magische Viereck erweitert und es entsteht das **magische Achteck**, in dem ökologische und soziale Vorstellungen definiert werden:

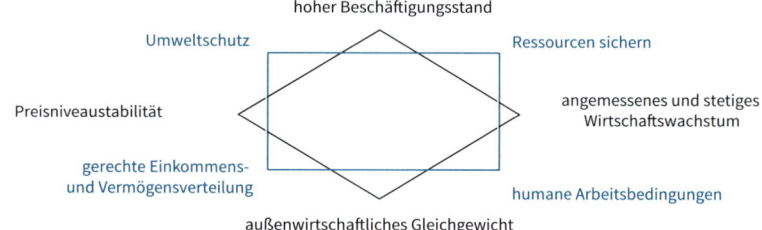

Abb. 7.3: Magisches Achteck

In welcher Beziehung stehen die Ziele zueinander?

Es gibt drei Arten, diese Zielvorstellungen zu klassifizieren:
▶ **Komplementäre Ziele:** Darunter versteht man die Ziele, die sich gegenseitig ergänzen. Beispielsweise hat ein hohes Wirtschaftswachstum oft auch zur Folge, dass die Arbeitslosenzahlen sinken (allerdings nur dann, wenn es tat-

sächlich zu Neueinstellungen kommt und nicht etwa zu Rationalisierungs-investitionen).

- ▶ **Konkurrierende Ziele:** Darunter versteht man die Ziele, die nicht gleichzeitig angestrebt werden können. Wenn z. B. versucht wird, durch eine erhöhte Nachfrage ein hohes Wirtschaftswachstum und einen hohen Beschäftigungsstand zu erreichen, kann dadurch das Ziel Preisniveaustabilität in Gefahr geraten, da möglicherweise das Angebot knapp wird und die Preise steigen. Versucht man dann, über vermehrte Importe das Problem zu lösen, kann auch das außenwirtschaftliche Gleichgewicht gestört werden.
- ▶ **Indifferente Ziele:** Darunter versteht man die Ziele, die sich gegenseitig weder positiv noch negativ beeinflussen. Beispielsweise beeinflusst das Ziel Umweltschutz nicht zwangsläufig die Arbeitsbedingungen für den Einzelnen.

Am Ende dieses Kapitels kennen Sie den Unterschied zwischen den Wirtschaftssystemen der Zentralverwaltungswirtschaft und der Freien Marktwirtschaft und können diese Wirtschaftsordnungen gegeneinander abgrenzen. Die in Deutschland gelebte Wirtschaftsordnung der Sozialen Marktwirtschaft mit ihren marktwirtschaftlichen Merkmalen Koordinationsprinzip Markt und den Freiheiten wie Eigentumsfreiheit, Vertragsfreiheit, freier Güterwahl gepaart mit sozialen Elementen wie staatliche Einkommensumverteilung (Kindergeld, Wohngeld, …) oder Subventionen gehören zum Grundwissen. Die Ziele der Sozialen Marktwirtschaft, die sich aus dem Stabilitätsgesetz ergeben (hoher Beschäftigungsstand, angemessenes und stetiges Wirtschaftswachstum, Preisniveaustabilität, außenwirtschaftliches Gleichgewicht) sowie weitere später erst entwickelte volkswirtschaftliche Ziele (Umweltschutz, gerechte Einkommens- und Vermögensverteilung, Ressourcen sichern, humane Arbeitsbedingungen) sollen Ihnen geläufig sein. Auch die Zielbeziehungen des Magischen Vier- und Achtecks sollten sie präsent haben.

Überblick

8 Modell des Wirtschaftskreislaufs

Modelle sind vereinfachte Abbildungen der Wirklichkeit. Sie finden immer dann sinnvolle Anwendung, wenn komplexe Zusammenhänge veranschaulicht werden sollen. In diesem Kapitel wird die Bildung und Verwendung von Modellen in der Volkswirtschaft vorgestellt.

8.1 Das Modell des Wirtschaftskreislaufs

Modelle sind vereinfachte Abbilder der Wirklichkeit. In der Wirtschaft werden Modelle herangezogen, um komplizierte wirtschaftliche Zusammenhänge zu veranschaulichen und die Möglichkeit zu eröffnen, komplexe Wirkungsketten nachvollziehen zu können. Dafür muss man aber in Kauf nehmen, dass im Zuge der Vereinfachung Informationen verloren gehen. Das Modell bildet die Wirklichkeit also immer nur annähernd ab.

Im einfachen Modell des **Wirtschaftskreislaufs**, im Zwei-Sektoren-Modell gibt es zwei verschiedenartige **Wirtschaftssubjekte**. Die eine Gruppe bilden die Haushalte. Zu Haushalten werden alle Wirtschaftssubjekte zusammengefasst, die als Endverbraucher Konsumgüter erwerben. Für diese Konsumgüter zahlen sie. Das Geld kommt den Unternehmen zu. Alle Wirtschaftssubjekte, die Güter bereitstellen, werden zum **Sektor** Unternehmen zusammengefasst. Haushalte sind mit den Unternehmen aber auch über einen zweiten Strom miteinander verbunden. Haushalte bieten den Unternehmen **Produktionsfaktoren**, also Arbeit, Boden und Kapital an. Die Unternehmen erwerben diese Produktionsfaktoren, um die Güterproduktion durchzuführen. Im Gegenzug bezahlen die Unternehmen an die Haushalte Einkommen für Arbeit, Boden und Kapital.

U Unternehmen — Lieferung von Produktionsfaktoren — Bezahlung der Produktionsfaktoren — Lieferung von Konsumgütern — Bezahlung der Konsumgüter — H Haushalt

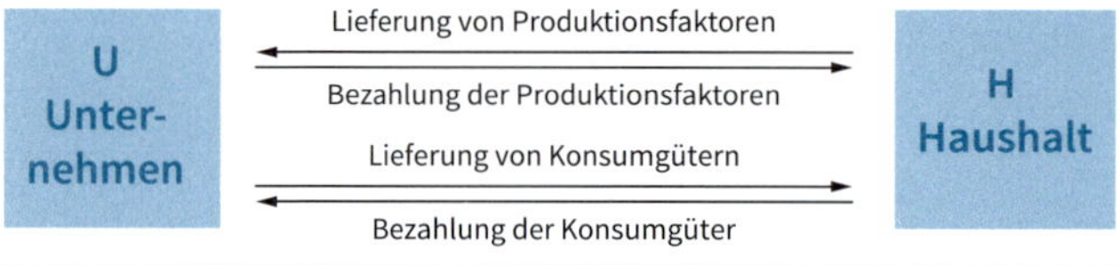

Abb. 8.1: Wirtschaftskreislauf

Da aber den Güterströmen üblicherweise ein gleich großer Geldstrom gegenübersteht, beschränkt man sich im Modell auf die Darstellung der Geldströme. Zum Beispiel beliefern die Unternehmen die Haushalte mit Konsumgütern. Im Gegenzug dazu bezahlen die Haushalte die Konsumgüter.

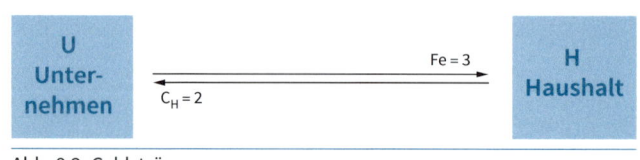

Abb. 8.2: Geldströme

8.2 Kreislaufmodell einer offenen Volkswirtschaft mit staatlicher Aktivität

Das **Zwei-Sektoren-Modell** vereinfacht das Wirtschaftsgeschehen sehr stark. Um die Aussagefähigkeit des Modells zu erhöhen, werden weitere Sektoren ergänzt. Zunächst wird der **Sektor Staat** hinzugefügt. Der Sektor Staat entsteht durch Zusammenfassung aller Gebietskörperschaften, also von Bund, Ländern und Gemeinden sowie den Sozialversicherungsträgern. Der Staat bezieht von Haushalten und Unternehmen Steuern. Diese werden verwendet, um an Haushalte Transferzahlungen, wie beispielweise Kindergeld oder andere Sozialleistungen zu entrichten. Ebenso profitieren Unternehmen, indem der Staat Subventionen vergibt, also Unternehmen durch Zahlungen unterstützt. Dies geschieht in Deutschland unter anderem im landwirtschaftlichen Sektor. Darüber hinaus verwendet der Staat die Steuern, um öffentliche Güter bereitzustellen. Schulen, Straßen, Krankenhäuser oder die Landesverteidigung werden finanziert. Hierzu benötigte Güter werden von den Unternehmen produziert und an den Staat geliefert. Dafür zahlt der Staat an die Unternehmen den entsprechenden Preis.

Der **Sektor Ausland** umfasst alle ausländischen Volkswirtschaften. Eine Beziehung der heimischen Volkswirtschaft mit dem Ausland erfolgt durch Exporte und Importe von Waren und Dienstleistungen. Zur Vereinfachung wird angenommen, dass sämtliche Exporte und Importe vom Sektor Unternehmen abgewickelt werden. Darüber hinaus besteht zwischen Unternehmen und dem Ausland ein Einkommensstrom für Faktoreinkommen aus dem Ausland oder an das Ausland. Er enthält alle Erwerbs- und Vermögenseinkommen, die aus dem Ausland ans Inland gezahlt werden, abzüglich aller Einkommen, die aus dem Inland ans Ausland gezahlt werden. Aufgrund umfangreicher Direktinvestitionen im Ausland bezieht die Volkswirtschaft der Bundesrepublik Deutschland in der Regel höhere Einkommen aus dem Ausland, als ans Ausland gezahlt werden.

Mögliche Gründe für Auslandsinvestitionen:
– Nähe zu Kunden
– bessere Verfügbarkeit von Fachkräften
– Nähe zu Lieferanten oder Rohstoffen
– Zölle und andere Handelshemmnisse vermeiden
– weniger Bürokratie
– Zugang zu Technologie

Ferner sind In- und Ausland über Kapitalverkehr miteinander verbunden. Alle Forderungen von Inländern aus Kapitalverkehr gegenüber Ausländern, die sich etwa aus Beteiligungen an ausländischen Unternehmen ergeben können, werden in dem Strom Forderungen an das Ausland zusammengefasst. Ebenso können Verbindlichkeiten des Inlands gegenüber dem Ausland aus Kapitalverkehr bestehen, etwa aus Unternehmensbeteiligungen, die Ausländer im Inland haben. Im Kreislaufmodell werden nur saldierte Ströme dargestellt. Also ergibt sich entweder der Strom Verbindlichkeiten oder der Strom Forderungen, je nachdem, ob das Inland mehr Forderungen oder Verbindlichkeiten an das Ausland hat.

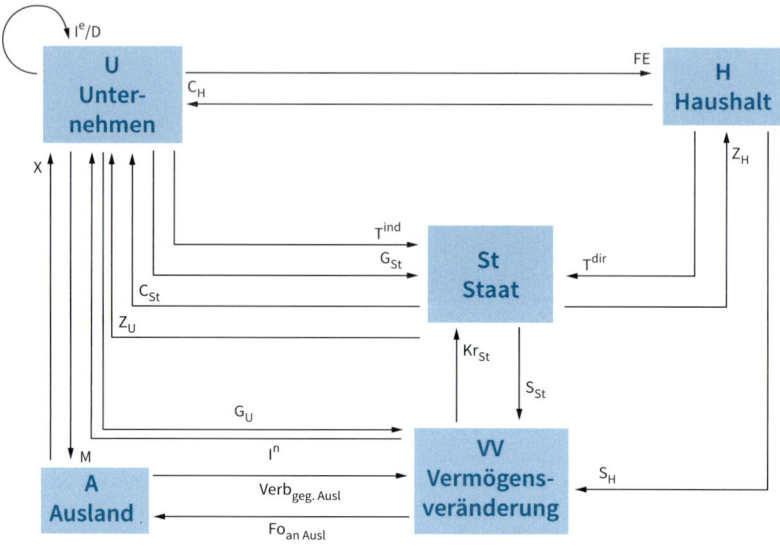

Abb. 8.3: Kreislaufmodell

FE	Faktoreinkommen		I^e	(D) Ersatzinvestitionen (= Abschreibungen)
C_H	Konsumausgaben der Haushalte		I^n	Nettoinvestitionen (= Neuinvestitionen)
S_H	Sparen der Haushalte		I^{br}	Bruttoinvestitionen = $I^n + I^e$
Z_H	Transferzahlungen des Staates an die Haushalte (z. B. Kindergeld)		S_{St}	Sparen des Staates
T^{dir}	direkte Steuern ("T" von engl. *taxes*)		Kr_{St}	Kreditaufnahme des Staates
T^{ind}	indirekte Steuern		X	Exporte
Z_U	Transferzahlungen des Staates an die Unternehmen (z. B. Subventionen)		M	Importe
			$Verb_{geg.\,Ausl}$	Verbindlichkeiten gegenüber dem Ausland
G_{St}	Gewinne des Staates (aus staatl. U)			
C_{St}	Konsumausgaben des Staates		$Fo_{an\,Ausl}$	Forderungen ans Ausland
G_U	Gewinne, die in den Unternehmen bleiben			

Auch der Staat kann Überschüsse erzielen, das ist der Fall, wenn die Steuereinnahmen höher sind als die getätigten Ausgaben. Diese Überschüsse sind dann das Sparen des Staates. In der Geschichte der Bundesrepublik Deutschland wurden Überschüsse selten erzielt. In der überwiegenden Zeit reichten die Einnahmen zur Finanzierung der staatlichen Aufgaben nicht aus, sodass der Staat Kredite genommen hat (KrSt). Im Wirtschaftskreislauf findet sich also entweder der Strom Ersparnis oder Kreditaufnahme des Staates.

Der **5. Sektor des Modells heißt Vermögensveränderung**. Im Gegensatz zu den anderen Sektoren entsteht dieser nicht durch Zusammenfassung gleichartiger Wirtschaftssubjekte, sondern zeigt nur, wie und an welcher Stelle im Laufe einer Wirtschaftsperiode Vermögen gebildet wird. Vermögensbildung ergibt sich im Sektor Haushalt durch Ersparnisse. Alle Ersparnisse werden dem Sektor Vermögensveränderung zugeführt. Ersparnisse können auch von den Sektoren Unternehmen oder Staat getätigt werden. Unternehmen schütten ihre Gewinne nicht vollständig aus, sondern bilden Rücklagen. Diese Rücklagen sind nichts anderes als Ersparnisse der Unternehmen. Im Kreislaufmodell werden sie als unverteilte Gewinne (G_u) dem Sektor Vermögensveränderung zugeführt.

Vermögensveränderungen ergeben sich auch in Unternehmen. Um die Güterproduktion aufrecht zu erhalten oder zu erweitern, tätigen Unternehmen Investitionen. Investitionen sind Anlagen von Geldmitteln, um zukünftig Erträge zu erzielen. Unternehmen können Ersatzinvestitionen tätigen, also Investitionen, die den Kapitalstock erhalten. Nicht mehr funktionsfähige Produktionsmittel werden durch neue ersetzt. Das Produktionsvolumen des Unternehmens verändert sich dadurch nicht. Ferner tätigen Unternehmen auch Neuinvestitionen, die den Kapitalstock des Unternehmens erhöhen. Die Summe aus Ersatz- und Neuinvestitionen nennt man Bruttoinvestitionen.

8.3 Gesamtwirtschaftliches Gleich-/Ungleichgewicht

Gleichungen im Drei-Sektoren-Modell

Zur Darlegung der **Ungleichgewichtssituation** und eventueller **Ausgleichsmechanismen** wird der Wirtschaftskreislauf mit drei Sektoren herangezogen. Im Drei-Sektoren-Modell existieren die Sektoren Haushalt, Unternehmen und Vermögensveränderung. Die Gleichgewichtssituation besagt, dass die Zuströme zu den Sektoren so groß sind wie die Abströme.

Eine modellhafte Volkswirtschaft könnte wie folgt aussehen: Die Haushalte sparen freiwillig (S_{fr}) genau in der Höhe (in Geldeinheiten, GE), in der die Unternehmen Nettoinvestitionen planen I_n^{gepl}.

Gleichungen zur Bestimmung des Volkseinkommens
Entstehungsgleichung:
$FE = C_H + I^n$
Verwendungsgleichung:
$FE = C_H + S_H \Rightarrow I^n = S_H$

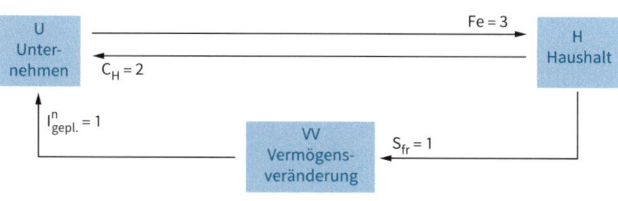

Abb. 8.4: Drei-Sektoren-Modell

Ex-ante-Betrachtung: $S_{fr}(1\,GE) < I_n^{gepl}(1\,GE)$
Ex-post-Betrachtung: $S_{real}(1\,GE) = I_n^{real}(1\,GE)$
$\Rightarrow$ Es herrscht Gleichgewicht.
In der Realität jedoch ist es äußerst unwahrscheinlich, dass das geplante Sparen der Haushalte und die Nettoinvestitionen gleich groß sind, sodass zu erwarten ist, dass am Anfang einer Wirtschaftsperiode eine Ungleichgewichtssituation herrscht.

Es wird angenommen, dass die Haushalte das Faktoreinkommen in Höhe von 3 GE so verplanen, dass 2 GE in den Konsum fließen sollen und 1 GE für das freiwillige Sparen vorgesehen ist. Die Unternehmen ihrerseits planen Neuinvestitionen in Höhe von 2 GE und stellen deswegen nur Konsumgüter im Wert von 1 GE zur Verfügung.

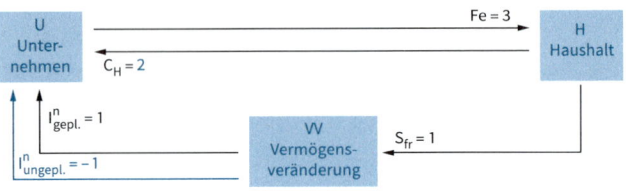

Abb. 8.5: Drei-Sektoren-Modell (2)

Am Anfang der Wirtschaftsperiode ergibt sich durch die Pläne der Wirtschaftssubjekte folglich eine Ungleichgewichtssituation

Ex-ante-Betrachtung: $S_{fr}(1\,GE) < I_n^{gepl}(2\,GE)$

Um die Nachfrage nach Konsumgütern zu befriedigen, müssen die Unternehmen folglich Güter für eine GE aus dem Lager nehmen. Ein Lagerabbau entspricht einer negativen Investition. Der Ausgleich ist über diesen Weg natürlich nur möglich, wenn Lagerbestände aufgebaut wurden. Weiterhin ist diese Art von Ausgleich nur kurzfristig möglich, da die Lagerbestände endlich sind.

Realausgleich

Den Ausgleich über Auf- bzw. Abbau des Lagers nennt man Realausgleich.

Ex-post-Betrachtung: $S_{real}(1\,GE) = I_n^{gepl}(2\,GE) + \mathbf{I_n^{ungepl}(-1\,GE)}$

Alternativ zum Lagerauf- bzw. -abbau kann der Ausgleich auch über die Preise erfolgen. Die Unternehmen verkaufen die Konsumgüter im Wert von 1 GE für 2 GE. Die steigenden Preise führen dazu, dass die Unternehmen höhere Einnahmen erzielen, was zu höheren Einkommen in den Unternehmerhaushalten führt. Somit erhöht sich das Sparen der Haushalte auf 2 GE.

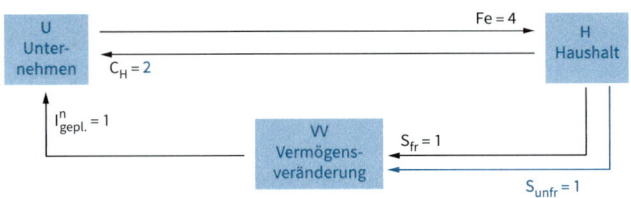

Abb. 8.6: Drei-Sektoren-Modell (3)

Ex-ante-Betrachtung: $S_{fr}(1\,GE) < I^n\,gepl\,(2\,GE)$

Ex-post-Betrachtung: $S_{fr}(1\,GE) + S_{unfr}(1\,GE) = I_n^{real}(2\,GE)$

Der Ausgleich über die Preise und damit steigende Ersparnis der Unternehmer-
haushalte ist langfristig möglich und eignet sich als Wachstumsmodell.

Aus diesem Zusammenhang lässt sich eine **mögliche Folgekette** aufbauen, die
nicht zwingend so ablaufen muss:

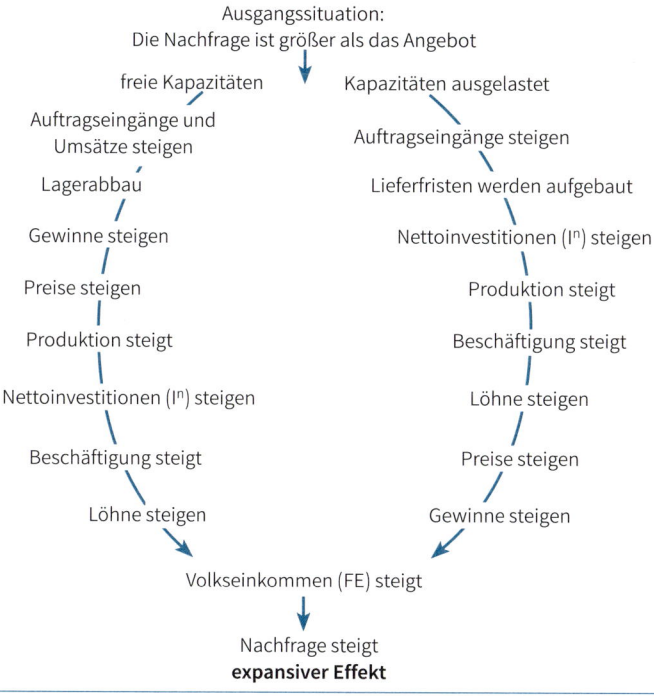

Abb. 8.7: Wachstumsmodell

Es entsteht ein expansiver Kreislauf, die Wirtschaft befindet sich im Aufschwung.
Allerdings ist auch genau die gegenläufige Entwicklung möglich: Die Nachfrage sinkt, die Lager werden gefüllt, die Preise sinken … man spricht dann von
einem **kontraktiven Effekt**.

Wird eine der oben genannten Größen verändert, so hat dies eine verstärkende Wirkung auf alle folgenden Einheiten. Man spricht von einer **Verstärker-
wirkung**. Es gibt zwei Arten der Verstärkung:

Multiplikatorprinzip

Ein Multiplikator (m) gibt an, wie sich beispielsweise das Faktoreinkommen verändert (ΔFe), wenn sich eine andere Größe [z. B. Investitionen (ΔI^n) oder Konsum (ΔC)] ändert. Daraus ergeben sich folgende Formeln:

$$\Delta \textbf{FE} = \Delta \textbf{I}^n \cdot \textbf{m} \quad \text{mit} \quad m = \frac{1}{1-c} \left(\text{Konsumquote} \quad c = \frac{C_H}{Fe_{verf}} \right)$$

Folge: Eine einmalige Nachfrageveränderung bewirkt in der nächsten Periode eine m-fache Veränderung von FE.
Begründung: Die Ausgaben sind bei anderen Wirtschaftssubjekten Einnahmen. Diese erhöhen dann ihrerseits ihren Konsum, da ihnen mehr Geld zur Verfügung steht.

Multiplikatoreffekte wesentlich größer Eins sind jedoch eher unrealistisch, und damit geht von ihnen nicht die Wirkung aus, die man vielleicht erwarten könnte. Wenn etwa der Staatsausgabenmultiplikator bei 1,1 liegt, und der Staat gibt 1 Mrd. € für Beschäftigungsprogramme aus, so hat dies lediglich einen Gesamteffekt von 1,1 Mrd. € auf die Nachfrage. Dabei wurde noch gar nicht bedacht, wie der Staat die Ausgaben finanziert.

Akzeleratorprinzip

Ein Akzelerator (a) gibt an, wie sich die Stromgrößen, vor allem die Investitionen (ΔI^n), verändern, wenn sich die Nachfrage verändert (z. B. ΔC).
$\Delta \textbf{I}^n = \Delta \textbf{C} \cdot \textbf{a}$ mit a als konstantem Koeffizienten (das heißt, die Produktivität bleibt gleich)
Folge: Eine einmalige Nachfrageveränderung bewirkt in der nächsten Periode eine vielfache Veränderung von I^n.
Beispiel: Unternehmen investieren einen bestimmten Betrag, dieser ist umso größer, je stärker die Nachfrage gestiegen ist. $\Rightarrow$ Investitionsnachfrage steigt $\Rightarrow$ Gesamtnachfrage steigt $\Rightarrow$ Investitionen steigen.

Multiplikator-Akzelerator-Modelle   versuchen,   Konjunkturschwankungen durch das Zusammenwirken von Multiplikator und Akzelerator zu erklären.

Tipp

Selten wird ein kompletter Wirtschaftskreislauf abgefragt. Wichtig ist vor allem die zu- und abfließenden Ströme des Sektors Unternehmen zu kennen. Daraus kann der restliche Kreislauf gut abgeleitet werden.

8.4 Konsum-, Spar- und Investitionsfunktion

Für die Lieferung des Produktionsfaktors Arbeit, aber auch Boden und Kapital an die Unternehmen erzielen die Haushalte ein (Produktions-)Faktoreinkommen, für Arbeit ein Gehalt, für Boden z. B. Pacht und für Kapital z. B. Zinsen. Zusätzlich zu diesem Faktoreinkommen erhalten Haushalte Transferzahlungen des Staates (wie z. B. Kindergeld) müssen aber auch Abgaben in Form von Steuern leisten. Das verfügbare Einkommen, also der Teil des Einkommens, über den Haushalte eigenverantwortlich bestimmen können, ergibt sich also durch:

$$FE + Z_U - T_{dir} = FE_{verf.}$$

$FE_{verf.}$ kann entweder konsumiert oder gespart werden.

> Achtung: Faktoreinkommen und verfügbares Einkommen sind nicht gleichbedeutend, da beim Faktoreinkommen Transferzahlungen addiert und direkte Steuern wie z. B. Lohnsteuer subtrahiert werden müssen, um zum verfügbaren Einkommen der Haushalte zu gelangen.

- ◉ **Sparquote:** Der Anteil des verfügbaren Einkommens, den die Haushalte sparen $s = \dfrac{S_H}{FE_{verf}}$.

- ◉ **Konsumquote:** Der Anteil des verfügbaren Einkommens, den die Haushalte konsumieren $c = \dfrac{C_H}{FE_{verf}}$.

- ◉ Spar- und Konsumquote ergeben in Summe Eins.

- ◉ **Sparfunktion:** Die Sparquote stellt die Beziehung zwischen Ersparnis und den ersparnisbeeinflussenden Faktoren wie Einkommen, Preise etc. dar.
  $$S = -C_0 + (1 - c) \cdot FE$$
  $C_0 =$ einkommensunabhängiger Basiskonsum

- ◉ **Konsumfunktion:** Die Konsumfunktion stellt die Beziehung zwischen Konsum und den konsumbeeinflussenden Faktoren wie Einkommen, Preise etc. dar.
  $$C = C_0 + c \cdot FE$$

- ◉ **Investitionsquote:** Die Investitionsquote ist der Anteil der Bruttoinvestitionen am Bruttoinlandsprodukt zu Marktpreisen.

- ◉ **Investitionsfunktion:** Die Investitionsfunktion stellt die Beziehung zwischen der Höhe der Investitionsausgaben und den investitionsbeeinflussenden Größen dar (Multiplikator- und Akzeleratorprinzip).

8.5 Die Volkswirtschaftliche Gesamtrechnung (VGR)

Aufgabe der Volkswirtschaftlichen Gesamtrechnung ist es, die gesamtwirtschaftlichen Kreislaufströme einer Volkswirtschaft für eine abgelaufene Periode zu erfassen. Sie liefert somit im Nachhinein (ex post) einen quantitativen Überblick über das wirtschaftliche Geschehen in einer Volkswirtschaft. Durchgeführt wird sie vom Statistischen Bundesamt anhand des **Europäischen Sys-**

tems Volkswirtschaftlicher Gesamtrechnungen (ESVG). Sie ermittelt unter anderem folgende Größen:

- ⊙ **Bruttoinlandsprodukt zu Marktpreisen** – Es umfasst alle Güter und Dienstleistungen, die pro Jahr in einer Volkswirtschaft hergestellt werden. Da hier der Arbeitsplatz nicht jedoch zwingend der Wohnort im Inland ist, spricht man hier vom **Inlandskonzept.**

  $BIP_m = C_H + C_{St} + I^{br} + X - M$

- ⊙ **Bruttonationaleinkommen** – Die Summe der Güter und Dienstleistungen, die von den ständigen Bewohnern einer Volkswirtschaft in einem bestimmten Zeitraum (meist ein Jahr) hergestellt werden. Da sie ihren Wohnsitz, nicht jedoch zwingend ihren Arbeitsplatz im Inland haben, spricht man hier vom **Inländerkonzept**. Dies entspricht den **Primäreinkommen**, also dem Entgelt für den Leistungsbeitrag der Produktionsfaktoren (deshalb Nationaleinkommen).

  $BNE_m = BIP_m$ + **Primäreinkommen der Inländer aus dem Ausland**

  – **Einkommen der Ausländer im Inland**

  + **Produktions- und Importabgaben an EU/Ausland**

  – **empfangene Subventionen aus EU/Ausland**

  Der Saldo aus dem BIP und dem BNE wird als Saldo der Primäreinkommen zwischen Inländern und der übrigen Welt bezeichnet.

- ⊙ **Nettonationaleinkommen zu Marktpreisen (Primäreinkommen)** – Zieht man vom Bruttonationaleinkommen die Abschreibungen ab, erhält man den tatsächlichen Neuzuwachs.

  $NNE_m = BNE_m - I^e$

- ⊙ **Nettonationaleinkommen zu Faktorkosten (Faktoreinkommen)** – Betrachtet man nun das Nettonationaleinkommen zu Marktpreisen ohne staatlichen Einfluss, so muss man die Steuern, die die Unternehmen bezahlen, abziehen und die Subventionen hinzufügen.

  $NNE = NNE_m - T^{ind} + Z_U (= FE)$

- ⊙ **Nettoproduktionswert/Bruttowertschöpfung** – Die Summe aller inländischen Güter und Dienstleistungen, die auf den Märkten einer Volkswirtschaft als Endprodukt angeboten werden (ohne die Vorleistungen V, um Mehrfachzählung zu vermeiden).

  $NPW/BWS = BIP_m - T^{ind} + Z_U$

- ⊙ **Bruttoproduktionswert/Produktionswert** – Die Summe aller inländischen Güter und Dienstleistungen, die auf den Märkten einer Volkswirtschaft angeboten werden. $BPW/PW = NPW + V$

- ⊙ **Gesamtwirtschaftliches Angebot** – Die Summe aller Güter und Dienstleistungen, die auf den Märkten einer Volkswirtschaft in einer Periode angeboten werden. $A = BPW + M$

◉ **Gesamtwirtschaftliche Nachfrage** – Die Summe aller Güter und Dienstleistungen, die auf den Märkten einer Volkswirtschaft in einer Periode nachgefragt werden. $N = C_H + C_{St} + I^{br} + X$

◉ **Wirtschaftsleistung einer Volkswirtschaft** – Es gibt drei Ansatzpunkte, die Wirtschaftsleistung einer Volkswirtschaft zu berechnen:

1. Die **Entstehungsrechnung** fasst die Leistungen der einzelnen Wirtschaftsbereiche zusammen:
$BIP_m = BPW - V + T^{ind} - Z_U$

2. Die **Verwendungsrechnung** informiert darüber, wofür die Leistungen verwendet werden: $BIP_m = C_H + C_{St} + I^{br} + X - M$

3. Die **Verteilungsrechnung** verteilt das BIP auf die einzelnen Produktionsfaktoren:
$BIP_m = L + G + D + T^{ind} - Z_U$
$FE = L + G$
L: Löhne, G: Gewinne

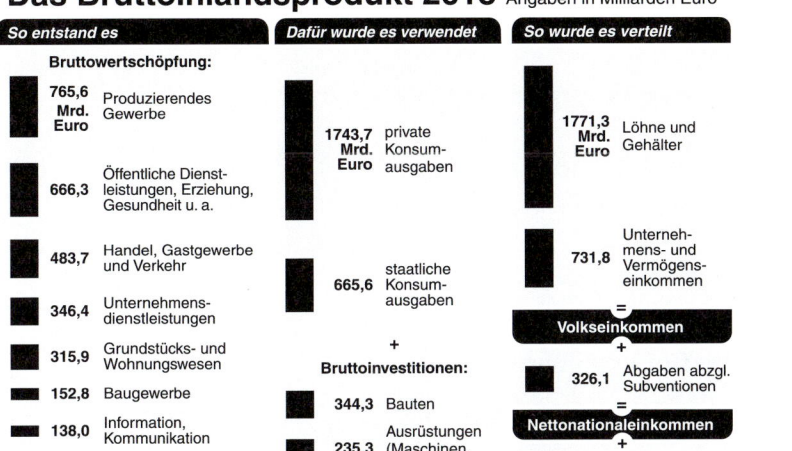

Abb. 8.8: Bruttoinlandsprodukt

Wenn Sie dieses Kapitel durchgearbeitet haben, sind Ihnen alle wesentlichen gesamtwirtschaftlichen Größen geläufig, die sie aus dem Wirtschaftskreislauf erarbeiten können. Sie sollen den Wirtschaftskreislauf als Werkzeug begreifen, mithilfe dessen Sie volkswirtschaftliche Verhaltensweisen analysieren können und Schlussfolgerungen daraus ableiten können. Der Aspekt der Modellbildung soll Ihnen dabei geläufig sein, vor allem, weil Modelle geeignet sind, einen Überblick zu schaffen. Dennoch sind die Konsequenzen im Realwirtschaftlichen oft abweichend von dem, was das Modell zeigt.

Überblick

9

Konjunkturelle Grundtatsachen

Konjunktur beschreibt mittelfristige Wirtschaftsschwankungen über mehrere Jahre hinweg. Das Kapitel zeigt konjunkturelle und andere Wirtschaftsschwankungen sowie deren Ursachen und Möglichkeiten, die Schwankungen zu diagnostizieren.

9.1 Schwankungen des Wirtschaftsablaufs

Konjunkturschwankungen sind mittelfristige Schwankungen der Wirtschaftstätigkeit, d. h. Schwankungen in einem Zeitraum von 3 bis 8 Jahren. Die Schwankungen werden an der Veränderung des realen Bruttoinlandsprodukts (BIP) gegenüber dem Vorjahr gemessen.

Der klassische Konjunkturzyklus läuft in vier Phasen ab, dem Aufschwung, der Hochkonjunktur (Boom), dem Abschwung (Rezession) und der Depression.
Jede Konjunkturphase hat eigene Kennzeichen. Beschäftigung, Auslastung der Kapazität, Investitionstätigkeit, auch Konsum- und Sparverhalten der Haushalte hängen nicht unwesentlich von der Konjunkturphase ab.

Modellhafter Konjunkturzyklus

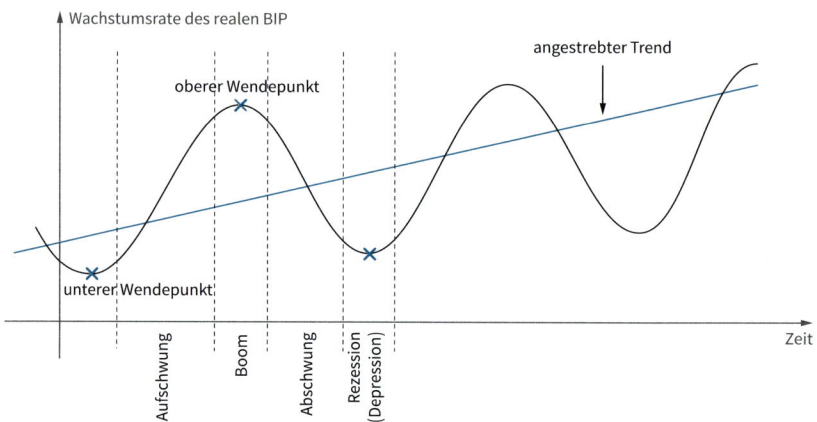

Abb. 9.1: Modellhafter Konjunkturzyklus

C_H = (engl. *consumption*) Konsum der Haushalte;
I^n = Neuinvestitionen,
FE = Faktoreinkommen, d.h. Einkommen, das für den Einsatz von Produktionsfaktoren gezahlt wird

Phase	Kennzeichen
Aufschwung	Kapazitätsauslastung und C_H steigen; I^n steigt; FE steigt; Arbeitslosigkeit sinkt
Hochkonjunktur	Hohe Beschäftigung, ggf. Überbeschäftigung; Engpässe in der Produktion; Preise steigen; I^n steigt
Rezession	I^n sinkt; C_H stagniert oder sinkt; Arbeitslosigkeit steigt
Depression	hohe Arbeitslosigkeit; geringe Kapazitätsauslastung

Tab. 9.1: Schematische Beschreibung Konjunkturverlauf

Neben den mittelfristigen Schwankungen können auch saisonale Schwankungen der Wirtschaftstätigkeit gemessen werden, die im Laufe eines Jahres aufgrund jahreszeitlich wechselnder Gegebenheiten auftreten. Die Nachfrage nach verschiedenen Gütern kann im Laufe des Jahres stark schwanken.

Ferner werden langfristige Wirtschaftszyklen beschrieben, die vom russischen Volkswirt NIKOLAI KONDRATIEFF erstmals aufgezeigt wurden. **KONDRATIEFF-Zyklen** werden durch revolutionäre Erfindungen ausgelöst, die die Wirtschaft erheblich beeinflussen.

Der erste KONDRATIEFF-Zyklus wurde durch die Erfindung der Dampfmaschine ausgelöst, die ursächlich für die industrielle Revolution war, die im 18. Jahrhundert begann.

Der zweite Zyklus, der etwa von Mitte bis Ende des 19. Jahrhunderts lief, war durch die Eisenbahn und Dampfschifffahrt geprägt. In diese Zeit fällt aber auch die Entwicklung der Stahlindustrie. Mit der Erfindung des Verbrennungsmotors und der Entwickung des Automobils aber auch der Elektrifizierung wurde der dritte KONDRATIEFF-zyklus etwa zur Jahrhundertwende zum zwanzigsten Jahrhundert eingeleitet.

Der nächste Zyklus profitierte von der Entwicklung der Luft- und Raumfahrttechnik und der Kunststoffindustrie, wurde aber auch durch die Weiterentwicklung in der Automobilindustrie genährt.

In den 1970er-Jahren begann der fünfte KONDRATIEFF-Zyklus, der durch Informations- und Kommunikationstechnologie angestoßen wurde.

Der sechste Zyklus könnte bereits begonnen haben. Unklar ist jedoch, welche Erfindung diesen Zyklus trägt. Es könnten Nano- oder Biotechnologien sein, aber auch Erfindungen auf dem Umweltsektor oder im Gesundheitswesen, Entwicklungen im Bereich der künstlichen Intelligenz (KI) kommen ebenso infrage.

Tannenbäume werden nur in der Vorweihnachtszeit nachgefragt. Skiliftbetreiber haben nur im Winter Saison, während Erntehelfer in den Sommermonaten benötigt werden. Besonders messbar sind saisonale Schwankungen aber in der Baubranche, die in der Frostperiode brachliegt.

NIKOLAI DMITRIJEWITSCH KONDRATJEFF, * 16. März 1892 † 17.September 1938, russischer Wirtschaftswissenschaftler.

Nach Kondratieff werden durch initiale Erfindungen Investionen ausgelöst, die den Zyklus auslösen und in die Aufschwungphase führen. Nach mehreren Jahren ergibt sich eine Sättigung, sodass weitere umfangreiche Investitionen nicht notwendig sind, sodass der wirtschaftliche Aufschwung wieder abebbt.

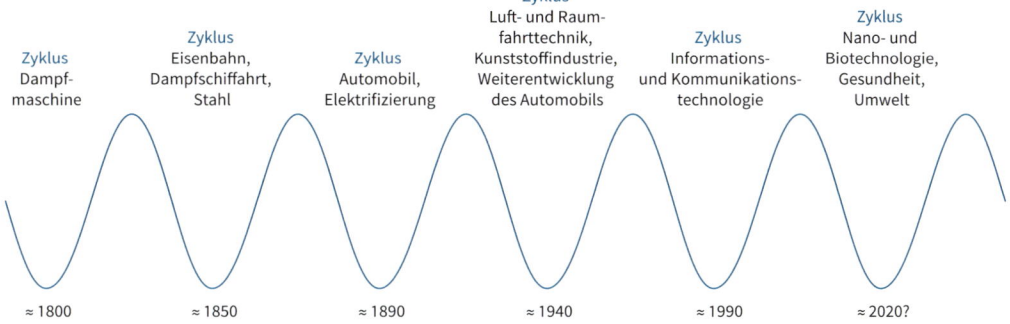

Abb. 9.2: Zyklen nach KONDRATIEFF

9.2 Konjunkturindikatoren

lat. *indicare* = anzeigen

Konjunkturindikatoren sind Messgrößen, die geeignet sind, Aussagen zur Konjunkturlage einer Volkswirtschaft zu treffen. Die Berechnungen und auch Veröffentlichungen der Konjunkturindikatoren erfolgen normalerweise durch das Statistischen Bundesamt aber auch durch verschiedene Wirtschaftsforschungsinstituten.

Die Indikatoren können nach verschiedenen Kriterien unterschieden werden. Nach dem Faktor Zeit unterscheidet man Früh-, Präsens- und Spätindikatoren. **Frühindikatoren** eilen dem Konjunkturzyklus voraus und zeigen damit an, welche Konjunkturphase in Zukunft zu erwarten ist. Wichtige Frühindikatoren sind die Baugenehmigungen. Erteilte Baugenehmigungen führen in naher Zukunft zu Bautätigkeit, kündigen also ebenso wie Auftragseingänge eine Belebung der Wirtschaft an. Neben solchen mit Zahlen zu untermauernden Wirtschaftsindikatoren gibt es auch weiche Indikatoren, die die Stimmungslage aufnehmen. Dazu gehört aus dem Bereich der Frühindikatoren der **Geschäftsklimaindex**. Dieser Indikator ergibt sich durch monatliche Befragung von Unternehmen aus verschiedenen Wirtschaftsbereichen zur erwarteten Geschäftsentwicklung.

Der Geschäftsklimaindex ergibt sich durch Befragung von ca. 7000 Unternehmen aus den Bereichen verarbeitendes Gewerbe, Bauhauptgewerbe, Großhandel, Einzelhandel.

Geschäftklimaindex in den Jahren 2005 bis 2018

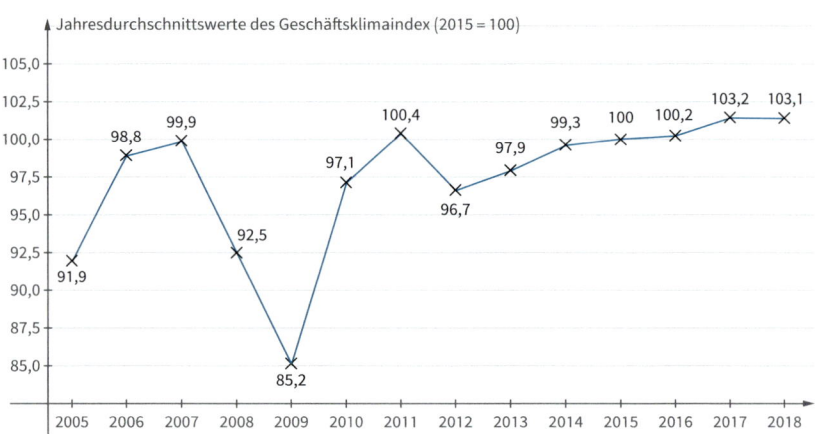

Quelle: IFO-Institut

Abb. 9.3: Geschäftklimaindex in den Jahren 2005 bis 2018

Der Geschäftsklimaindex zeigt unter anderem die sich anbahnende und dann tatsächlich eingetretene Wirtschaftskrise in den Jahren 2008/2009.

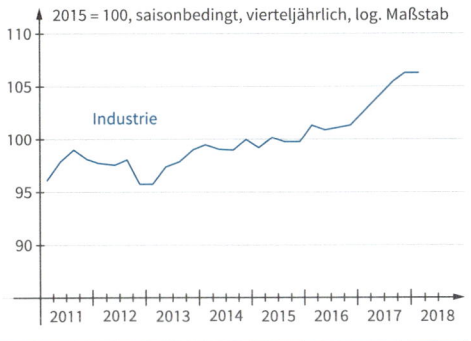

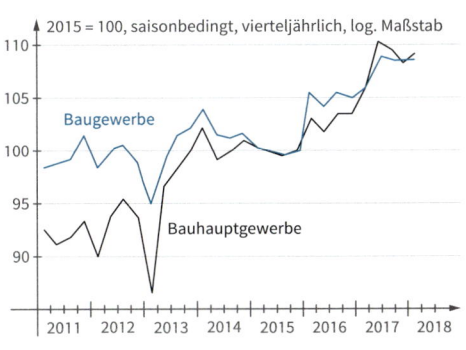

Abb. 9.4: Index Industrie   Abb. 9.5: Index Bau- und Bauhauptgewerbe

Präsensindikatoren fallen mit dem aktuellen Konjunkturzyklus zusammen. Wichtige Präsensindikatoren sind die Kapazitätsauslastung der Produktionsfaktoren, die Industrieproduktion, insbesondere aber das reale Bruttoinlandsprodukt. Dies ist der Indikator, an dem die Konjunktur gemessen wird.

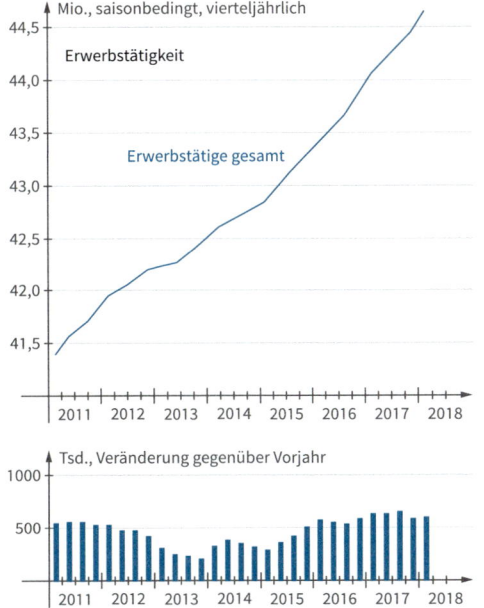

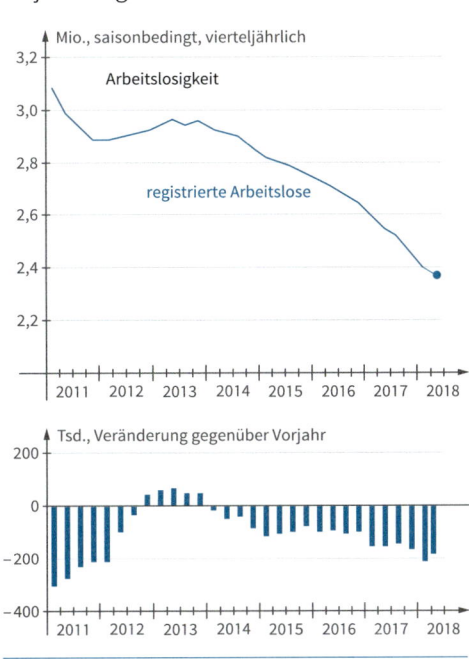

Abb. 9.6: Zahlen zur Erwerbstätigkeit   Abb. 9.7: Zahlen zur Arbeitslosigkeit

Spätindikatoren hinken dem Konjunkturzyklus hinterher. Ein bedeutender Spätindikator ist die Arbeitlosenquote. In wirtschaftlichen Abschwungphasen werden Arbeitgeber ihre Mitarbeiter nicht sofort entlassen, wenn die Wirtschaftslage angespannt ist. Ebenso wird der Personalbestand in Aufschwungphasen nicht sofort erweitert. Produktionsspitzen werden gegebenenfalls zunächst mit Überstunden aufgefangen, bevor mehr Personal eingestellt wird. Somit reagiert der Arbeitsmarkt zeitverzögert auf die Konjunkturphasen.

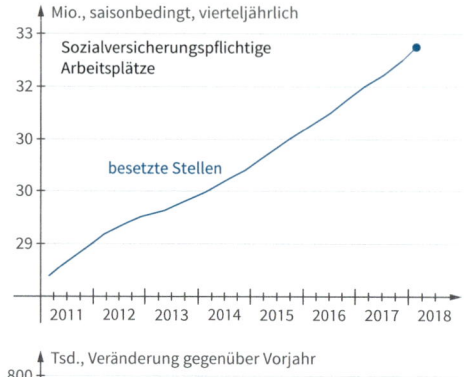

Lagerhaltung, Preise, Löhne, Zinsen, Aktienkurse sind weitere Spätindikatoren.

Neben der Differenzierung nach dem Faktor Zeit kann man nach der Art der Indikatoren auch nach Mengen- und Preisindikatoren unterscheiden. Mengenindikatoren geben die Veränderungen von Mengen, Preisindikatoren die Veränderung von Preisen

Abb. 9.8: Sozialversicherungpflichtige Arbeitsplätze

an. Mengenindikatoren sind z. B. die Auftragseingänge oder die Kapazitätsauslastung, zu Preisindikatoren gehören z. B. die Entwicklungen von Löhnen, Preisen und Zinsen. Alle Indikatoren sind sowohl Mengen- oder Preisindikatoren, also auch Früh-, Präsens- oder Spätindikatoren.

	Frühindikatoren	Präsensindikatoren	Spätindikatoren
Mengen-indikatoren	Auftragseingänge Baugenehmigungen Geschäftsklimaindex	Bruttoinlandsprodukt Lagerhaltung Kapazitätauslastung Auslastung der Produktionsfaktoren Exporte	Arbeitslosenquote Lagerhaltung
Preis-indikatoren			Lohnentwicklung Preisentwicklung Aktienkursentwicklung Zinsentwicklung

Tab. 9.2: Indikatoren

Bei der Konjunkturanalyse ist zu beachten, dass sich einzelne Konjunkturindikatoren ungewöhnlich verhalten können, da neben der Konjunktur auch andere Einflüsse auf den Indikator wirken. Arbeitslosigkeit etwa ist nicht ausschließlich konjunkturell bedingt. Es gibt weitere Formen der Arbeitslosigkeit (→ Glossar). Daher ist für eine fudierte Analyse das Heranziehen mehrerer Indikatoren erforderlich, um zu belastbaren Ergebnissen zu gelangen.

9.3 Ursachen für Konjunkturschwankungen

Die Wirtschaftspolitik hält eine Vielzahl von Erklärungsversuchen für Konjunkturschwankungen bereit.

Konjunkturtheorien kann man in **endogene und exogene Theorien** unterteilen. Endogene Konjunkturtheorien basieren auf der Annahme, dass die Ursachen für Konjunkturschwankungen innerhalb des Systems der Marktwirtschaft liegen. Zu den endogenen Theorien gehören monetäre und reale Theorien.

Die **Monetäre Theorie** geht davon aus, dass Geldmengenveränderungen die Konjunkturphasen auslösen. Sinkt das Zinsniveau wird ein größeres Kreditvolumen zur Verfügung gestellt. Dadurch steigt die Geldmenge. Die Investitionstätigkeit wird belebt und die Produktion gesteigert. Dadurch wird ein Aufschwung, schließlich ein Boom erzeugt. In Boomphasen steigen die Zinsen, die zu einer Umkehrung des Prozesses führen, da das Kreditvolumen und damit die Investitionstätigkeit eingebremst werden.

niedrige Zinssätze
$\Rightarrow$ Kreditvolumen steigt
$\Rightarrow$ Geldmenge nimmt zu
$\Rightarrow$ I^n steigt
$\Rightarrow$ Produktionsausweitung
$\Rightarrow$ Aufschwung/Boom
$\Rightarrow$ Zinsen steigen
$\Rightarrow$ Kreditvolumen sinkt
$\Rightarrow$ Geldmenge nimmt ab
$\Rightarrow$ Produktion geht zurück
$\Rightarrow$ Abschwung

Die **reale Theorie** nimmt Gütermengenveränderungen als ursächlich für die Änderung von Konjunkturphasen an. Hier gibt es verschiedene Ansätze. Eine Theorie fokussiert auf die Investitionsgüterindustrie, eine andere auf die Konsumgüterindustrie

- ◉ Die Überinvestitionstheorien (vor allem Investitionsgüterindustrie) vertritt die These, dass im Aufschwung bzw. Boom die Neuinvestitionen steigen. Dadurch ergeben sich dauerhafte Kapazitätserweiterungen. Da die dauerhaften Kapazitätserweiterungen irgendwann eine Sättigung der Güternachfrage hervorrufen, sinkt die Investitionstätigkeit und der Abschwung wird eingeleitet.
- ◉ Die Unterkonsumtionstheorien geht von einem zu geringen Konsum als Ursache für einen entstehenden Abschwung aus. Bei steigendem Investitionsvolumen übersteigen die Investitionen die Konsumgüternachfrage. Wenn die Preise schneller steigen als die Löhne und Gehälter, ist eine sinkende Nachfrage zu erwarten, die dann den Abschwung einleitet. Ungleichgewicht entsteht auch dadurch, dass zu wenig des verfügbaren Einkommens konsumiert und zu viel gespart wird.

Aufschwung/Boom:
I^n steigt
$\Rightarrow$ dauerhafte Kapazitätserweiterung ist größer als die dauerhafte Nachfrage nach diesen Gütern (Sättigung)
$\Rightarrow$ I^n sinkt
$\Rightarrow$ Produktionsmöglichkeiten sinken
$\Rightarrow$ Absatz sinkt
$\Rightarrow$ Gewinne sinken
$\Rightarrow$ FE sinkt
$\Rightarrow$ Zinsen sinken
$\Rightarrow$ Abschwung

Exogene Theorien gehen davon aus, dass die Ursachen außerhalb des Systems der Marktwirtschaft liegen, wie z. B. Kriege und Naturkatastrophen, aber auch neue Erfindungen und Entdeckungen oder psychologische Gründe. Diese Theorien sind jedoch unter Wirtschaftswissenschaftlern umstritten, da die Erklärungsansätze nicht ausreichend sind.

Grundsätzlich jedoch stellen alle Konjunkturtheorien nur Versuche dar, die Schwankungen zu erklären. Keine davon konnte bis heute die Ursachen für Schwankungen tatsächlich erläutern, denn sonst wäre es wahrscheinlich möglich, diese Schwankungen zu vermeiden oder stark zu reduzieren. In der Realität hat jede dieser Theorien ihre Schwachstelle. Zudem ist es kaum möglich, alle Einflussfaktoren zu berücksichtigen.

Neben diesen klassischen Konjunkturtheorien gibt es heute die modernen Theorien. Während die klassischen Theorien vorwiegend verbale Aussagen treffen, werden nun überwiegend formale mathematische Modelle auf der Basis von Differenzialgleichungssystemen verwendet. Man unterscheidet z. B.:

- ⊙ **deskriptive Konjunkturmodelle**: Schwankungen aufgrund von Zeitverzögerungen *(lags)*;
- ⊙ **lineare Konjunkturmodelle**: die dynamischen Gleichungen verlaufen linear, z. B. Multiplikator- und Akzeleratormodelle;
- ⊙ **nicht-lineare Konjunkturmodelle**: die dynamischen Gleichungen verlaufen nicht-linear.

9.4 Konjunkturverlauf in Deutschland

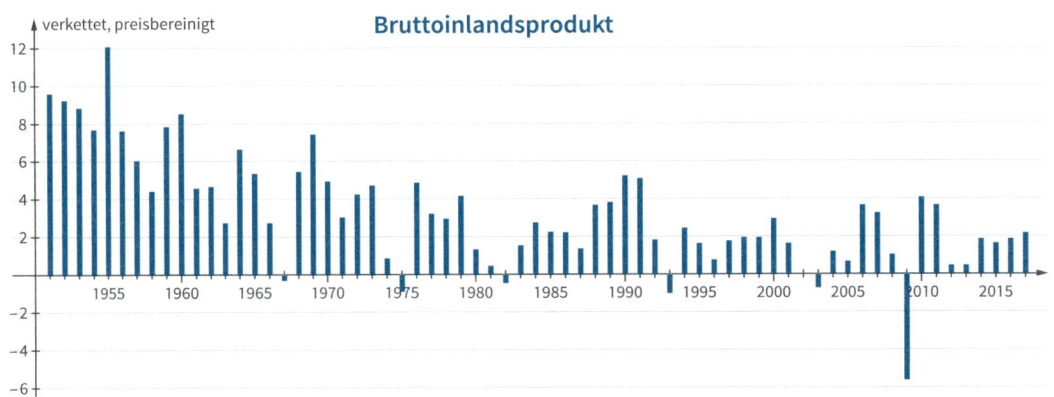

Abb. 9.9: Konjunkturverlauf – Quelle: Statistisches Bundesamt

In der Geschichte der Bundesrepublik Deutschland bis 2017 werden die Ausschläge in den Konjunkturzyklen geringer. Das ist natürlich auf die geringe Wirtschaftsleistung zurückzuführen, die so kurz nach Ende des Zweiten Weltkriegs gegeben war. In dem aufzubauenden Land waren zunächst sehr hohe Zuwächse des BIP zu verzeichnen. Mit steigendem Niveau des BIP ergeben sich in späteren Jahren dann geringere Ausschläge. Insgesamt gab es in der Geschichte der Bundesrepublik Deutschland fünf starke Rezessionsphasen:

1966/67	In der Nachkriegszeit ergab sich zunächst über viele Jahre eine hohe Inlandsnachfrage. Die Bevölkerung hatte einen hohen Nachholbedarf, insbesondere auch nach Einrichtungen. Etwa zwanzig Jahre nach Kriegsende war die Versorgung soweit hergestellt, dass die Inlandsnachfrage in der Mitte der 1960er-Jahre zurückging und damit die erste konjunkturelle Krise auslöste. Erstmalig gab es ein Minuswachstum. Infolge dieser konjunkturellen Gegebenheit entstand das Stabilitätsgesetz (→ Kapitel 7.4), das schnellere Eingriffe des Staates ermöglichen sollte.
1974/75	In den 1970er-Jahren beschloss die OPEC den Preis für Rohöl in den Staaten, die Israel unterstützten erheblich anzuheben. Im Jahr 1973 vervierfachte sich der Rohölpreis. Dies geschah, da die OPEC einen Öllieferboykott gegenüber den Staaten ausgerufen hatten die Israel im Jom- Kippur- Krieg unterstützt hatten. Die westlichen Staaten waren stark abhängig von den Öllieferungen der OPEC, die zu der Zeit etwa 50% des Rohölmarktes beherrschten. Konsum und Investitionen sanken in Folge der hohen Kosten.
1981/82	Der politische Umsturz im Iran, bei dem der Schah seine Macht verlor und Ajatollah Chomeini einen islamischen Gottesstaat errichten ließ, brachte den Erdölhandel im Iran zum Erliegen. Zu der Zeit war der Iran der Staat mit den zweithöchsten Exportmengen der Welt. Infolge dieser Unruhen stiegen die Erdölpreise nicht zuletzt wegen der Panikkäufe, die ausgelöst wurden. Die ohnehin schwache Wirtschaftslage wurde durch die Ölkrise noch verstärkt.
1993/94	Die Wiedervereinigung der Bundesrepublik Deutschland löste eine erhebliche Inlandsnachfrage aus. Bürger der neuen Bundesländern hatten einen erheblichen Nachholbedarf an Gütern, insbesondere auch nach Fahrzeugen und Gütern gehobener Klasse. Dies löste enorme Wachstumsraten des BIP aus. Die sich einstellende Sättigung der Nachfrage im Jahr 1993 ließ den Konsum der Haushalte spürbar zurückgehen. Damit sanken auch die Investitionen und lösten die konjunkturelle Krise aus.
2008/09	Die Weltwirtschaftskrise wurde durch die Finanzkrise in den USA und dem Zusammenbruch der Investmentbank Lehmann Brothers ausgelöst. Die starke Vernetzung weltweit führte zu einer weltweiten Bankenkrise und in ihrer Folge zu einer Weltwirtschaftskrise, die auch Deutschland nicht verschonte. Mit einem BIP von – 5,9 gegenüber dem Vorjahr war dies die schwerste Depression in der Geschichte der Bundesrepublik Deutschland.

Tab. 9.3: Rezessionsphasen in der Bundesrepublik

9.5 Konjunkturanalyse und -prognose

Aufgabe des Staates ist es, die gesamtwirtschaftlichen Ziele des Stabilitätsgesetzes zu erreichen und damit verbunden auch Konjunkturschwankungen zu glätten. Maßnahmen des Staates, die diesem Ziel dienen werden als Konjunkturpolitik oder auch Stabilisierungspolitik bezeichnet. Eine funktionierende Konjunkturpolitik bedarf einer soliden Datenbasis. Dazu müssen fortwährend Daten gesammelt und ausgewertet werden. Die Konjunkturanalyse bezieht sich dabei auf die momentane wirtschaftliche Lage, die Konjunkturprognose versucht, zukünftige Entwicklungen vorauszusagen. Dies ist jedoch nur bedingt möglich. Ausgangspunkt sind dabei die Daten der Volkswirtschaftlichen Gesamtrechnung (VGR) (→ Kapitel 8.5).

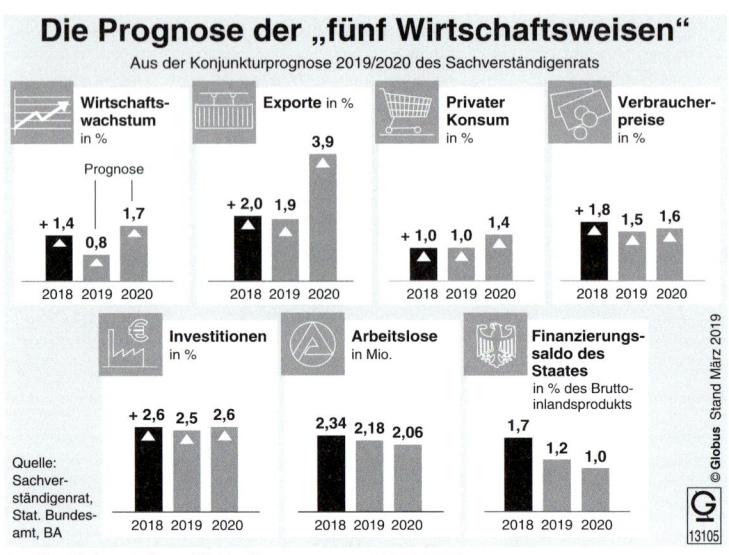

Quelle Globus Infografik Mediennummer: 101140655

Abb. 9.10: Die Prognose der „fünf Wirtschaftsweisen"

Auf der Basis der Prognose der fünf Wirtschaftsweisen mit sieben Konjunkturindikatoren kann der Versuch einer Konjunkturanalyse gestartet werden. Wirtschaftswachstum, Exporte, privater Konsum und Investitionen sind Präsensindikatoren. Vom Jahr 2017 auf das Jahr 2018 ist ein steigendes Wirtschaftswachstum von 2,2% auf 2,3% zu verzeichnen. Ebenso steigen die Exporte von 4,7% auf 6,6%. Diese Indikatoren weisen auf eine Expansion hin. Der private Konsum und die Investitionen zeigen rückläufige Zuwächse. Diese Zahlen deuten eher auf eine sich einbremsende Konjunktur hin. Die Arbeitslosenquote und Verbraucherpreise sind Spätindikatoren. Die rückläufige Arbeitslosenquote stützt die Annahme einer Aufschwungphase, auch wenn zu beachten ist, dass Arbeitslosigkeit in Deutschland nicht ausschließlich konjunkturell, sondern hauptsächlich strukturell verursacht ist. Die Entwicklung der Preise ist als Indikator hier wenig aussagekräftig, weil die Werte der Zielsetzung der EZB, einer Preissteigerung von unter, aber nahe 2% etwa entsprechen. Der Finanzierungssaldo des Staates zeigt die Einnahmen- und Ausgabensituation. Ein positiver Finanzierungssaldo zeigt, dass Überschüsse in den Steuereinnahmen zu verzeichnen sind. Das deutet auf eine stabile Konjunktursituation hin. Für eine solide Konjunkturanalyse bedarf es natürlich einer wesentlich umfangreicheren Datenlage, dennoch kann gefolgert werden, dass die Bundesrepublik Deutschland sich im Jahr 2018 in einer expansiven Phase befindet. Die prognostizierten Zahlen für das Jahr 2019 mit geringeren Wachstumsraten im Wirtschaftswachstum, Export und stagnierendem Investitionsvolumens deutet im Augenblick (August 2018) auf ein Erkalten des Aufschwungs hin.

9.6 Grenzen der Konjunkturanalyse und Prognose

Konjunkturanalysen sind für wirtschaftspolitische Entscheidungen von erheblicher Bedeutung. Jedoch unterliegen die Analysen aufgrund diverser unvorhersehbarer und unkalkulierbarer Aspekte einem gewissen Unsicherheitsfaktor.

Ereignisse wir Terroranschläge oder Umweltkatastrophen führen zu falschen Konjunkturprognosen. Der Tsunami vom 11. März 2011 und die dadurch ausgelöste Katastrophe in Fukushima führte in Deutschland dazu, die Energiewende einzuleiten. Diese Entscheidung war nicht vorauszusehen. Auch andere nicht vorhersehbare wirtschaftspolitische Entscheidungen können die konjunkturelle Lage beeinflussen. Die Koalition aus SPD und CDU/CSU im Jahr 2018 kam nach zähen Verhandlungen zustande, weil eine ca. 46 Mrd. teures Programm für Soziales, Bildung und Digitalisierung vereinbart wurde. Dieses Investitionsvolumen konnte in keiner Konjunkturprognose vorhergesehen werden, hat aber Auswirkungen auf die Konjunktur.

Die Konjunkturdaten basieren auf statistischen Erhebungen, die mit Fehlern behaftet sind und somit Ungenauigkeiten erzeugen. Ein großes Problem in der Konjunkturanalyse und -prognose ist aber die zeitliche Verzögerung. Wirtschaftspolitische Entscheidungen in einer konjunkturell schwierigen Lage können erst beschlossen werden, wenn es genügend Anzeichen für das Problem gibt. Bis zum Erkennen des Problems vergehen Wochen, vielleicht Monate *(recognition lag)*. Nach dem Erkennen der Problematik vergeht weitere Zeit, bis Entscheidungen getroffen und zu Maßnahmen umgemünzt werden. Im parlamentarischen Gefüge von Bundestag oder Bundesrat vergeht viel Zeit für die Entscheidung der zu treffenden Maßnahmen *(action lag)*. Bis die Maßnahmen greifen, vergehen weitere Wochen oder Monate *(efficiency lag)*, sodass das Maßnahmenpaket unter Umständen kontraproduktiv wirkt, da die Konjunkturlage bereits geändert sein kann.

Wenn Sie dieses Kapitel durchgearbeitet haben, kennen Sie unterschiedliche Arten von Wirtschaftsschwankungen und können mit dem Begriff Konjunktur umgehen. Auf der Basis von Konjunkturindikatoren sind Sie in der Lage, eine Konjunkturanalyse und -prognose durchzuführen. Beachten Sie dabei die Differenzierung nach Früh-, Präsens- und Spätindikatoren und insbesondere auch dass sich Konjunkturindikatoren atypisch verhalten können. Daher ist für eine solide Analyse eine ausreichende Anzahl an Indikatoren notwendig. Zu beachten ist, dass die Analyse der Konjunktur auf Grund der lag- Problematik und auch unvorhergesehener Ereignisse durchaus begrenzt ist.

Überblick

10 Fiskalpolitik

Das Kapitel befasst sich mit der Fiskalpolitik. In der Geschichte Deutschlands findet man die Umsetzung aller fiskalpolitischer Theorien von der Hausvaterpolitik in der Weimarer Republik, dem Keynsianismus in der jungen Bundesrepublik Deutschland und der angebotsorientierten Wirtschaftspolitik seit den 1970er-Jahren. Auch die Schwächen der einzelnen Theorien werden vergleichend dargelegt.

10.1 Maßnahmenträger und Mittel der Fiskalpolitik

Fiskalpolitik ist der Oberbergriff für alle Maßnahmen, die der Staat auf der Ebene des Bundes, der Länder und der Gemeinden mithilfe der Einnahmen und Ausgaben ergreift, um auf die Konjunktur einzuwirken mit dem Ziel Konjunkturschwankungen zu glätten. Träger der Fiskalpolitik ist ausschließlich der Staat.

Mit seinen Einnahmen und Ausgaben kann der Staat versuchen, die gesamtwirtschaftliche Nachfrage und damit den Konjunkturverlauf zu beeinflussen und so Wirtschaftspolitik zu betreiben, um die Ziele des magischen Achtecks (→ vgl. Seite 136) anzustreben. Dies kann er einmal direkt über seine eigenen Ausgaben, aber auch indirekt z. B. über die Höhe der Steuern versuchen.

Der **Staatshaushalt** ist eine Gegenüberstellung der geplanten Einnahmen und Ausgaben des Staates für einen bestimmten Zeitraum.

Im Wirtschaftskreislauf sieht man die Einnahmen als zufließende und die Ausgaben als abfließende Geldströme: Einnahmen und Ausgaben müssen also gleich groß sein.

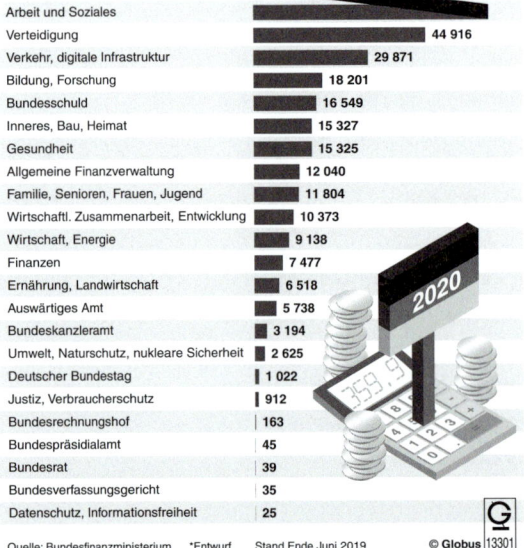

Der Bundeshaushalt 2020

Die Bundesregierung sieht für den Haushalt im Jahr 2020 Ausgaben in Höhe von 359,9 Milliarden Euro* vor. Davon in Millionen Euro für:

Arbeit und Soziales	148 563 Mio. Euro
Verteidigung	44 916
Verkehr, digitale Infrastruktur	29 871
Bildung, Forschung	18 201
Bundesschuld	16 549
Inneres, Bau, Heimat	15 327
Gesundheit	15 325
Allgemeine Finanzverwaltung	12 040
Familie, Senioren, Frauen, Jugend	11 804
Wirtschaftl. Zusammenarbeit, Entwicklung	10 373
Wirtschaft, Energie	9 138
Finanzen	7 477
Ernährung, Landwirtschaft	6 518
Auswärtiges Amt	5 738
Bundeskanzleramt	3 194
Umwelt, Naturschutz, nukleare Sicherheit	2 625
Deutscher Bundestag	1 022
Justiz, Verbraucherschutz	912
Bundesrechnungshof	163
Bundespräsidialamt	45
Bundesrat	39
Bundesverfassungsgericht	35
Datenschutz, Informationsfreiheit	25

Quelle: Bundesfinanzministerium   *Entwurf   Stand Ende Juni 2019   © Globus 13301

Abb. 10.1: Der Bundeshaushalt

Einnahmen	Ausgaben
direkte und indirekte Steuern	Transferzahlungen
Nettokreditaufnahme	Zins- und Tilgungszahlungen für Bundesschuld
Sonstiges (Beiträge, Gebühren, staatliche Erwerbseinkünfte)	Konsumausgaben, besonders zum Erwerb öffentlicher Güter Sonstiges

Tab. 10.1: Einnahmen vs. Ausgaben

Steuern werden auf unterschiedliche Art erhoben. Sie können als **direkte Steuern** erhoben werden, die direkt beim Steuerpflichtigen erhoben werden, wie es z. B. bei der Lohn- und Einkommensteuer der Fall ist, oder über Umwege als indirekte Steuern, die von Unternehmen abgeführt werden. Die Steuerlast der indirekten Steuern wird an den Endverbraucher weitergegeben, wie es etwa bei der Umsatzsteuer der Fall ist.

Neben Steuern erzielt der Staat Einnahmen durch **Beiträge**. Beiträge sind Abgaben, die entrichtet werden, wenn der Beitragszahler Anspruch auf eine Gegenleistung bekommen kann, z. B. Beiträge zu Sozialversicherungen, die Anspruch auf Versicherungsleistungen verbriefen. Ferner erhebt der Staat Gebühren. Diese werden erhoben, wenn eine bestimmte Leistung tatsächlich in Anspruch genommen wird, wie z. B. Müllabfuhr oder Verwaltungsleistungen von Behörden. Der Staat erzielt auch Erwerbseinkünfte. Diese ergeben sich z. B. aus der Teilhaberschaft des Staates an Unternehmen oder aus Vermietung oder Verpachtung staatlicher Gebäude und Grundstücke.

Den einnahmenstärksten Posten für den Staat bilden die Steuern. **Steuern** sind öffentliche Abgaben, die ein Gemeinwesen mit Zwangsgewalt in einseitig festgesetzter Höhe und ohne Gewährung einer direkten Gegenleistung in seinem Gebiet erhebt.

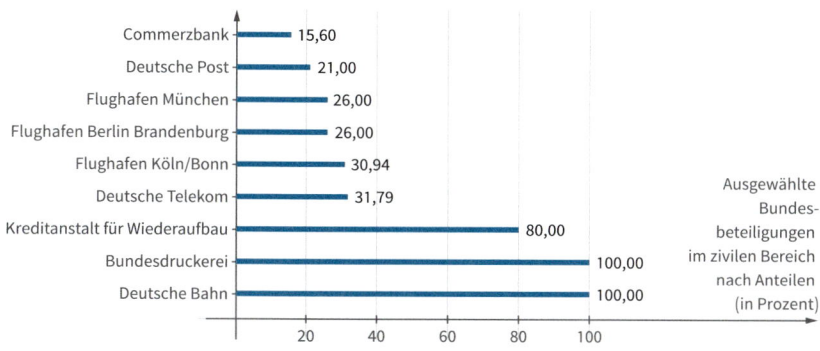

Abb. 10.2: Staatliche Beteiligungen an Unternehmen in der Bundesrepublik Deutschland, Quelle: Bundesfinanzministerium

Der größte Ausgabeposten des Staates ist der Posten Arbeit und Soziales. Im Jahr 2018 ist ein Volumen in Höhe von ca. 140 Mrd. € veranschlagt. Darin enthalten sind wesentlich die **Transferzahlungen** des Staates an Haushalte – wie z. B. Kindergeld, aber auch Renten, Pensionen oder Sozialhilfe.

Die Konsumausgaben des Staates sind Zahlungen, die eine Gegenleistung enthalten. Der Staat leistet Lohn- und Gehaltszahlungen an Staatsbedienstete. Unternehmen erhalten Staatsaufträge zur Herstellung **öffentlicher Güter** – wie

Straßen, Krankenhäuser, Schulen u.v.m. Da die öffentlichen Aufgaben verteilt sind, beziehen Bund, Länder und Gemeinden aus dem Steuertopf einen Anteil.

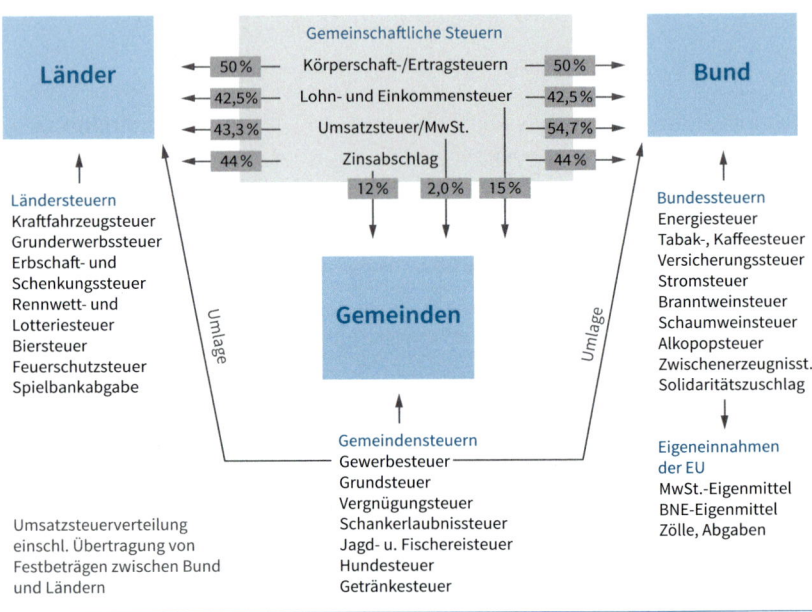

Abb. 10.3: Die Aufteilung der Steuereinnahmen, Quelle: Ministerium der Finanzen, Land Brandenburg

In den 1920er-Jahren galt die klassische Hausvaterpolitik als wirtschaftspolitischer Ansatz. Die Höhe der Staatsausgaben wurden durch die Staatseinnahmen bestimmt und auf das kleinstmögliche Maß begrenzt, sodass der Wirtschaftsablauf möglichst wenig beeinflusst wurde. Die gescheiterte Wirtschaftspolitik und damit verbundene Weltwirtschaftskrise veranlasste KEYNES zum Umdenken in der Wirtschaftspolitik. Er propagierte, die Hausvaterpolitik aufzugeben und stattdessen eine nachfrageorientierte Wirtschaftspolitik zu betreiben.

10.2 Grundlegende Konzepte der Wirtschaftspolitik

Die Fiskalpolitik bietet dem Staat verschiedene Möglichkeiten, regulierend in den Markt einzugreifen. Vom wirtschaftstheoretischen Ansatz gibt es prinzipiell zwei Konzepte, wie Wirtschaftspolitik betrieben werden kann, nachfrageorientiert auf der Grundlage der Thesen von JOHN MAYNARD KEYNES oder angebotsorientiert nach MILTON FRIEDMAN.

Fiskalismus – Nachfrageorientierte Wirtschaftspolik

Die Kernthese der nachfrageorientierten Wirtschaftspolitik nach KEYNES ist, dass die Nachfrage entscheidend für den wirtschaftlichen Erfolg der Volkswirtschaft ist. In rezessiven Phasen reichen die Marktkräfte nicht aus, um die Wirtschaft wieder zu beleben, sodass eine globale Steuerung der Wirtschaft nötig ist. Der Staat ist die einzige Institution, die über die Mittel verfügt, gezielt konjunkturbelebende Maßnahmen zu ergreifen. Möglichkeiten, die Nachfrage zu beleben, bestehen durch Erhöhung der Staatsnachfrage (etwa Baumaßnahmen) oder Veränderung der Rahmenbedingungen für die Bevölkerung zur Erhöhung des Konsums. Falls die Finanzierung der Ausgaben aus dem Staatshaushalt nicht möglich ist, soll die Finanzlücke mithilfe von Staatskrediten (**deficit spending**) finanziert werden.

Die Senkung der Einkommensteuer könnte beispielsweise eine solche Erhöhung des Konsums bewirken.

Das Marktmodell zeigt die Auswirkung der Erhöhung der Nachfrage in der Rezessionsphase. Da die Nachfrage unabhängig vom Preis erhöht wird, ergibt sich eine parallele Verschiebung der Kurve nach rechts (von N_1 auf N_2). Insgesamt wird also eine höhere Menge zu einem höheren Preis verkauft.

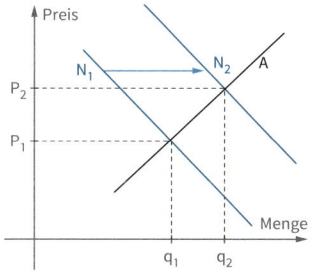

Abb. 10.4: Rezessionsphase

In Aufschwung- oder Boomphasen soll das Staatsdefizit wieder ausgeglichen werden, weil höhere Einnahmen des Staates durch höhere Steuereinnahmen die Schuldenrückzahlung möglich machen (**Surplus saving**). Auch sinkt der Staatskonsum, weil in dieser Phase weniger Impulse des Staates von Nöten sind. Die Nachfragekurve verschiebt sich preisunabhängig nach links (von N_1 auf N_2) und bremst die Konjunktur ein.

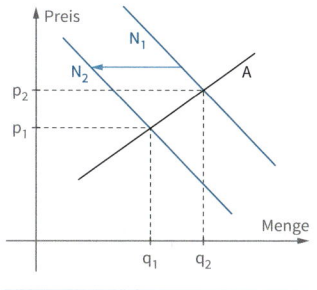

Abb. 10.5: Aufschwungphase

Keynesianismus ist also eine antizyklische Fiskalpolitik, weil das staatliche Nachfrageverhalten dem Konjunkturzyklus entgegen läuft.

JOHN MEYNARD KEYNES (*1883 †1946), Finanzfachmann, Wirtschaftpolitiker, Professor am Kings College in Cambridge

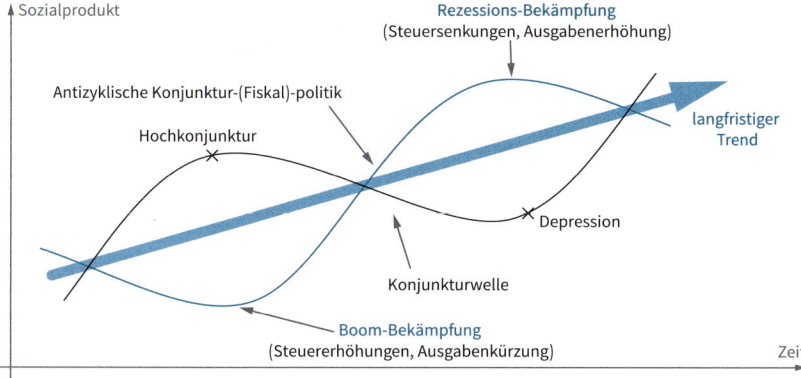

Abb. 10.6: Antizyklische Fiskalpolitik

Abschreibung:
Erfassung der Wertminderung von Anlagevermögen.
Durch Nutzung des Anlagevermögens verliert dieses an Wert.
Die Wertminderung schmälert den Gewinn eines Unternehmens und damit die Steuerlast. Wenn höhere Abschreibungsbeträge gestattet werden, verbessert sich die finanzielle Lage eines Unternehmens.

Das Gesetz zur Förderung der Stabilität und des Wachstums der Wirtschaft basiert auf den Thesen von KEYNES. In der Bundesrepublik Deutschland wurde seit Einführung des Stabilitätsgesetzes 1967 nachfrageorientierte Wirtschaftspolitik betrieben.

	Boom	Rezession
Staatsausgaben	senken; z. B. verstärkt Schulden tilgen, Investitionen verringern bzw. verschieben	erhöhen; z. B. Investitionen erhöhen bzw. beschleunigen, Subventionen bezahlen
Staatseinnahmen	erhöhen; z. B. Steuern erhöhen, Abschreibungsmöglichkeiten reduzieren oder Sonderabschreibungen aussetzen	senken; z. B. Steuern senken, Abschreibungsmöglichkeiten ausweiten oder Sonderabschreibungen einführen
Finanzierung	Konjunkturausgleichsrücklage bilden, Schulden tilgen	Konjunkturausgleichsrücklage auflösen, zusätzliche Kredite aufnehmen
angestrebtes Ziel	Nachfrage dämpfen	Nachfrage steigern

Tab. 10.2: Instrumente antizyklischer Politik

Angebotsorientierte Wirtschaftspolitik und Monetarismus

Ende der 1970er-Jahre fand ein Umdenken statt, da es den Fiskalisten nicht gelang, Wirtschaftsschwankungen und die damit verbundenen Wachstums-, Beschäftigungs- und Inflationsprobleme zu vermeiden. Den zahlreichen staatlichen Eingriffen wurde die Schuld an den Wirtschaftskrisen der 1970er-Jahren gegeben. Diese hätten mit ihrem ständigen Wechsel antizyklischer Maßnahmen den Markt destabilisiert und eine Stop-and-go-Politik verursacht.

MILTON FRIEDMAN (*31.07.1912 †16.11.2006), US-amerikanischer Wirtschaftswissenschaftler, Nobelpreisträger

Es erfolgte ein Wechsel zur angebotsorientierten Wirtschaftspolitik mit monetaritischem Einfluss nach MILTON FRIEDMAN. Der Staat sollte sich aus dem Wirtschaftsgeschehen zurückziehen, da der Markt in der Lage ist, selbst zum Gleichgewicht zurückzukehren. Denn jedes Angebot schafft sich nach dem **SAY'schen Theorem** (ein wirtschaftstheoretischer Ansatz nach JEAN-BAPTISTE SAY und JAMES MILL, 1803) seine Nachfrage. Wenn Waren und Dienstleistungen produziert werden, entstehen dadurch Einkommen, was wiederum zu vermehrter Nachfrage führt. Dies kann nur gelingen, wenn die Geldmenge verstetigt wird. Denn nach FRIEDMAN ändert sich der Geldwert nur durch Veränderungen der Geldmenge. Inflation entsteht, wenn die Geldmenge zu stark ausgeweitet wird, Deflation entsteht, wenn die Geldmenge zu wenig ausgeweitet wird. Durch geeignete geldpolitische Maßnahmen soll sich die Geldpolitik langfristig am Produktionspotenzial der Wirtschaft orientieren. Hierfür soll die Geldmenge um jährlich ca. drei bis fünf Prozent wachsen.

Aufgabe des Staates ist es nicht, wie bei den Keynesianern, die Nachfrage zu beeinflussen, sondern die Bedingungen für das Angebot an Gütern so optimal wie möglich zu gestalten. Somit ist der Staat in erster Linie dafür verantwortlich, die **Rahmenbedingungen des Wirtschaftsgeschehens** zu gestalten und so den **Wettbewerb zu sichern** (Ordnungspolitik). Die Unternehmen sollen z. B. durch geringere Steuerbelastungen und Zahlungen von Lohnnebenkosten entlastet werden. Aber auch **Subventionen** sollen abgebaut werden. Aufgabe des Staates ist es zudem, **Monopole** zu beseitigen, Investitionshemmnisse, die sich z. B. durch Bürokratie ergeben, zu verringern, und die öffentlichen Haushalte zu konsolidieren. Durch diese Sparmaßnahmen erhofft man sich eine zunehmende Investitionstätigkeit, die wiederum zu einer Verringerung der Arbeitslosigkeit führt. Das Scheitern des Fiskalismus in den 70er-Jahren führte in der Bundesrepublik Deutschland zu einem Umdenken im wirtschaftstheoretischen Ansatz.

> **Lohnnebenkosten:** Kosten neben dem Lohn/Gehalt, die Unternehmen tragen müssen. Wesentlich ergeben sie sich durch Beiträge zu Sozialversicherungen, aber auch durch Urlaubs- und Krankheitstage. Lohnnebenkosten erhöhen die Lohnkosten für einen Unternehmer um etwa 30 %.

Die verbesserten Rahmenbedingungen motivieren die Unternehmen zu erhöhter Produktion. Das belebt die Wirtschaft, da ein erhöhter Arbeitskräftebedarf besteht und damit der Arbeitsmarkt entlastet wird. Im Marktmodell zeigt sich dies durch eine Verschiebung der Angebotskurve nach rechts. Die ursprüngliche Menge q_1, die zum Preis p_1 verkauft wurde, weitet sich auf q_2 aus. Die größere Menge wird zudem zu einem geringeren Preis p_2 verkauft.

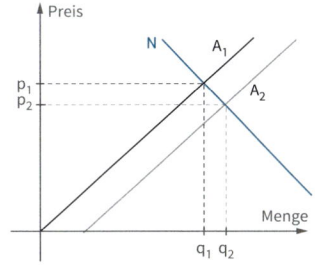

Abb. 10.7: Produktionserhöhung

Im wirtschaftstheoretischen Ansatz des **Monetarismus** ist für die Steuerung der Wirtschaft ausschließlich die Variation der Geldmenge vorgesehen. Die Steuerung der Geldmenge obliegt jedoch nicht dem Staat, sondern der Zentralbank. Diese kann durch Veränderung des Leitzinses die Geldmenge steigern oder senken. Der Monetarismus schließt also einen staatlichen Einfluss auf das Wirtschaftsgeschehen aus. Die Konsequenz einer variierenden Geldmenge ist eine variierende Kreditnachfrage. Sinkt der Kreditzins, steigt die Nachfrage nach Krediten von Haushalten und Unternehmen. Dadurch steigen die Investitionen der Unternehmen und der Konsum der Haushalte. Das wirkt belebend auf die Wirtschaft. Ebenso kann in Aufschwung- oder Boomphasen der Zins entsprechend erhöht werden, was entsprechend zu einem Bremsen der Wirtschaft führt.

	Fiskalismus	angebotsorientierte Wirtschaftspolitik	Monetarismus
Idee	Gesamtwirtschaftliche Ziele (v. a. Beschäftigung und Wachstum) werden über die gesamtwirtschaftliche Nachfrage erreicht.	Gesamtwirtschaftliche Ziele (v. a. Inflationsbekämpfung und Wachstum) werden über die Angebotspolitik erreicht.	Staatliche Eingriffe zur Steuerung der Wirtschaft sind nicht vorgesehen.
Kernthese	Staatliche Eingriffe zur Steuerung der Wirtschaft sind nötig.	Angebot ist entscheidend für den wirtschaftlichen Erfolg.	Geldmenge ist entscheidend für den wirtschaftlichen Erfolg.
Hauptvertreter	JOHN M. KEYNES	MILTON FRIEDMAN	
Grundgedanke	Markt ist instabil, d. h. es kommt zu Ungleichgewichten, z. B. auf dem Arbeitsmarkt ⇒ Staatseingriffe	Markt ist stabil, d. h. er findet selbst zum Gleichgewicht ⇒ Staat schafft Rahmenbedingungen	
Maßnahmen	antizyklische Fiskalpolitik	Verbesserung der Rahmenbedingungen für Unternehmen	stetiges Geldmengenwachstum
Träger	Staat		Europäisches System der Zentralbanken

Tab. 10.3: Vergleich der fiskalpolitischen Ansätze

10.3   Grenzen der Fiskalpolitik

Der Fiskalpolitik sind in der Praxis Grenzen gesetzt. Die Wirksamkeit der Globalsteuerung ist abhängig von einer zuverlässigen Konjunkturdiagnose und -prognose. Diese Diagnosen werden jedoch aufgrund statistischer Erhebungen getroffen, was an sich schon eine Fehlerquelle darstellt. Fehleinschätzungen können dazu führen, dass die getroffenen Maßnahmen genau die gegenteilige Wirkung des Gewünschten haben. Auch stellt sich die Frage, mit welchen Maßnahmen und in welchem Umfang die Fiskalpolitik betrieben werden soll, um den gewünschten Effekt zu erzielen. Welche Steuern sollen ggf. erhöht bzw. gesenkt werden und in welcher Höhe geschieht dies. Ferner stellt sich auch hier die Frage der zeitlichen Verzögerungen vom Erkennen des Problem (*recognition lag*) über das Ergreifen der Maßnahmen (*action lag*) bis zur Wirkung der Maßnahmen (*efficiency lag*) vergeht besonders, wenn Maßnahmen auf parlamentarischer Ebene beschlossen werden, viel Zeit, sodass sich die Wirtschaftslage längst geändert haben kann und damit die Maßnahmen in eine falsche Richtung laufen. **Zielkonflikte** entstehen, wenn in der Hochkonjunktur Investitionen verschoben werden, die das Wachstumsziel verfolgen (z. B. Forschung und Entwicklung).

Eine nachfrageorientierte Fiskalpolitik kann nur erfolgreich sein, wenn die Ursachen für die Rezession auch tatsächlich durch eine zu geringe gesamtwirtschaftliche Nachfrage verursacht wurden. Andere Ursachen werden durch die Fiskalpolitik gar nicht berührt.

Ein Problem der kreditfinanzierten Fiskalpolitik ist der *crowding-out*-Effekt. Der Staat nimmt Kredite auf. Dadurch steigt die Geldnachfrage und heizt das Zinsniveau an. Den Haushalten ist das Zinsniveau zu hoch, sodass sie auf Kredite verzichten, somit wird die Wirkung des *deficit spendings* teilweise oder ganz kompensiert – ggf. sogar überkompensiert. Die Historie zeigt, dass es dem Staat kaum möglich ist, Schulden zu tilgen. Dies kann aus wahltaktischen Gründen geschehen. Vor Wahlen werden wohl kaum die Steuern erhöht. Auch können die staatlichen Verpflichtungen zu hoch sein, als dass eine Tilgung der Schulden möglich wäre. Darüber hinaus besteht die Gefahr, dass Unternehmen bei Steuererhöhungen abwandern. Zudem ist die Koordinierung der Gebietskörperschaften sehr schwierig, da regionale Interessen vertreten werden.

In den letzten Jahren wurden wieder vermehrt Eingriffe des Staates gefordert, da auch eine angebotsorientierte Wirtschaftspolitik die hohe Arbeitslosigkeit nicht bekämpfen konnte. Aus diesem Grund wurden wieder mehr staatliche Eingriffe vorgenommen.

Insbesondere die Wirtschaftskrise im Jahr 2009 wurde weitgehend mit fiskalpolitischen Maßnahmen bekämpft (z. B. Abwrackprämie, hohe Investitionen des Staates, d. h. Konsum des Staates). Die Diskussion zwischen nachfrageorientierter oder angebotsorientierter Politik ist also noch immer nicht beseitigt, und vielleicht stellt ein *policy-mix* aus beidem einen sinnvollen Weg dar.

In jüngster Zeit ist die Wirtschaftslage so stabil, dass keine neuen Schulden gemacht werden müssen. Das Jahr 2018 ist bereits das fünfte Jahr in Folge ohne Neuverschuldung. Auch der Haushalt 2019 soll ohne neue Schulden auskommen (12/2018).

Wenn Sie dieses Kapitel durchgearbeitet haben, kennen Sie die verschiedenen wirtschaftstheoretischen Ansätze, mit denen Wirtschaftspolitik betrieben werden kann, hinsichtlich ihrer wesentlichen Merkmale und auch Schwächen. Ferner haben Sie einen Überblick über die wesentlichen Instanzen, die die Wirtschaftspolitik betreiben, und kennen die Haupteinnahmequellen des Staates. In der Abiturprüfung müssen Sie darauf vorbereitet sein, die unterschiedlichen Ansätze miteinander zu vergleichen und kritisch zu beleuchten.

Überblick

11 Geldpolitik

Geldpolitik bezeichnet alle wirtschaftspolitischen Maßnahmen, die die Europäische Zentralbank mit dem Ziel ergreift, das Geldwesen zu gestalten und den Geldwert zu stabilisieren.

11.1 Beschlussorgane der Geldpolitik

Geldpolitik wird in Europa und speziell in der Eurozone nur von den Zentralbanken betrieben.

Am 1. Januar 1999 übernahm das **System der Europäischen Zentralbanken (ESZB)** die Geldpolitik im Eurowährungsraum innerhalb der Europäischen Union. Teil des ESZB ist die Europäische Zentralbank mit Sitz in Frankfurt am Main. Geleitet wird sie vom Direktorium, welches aus einem Präsidenten, einem Vizepräsidenten und vier weiteren Mitgliedern besteht. Ein Posten im **Direktorium** ist sehr begehrt, zumal es wesentlich mehr Teilnehmerländer im Eurowährungsraum gibt als Plätze im Direktorium. Das Direktorium ist dafür zuständig, die Beschlüsse des **EZB- Rates** im Eurowährungsraum umzusetzen.

Jedes Land, das dem Eurowährungsgebiet angehört, verfügt über eine Nationale Zentralbank. Die Nationalen Zentralbanken und die EZB bilden zusammen das Europäische System der Zentralbanken (ESZB). Die Präsidenten der nationalen Zentralbanken bilden mit dem Direktorium der EZB den EZB- Rat, das wesentliche Entscheidungsorgan über die Geldpolitik im Eurowährungsraum. Das Gremium tagt üblicherweise 14-tägig.

Ursprünglich hatte jedes Mitglied im EZB- Rat eine Stimme. Beschlüsse wurden nach dem Mehrheitsprinzip gefasst. Seit dem Jahr 2015 wurde jedoch mit Beitritt von Litauen als 19. Land der Eurozone ein Rotationsprinzip für Abstimmungen im Gremium eingeführt. Die erste Gruppe bilden die fünf stärksten Länder der EU. Sie haben bei Abstimmungen insgesamt vier Stimmen. D. h. ein Land hat kein Stimmrecht. Da monatlich rotiert wird, muss also jedes Mitglied aus dieser Gruppe alle fünf Monate aussetzen. Die Teilnahme an den Sitzungen des Rates ist für das stimmrechtslose Mitglied aber dennoch vorgesehen. Die zweite Gruppe besteht aus den übrigen 14 Ländern, auf die insgesamt 11 Stimmen entfallen. Jeweils drei Länder sind stimmrechtslos. Auch hier wird monatlich rotiert. Für den Fall, dass die Zahl der Teilnehmerländer am Euro auf 22 ansteigt, ist vorgesehen, eine dritte Gruppe zu bilden. Die erste Gruppe bliebe dann unverändert. In die zweite Gruppe würden die Hälfte aller Länder mit insgesamt acht Stimmrechten, die dritte Gruppe mit den kleinsten Ländern mit insgesamt drei Stimmrechten eingeteilt. Die Mitglieder des Direktoriums haben immer ein Stimmrecht. Das Rotationsprinzips wurde eingeführt, um den stärkeren Volkswirtschaften ein Stimmgewicht zu erhalten.

Das dritte Gremium ist der erweiterte Rat. Mitglieder des erweiterten Rats sind Präsident und Vizepräsident der EZB sowie alle Präsidenten der Nationalen Zentralbanken in der EU, eben inklusive der Länder, die bisher nicht zur Eurozone gehören. Aufgabe des Gremiums ist die Abstimmung der Geldpolitik, sodass sich die Länder der EU geldpolitisch in die gleiche Richtung bewegen, ist es doch das Ziel, dass alle EU- Ländern Mitglieder der Eurozone werden. Je stärker die Harmonisierung ist, desto einfacher wird die Integration der Länder in den Währungsraum sein.

11.2 Die EZB und die Nationalen Zentralbanken

Um Geldpolitik unabhängig von nationalen Interessen betreiben zu können, bedarf es einer unabhängigen Institution. Die EZB ist in vierfacher Hinsicht unabhängig:

Funktionell	Die EZB ist der Preisstabilität verpflichtet. Den Weg zum Ziel bestimmt nur die EZB.
Institutionell	EZB und nationale Zentralbanken sind frei von politischen Weisungen
Finanziell	Die EZB kann uneingeschränkt über ihre finanziellen Mittel verfügen. Das Kapital stammt aus den Mitgliedsstaaten, die je nach Größe unterschiedliche Beteiligungen haben. Die Bundesrepublik Deutschland ist mit ca. 25 % beteiligt.
Personell	Die Mitglieder des Direktoriums sind für 8 Jahre gewählt, eine Wiederwahl ist nicht möglich. Um aber eine kontinuierliche Geldpolitik zu gewährleisten, wird jedes Jahr ein Mitglied gewechselt. Daher waren die Amtszeiten der ersten Direktoriumsmitglieder gestaffelt.

Tab. 11.1: Unabhängigkeit der EZB

Aus der Erfahrung heraus, dass die Finanzierung der Staatsdefizite nicht über die Notenpresse gelöst werden sollte, ein Vorgehen, das in der Weimarer Republik zu einer Hyperinflation geführt hatte, aber auch um der Gefahr der Bestechlichkeit zu entgehen, soll die Unabhängigkeit der EZB gewährleistet sein. Geldpolitik erfordert hohen Sachverstand und ggf. schnelles Reagieren, weswegen lange parlamentarische Debatten für eine stabile Geldpolitik wenig hilfreich sind. Das spricht für eine unabhängige Zentralbank. Jedoch müssen sich die Geldpolitiker keiner Wahl stellen. Fehlverhalten hat keine Konsequenzen. Das widerspricht dem Demokratiegedanken.

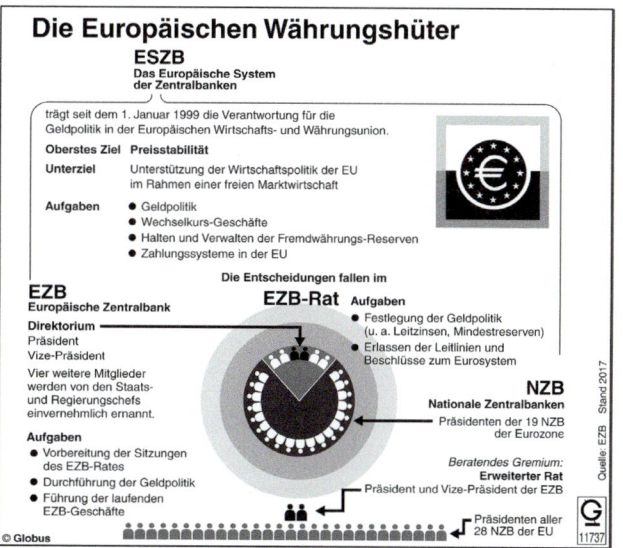

Abb. 11.1: Die Europäischen Währungshüter

11.3 Ziele der Geldpolitik

Ziel der Geldpolitik ist die Herstellung und Wahrung der Preisstabilität im Euro-Währungsraum. Unter Preisstabilität versteht man den Anstieg des harmonisierten Verbraucherpreisindex von knapp unter aber nahe 2 %. Weitere Aufgaben sind Versorgung mit Bargeld, Währungsreserven der EU-Länder verwalten, einen reibungslosen Zahlungsverkehr gewährleisten, Devisengeschäfte durchführen und Kreditinstitute beaufsichtigen. Nachrangig unterstützt die EZB die Wirtschaftspolitik der EU.

Geldpolitische Strategie

Um eine angemessene Geldpolitik betreiben zu können, müssen wirtschaftliche Daten zugrunde liegen. Die Entscheidungen der EZB basieren auf der Analyse wirtschaftlicher und monetärer Daten.

Die Zwei-Säulen-Strategie der Europäischen Zentralbank		Primäres Ziel der EZB: Inflationsvermeidung
Die realwirtschaftlichen Indikatoren werden analysiert, um die kurz- und mittelfristigen Risiken für die Preisstabilität zu ermitteln.	Längerfristige Trends der Preisentwicklung werden überprüft. Dies geschieht ebenso für kurz- und mittelfristige Anzeichen anhand monetärer Indikatoren.	Allgemein wird definiert, dass Preisstabilität gegeben ist, wenn der Verbraucherpreisindex um weniger als 2 % ansteigt (gegenüber dem jeweiligen Vorjahr). Der EZB-Rat strebt eine Rate von knapp weniger als 2 % an.

Der EZB-Rat wägt die Ergebnisse dieser beiden Analysen ab. Wird dabei eine Gefährdung der Preisstabilität erkannt, so greift er zu Gegenmaßnahmen (das können sein: Liquiditätsabschöpfung, Anhebung der Leitzinsen …)

Abb. 11.2: Die geldpolitische Strategie der Europäischen Zentralbank

Für die monetäre Analyse ist die Beobachtung der Geldmenge von besonderer Bedeutung. Der Begriff **Geldmenge** bezeichnet alle in einer Volkswirtschaft vorhandenen Zahlungsmittel M *(money)*. M wird weiter unterteilt in verschiedene Geldmengen, gekennzeichnet durch eine Zahl. Für M 1 und die folgenden Geldmengen M 2 und M 3 gilt, dass die Geldmenge mit einer höheren Zahl diejenige mit einer niedrigeren Zahl einschließt.

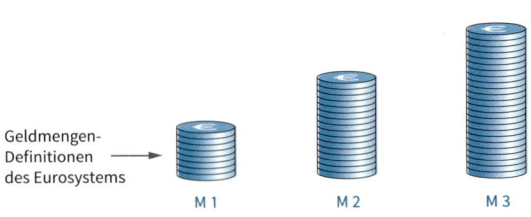

Geldmengen-Definitionen des Eurosystems → M 1   M 2   M 3

M 1 = Bargeld + täglich fällige Einlagen
M 2 M1 + Einlagen mit vereinbarter Kündigungsfrist von bis zu drei Monaten, Termineinlagen (Laufzeit bis zu zwei Jahren)
M 3 M2 + Geldmarktfondsanteile und Geldmarktpapiere, Repogeschäfte, Bankschuldverschreibungen (Laufzeit bis zu zwei Jahren)

Abb. 11.3: Geldmengendefintionen

....

Berechnung des Geldmengenwachstums

Inflationsrate in der Eurozone 0 – 2 %

+ Trendwachstum des Bruttoinlandprodukts der Eurozone 2 – 2,5 %

+ Abnahme der Umlaufgeschwindigkeit der Eurogeldmenge 0,5 – 1 %

= Intervall für das Geldmengenwachstum (Euro) 2,5 – 5,5 %

Wissen

....

Gesteuert wird die Geldmenge M 3 über die **Leitzinsen**. Steigende Zinsen machen die Nachfrage nach Krediten unattraktiver. Daher geht die Nachfrage nach Geld zurück mit der Folge, dass M 3 sinkt. Bei fallenden Zinsen steigt die Geldnachfrage dementsprechend.

11.4 Instrumente der Geldpolitik

Um Geldpolitik zu betreiben, stehen der EZB verschiedene Instrumente zur Verfügung.

Mindestreservepolitik

Mindestreserve ist das minimale Guthaben, das Kreditinstitute der EZB auf Girokonten einstellen müssen. Ein vereinfachtes Beispiel: Wenn ein Kunde bei seiner Bank 100 € auf sein Konto einbezahlt, dann hat die Bank Verbindlichkeiten in Höhe von 100 € gegenüber dem Kunden. Die Bank jedoch behält die 100 € nicht, bis sie der Kunde wieder holt, sondern arbeitet mit dem Geld, spekuliert damit z. B. an der Börse, um Gewinne zu erzielen. Um den Kunden zu schützen, sind die Banken verpflichtet, einen gewissen Teil der Einlagen verzinslich bei der EZB zu hinterlegen. Angenommen, die EZB legt, wie momentan, einen Mindestreservesatz von 1 % fest, so muss 1 € hinterlegt werden, die Bank kann dann mit den verbleibenden 99 € (= Überschussreserve) arbeiten, also Kredite vergeben oder z. B. Aktien kaufen. Da nicht alle Kunden gleichzeitig ihr Geld zurückfordern, ist so sichergestellt, dass die Bank stets über ausreichend liquide Mittel verfügt.

Bedeutung: Die Mindestreservepolitik wird hauptsächlich zur Grobsteuerung in der Geldpolitik eingesetzt. Sie soll stabile Rahmenbedingungen für eine effektive Wirkungsweise der anderen geldpolitischen Instrumente schaffen.

Inzwischen ist der Gläubigerschutz nicht mehr das Hauptziel der Mindestreservepolitik. Sie dient nun vor allem als Instrument, um die Geldmenge zu steuern. Erhöht die EZB den Mindestreservesatz, so sinkt die Liquidität der Banken und damit ihr Kreditspielraum. Bleibt die Nachfrage nach Krediten konstant, steigen die Zinssätze. Dies wiederum hat Einfluss auf Nachfrage, Investitionen usw. Schließlich verlangsamt sich der Preisanstieg. Das Gegenteil geschieht, wenn die EZB den Reservesatz senkt.

Offenmarktpolitik

Die EZB hat zur Abwicklung der Offenmarktgeschäfte zwei Verfahren:

▶ **Mengentender:** Menge, die die EZB insgesamt als Kredit vergeben möchte, die Kreditlaufzeit und der Zinssatz der Kredite, die die Geschäftsbanken bei der EZB nehmen, sind von der EZB vorgegeben. Die Geschäftsbanken geben an, in welcher Höhe sie einen Kredit nehmen wollen. Ist die Gesamtsumme der Kreditanfragen geringer oder gleich der Kreditsumme, die von der EZB ausgegeben werden soll, bekommt jede Bank den gewünschten Betrag. Verlangen die Geschäftsbanken einen höheren Betrag, so wird das Gesamtvolumen der Kredite, die die EZB vergeben will, prozentual auf die Geschäftsbanken aufgeteilt.

▶ **Zinstender:** Hier nennen die Geschäftsbanken zusätzlich zur gewünschten Höhe des Kredits auch den Zinssatz, den sie für den Kredit bereit sind zu bezahlen. Die EZB kann aber einen Mindestsatz vorgeben. Zugeteilt wird nach der Höhe des gebotenen Zinssatzes, bis der Tender aufgebraucht ist. Bieten zu viele Banken den gleichen Zinssatz, wird, wenn das Gesamtvolumen der Kredite, die vergeben werden sollen, nicht ausreicht, wieder per Zuteilquote verteilt.

Als offener Markt wird hier der Geld- und Kapitalmarkt bezeichnet. Unter **Offenmarktpolitik** versteht man den An- oder Verkauf von bestimmten Wertpapieren (Offenmarktpapiere) durch die Zentralbank. Damit kann die Zentralbank die Geldmenge steuern. Kauft die Zentralbank Offenmarktpapiere von den Geschäftsbanken, so erhalten diese dafür liquide Mittel, die sie für die Kreditvergabe verwenden können. Die Geldmenge steigt. Im umgekehrten Fall verkauft die Zentralbank Offenmarktpapiere und erhält im Gegenzug liquide Mittel von den Geschäftsbanken. Diesen steht dann das bei der Zentralbank angelegte Geld nicht mehr für die Kreditvergabe zur Verfügung. Die Geldmenge sinkt. Ein Großteil dieser Geschäfte sind Wertpapierpensionsgeschäfte: Die Wertpapiere werden bei der Zentralbank in „Pension" gegeben, also als eine Art Pfand hinterlegt mit der Bedingung, dass diese verzinst werden und zu einem bestimmten Termin zurückgekauft werden.

Es gibt verschiedene Arten von Offenmarktgeschäften. Die beiden wichtigsten sind das **Hauptrefinanzierungsgeschäft** und das **längerfristige Refinanzierungsgeschäft**. Beide Geschäfte dienen dazu, den Banken Liquidität bereitzustellen.

Darüber hinaus gibt es noch Feinsteuerungsoperationen und strukturelle Operationen. Feinsteuerungsoperationen eignen sich, um unerwarteten Liquiditätsschwankungen kurzfristig begegnen zu können. Mithilfe von Feinsteuerungsoperationen kann man dem Markt sowohl Liquidität zuführen als auch abschöpfen. Sie werden üblicherweise im sogenannten Schnelltender zugeteilt, d. h. von der Ankündigung des Geschäfts bis zur Geldzuteilung vergeht eine Stunde. Feinsteuernd können Devisenswapgeschäfte durchgeführt werden, im Rahmen derer befristet Devisen gegen Bezahlung mit der heimischen Währung angekauft (liquiditätsschaffend) oder verkauft (liquiditätsabschöpfend) werden. Eine weitere Möglichkeit der Geldabschöpfung ist die Hereinnahme von Termineinlagen. Strukturelle Operationen spielen im Rahmen der Geldpolitik bisher keine Rolle.

	Laufzeit	Vergabe	Verfahren
Hauptrefinanzierungsgeschäft (auch Haupttender)	eine Woche	wöchentlich	Standardtender
längerfristige Refinanzierungsgeschäfte (auch Basistender)	drei Monate	monatlich	Standardtender
Feinsteuerungsoperationen	unregelmäßig	unregelmäßig	Schnelltender

Tab. 11.2: Steuerungsoptionen

Bedeutung: Über das Hauptrefinanzierungsgeschäft stellt die EZB den Geschäftsbanken den größten Teil des Geldes aus Refinanzierungsgeschäften zur Verfügung. Es ist ein wichtiges Instrument der Geldpolitik, da die Zentralbank über die Zinsen und die Menge des zur Verfügung gestellten Geldes den Konsum und die Investitionen beeinflussen kann. Von Vorteil ist die kurze Laufzeit und damit die Möglichkeit, schnell zu reagieren, da jede Woche neue Tender mit neuen Bedingungen vergeben werden.

Des Weiteren haben die Zinssätze Signalwirkung für alle Kredite, die die Geschäftsbanken vergeben, denn wenn sie selbst einen hohen Zinssatz bezahlen mussten, werden sie diesen an ihre Kunden weitergeben.

Längerfristige Refinanzierungsgeschäft funktionieren nach dem gleichen Prinzip wie die Hauptrefinanzierungsgeschäfte. Wesentlicher Unterschied ist die Laufzeit, die standardmäßig drei Monate beträgt. Jedoch hat die EZB auch schon deutlich längerfristige Geschäfte mit Laufzeiten von mehreren Jahren vergeben.

Ständige Fazilitäten

Fazilität bezeichnet alle Kreditmöglichkeiten, die einem Kunden zur Deckung seines Kreditbedarfs zur Verfügung stehen.

Ständige Fazilitäten: Die EZB bietet den Geschäftsbanken die Möglichkeit, mithilfe von Ständigen Fazilitäten über Nacht Liquidität zu variieren.

- **Einlagefazilität:** Geschäftsbanken können überschüssige liquide Mittel über Nacht bei der Zentralbank anlegen. Hierfür erhalten sie Zinsen (grundsätzlich ist der Zinssatz relativ niedrig, da die Einlagefazilitäten sonst als längere Anlageform geeignet wäre. Seit dem 10.3.2016 ist der Zinssatz der Einlagefazilitäten sogar negativ bei einem Wert von $-0,4\%$). Der Zins für Einlagefazilitäten bildet die Untergrenze für den Tagesgeldsatz am Geldmarkt, sozusagen die Untergrenze des Zinskanals.
- **Spitzenrefinanzierungsfazilität:** Die Geschäftsbanken können fehlende liquide Mittel über Nacht gegen refinanzierungsfähige Sicherheiten bei der Zentralbank ausleihen. Hierfür bezahlen sie relativ hohe Zinsen. Der Zinssatz für Spitzenrefinanzierungsfazilitäten bildet die Obergrenze für den Tagesgeldsatz am Geldmarkt und damit die Obergrenze des Zinskanals.

Die Zinssätze für Einlagefazilitäten, Spitzenrefinanzierungsfazilitäten und der Zinssatz für die Offenmarktgeschäfte bestimmen wesentlich die Zinsen, die sich am Geldmarkt ergeben. Daher werden sie als Leitzinsen bezeichnet.

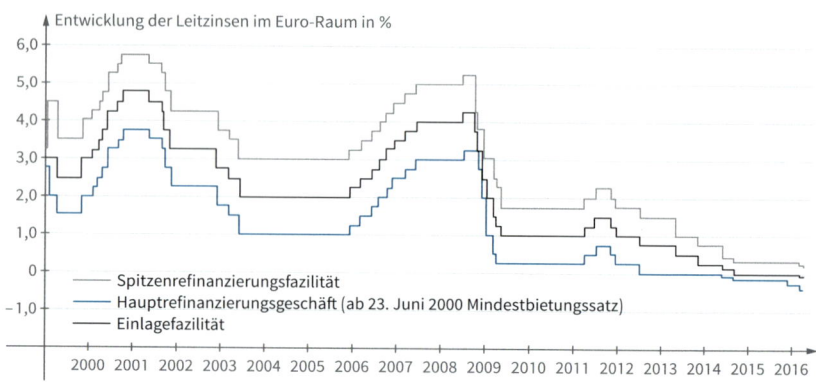

Abb. 11.4: Leitzinsen, Quelle: Bundesverband deutscher Banken

Seit dem 10. März 2016 ist der Zinssatz für die Offenmarktgeschäfte bei 0 % (Stand September 2018). Der Zinssatz für die Spitzenrefinanzierungsfazilitäten beträgt seitdem 0,25 %, für Einlagefazilitäten -0,4 %. Das bedeutet, dass die Banken alle Einlagen, die sie über Nacht bei der EZB halten, einen Strafzins in Höhe von 0,4% zahlen müssen.

Outright Monetary Transaktion

Outright Monetary Transaction (OMT) ist ein geldpolitisches Instrument im Rahmen dessen die EZB Staatsanleihen unbefristet (*outright*) über den Sekundärmarkt ankauft. Die EZB kauft im Rahmen dieses Programms Staatsanleihen in unbestimmter Höhe. Die Staatsschuldenkrise verschiedener Länder des Eurowährungsraums, die Bankenkrise ausgelöst durch die *subprime*-Krise in den USA und die Weltwirtschaftskrise, die wiederum durch die Bankenpleiten ausgelöst wurde, haben das Vertrauen der Banken untereinander zerstört, sodass ein Interbankenhandel mit Krediten nur noch unzureichend funktionierte. Ferner hatten verschiedene Banken Probleme sich zu refinanzieren. Beobachtetes Ergebnis war, dass verschiedene Banken nur eine sehr verhaltene Kreditvergabe zeigten, obwohl die EZB die Leitzinsen mehrfach gesenkt hatte. Das Mittel des OMT soll erreichen, dass die Geldpolitik der EZB wieder zu einem einheitlich funktionierenden Transmissionsmechanismus in der gesamten Eurozone führt.

Durch die OMT wird dem Markt Liquidität zugeführt. Plan der EZB war es aber, die geschaffene Liquidität an anderer Stelle durch den Verkauf anderer Anleihen wieder zu entziehen. Das Instrument des OMT wird teilweise kritisch gesehen, da Forderungsausfälle der EZB Verluste bescherte, die von der gesamten Gemeinschaft getragen werden mussten.

Primärmarkt:
Markt, auf dem Finanztitel erstmals ausgegeben werden, wie z. B. die Ausgabe von Aktien

Sekundärmarkt:
Markt, auf dem die auf dem Primärmarkt ausgegebenen Finanztitel gehandelt werden, z. B. die Börse

***subprime*-Krise**
(*subprime* (engl.) zweitklassig):
Die Vergabe zahlreicher zu wenig abgesicherter Hypothekenkredite in den USA führte seit 2007 zu vielen Kreditausfällen, infolgedessen Kreditinstitute zahlungsunfähig wurden.

Transmissionsmechanismus:
Prozess, der durch geldpolitische Entscheidungen der EZB auf die Wirtschaft ausgelöst wird.

Quantitative Easing

Quantitative Easing (mengenmäßige Lockerung) ist ein geldpolitisches Instrument der EZB mit dem Ziel Liquidität in den Bankensektor zu bringen und die langfristigen Zinsen zu senken. Im Rahmen dieses Instruments kauft die EZB in großem Umfang Staatsanleihen. Die Wirkung dieser Maßnahme sind sinkende Zinsen bei den Geschäftsbanken, die durch den Verkauf der Staatsanleihen an die EZB zusätzliche Liquidität erhalten. Die Zinssenkungen sollen zu einer Erhöhung der Kreditnachfrage der Nichtbanken führen. Das Instrument des QE wird eingesetzt, wenn die Leitzinsen bereits nahe Null sind, sodass Offenmarktgeschäfte wenig zusätzliche Impulse geben können.

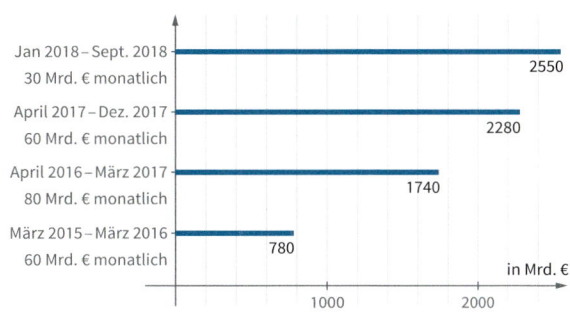

Abb. 11.5: Ausweitung des EZB-Anleihenkaufprogramms; Quelle: Europäische Zentralbank

Forward Guidance

In den ersten Jahren des Eurowährungsraums hielt sich die EZB mit ihren Plänen zur zukünftigen Geldpolitik bedeckt. Unter den Präsidenten Duisenberg und Trichet, die stets verkündeten, sich nicht vorab festlegen zu wollen, war Geldpolitik nicht vorhersehbar. Der Wechsel kam erst unter dem Präsidenten Mario Draghi, der am 4. Juli 2013 erklärte, dass die EZB ihren Leitzins noch „für einen ausgedehnten Zeitraum" niedrig halten wolle. Erstmals gab es einen Hinweis auf die zukünftige Geldpolitik. Zweck der Ankündigung war es, unerwünschten Entwicklungen auf dem Markt entgegenzuwirken. Eine unklare zukünftige Zinslandschaft bei aktuell Nullzinsniveau blockiert die Kreditvergabebereitschaft der Banken, da in Erwartung steigender Zinsen langfristige niedrig verzinste Kredite zu Verlusten der Banken führen. *Forward Guidance* ist jedoch keine sichere Zusage der EZB zur Geldpolitik. Der EZB-Rat würde im Falle unerwarteter Entwicklungen angemessene Entscheidungen treffen, die von dem Angekündigten abweichen können.

Maßnahmen und Wirkung der Geldpolitik

Das ESZB kann expansive oder kontraktive Geldpolitik betreiben. Als Mittel steht eine Variation der Zinssätze zur Verfügung. Im Folgenden soll die expansive Geldpolitik näher dargestellt werden, kontraktive Geldpolitik ist jeweils die Umkehrung der Instrumente.

Geldpolitischer Transmissionsmechanismus

Als Transmissionsmechanismus wird der Prozess bezeichnet, durch den sich die geldpolitischen Entscheidungen auf das Preisniveau und auf die Wirtschaft auswirken. Die Änderung der Zinssätze durch das ESZB verändert die Refinanzierungskosten der Banken, die ihrerseits die veränderten Bedingungen an ihre Kunden weitergeben. Eine Veränderung der Bank- und damit der Geldmarktzinsen hat Auswirkungen auf die Aktienkurse, Wechselkurse, das Spar- und Investitionsverhalten und die Kreditaufnahmebereitschaft. Für die Geldpolitik ist es vonnöten, den Transmissionsmechanismus zu erkennen, um die richtigen Entscheidungen zur richtigen Zeit und richtig dosiert zu treffen.

Expansive Geldpolitik

Expansive Geldpolitik wird üblicherweise in Phasen der Rezession oder Depression angewendet. Dabei ist allerdings nicht die Lage in einzelnen Ländern der Eurozone relevant, vielmehr wird der gesamte Währungsraum beobachtet.

Soll expansive Geldpolitik betrieben werden, kann das ESZB die Leitzinsen senken oder die Kreditzuteilungsmengen erhöhen. Im Rahmen der expansiven Geldpolitik hat die EZB zwischenzeitlich bei Offenmarktgeschäften sogar eine 100 %- Zuteilung mit Mengentender durchgeführt. Diese Geldpolitik kann auch durch Lockerung der Sicherheiten oder Verlängerung der Laufzeit betrieben werden. Wenn die Maßnahmen expansiver Natur sind, sinken die Kreditzinsen und dies steigert die Liquidität der Banken. In der Theorie werden die Zinsen an die Wirtschaft weitergegeben, sodass Konsum und Investitionen in der Volkswirtschaft steigen. Auch der Staat profitiert, da die Kreditkosten sinken und den Staatshaushalt weniger belasten. Die Motivation zu sparen sinkt allerdings, weil die Rentabilität der Ersparnisse abnimmt.

11.5 Grenzen der Geldpolitik

Nicht alle Maßnahmen des ESZB zeigen die gewünschte Wirkung.

- Die Maßnahmen könnten „verpuffen": Wenn Zinsen bereits niedrig sind, hat eine Ausweitung der Geldmenge durch eine erneute Zinssenkung kaum positive Impulse.
- Werden nur Rationalisierungsinvestitionen durchgeführt, hat dies keine positiven Impulse zur Wiederbelebung des Arbeitsmarkts.
- Der Bankensektor kann sein Geld in Nicht-Euro-Länder exportieren, wenn er dort bessere Zinskonditionen erhält oder wenn diese Länder im Euroraum zu günstigen Konditionen Kredite aufnehmen.
- Ein großes Problem ergibt sich durch Wirkungsverzögerung *(time lags)* auf das eigentliche Ziel Preisniveaustabilität *(outside lags)*; durch *lags* besteht

sogar die Gefahr, dass die Konjunkturschwankungen verstärkt statt abgedämpft werden (prozyklische Wirkung). Durch den Aufbau der Entscheidungsorgane der EZB ist aber die Phase des Action-Lags relativ kurz, weil wenige Entscheidungsträger über die Geldpolitik bestimmen.

⊙ Alle Maßnahmen zielen auf den Bankensektor ab. Zumindest kurzfristig hat die EZB jedoch keinen Einfluss darauf, ob die Kreditinstitute etwa eine Leitzinsänderung auch an die Kunden weitergeben.

⊙ Selbst wenn der Bankensektor die Maßnahmen weitergibt, kann es auch vorkommen, dass die **Kreditnehmer unempfindlich** auf steigende Kreditzinsen reagieren. Denn eine Investition hängt nicht nur von den Zinsen, sondern z. B. auch von Gewinnerwartungen ab. Deshalb können trotz gestiegener Zinsen die Kreditsumme und damit der Geldmengenzuwachs unverändert bleiben.

⊙ Es können **Zielkonflikte** entstehen. Wenn etwa versucht wird, mit einer Geldmengenausweitung den Preisniveauanstieg einzugrenzen, hat dies gleichzeitig steigende Zinsen zur Folge. Dies wiederum kann negative Auswirkungen auf die Investitionen und auch auf den Arbeitsmarkt usw. haben.

⊙ Zielkonflikte können auch entstehen, wenn ein Staat durch *deficit spending* versucht, die Konjunktur in Schwung zu bringen und die EZB gleichzeitig Inflationsbekämpfung betreibt. So können die Maßnahmen einen Teil ihrer Wirkung verlieren.

⊙ Die Maßnahmen der EZB **gelten für den gesamten Euroraum**. Das heißt, es ist eine Vielzahl von Ländern mit unterschiedlichen Wirtschaftslagen von der gleichen Geldpolitik betroffen. So kann es im Extremfall passieren, dass sich ein Land in der Rezession befindet, und die EZB erhöht die Leitzinsen.

Am Ende dieses Kapitels haben Sie einen soliden Überblick über das EZSB, die Aufgaben und das Instrumentarium. Die wesentliche Instrumente Hauptrefinanzierungsgeschäft und längerfristige Refinanzierungsgeschäfte reichen derzeit nicht aus, um die Geldpolitik angemessen zu betreiben. Deswegen wurde der Katalog der Instrumente um das OMT und QE erweitert. Das Ziel der Preisiveaustabilität gilt derzeit (Stand 12/2018) als erreicht. Eine große Problematik ergibt sich dadurch, dass die Geldpolitik für den gesamten Währungsraum betrieben wird, und dieser Volkswirtschaften mit völlig unterschiedlicher Wirtschaftskraft enthält. Zudem ist Geldpolitik zur Feinsteuerung kaum möglich, weshalb Monetaristen eine antizyklische Geldpolitik sogar ablehnen. Nach ihrer Meinung sollte sich die Geldpolitik nicht an der Nachfrage, sondern an der trendmäßigen Entwicklung des Produktionspotenzials orientieren.	Überblick

12 Außenwirtschaftspolitik

Die Bundesrepublik Deutschland ist eines der stärksten Exportländer. Die deutsche Wirtschaft hängt also sehr am Außenhandel. In diesem Kapitel werden Gründe für die Globalisierung dargelegt, gezeigt, wie Außenhandel gemessen wird, wie die Bezahlung erfolgen kann und welche Maßnahmen den Außenhandel steuern können.

12.1 Weltwirtschaft und Globalisierung

Globalisierung ist die sich ausbreitende, weltweite Verknüpfung von Staaten in unterschiedlichen Bereichen, die sowohl auf der Ebene einzelner Individuen, als auch der Ebene von Unternehmen oder Staaten stattfindet. Begünstigt wurde die Globalisierung besonders durch technische Fortschritte im Transportwesen und im Bereich der Kommunikation (Internet).

Mit der Welt verflochten

1	Niederlande	92,84
2	Irland	92,15
3	Belgien	91,75
4	Österreich	90,05
5	Schweiz	88,79
6	Dänemark	88,37
7	Schweden	87,96
8	Großbritannien	87,26
9	Frankreich	87,19
10	Ungarn	86,55
11	Kanada	86,51
12	Finnland	86,30
13	Portugal	85,04
14	Zypern	85,00
15	Tschechien	84,88
16	Deutschland	84,57
17	Spanien	84,56
18	Slowakei	84,36
19	Luxemburg	84,21
20	Singapur	83,64

Der **Globalisierungsindex** 2017 zeigt, wie die Länder wirtschaftlich, politisch und sozial mit dem Rest der Welt verbunden sind. Je höher der Wert, desto globalisierter ist das Land.

höchstmöglicher Wert = 100
Stand 2014
Quelle: ETH Zürich
© Globus

11712

Abb. 12.1: Globalisierungsindex

Aus volkswirtschaftlicher Sicht bedeutet Globalisierung, dass

- ⊙ Kommunikationsnetze aufgebaut, ausgebaut und unterhalten werden müssen.
- ⊙ Arbeitsteilung auf internationaler Ebene stattfindet. Das verlangt von Arbeitskräften steigende Mobilität, da sich Unternehmen zu Global Playern entwickeln, weil die Unternehmensstandorte nicht nur auf ein Land beschränkt sind. Bedeutende Global Player in der deutschen Wirtschaft sind u. a. VW, Siemens, Deutsche Bank.
- ⊙ Einkommensstrukturen sich angleichen. Besonders in arbeitsintensiven Bereichen wandert die Arbeit in Länder mit geringem Einkommensniveau. Das führt mittelfristig zu sich angleichenden Einkommen in wirtschaftlich vernetzen Staaten.
- ⊙ Umweltprobleme können nicht mehr auf nationaler Ebene gelöst werden.
- ⊙ Regionale oder nationale Identitäten werden oft als gefährdet empfunden.

Außenwirtschaftstheorien

Die **Außenwirtschaftspolitik** befasst sich mit allen Fragen, die mit dem grenzüberschreitenden Verkehr von Waren, Personen, Dienstleistungen und Kapital zusammenhängen.

Die Politik wird auf der Basis verschiedener Außenwirtschaftstheorien betrieben. Insgesamt gibt es hier drei Ansätze:

Güterwirtschaftliche Theorie	Monetäre Theorie	Theorie wirtschaftlicher Integration
befasst sich mit den Ursachen des Außenhandels	befasst sich mit den grenzüberschreitenden Geldströmen und bargeldlosen Zahlungen, Beobachtung des Devisenmarkts	Verknüpfung der güterwirtschaftlichen und monetären Theorie mit Fokus auf die Globalisierung

Tab. 12.1: Außenwirtschaftstheorie

12.2 Güterwirtschaftliche Betrachtung der Außenwirtschaft

Güterwirtschaftlich gibt es unterschiedliche Gründe für den Außenhandel. Wenn Güter im eigenen Land nicht verfügbar sind, aber benötigt oder gewollt sind, kommt es zu Außenhandel. Die **Nichtverfügbarkeiten** können kurzfristig, längerfristig oder dauerhaft sein. Kurz- oder längerfristige Nichtverfügbarkeiten ergeben sich z.B. durch mangelndes Knowhow oder technologischen Rückstand. In der rohstoffarmen Bundesrepublik Deutschland besteht eine große Abhängigkeit von Importprodukten, die im eigenen Land dauerhaft nicht verfügbar sind. Baumwolle, Aluminium, Kobalt und Nickel sind Beispiele für Importprodukte, die zu 100 % eingeführt werden. 100 % des Kaffees, Kakaos und der Südfrüchte sowie 97 % des Erdöls werden importiert. Eine weitere Ursache für Außenhandel sind **Qualitätsunterschiede** der Produkte. Solche Qualitätsunterschiede können objektiv vorhanden sein. Es ist aber ebenso möglich, dass Importprodukte lediglich subjektiv als höherwertig eingeschätzt werden. Eine dritte Ursache sind **Preisunterschiede** der Produkte, die sich durch Kostenunterschiede oder Nachfrageunterschiede entstehen. Kostenunterschiede ergeben sich, wenn in einem Land günstiger produziert werden kann als in einem anderen, Nachfrageunterschiede können sich ergeben, wenn ein Produkt im Inland weniger nachgefragt ist als im Ausland. Für den Produzenten lohnt der Export dann. Schließlich können Marktstrategien der Anbieter zu Außenhandel

Importe nach Deutschland (2017) – Auswahl

Autos und Zubehör 115 Mrd. €
Büromaschinen/EDV 113 Mrd. €
Metall/Metallerzeugnisse 88 Mrd. €
Maschinen 81 Mrd. €
Chemische Erzeugnisse 79 Mrd. €
Erdöl/ Erdgas 56 Mrd. €
Pharma-Produkte 54 Mrd. €

Gesamt: 1034 Mrd. €

führen, um den Markt für das Produkt zu erweitern. Anbieter können ihre Produkte auf viele Märkte streuen, um so das Absatzrisiko zu minimieren.

Preisunterschiede durch	mangelnde Verfügbarkeiten	Qualitäts- unterschiede	Marktstrategien der Anbieter
Kostenunterschiede Nachfrageunter- schiede	kurzfristig längerfristig dauerhaft	subjektiv objektiv	

Tab. 12.2: Ursachen des Internationalen Außenhandels

12.3 Maßnahmen der Außenhandelspolitik

Trotz der Bemühungen seit 1945 ist es nicht gelungen, Handels- hemmnisse vollständig zu beseitigen. Nach wie vor erheben Staaten Zölle oder greifen zu anderen Handels- hemmnissen. Gerade im Jahr 2018 erlebten die Handelshemmnisse eine Renaissance, kün- digte der amerikani- sche Präsident DONALD TRUMP unter dem Leit- spruch „America first" Strafzölle gegenüber der europäischen Union und China an.

Nach dem Zweiten Weltkrieg wurde der Welthandel neu geordnet. 23 Staaten unterzeichneten das GATT (General Agreement on Tariffs and Trade), ein all- gemeines Zoll- und Handelsabkommen. Ziel des Abkommens war ein Abbau diverser Handelshemmnisse wie nicht tarifäre Handelshemmnisse und Zölle. Das Abkommen erleichterte und förderte zugleich den internationalen Handel. GATT wurde im Jahr 1996 durch die WTO (World Trade Organization) abgelöst. Der WTO gehören mittlerweile 216 Staaten an.

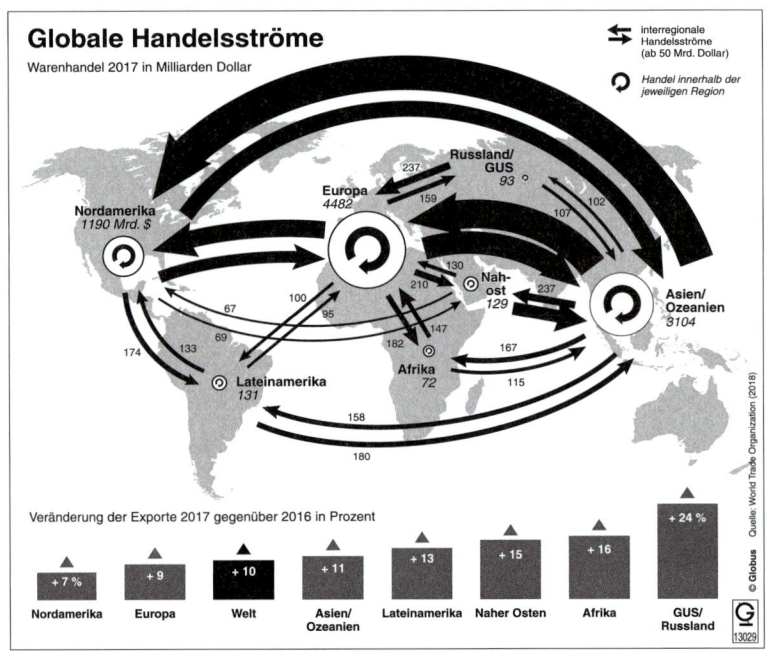

Abb. 12.2: Welthandel

Mögliche Maßnahmen der Außenwirtschaftspolitik

Zollpolitik	Kontingentpolitik	weitere Maßnahmen
Zölle sind Abgaben, die auf grenzüberschreitende Produkte zu entrichten sind.	Kontingente sind mengen- und wertmäßige Beschränkungen der Importe oder Exporte.	
Einwirkung auf die Preise	Einwirkung auf die Mengen	
Importzölle verteuern Waren aus dem Ausland. **Ausfuhrzölle** verteuern Waren, die ins Ausland gehen. **Schutzzölle** Zölle, die vor billigen Produkten aus dem Ausland schützen sollen. **Finanzzölle** verschaffen dem Staat zusätzliche Einnahmen.	**Einfuhrkontingente** beschränken die Einfuhrmengen, um den Markt vor ausländischen Produkten zu schützen. **Embargo** verbietet den Handel mit dem Produkt. **Ausfuhrkontingente** beschränken die Ausfuhrmengen, um die heimische Versorgung zu gewährleisten.	**Ausfuhrsubventionen** Zuschüsse des Staates an bestimmte Unternehmen, um die Exportpreise zu senken, also den Export zu fördern. **Ausfuhrgewährleistungen** Z. B. durch Hermes Bürgschaften wird gewährleistet, dass Unternehmen keine Verluste haben, wenn ausländische Geschäftspartner zahlungsunfähig sind. **Außenwirtschaftsförderung** Unterstützung von Unternehmen duch die Regierung, z. B. Gewährung von Rechtsschutz, Investitionsschutzabkommen **Handelsverträge** Verträge zur Schaffung einer gerechten Weltwirtschaftsordnung **nicht tarifäre Handelshemmnisse** z. B. Lebensmittel-, Arzneimittelrecht, Anmeldeformalitäten **Dumping** Waren werden unter den Herstellungskosten verkauft, z. B. um einen Markteintritt zu ermöglichen. **Selbstbeschränkungsabkommen** Ein Exporteur erklärt sich bereit, den Export bestimmter Produkte in bestimmte Regionen/ Länder zu begrenzen, um das Importland zu schützen. **Kennzeichnungsvorschriften** z. B. Made in ... **Technische Normung** z. B. TÜV, deutsches Reinheitsgebot **Umweltauflagen**

Tab. 12.3: Außenwirtschaftspolitik

12.4 Monetäre Betrachtung der Außenwirtschaft

Die Erfassung aller grenzüberschreitenden Handelsaktivitäten erfolgt in der Zahlungsbilanz (siehe Kapitel 7).

Die Zahlungsbilanz der Bundesrepublik Deutschland

Position	2015	2016	2017
I. Leistungsbilanz (Saldo)	+271 394	+268 811	+262 474
1. Warenhandel	+ 261 135	+267 999	+265 360

Die **Zahlungsbilanz** ist eine Zusammenfassung von **Leistungsbilanz** und **Kapitalbilanz**: Zur Leistungsbilanz zählen: Handelsbilanz, Dienstleistungsbilanz, Bilanz der Primäreinkommen und der Sekundäreinkommen sowie die Vermögensänderungsbilanz. Zur Kapitalbilanz zählen: Direktinvestitionen, Wertpapieranlagen, Finanzderivate und Mitarbeiteraktienoptionen, übriger Kapitalverkehr und Währungsreserven.

Position	2015	2016	2017
2. Dienstleistungen	−16 918	−19 948	−16 124
3. Primäreinkommen	+67 222	+60 639	+67 357
4. Sekundäreinkommen	−40 044	−39 879	−54 120
II. Vermögensänderungsbilanz	+534	+3 468	+254
III. Kapitalbilanz (Saldo)	+239 418	+257 693	+279 967
IV. Veränderung der Währungsreserven	−2 213	+1 686	−1 269
V. Saldo der statistisch nicht aufgliederbaren Transaktionen	−32 511	−14 586	+17 747

Tab. 12.4: Zahlungsbilanz der Bundesrepublik Deutschland – Quelle: Deutsche Bundesbank

12.5 Ungleichgewichte in der Leistungsbilanz

Wann immer man von Ungleichgewichten in der Zahlungsbilanz spricht, meint man in Wirklichkeit, dass die Leistungsbilanz nicht ausgeglichen ist. Also spricht man von einem **Zahlungsbilanzüberschuss**, wenn die Volkswirtschaft mehr einnimmt als sie ausgibt; und umgekehrt spricht man von einem **Zahlungsbilanzdefizit**, wenn ein Staat mehr importiert als er exportiert. Aus gutem Grund ist ein volkswirtschaftliches Ziel eine ausgeglichene Leistungsbilanz, da die Ungleichgewichtssituationen Nachteile mit sich bringen.

Die größten Exportnationen (2017)

China 2263 Mrd. $
USA 1547 Mrd. $
Deutschl. 1448 Mrd. $
Japan 698 Mrd. $
Niederlande 652 Mrd. $
Hongkong 550 Mrd. $
Frankreich 532 Mrd. $
Italien 506 Mrd. $
Großbrit. 445 Mrd. $
Belgien 430 Mrd. $
Kanada 421 Mrd. $

Zahlungsbilanzüberschüsse können aus unterschiedlichen Gründen entstehen. Hat das Inland gegenüber dem Ausland Kostenvorteile, weil Arbeitskräfte preiswerter sind oder rationellere Produktionsverfahren angewendet werden können, ist zu erwarten, dass die Exporte höher als die Importe sind. Ebenso können Verfügbarkeiten von Waren im Gegensatz zum Ausland (z. B. Rohstoffe), ein höheres Produktionsniveau oder besseres Know-how Exportsteigerungen bewirken und damit ein Ungleichgewicht zwischen Export und Import hervorrufen. Da die Exporte bezahlt werden, entsteht bei Außenhandelsüberschüssen ein Devisenüberschuss. Das kann zu inflationären Tendenzen führen. Steigende Exporte führen zu höherem Beschäftigungsstand. Herrscht bereits Vollbeschäftigung besteht eine Inflationsgefahr. Mittelfristig ist zu erwarten, dass die ausländischen Märkte wegen Zahlungsunfähigkeit der Marktpartner schrumpfen oder wegfallen. Bei freien Wechselkursen erfolgt der Austausch jedoch über einen Ausgleich der Zahlungsbilanz, weil die Inlandswährung aufgewertet würde (→vgl. Kapitel 12.3)

Zahlungsbilanzdefizite können entstehen wenn ein Land rohstoffarm ist, mangelndes Know-how zu bieten hat oder ein niedriges Produktionsniveau aufweist. Handelsströme werden häufig aber durch politische Unsicherheiten hervorgerufen. Sind die Importe höher als die Exporte droht der Vokswirtschaft ein Devisenmangel und mittel- oder langfristig die internationale Zahlungsunfähigkeit. Beim flexiblen Wechselkursen würde sich der Zahlungsbilanzausgleich jedoch durch Abwertung der Inlandswährung und Aufwertung der Auslandswährung automatisch ergeben. (→ vgl. Kapitel 12.7)

12.6 Währungspolitisches Instrumentarium

1944 wurde in **Bretton Woods** ein System von relativ festen Wechselkursen mit dem Dollar als Leitwährung etabliert. Dieses brach 1971 zusammen, als die Bindung des Dollars an die Goldreserven in den USA aufgehoben wurde. Man ging **1973** über zu **flexiblen Wechselkursen**. 1945 wurde der **Internationale Währungsfonds (IWF)** gegründet, der folgende Aufgaben wahrnehmen sollte:

- ◉ Überwachung der Zahlungen im System der freien Wechselkurse,
- ◉ Unterstützung von Ländern mit Zahlungsbilanzdefiziten durch Vergabe von Sonderziehungsrechten. Dabei bekommen Mitglieder einen Kredit.

Währungspolitik wird immer bezogen auf die Wechselkurse ausländischer Währungen, die mit verschiedenen Mitteln beeinflusst werden sollen:

- ◉ **Kassa- und Termingeschäfte:** Kassageschäfte werden sofort abgewickelt, Termingeschäfte werden zu einem späteren Zeitpunkt durchgeführt.
- ◉ **Interventionen:** Dabei kaufen/verkaufen Notenbanken Devisenreserven und verknappen/erhöhen dadurch deren Angebot am Markt, was wiederum zu einem Anstieg/Fall der Devisenkurse führt.
- ◉ **Devisenzwangswirtschaft:** Hauptmerkmal ist ein Devisenmonopol des Staates (vor allem im früheren Ostblock), bei dem Exporteure ihre Deviseneinnahmen an den Staat verkaufen müssen. Dieser gibt dann nach seinen Vorstellungen Devisen aus.

Um Zahlungsbilanzungleichgewichte zu beseitigen, kann man diverse außenhandelspolitische Maßnahmen ergreifen. Bei Überschüssen können Exportkontingente, bei Defiziten Importkontingente beschlossen werden, um den Handelsstrom einzudämmen. Ebenso kann z. B. mit Erhebung bzw. Beseitigung von Zöllen der Handel erschwert oder erleichtert werden.

Ebenfalls 1945 wurde zusätzlich zum IWF die **Weltbank** ins Leben gerufen, bei der man nur Mitglied werden konnte, wenn man auch am IWF beteiligt war. Die Weltbank vergibt ihrerseits Kredite an Entwicklungsländer, um deren Wirtschaftskraft – und damit den internationalen Handel – zu stärken.

12.7 Wechselkurse

Der Wechselkurs ist der Preis für eine ausländische Währung. Wie auch bei anderen Gütern bilden sich die Preise für Devisen am Markt durch Angebot und Nachfrage. In welchem Umfang die Kurse schwanken können, hängt vom Wechselkurssystem ab, in das die Währung eingebunden ist. Prinzipiell unterscheidet man flexible oder auch freie Wechselkurse und starre bzw. relativ starre Wechselkurse.

Flexible Wechselkurse

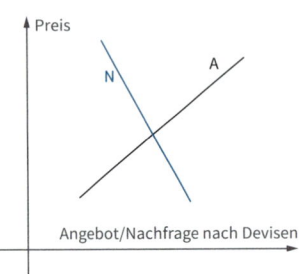

Abb. 12.3: Flexibler
Wechselkurs

Wenn zwei Währungen durch flexible Wechselkurse miteinander verbunden sind, bilden sich die Kurse frei am Markt nach den Gesetzen des Marktes, das heißt, mit sinkendem Preis steigt die Nachfrage und mit steigendem Preis sinkt die Nachfrage. Bei hoher Nachfrage steigt da Angebot, bei niedriger sinkt es. Verschiebungen von Angebot und Nachfrage ergeben sich auf der Kurve.

Wenn die Importe eines Landes steigen, steigt auch die Devisennachfrage. Grafisch zeigt sich dies durch eine Rechtsverschiebung der Nachfragekurve. Eine Zunahme der Devisennachfrage kann aber auch durch andere Impulse ausgelöst werden, wie z. B. durch Spekulanten, die mit steigenden Kursen oder einem Zinsgefälle vom Ausland zum Inland rechnen.

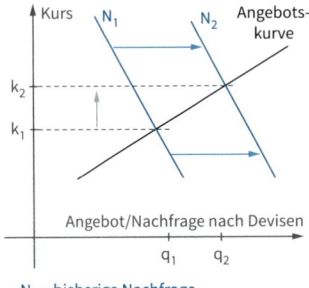

N₁ = bisherige Nachfrage
N₂ = neue Nachfrage
k_1 = alter Kurs
k_2 = neuer Kurs

Abb. 12.4: Kursbildung
bei steigender
Nachfrage und gleich-
bleibendem Angebot

Durch die Rechtsverschiebung der Nachfragekurve ergibt sich ein neuer Gleichgewichtspreis. Der Preis der Devisen hat sich erhöht. Dadurch verteuern sich die Produkte, die in der Fremdwährung gehandelt werden, sodass die Nachfrage nach diesen Produkten und damit auch nach den Devisen zurückgeht. Damit verschiebt sich die Nachfragekurve wieder nach links. Bei flexiblen Wechselkursen ergibt sich durch den Marktmechanismus ein automatischer Zahlungsbilanzausgleich. Daher besteht nicht die Gefahr einer importierten Inflation.

Relativ starre Wechselkurse

Terms of Trade
$$= \frac{\text{Exportpreisindex}}{\text{Importpreisindex}}$$
Terms of trade (TOT) sind eine Kenngröße, die das reale Austauschverhältnis von Export- und Importgütern misst. Wenn die Exportpreise sinken, benötigt man mehr Exportwaren, um eine konstante Importwarenmenge zu bezahlen. Das bedeutet eine Verschlechterung der TOT und damit der Wettbewerbsposition des Landes.

Im System starrer Wechselkurse verändern sich die Wechselkurse der Währungen zweier Länder zueinander nicht. Die beteiligten Zentralbanken legen einen Preis fest, der als starres Austauschverhältnis der Währungen zueinander bestimmt wird, wie es z. B. bei der Einführung des Euro vollzogen wurde (1 € = 1,955 83 DM). Da ganz starre Wechselkurse schwer zu realisieren sind, werden häufig nur relativ starre Wechselkurse eingeführt. Die Kurse der Währungen können dann innerhalb festgelegter Bandbreiten zueinander schwanken. Der festgelegte Wechselkurs heißt Paritätskurs, die Grenzen der Bandbreite heißen Interventionspunkte. Nähert sich der Preis der Währung einem der Interventionspunkte, müssen die beteiligten Zentralbanken durch Käufe bzw. Verkäufe der Währungen eingreifen.

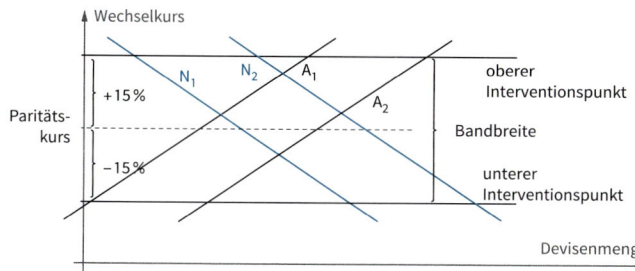

Relativ starre Wechselkurse bestehen zwischen dem Euro (€) und der Dänischen Krone (DKK). Steigen die Exporte von Deutschland nach Dänemark, steigt in Dänemark die Devisennachfrage nach Euro, sodass sich die Nachfragekurve nach rechts verschiebt (Verschiebung von N_1 nach N_2). Bei Erreichen des oberen Interventionspunktes verkaufen die EZB und die dänische Zentralbank Euro, der mit dänischen Kronen bezahlt wird. Durch die Erhöhung des Angebots verschiebt sich die Angebotskurve nach rechts (Verschiebung von A_1 nach A_2), sodass im Idealfall der Paritätskurs wieder erreicht wird.

Bei Erreichen des unteren Interventionspunktes ergibt sich eine vergleichbare Situation. Ist das Angebot einer Währung gestiegen, verschiebt sich die Angebotskurve nach rechts, sodass der untere Interventionspunkt erreicht wird, müssen die Zentralbanken eine Nachfrage nach der betroffenen Währung schaffen, sodass sich durch die Rechtsverschiebung der Nachfragekurve wieder der Paritätskurs ergibt.

Bei fundamentalen Devisenmarktungleichgewichten, die dazu führen, dass die Zentralbanken dauerhaft intervenieren müssen, können die unter Druck stehenden Währungen auf- bzw. abgewertet werden, d. h. es wird ein neuer Paritätskurs festgelegt. Bei einer Abwertung, d. h. Senkung des Paritätskurses sinken die Preise der inländischen Güter im Ausland. Das schafft Arbeitsplätze im Inland, da vom Ausland mehr Güter nachgefragt werden. Allerdings führt eine Abwertung zu einem Wohlstandsverlust, weil sich die Terms of Trade verschlechtern.

Relativ starre Wechselkurse fördern die Gefahr einer importierten Inflation und verhindern den automatischen Zahlungsbilanzausgleich, den es bei flexiblen Wechselkursen gibt. Staaten mit starker wirtschaftlicher Verflechtung vereinbaren dennoch eher relativ starre Wechselkurse, da dadurch die Kalkulationsgrundlage für den Handel gesichert ist.

Vorteile	Nachteile
Flexible Wechselkurse	
⊙ automatischer Ausgleich von Leistungsbilanzungleichgewichten ⊙ unterschiedliche Preisentwicklungen im In- und Ausland werden ausgeglichen ⊙ keine Gefahr einer importierten Inflation ⊙ unabhängige Wirtschaftspolitik, da keine Stützungskäufe getätigt werden müssen	⊙ unsichere Kalkulationsgundlage für international agierende Unternehmen ⊙ Wechselkurssicherungsgeschäfte verursachen Kosten
Relativ starre Wechselkurse	
⊙ sichere Kalkulationsgrundlage für international agierende Unternehmen ⊙ keine Kurssicherungskosten ⊙ Erleichterung politischer Integration	⊙ Gefahr von Zahlungsbilanzungleichgew. ⊙ Gefahr einer importierten Inflation durch Devisenankaufspflichten ⊙ Gefahr internationaler Liquiditätsengpässe ⊙ eingeschränkte autonome Geld- und Wirtschaftspolitik ⊙ Währungsspekulationsgefahr, wenn Auf- oder Abwertungen anstehen

Tab. 12.5: Vor- und Nachteile von flexiblen und relativ starren Wechselkursen

Für Schwankungen von Wechselkursen gibt es eine Reihe von Gründen:

- ⊙ professionelle Kursspekulanten treiben die Kurse in die Höhe,
- ⊙ Notenbanken greifen durch **Stützungskäufe** oder -verkäufe in den Kurs ein
- ⊙ Anlageentscheidungen von Investoren,
- ⊙ Inflationsunterschiede zwischen den Ländern, d. h. das Vertrauen in Währungen mit hohen Inflationsraten ist geringer als in stabile Währungen; folglich werden Anlagen in stabile Währungen getätigt,
- ⊙ Konjunkturunterschiede, d. h. Unterschiede in den Wachstumsraten der Länder,
- ⊙ strukturelle Unterschiede zwischen den Ländern (z. B. Rohstoffexportland, Rohstoffimportland),
- ⊙ politische Faktoren,
- ⊙ psychologische Faktoren, d. h. in Erwartung steigender/fallender Kurse werden Devisen gekauft/verkauft.

Überblick

Wenn Sie dieses Kapitel durchgearbeitet haben, sind Sie mit wesentlichen Fragen der Außenwirtschaft vertraut. Mit zunehmender Internationalisierung des Handels aufgrund von Nichtverfügbarkeiten, Qualitäts- und Preisunterschieden gewinnt die Außenhandelspolitik, die in Form von Auferlegung von Zöllen, Festlegung von Kontingenten oder anderen handelsbegrenzenden oder handelsfördernden Maßnahmen durchgeführt werden kann, immer mehr an Bedeutung. Vor dem Hintergrund, dass es nur wenige international anerkannte Währungen gibt, spielen Wechselkurse in den unterschiedlichen Wechselkurssystemen eine wichtige Rolle. Vor- und Nachteile relativ flexibler Wechselkursen sowie freier Wechselkurse sollen am Ende dieses Kapitels bekannt sein. Da Außenhandelstätigkeit zu Bewegungen in der Leistungsbilanz führen, muss auch die Leistungsbilanz, die im Idealfall ausgeglichen ist, im Blick behalten werden.

Einkommens- und Vermögenspolitik

13

In diesem Kapitel lernen Sie die Begriffe Einkommen und Vermögen kennen und setzen sich mit Absicht und Maßnahmen der Einkommens- und Vermögenspolitik des Staates und der Tarifparteien auseinander, die mit dem Ziel betrieben wird, zu einer gerechteren Einkommens- und Vermögensverteilung zu kommen.

13.1 Einkommensverteilung in der Bundesrepublik Deutschland

Unter Einkommen versteht man den Vermögenszuwachs, den eine natürliche Person oder ein Haushaltes im volkswirtschaftlichen Sinne innerhalb eines bestimmten Zeitraums erreicht. Einkommen entsteht durch Arbeit, Boden und Kapital, d.h. durch den Einsatz von Produktionsfaktoren. Daher findet man in der Literatur oft den Begriff **Faktoreinkommen**.

Die Verteilung des Einkommens kann auf vierfache Weise geschehen.

Funktional	Personell	Primär	Sekundär
Zeigt die Entstehung des gesamtwirtschaftlichen Einkommens auf Grund der eingesetzten Produktionsfaktoren	Zeigt, wie das Volkseinkommen auf seine Bezieher verteilt wird. Veranschaulicht werden kann diese Verteilung mithilfe der Lorenzkurve.	Zeigt das Volkseinkommen, dass durch den Produktionsprozess entsteht	Zeigt das Volkseinkommen, das durch Einkommensumverteilung durch den Staat und die Sozialversicherungen entsteht.
Lohn, Gehalt, Zins, Rente, ...	Arbeits- Besitz-, Sozialeinkommen, ...	Lohn, Gehalt, Einkommen aus Unternehmertätigkeit und Vermögen (Gewinneinkommen)	Arbeitslosengeld, Hartz IV-Leistungen, Kindergeld, ...

Abb. 13.1: Einkommensverteilung

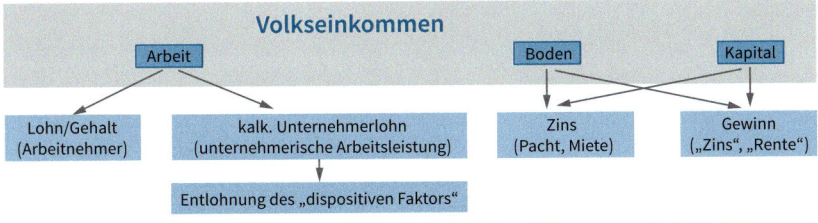

Abb. 13.2: Volkseinkommen

Viel diskutiert ist die personelle Einkommensverteilung. Man spricht von der Einkommensschere, die immer weiter aufgeht, meint, dass die Einkommen zusehends ungerechter verteilt sind.

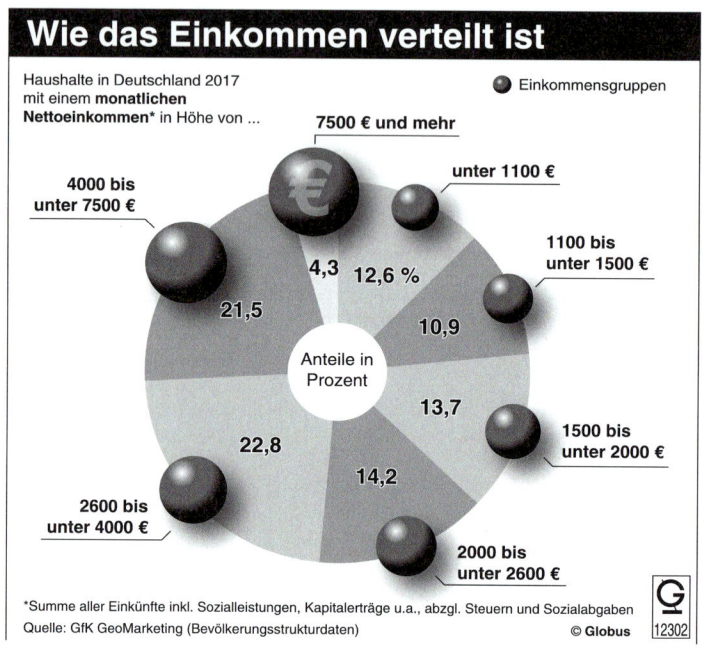

Abb. 13.3: Einkommensverteilung in Deutschland

Die Einkommensverteilung lässt sich anhand der **Lorenzkurve** veranschaulichen.

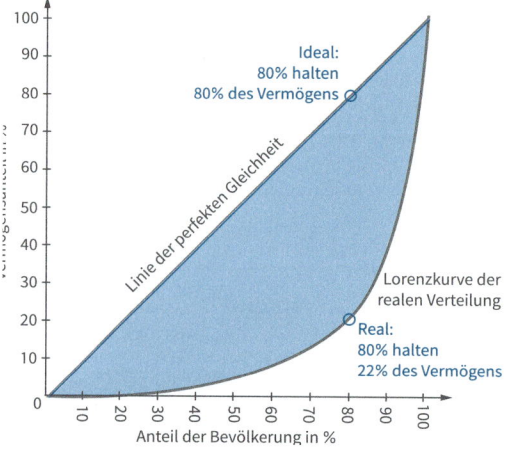

Abb. 13.4: Schematische Darstellung der Lorenzkurve

Auf der Abszisse der Lorenz-Kurve ist der Anteil der Bevölkerung, auf der Ordinate der Einkommensanteil dargestellt. Die 45°-Linie zeigt die optimale Einkommensverteilung, 10 % der Bevölkerung erhalten 10 % des Einkommens, 50 % der Bevölkerung erhalten 50 %, 80 % der Bevölkerung erhalten 80 % des Einkommens. Die ungerechteste Verteilung ergibt sich, wenn ein Mensch der Volkswirtschaft das gesamte Einkommen erhielte (Linie der totalen Ungleichheit).

Je weiter die Lorenz-Kurve von der Winkelhabierenden entfernt ist, desto größer sind die Einkommensunterschiede in der Bevölkerung. Die Lorenzkurve der Bundesrepublik Deutschland zeigt für das Jahr 2016, dass 80 % der Bevölkerung insgesamt nur 22 % des Vermögens halten.

Die Einkommensverteilung lässt sich auch mit dem Gini-Koeffizienten ausdrücken. Der Gini-Koeffizient drückt die grafische Information, die die Lorenzkurve gibt, mithilfe einer Zahl aus. Basis des Koeffizienten ist die Fläche, die die Lorenzkurve mit der Winkelhalbierenden umschließt. Je größer diese Fläche ist, desto ungerechter ist die Verteilung des Einkommens in der Volkswirtschaft. Für die Berechnung vergleicht man den Prozentsatz der Fläche zwischen Lorenzkurve und 45°-Linie mit der Gesamtfläche. Der Anteil ist immer ein Wert zwischen 0 und 1, bzw. als Prozentsatz ausgedrückt zwischen 0 und 100.

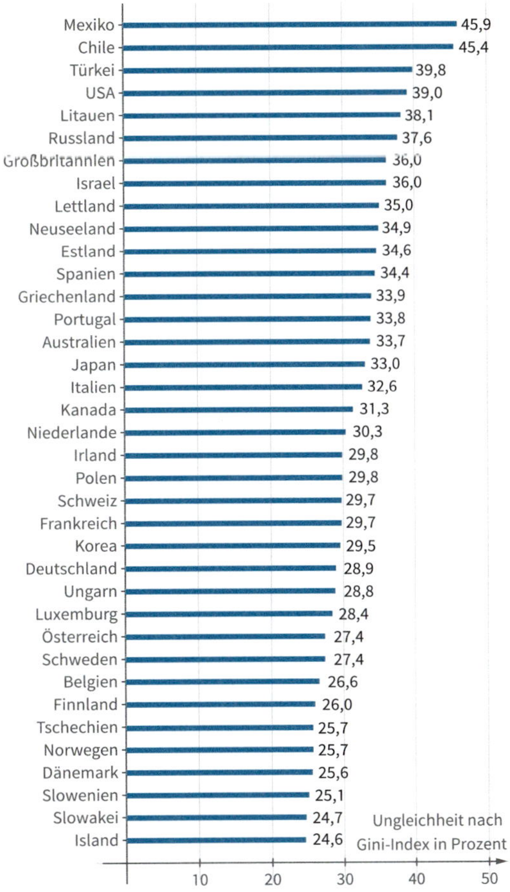

Im Rahmen der Betrachtung der Primäreinkommen ergibt sich die Diskussion, welchen Anteil abhängig Beschäftigte und welchen Anteil unabhängig Beschäftigte, also Unternehmer vom Volkseinkommen erhalten.

Land	Ungleichheit nach Gini-Index in Prozent
Mexiko	45,9
Chile	45,4
Türkei	39,8
USA	39,0
Litauen	38,1
Russland	37,6
Großbritannien	36,0
Israel	36,0
Lettland	35,0
Neuseeland	34,9
Estland	34,6
Spanien	34,4
Griechenland	33,9
Portugal	33,8
Australien	33,7
Japan	33,0
Italien	32,6
Kanada	31,3
Niederlande	30,3
Irland	29,8
Polen	29,8
Schweiz	29,7
Frankreich	29,7
Korea	29,5
Deutschland	28,9
Ungarn	28,8
Luxemburg	28,4
Österreich	27,4
Schweden	27,4
Belgien	26,6
Finnland	26,0
Tschechien	25,7
Norwegen	25,7
Dänemark	25,6
Slowenien	25,1
Slowakei	24,7
Island	24,6

Abb. 13.5: Ungleichheit beim verfügbaren Haushaltseinkommen dargestellt nach dem Gini-Index (2015) (größere Zahl = größere Ungleichheit), Quelle: OECD

- ▶ Lohneinkommen =
  Lohnquote · Volkseinkommen : 100
- ▶ Gewinneinkommen = Gewinnquote · Volkseinkommen : 100

Die **Lohnquote** ist dabei der prozentuale Anteil, den Arbeitnehmer vom Volkseinkommen erhalten, die **Gewinnquote** der Anteil, den Arbeitgeber erhalten.

An dieser Frage entzünden sich nicht wenige Tarifstreitigkeiten zwischen Arbeitnehmern und Arbeitgebern.

Tipp · Verfolgen Sie die aktuellen Entscheidungen der Politik, da diese sehr häufig in Prüfungsfragen vorkommen.

13.2 Einkommenspolitik

Mindestlohn in der EU in Euro – Stand 1.2018 ausgewählte Länder

Luxemburg – 11,55
Frankreich – 9,88
Niederlande – 9,68
Irland – 9,55
Deutschland – 8,84
Spanien – 4,69
Griechenland – 3,99
Ungarn – 2,57
Bulgarien – 1,57

Unter dem Begriff **Einkommenspolitik** werden alle wirtschaftspolitischen Maßnahmen des Staates zusammengefasst, die getroffen werden, um das Einkommen der Bürger zu beeinflussen. Indirekt kann Einkommenspolitik von der Europäischen Zentralbank betrieben werden, indem durch geldpolitische Maßnahmen Kreditkosten und damit Kosten der Unternehmen beeinflusst werden, die auf die Einkommen wirken können. Direkte Einkommenspolitik wird aber vom Staat betrieben. Eingriffe des Staates können z. B. Subventionen oder Mindestlöhne sein. In der Bundesrepublik Deutschland gilt im Jahr 2018 ein Mindestlohn in Höhe von 8,84 €. Ab dem Jahr 2019 soll er auf 9,19 € pro Stunde steigen (12/2018).

13.3 Lohnpolitik

Der Staat kann unverbindliche Vorschläge unterbreiten, wie die Löhne sich entwickeln sollen. Sollten aber die gesamtwirtschaftlichen Ziele (→ Stabilitätsgesetz, Seite 133) in Gefahr geraten, kann die Tarifautonomie faktisch außer Kraft gesetzt werden, indem Lohnstopps angeordnet und Mindestlöhne vorgegeben werden.

Lohnpolitik wird in der Bundesrepublik Deutschland nicht staatlich betrieben, sondern liegt in der Hand der **Tarifparteien**, also den Arbeitgeber- und Arbeitnehmervertretern. Der Staat gewährleistet Tarifautonomie. Dadurch können Arbeitgeber und Gewerkschaften auf dem Wege der Verhandlung eigenverantwortlich Löhne und Gehälter sowie weitere Arbeitsbedingungen wie etwa Arbeitszeitregelungen oder Urlaubsanspruch festlegen.

Lohnpolitik der Gewerkschaften

Die Gewerkschaften wollen für ihre Mitglieder real die Lohnquote, d. h. den Anteil der Löhne am Volkseinkommen steigern, um eine gerechtere Einkommensverteilung zugunsten des Faktors Arbeit zu gewährleisten. Gehen die Forderungen der Gewerkschaften allerdings über den Produktivitätsfortschritt hinaus, führt dies in der Regel zu Preiserhöhungen. Dadurch sinken die Reallöhne. Deshalb werden bei der dann folgenden Tarifrunde die Gewerkschaften erneut höhere Löhne fordern. Es kommt zu einer **Lohn-Preis-Spirale:** steigende Löhne

⇒ steigende Produktpreise ⇒ sinkende Reallöhne ⇒ weiter steigende Löhne ⇒ Rationalisierungsmaßnahmen der Unternehmen ⇒ Entlassungen.

Fordern die Gewerkschaften allerdings zu geringe Lohnsteigerungen – unter dem Produktivitätsfortschritt – kann dies ebenfalls negative Auswirkungen haben, da dadurch die Binnennachfrage durch reale Einkommensverluste einbrechen könnte und wiederum zu geringe Einnahmen durch direkte und indirekte Steuern aufseiten des Staates anfallen würden. Dies würde ebenfalls die Ziele des Stabilitätsgesetzes gefährden.

Lohnpolitik der Arbeitgeber

Die Arbeitgeber wollen die an ihre Arbeitnehmer zu bezahlenden Löhne stets an die von diesen geleistete Arbeit koppeln. Die Höhe der Entlohnung soll sich am Produktivitätsfortschritt (Quotient aus produzierten Gütern und eingesetzten Produktionsfaktoren) orientieren. Die Gewinnquote (Anteil des Einkommens aus Unternehmertätigkeit und Vermögen) soll nicht beeinträchtigt werden. Diese defensive Lohnpolitik birgt die Gefahr eines Auseinanderklaffens der Einkommen von Unternehmern und Arbeitnehmern. Können sich Arbeitgeber und Arbeitnehmer nicht einigen, kommt es zwangsläufig zum **Arbeitskampf**, der folgendermaßen abläuft:

- ⊙ Der betreffende Tarifvertrag wird rechtzeitig gekündigt.
- ⊙ Die Friedenszeit (während dieser sind keine Streiks erlaubt) läuft aus.
- ⊙ Warnstreiks sind möglich (wilde, unautorisierte Streiks sind nicht erlaubt).
- ⊙ Die Verhandlungen zwischen den Tarifparteien beginnen.
- ⊙ Bei Scheitern der Verhandlungen wird ein neutraler Schlichter angerufen.
- ⊙ Scheitert die **Schlichtung** befragt die Gewerkschaft ihre Mitglieder, ob gestreikt werden soll. Im Rahmen einer **Urabstimmung** ist eine Mehrheit von 75 % der Stimmen erforderlich, damit der Streik durchgeführt werden darf.
- ⊙ Als Antwort auf einen Streik dürfen Arbeitgeber eine **Aussperrung** beschließen. Ausgesperrt werden alle Arbeitnehmer, auch solche, die nicht gewerkschaftlich organisiert sind.
- ⊙ Streik und Aussperrung bringen die Tarifparteien wieder an den Verhandlungstisch, Arbeitgeber, weil der Betrieb still steht, Arbeitnehmer, weil ihnen das Einkommen fehlt. Wenn ein Verhandlungsergebnis erzielt wird, müssen die Gewerkschaftsmitglieder auch darüber abstimmen. Eine Zustimmung in der zweiten Urabstimmung von einer Stimme über 25 % genügt , da damit eine 75-%-Mehrheit für einen Streik nicht mehr erreicht wird. Nach erfolgreicher Urabstimmung ist sowohl das Streikende, als auch der neue Tarifvertrag beschlossen. Damit beginnt die Friedenspflicht, d. h. bis zum Auslaufen des Tarifvertrages darf nicht gestreikt werden.

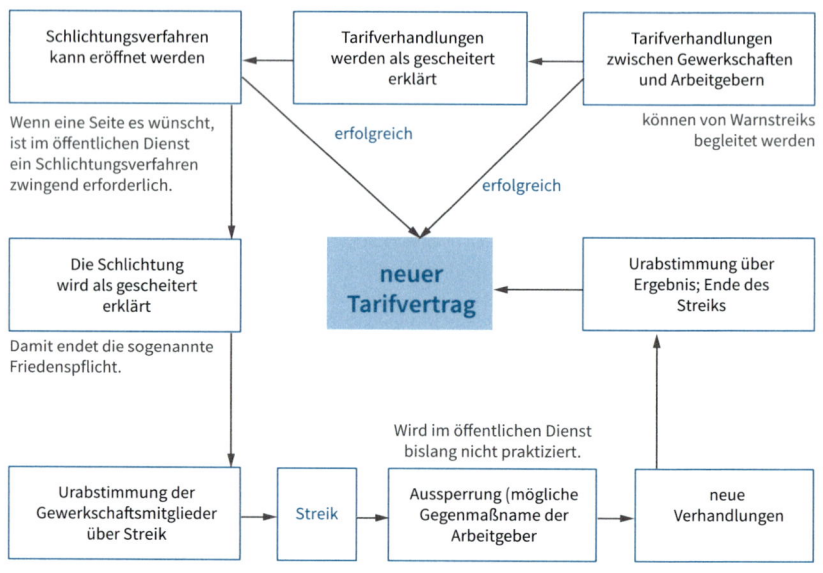

Abb. 13.6: Wege zu einem neuen Tarifvertrag

13.4 Vermögenspolitik

Vermögen setzt sich zusammen aus Geldvermögen, also Bargeld und Buchgeld, Wertpapieren und der Differenz aus Forderungen und Verbindlichkeiten sowie Sachvermögen.

Im Wesentlichen können drei Ursachen für ungleiche Einkommens- und Vermögensverteilung in der Bundesrepublik Deutschland ausgemacht werden:

Vermögensbasis	Marktmacht	Leistungsfähigkeit
Währungsreform 1948: Sparguthaben wurden abgewertet, Sachvermögen behielt seinen Wert, Inhaber von Sachvermögen konnten den Vermögensvorsprung ausbauen, der an die nächste Generation vererbt wird.	Marktformen wie Monopole, insbesondere aber Oligopole, die den Markt in der Bundesrepublik Deutschland wesentlich beherrschen, führen dazu, dass wenige oder einzelne hohe Einkommen erzielen	Unterschiedliche Leistungsfähgkeit durch körperliche und seelische Konstitution, Intellekt

Abb. 13.7: Ursachen für ungleiche Einkommens- und Vermögensverteilung

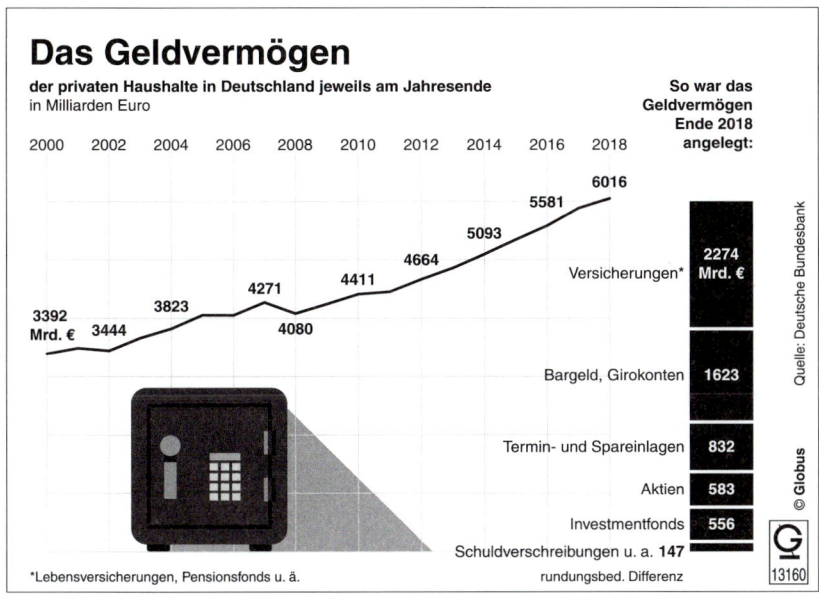

Das Geldvermögen

der privaten Haushalte in Deutschland jeweils am Jahresende
in Milliarden Euro

So war das Geldvermögen Ende 2018 angelegt:

2000 2002 2004 2006 2008 2010 2012 2014 2016 2018

6016
5581
5093
4664
4411 4271
3823
3392 Mrd. € 3444 4080

Versicherungen* 2274 Mrd. €

Bargeld, Girokonten 1623

Termin- und Spareinlagen 832

Aktien 583

Investmentfonds 556

Schuldverschreibungen u. a. 147

*Lebensversicherungen, Pensionsfonds u. ä.

rundungsbed. Differenz

Quelle: Deutsche Bundesbank

© Globus

13160

Abb. 13.8: Vermögensentwicklung privater Haushalte

Ziele der Vermögenspolitik

Eine ungerechte Einkommens- und Vermögensverteilung gefährdet den sozialen Frieden eines Landes. Somit muss dem Staat daran gelegen sein, Ungleichgewichte zu bekämpfen, allein schon, um die freiheitliche Grundordnung des Landes zu erhalten. Gerechte Einkommens- und Vermögensverteilung lässt sich indessen nicht eindeutig definieren, weil der Faktor Gerechtigkeit nicht quantifizierbar ist (anders als die Verteilung selbst) und unterschiedliche Interessenlagen und Weltanschauungen den Gerechtigkeitsbegriff unterschiedlich interpretierbar machen. Soziale Gerechtigkeit und damit auch gerechte Einkommens- und Vermögensverteilung ist ein subjektives Empfinden und ist dann erreicht, wenn ein Großteil der Bevölkerung mit den sozialen Verhältnissen des Landes zufrieden ist.

Ungerechte Einkommens- und Vermögensverteilung kann zumindest in extremer Ausprägung verhindert werden, wenn der Staat passende Rahmenbedingungen schafft. Dies kann z. B.

- durch gleiche Startchancen versucht werden, indem das Bildungssystem durchlässig gehalten wird,
- das Leistungsprinzip gefördert wird, sodass sich der Fleißige angespornt fühlt, Leistung zu erbringen,

⦿ Korrekturen vorgenommen werden, wo dies erforderlich ist, indem Sozial-
systeme greifen, z. B. durch Leistungen der Sozialversicherungen.

Die Vermögenspolitik verfolgt somit folgende Ziele:

⦿ Konsumenten sollen Einkommen aus Vermögen erzielen können.
⦿ Der Staat möchte das Vermögen als Grundlage für Einkommensumvertei-
lungsmaßnahmen heranziehen (Auskunftspflicht für Banken).
⦿ Vermögen soll von staatlichen Transferleistungen unabhängig machen.
⦿ Vermögen aufgrund von Beteiligung an Unternehmen soll Arbeitnehmern
mehr Mitbestimmungsrechte, aber auch mehr Mitverantwortung geben.

Maßnahmen im Rahmen der Vermögenspolitik

⦿ Setzen von Sparanreizen: vermögenswirksame Leistungen,
Steuerfreibeträge, Riesterrentenverträge
⦿ staatliche Zuschüsse: Investitionszulage, Baukindergeld
⦿ Fahrtkostenpauschale, Sonderabschreibungen, Kindergeld,
Steuerbefreiungen

Überblick

**Am Ende dieses Kapitels kennen Sie den Unterschied zwischen Einkommen
und Vermögen und wissen, wie Einkommen und Vermögen gebildet werden können. Sie kennen die Tarifparteien und deren Aufgabe. Die Risiken
von Verteilungsunterschieden sind Ihnen bewusst. Jetzt sind Sie in der
Lage, fundiert über die Notwendigkeit einer erfolgreichen Einkommens-
und Vermögenspolitik zu diskutieren.**

Wachstums- und Strukturpolitik

14

In diesem Kapitel erfahren Sie, wie Wirtschaftswachstum entsteht, und Sie lernen verschiedene Wachstumsbegriffe kennen. Auch erfolgt eine Auseinandersetzung mit der Forderung nach Wachstum, das Vor- und Nachteile mit sich bringt und daher sehr kritisch zu beurteilen ist. Im zweiten Teil des Kapitels erfolgt die Darstellung des Strukturwandels, der in der Bundesrepublik Deutschland und vielen anderen Staaten zu beobachten ist. Die Folgen des Strukturwandels, insbesondere die damit verbundenen wirtschaftlichen Probleme werden dargestellt und Lösungsansätze gesucht.

14.1 Begriffsdefinitionen

Die **Wachstumpolitik** ist ein Zweig der Wirtschaftspolitik, der sich mit den Voraussetzungen für Wirtschaftswachstum befasst. Wirtschaftliches Wachstum kann dabei entweder als Veränderung des Gesamtprodukts oder als Veränderung des Pro-Kopf-Gesamtprodukts definiert werden. Die **Strukturpolitik** ist ein Oberbegriff für die Gesamtheit der wirtschaftspolitischen Maßnahmen zur Gestaltung der Struktur der Volkswirtschaft eines Staates. Ziel der Strukturpolitik ist die Vermeidung bzw. Überwindung von Strukturkrisen, die das gesamtwirtschaftliche Gleichgewicht stören.

Reales und nominales Wachstum

Basisgröße für das Erfassen des Wirtschaftswachstums einer Volkswirtschaft kann das Bruttoinlandsprodukt (BIP) oder das Bruttonationaleinkommen (BNE) sein. Das **Bruttoinlandsprodukt** ist der Wert aller Sachgüter und Dienstleistungen, die im Laufe einer Wirtschaftsperiode innerhalb der Landesgrenzen einer Volkswirtschaft erbracht werden. Das BIP basiert also auf einer territorialen Abgrenzung, enthält also z. B. die gesamte Wertschöpfung, die innerhalb der Landesgrenzen der Bundesrepublik Deutschland erbracht wird.

$BIP = C_H + C_{St} + I^{br} + X - M$ (Konsum der Haushalte, des Staates, der Unternehmen und des Auslands, reduziert um die Importe)

BIP
– Primäreinkommen an das Ausland
+ Primäreinkommen aus dem Ausland
= BNE

Demgegenüber erfasst das **Bruttonationaleinkommen** den Wert aller Sachgüter und Dienstleistungen, die von Inländern innerhalb einer bestimmten Wirtschaftsperiode erbracht werden. Das BIP abzüglich aller Einkommen, die an Ausländer in der übrigen Welt gezahlt werden, zuzüglich aller Einkommen, die an Inländer aus der übrigen Welt empfangen werden, ergibt das BNE.

Das **nominale Wirtschaftswachstum** erfasst die Veränderung des BIP bzw. BNE gegenüber der Vorperiode. Es enthält sowohl Preisänderungen als auch Mengenänderungen. Das **reale Wirtschaftswachstum** erfasst die mengenmäßige Veränderung des BIP bzw. BNE gegenüber dem Vorjahr. Veränderungen, die sich durch Preissteigerungen oder -senkungen ergeben werden nicht berücksichtigt.

Reales BIP 2007 – 2017 (Veränderungen gegenüber dem Vorjahr)

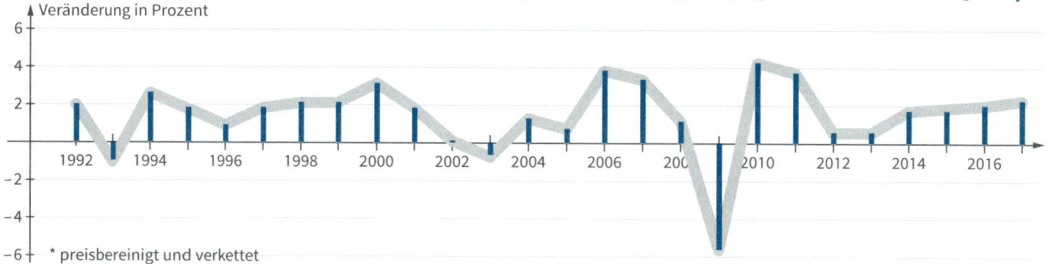

Quelle: Statistisches Bundesamt

Abb. 14.1: Deutschlands Wirtschaft wächst um 2,2 %; Veränderung des Bruttoinlandsprodukts in Deutschland gegenüber dem Vorjahr *

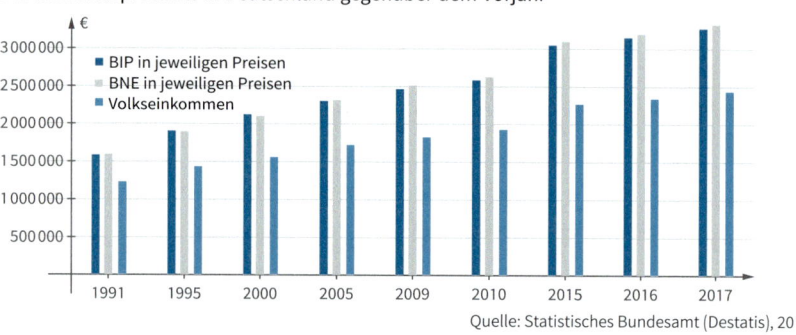

Quelle: Statistisches Bundesamt (Destatis), 2018

Abb. 14.2: Wirtschaftswachstum. Veränderungen gegenüber dem Vorjahr

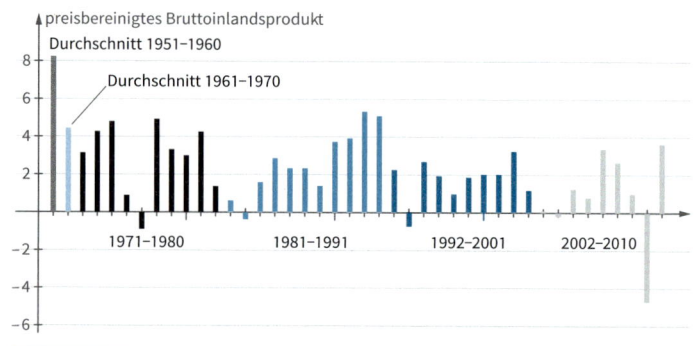

Abb. 14.3: Wirtschaftswachstum in Deutschland gegenüber dem Vorjahr in %

* Die Ergebnisse von 1950 bis 1970 (Früheres Bundesgebiet) sind wegen konzeptioneller und definitorischer Unterschiede nicht voll mit den Ergebnissen von 1970 bis 1991 (Früheres Bundesgebiet) und den Angaben ab 1991 (Deutschland) vergleichbar. Die preisbereinigten Ergebnisse von 1950 bis 1970 (Früheres Bundesgebiet) sind in Preisen von 1991 berechnet. Die Ergebnisse von 1970 bis 1991 (Früheres Bundesgebiet) sowie die Angaben ab 1991 (Deutschland) werden in Preisen des jeweiligen Vorjahres als Kettenindex nachgewiesen. Bei der Revision der volkswirtschaftlichen Gesamtrechnung 2014 wurden zudem nur die Ergebnisse für Deutschland bis 1991 zurückgerechnet.

Intensives und extensives Wirtschaftswachstum

Eine weitere Unterscheidungsmöglichkeit ist die nach intensivem und extensivem Wachstum. **Intensives Wachstum** liegt vor, wenn das Wirtschaftswachstum durch eine höhere Arbeitsproduktivität erreicht wird. Das Wirtschaftswachstum ist also größer als das Bevölkerungswachstum. Demgegenüber liegt **extensives Wachstum** vor, wenn das BIP steigt, ohne dass sich die Güterversorgung der Bevölkerung verbessert. Das Wachstum des BIP ist also so groß, wie das Bevölkerungswachstum.

Für **quantitatives Wachstum** ist es erforderlich, dass durch den vermehrten Einsatz der Leistungsfaktoren (Arbeit, Boden, Kapital, Know-how) vermehrt Leistung erbracht wird. Damit soll ein höherer wirtschaftlicher Gesamtertrag erzielt werden. Dies kann erreicht werden, indem die landwirtschaftliche Nutzfläche erweitert oder neue Rohstoffvorkommen erschlossen werden. Im Gegensatz dazu ist in einer hoch technologisierten Volkswirtschaft das Wachstum überwiegend auf eine Verbesserung der Qualität von Produktivkräften zurückzuführen, es herrscht alo **qualitatives Wachstum**. Dazu müssen die Arbeiter höher qualifiziert werden und ihre Mobilität erhöht werden. Die Investitionen in Forschung und Entwicklung müssen dabei ausgebaut werden.

Als **externen Effekt** (auch **Externalität**) bezeichnet man in der Volkswirtschaftslehre die Auswirkung einer Aktivität (Produktion, Konsum) auf Dritte, die nicht kompensiert wird. Das heißt, dass ein Geschädigter keine Entschädigung erhält und ein Nutznießer für einen positiven externen Effekt keine Gegenleistung entrichten muss. Ein externer Effekt wird in der Regel vom Verursacher nicht ausdrücklich beabsichtigt.

Wissen

14.2 Bedeutung des Wachstums

Wachstum und Beschäftigung

Gemäß § 1 des Gesetzes zur Stabilität und des Wachstums der Wirtschaft (Stabilitätsgesetz, → vgl. Kapitel 7) wird ein angemessenes und stetiges Wachstum gefordert. Die Volkswirtschaft der BRD muss also in ihrem Produktionspotenzial ständig zunehmen. Diese Zunahme wird an der Veränderung des Bruttonationaleinkommens (BNE) bzw. Bruttoinlandsprodukt (BIP) gemessen. Wachstum kann durch unterschiedliche Faktoren hervorgerufen werden.

Wesentlich tragen hierzu Investitionen der Unternehmen bei. Handelt es sich um Rationalisierungsinvestitionen, werden Arbeitskräfte freigesetzt. Um diese wieder in den Produktionsprozess zu integrieren, ist ein entsprechendes Wirtschaftswachstum vonnöten. Die Bedeutung des Wirtschaftswachstums wird vor allem im Zusammenhang mit der **Beschäftigungsschwelle** diskutiert. Die Beschäftigungsschwelle gibt an, welches Wachstum für eine Volkswirtschaft erforderlich ist, damit eine positive Wirkung auf dem Arbeitsmarkt erreicht wird, d. h. die Beschäftigung steigt. Die Beschäftigungsschwelle liegt in Deutschland bei einem Wirtschaftswachstum von rund 2 %.

Chancen des Wachstums

Wirtschaftswachstum in der EU
Anstieg des realen Bruttoinlandsprodukts 2017 gegenüber 2016 in Prozent

Irland	+ 7,8 %
Rumänien	+ 6,9 %
Malta	+ 6,6 %
Slowenien	+ 5,0 %
Estland	+ 4,9 %
Polen	+ 4,6 %
Lettland	+ 4,5 %
Tschechien	+ 4,4 %
Ungarn	+ 4,0 %
Zypern	+ 3,9 %
Litauen	+ 3,8 %
Bulgarien	+ 3,6 %
Slowakei	+ 3,4 %
Niederlande	+ 3,2 %
Spanien	+ 3,1 %
Österreich	+ 2,9 %
Kroatien	+ 2,8 %
Portugal	+ 2,7 %
Finnland	+ 2,6 %
Schweden	+ 2,4 %
EU-Durchschnitt	+ 2,3 %
Luxemburg	+ 2,3 %
Dänemark	+ 2,2 %
Deutschland	+ 2,2 %
Frankreich	+ 1,8 %
Großbritannien	+ 1,8 %
Belgien	+ 1,7 %
Italien	+ 1,5 %
Griechenland	+ 1,4 %

Zahlen: EU-Kommisson

Wirtschaftswachstum ist ein Ziel, an dem festgehalten wird, insbesondere, weil die Bevölkerung die Konsequenzen fehlenden Wachstums schnell spürt. Durch ein hohes Wirtschaftswachstum kann

- ⊙ Arbeitslosigkeit abgebaut werden, bzw. Beschäftigung gesichert werden. Unternehmen benötigen in Wachstumsphasen mehr Arbeitskräfte, sodass der Arbeitsmarkt entlastet wird, dies insbesondere, wenn die Wachstumsraten die Beschäftigungsschwelle übersteigen.
- ⊙ Mit steigendem Wirtschaftswachstum ist eine Steigerung des Lebensstandards jedes Einzelnen zu erwarten. Die Verbesserung des Lebensstandards ergibt sich, weil ein größerer Teil der Bevölkerung beschäftigt ist. Aber auch für Unbeschäftigte verbessert sich die Lebenssituation, weil der Staat durch höhere Einnahmen, die durch steigendes Steueraufkommen erzielt werden, in der Lage ist, aus dem Haushalt höhere Sozialleistungen zu finanzieren.
- ⊙ Durch die höhere Rangiermasse des Staates kann die Vermögensverteilung gerechter gestaltet werden.
- ⊙ Eine gerechtere Vermögensverteilung schafft oder erhält den sozialen Frieden innerhalb einer Gesellschaft.
- ⊙ Schließlich kann Wachstum auch die Stabilität gegenüber dem Ausland erreichen oder erhalten.

Risiken des Wachstums

Der Möglichkeit eines ewigen Wachstums widersprach unter anderem der **Club of Rome**. Dabei wurden die Knappheit von Rohstoffen und natürlichen Ressourcen wie sauberer Luft und sauberem Wasser als Hindernisse für ewiges Wachstum genannt. In verschiedenen durchgerechneten Szenarien sind dramatische Entwicklungen für die Zeit um das Jahr 2030 vorhergesagt worden. Es handelte sich bei diesen Berechnungen nach eigenen Angaben nicht um Prognosen, sondern um den Versuch, die komplexen Voraussetzungen für menschliches Wirtschaften zu untersuchen und mögliche Entwicklungen in der Zukunft darzustellen.

In bisher rund 40 Publikationen versteht sich der Club of Rome zusammen mit seinen nationalen Untergliederungen als Mahner und Ideengeber. Aufsehenerregend war etwa das Buch „Grenzen des Wachstum" aus dem Jahr 1972. Der aktuellste Report „Wir sind dran – Was wir ändern müssen, wenn wir bleiben wollen" erschien 2017. Die drastischsten Szenarien sind bislang nicht im befürchteten Ausmaß eingetreten. Am deutlichsten wahrnehmbar ist wohl die **globale Erwärmung**, die nach gegenwärtigem Stand des Wissens maßgeblich aufgrund des zunehmenden Kohlendioxidgehalts der Atmosphäre durch menschlichen Einfluss mitbestimmt wird.

Die Erde befindet sich zurzeit in einem Zustand der **Überbeanspruchung**, der nicht lange aufrechterhalten werden kann und der auch bei konsequent eingeführten Umweltstandards je nach Szenario wahrscheinlich zwischen 2040 und spätestens 2100 zu nicht kontrollierbaren Rückgängen an Produktion, Lebenserwartung, Wohlstand und Bevölkerungszahl führen wird.

Kritiker des Club of Rome verweisen hingegen darauf, dass Wohlstand den Menschen die Möglichkeit gibt, sich

⊙ höhere Standards und Kontrollen in Bereichen wie Umweltschutz, Naturschutz leisten zu können und
⊙ besser auf Naturkatastrophen (natürlich verursachte Überschwemmungen, Dürren, Klimaänderungen, Missernten usw.) zu reagieren.

Durch ein hohes Wirtschaftswachstum kann

⊙ zunehmend Lebensraum zerstört werden,
⊙ können Abfall, Lärm und ähnliche Belastungen zunehmen,
⊙ kann Arbeitslosigkeit durch den Zwang zu Rationalisierungen ansteigen,
⊙ der Unterschied zwischen Reich und Arm weiter auseinanderklaffen.

Der Club of Rome (CoR) wurde 1968 gegründet. In ihm schlossen sich Experten und Expertinnen aus 30 Staaten aus Wissenschaft, Kultur, Politik und Wirtschaft zu einem sogenannten Thinktank zusammen. Die Gründungsmitglieder trafen sich erstmals im Anschluss an einen in Rom stattfindenden (relativ erfolglosen) Kongress zu Zukunftsfragen der Menschheit. Daher der Name. Das Sekretariat des Netzwerkes hat in Winterthur (Schweiz) seinen Sitz. Ziel ist in eigenen Worten: *„Our mission is to promote understanding of the global challenges facing humanity and to propose solutions through scientific analysis, communication and advocacy."* (www.clubofrome.org).

14.3 Wachstumsfaktoren

Umfang und Rahmen einer Volkswirtschaft werden von verschiedenen Faktoren bestimmt. Einfluss nehmen

⊙ das **Produktionspotenzial**, d.h. die gesamte Produktionsmenge einer Volkswirtschaft, die hergestellt werden könnte, wenn alle Produktionsfaktoren ausgelastet wären. Somit spielt das Vorhandensein der Arbeitskräfte sowohl in qualitativer als auch quantitativer Sicht eine Rolle. Bereitstellung von Kapital und Boden als weitere volkswirtschaftliche Produktionsfaktoren nehmen ebenso Einfluss.

⊙ die **Produktivität**, d.h. wie gut wird das Produktionspotenzial genutzt. Bei der Betrachtung der Produktivität wird ein Verhältnis des Outputs, also des Produktionsergebnisses zum Input, also dem Einsatz von Produktionsfaktoren gebildet.

⊙ staatliche Rahmenbedingungen, d.h. es wird betrachtet, welche fördernden und welche hemmenden Faktoren die Wirtschaft beeinflussen, etwa rechtliche Rahmenbedingungen, Finanzhilfen des Staates.

Ob eine Volkswirtschaft einen Wachstumsschub erhält oder nicht, hängt sehr stark von der Investitionsneigung der Unternehmen ab, die wiederum von folgenden Faktoren abhängt:

⊙ zukünftige zu erwartende Wettbewerbsstärke des Unternehmens,

⊙ Erzielung eines Wettbewerbsvorsprungs durch Innovationen,

⊙ in Aussicht stehende Gewinnerwartungen,

⊙ steigende Konsumneigung,

⊙ günstige Rahmenbedingungen durch den Staat.

Das Wachstum ist um so höher, je besser die **Faktorallokation** funktioniert, also je freier der Markt agieren kann. Die optimale Faktorallokation liegt vor, wenn aus alternativen Produktionsverfahren das Beste gewählt wird. Rahmenbedingungen, die der Staat vorgibt (Gesetze, „Spielregeln"), sind zulässig, solange sie sinnvollem Wirtschaften nicht zu enge Grenzen auferlegen. Demokratie, Markt und Wettbewerb haben sich als die Rahmenbedingungen erwiesen, die Wirtschaftswachstum am meisten fördern.

14.4 Strukturwandel

Primärer Sektor (Urerzeugung): Land- und Forstwirtschaft, Jagd, Fischerei, Bergbau
Sekundärer Sektor (Weiterverarbeitung): Industrie, Handwerk
Tertiärer Sektor (Verteilung): Handel, Verkehr, Dienstleistungen

Strukturwandel bezeichnet in der Volkswirtschaft die Veränderung der Wirtschaftsstruktur, also die Verschiebung der Gewichtung der einzelnen Wirtschaftssektoren. Seit der industriellen Revolution im 19. Jahrhundert nahm die Bedeutung des primären Sektors (Urerzeugung) stetig ab.

Gleichzeitig stieg die Gewichtung des sekundären Sektors auf etwa 50 % in den 1960er-Jahren. Seitdem ist auch dieser Sektor zugunsten des tertiären Sektors rückläufig. In der Bundesrepublik Deutschland beträgt die Wertschöpfung im primären Sektor derzeit ca. 2 % des BIP, der sekundäre Sektor erbringt ca. 25 %, während der tertiäre Sektor einen Anteil von ca. 73 % ausmacht.

Die Entwicklung innerhalb des tertiären Sektors führt zu Bestrebungen, eine weitere Differenzierung vorzunehmen und einen quartären Sektor einzuführen, der die Erstellung, Verarbeitung und Verteilung von Informationen umfasst, sowie einen quintären Sektor, der sich mit der Entsorgung befasst.

Strukturwandel kann sich vielfältig zeigen, z. B. auf dem Arbeitsmarkt oder in der Entwicklung neuer Technologien. In allen Fällen ist Strukturwandel jedoch ein Ergebnis volkswirtschaftlichen Wachstums. Strukturwandel vollzieht sich in Staat, Gesellschaft und Wirtschaft gleichermaßen.

In Deutschland hat der primäre Sektor in den letzten Jahrzehnten einen erheblichen Bedeutungsverlust erlitten. Zur Jahrhundertwende zum 20. Jahrhundert war er noch der führende Wirtschaftssektor. Steigende Produktivität, wachsende Globalisierung und damit internationale Arbeitsteilung sowie erheblich anwachsende Wirtschaftskraft in anderen Wirtschaftssektoren haben einen relativen Bedeutungsverlust des primären Sektors verursacht. Bis in die 1960er-Jahre gewann der sekundäre Sektor zunehmend an Bedeutung und setzte sich allmählich an die Spitze. Dies war nicht zuletzt der Montanindustrie im Ruhrgebiet zu verdanken, die sich aufgrund der Steinkohlevorkommen hier entwickeln konnte.

Die Zeiten, in denen Ruhrgebiet und Saarland gleichbedeutend mit Kohle und Stahl waren, gehören schon lange der Vergangenheit an. Vor 50 Jahren prägten noch 181 Bergwerke das Bild der „Reviere". Fast 600 000 Menschen fanden im Steinkohlenbergbau Arbeit. Die letzte und nur noch bis Ende 2018 betriebene Zeche im Ruhrgebiet war das Bergwerk Prosper Haniel in Bottrop. Damit stellt sich zudem die Frage, wie es mit der Stahlindustrie weitergehen wird. Immerhin war ihr Entstehen und Gedeihen eng mit der Nähe zur Kohleförderung verbunden. Der Strukturwandel weg von der Montanindustrie ist noch im Gange und längst nicht erfolgreich vollzogen. Das zeigt sich nicht zuletzt in der Arbeitslosenstatistik der Städte des Ruhrgebiets. Während in Bayern mit 3,2 % Arbeitslosen Vollbeschäftigung vermeldet wird, zeigt die Arbeitslosenstatistik der Stadt Gelsenkirchen 11,1 % und Dortmund 10,2 % (Stand 7/2018)

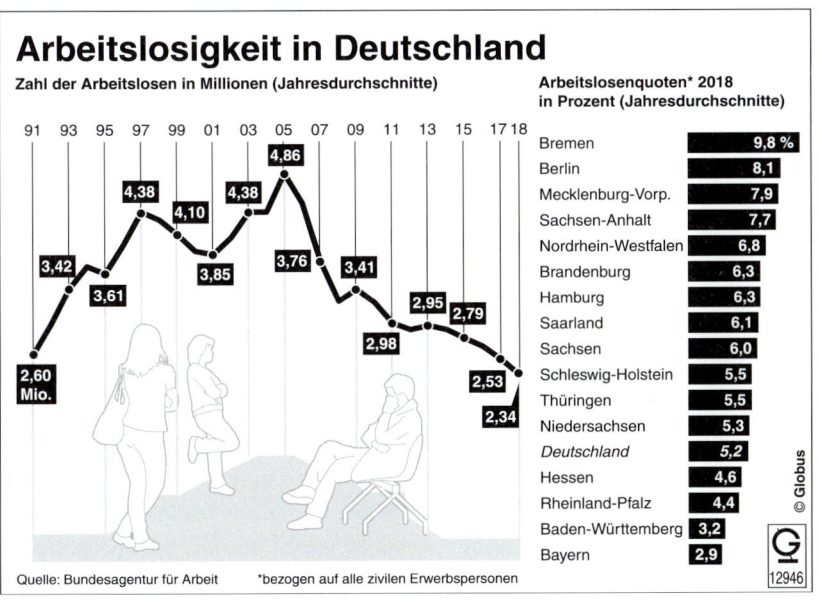

Abb. 14.4: Arbeitslosigkeit in Deutschland

14.5 Wachstums- und Strukturprobleme

Wachstums- und Strukturprobleme werden durch vielfältige Faktoren ausgelöst. Wesentlich ergeben sie sich durch:

- ⊙ regionale Ungleichgewichte aufgrund
  - – der sektoralen Wirtschaftsstruktur, also der Verteilung der Wertschöpfung auf die verschiedenen Wirtschaftssektoren,
  - – politischer, gesellschaftlicher und sozialer Rahmenbedingungen,
  - – der Finanzkraft der Länder und Gemeinden; aufgrund der unterschiedlichen Finanzlage wird in der Bundesrepublik Deutschland bundesländerübergreifend ein Finanzausgleich durchgeführt, der finanzstärkere Länder zur Zahlung zugunsten schwächerer Länder verpflichtet;
  - – ungleiche Verteilung der Beschäftigten in den Wirtschaftsbereichen.
- ⊙ Abwanderungen von Unternehmen und Arbeitskräften
- ⊙ überhöhte Miet- und Bodenpreise
- ⊙ Unternehmensschließungen
- ⊙ Überbelastung der Umwelt und Verknappung der Ressourcen

Die Ursachen der Strukturprobleme sind vielschichtig. Das Nachfrageverhalten der Bevölkerung verändert sich aufgrund veränderter Einkommensverhältnisse. Mit steigenden Einkommen steigen die Ansprüche an Güter hinsichtlich Qualität und Auswahl. Ausländische Produkte kommen auf den Markt und verdrängen unter Umständen heimische Waren. Veränderungen im Nachfrageverhalten ergeben sich auch durch Sättigung in verschiedenen Bereichen. Rahmenbedingungen, die die EU schafft, verändert die Konkurrenzsituation auf den europäischen Märkten und damit auch das Investitions- und Konsumverhalten auf dem Binnenmarkt. Ein wesentliches Strukturproblem in der Bundesrepublik Deutschland hat sich aber durch die Wiedervereinigung im Jahr 1990 ergeben. Das Zusammenführen eines marktwirtschaftlichen Systems mit einem zuvor planwirtschaftlich organisierten System gepaart mit mangelnder Innovationsbereitschaft hat insbesondere in den östlichen Bundesländern zu erheblichen strukturellen Problemen geführt.

Die strukturellen Veränderungen der Wirtschaft rufen tiefgreifende Veränderungen hervor. Das rasante Wachstum des Dienstleistungssektors und hier speziell des Technologie- und Kommunikationsbereichs hat unmittelbare Auswirkungen auf den Arbeitsmarkt und die Anforderungen, die an die Arbeitnehmer gestellt werden.

Die Nachfrage nach Arbeitskräften in **MINT**-Berufen steigt. Derzeit sind in diesem Bereich etwa 1/6 der Erwerbstätigen der Bundesrepublik Deutschland beschäftigt. Gleichzeitig ist ein Rückgang von automatisierbaren Tätigkeiten zu verzeichnen. In den nächsten 10 bis 20 Jahren drohen durch Automatisierung und Digitalisierung in Deutschland 12 % der Arbeitsplätze wegzufallen. Etwa 1/3 der Beschäftigungsverhältnisse wird durch fortschreitende Technisierung im Anforderungsprofil erheblich verändert werden. Für die zukünftige Arbeitswelt bedeutet dies eine wesentlich höhere Bereitschaft zur Weiterbildung und ein sehr hohes Maß an Flexibilität.

Jobgefährdung Automatisierung
Von je 100 Arbeitsplätzen drohen in den nächsten 10 bis 20 Jahren durch den technischen Fortschritt wegzufallen:
Griechenland 13
Deutschland 12
Österreich 12
Spanien 12
Slowakei 11
Großbritannien 10
Italien 10
Tschechien 10
Dänemark 9
Frankreich 9
USA 9
Finnland 7
Schweden 7
Zahlen: OECD (2017)

Lösungsansätze

Die Möglichkeiten des Staates den Strukturproblemen zu begegnen, beschränken sich im Wesentlichen auf die Schaffung marktgeeigneter Rahmenbedingungen. Aufgabe des Staates ist es, insbesondere wettbewerbsbeschränkende Maßnahmen zu verhindern oder zu beseitigen. Ihm obliegt die Aufgabe, eine hinreichende Infrastruktur zu schaffen. Eine Möglichkeit, mehr Markt zu schaffen, ist eine stärkere Privatisierung. Ferner kann der Staat durch den Abbau bürokratischer Hürden Marktkräfte stützen und unternehmerische Initiativen fördern. Unmittelbar kann er durch staatliche Nachfrage oder Subventionen an Unternehmen bzw. Transferzahlungen an Haushalte in das Marktgeschehen eingreifen.

14.6 Maßnahmen zur Lösung der Umweltproblematik

Ständig steigendes Wirtschaftswachstum gefährdet die Umwelt, die immer noch als kollektives, freies Gut gesehen wird. Sensibilisierung für Fragen der Umwelt ist in der Bevölkerung vorhanden, im Zweifel gewinnt im Widerstreit Ökonomie versus Ökologie aber oft die Ökonomie. Ursächlich dafür ist sicher, dass die ökonomischen Konsequenzen für den einzelnen wesentlich früher zu spüren sind als die ökologischen. Auch ist der Begriff Umweltschutz schwer zu greifen. Was inhaltlich gemeint ist, lässt sich jedoch beispielsweise aus der Bayerischen Verfassung ableiten.

Art. 141 BayVerf.

1. Der Schutz der natürlichen Lebensgrundlagen ist, auch eingedenk der Verantwortung für die kommenden Generationen, der besonderen Fürsorge jedes einzelnen und der staatlichen Gemeinschaft anvertraut.

2. Tiere werden als Lebewesen und Mitgeschöpfe geachtet und geschützt.

3. Mit Naturgütern ist schonend und sparsam umzugehen.

4. Es gehört auch zu den vorrangigen Aufgaben von Staat, Gemeinden und Körperschaften des öffentlichen Rechts, Boden, Wasser und Luft als natürliche Lebensgrundlagen zu schützen, eingetretene Schäden möglichst zu beheben oder auszugleichen und auf möglichst sparsamen Umgang mit Energie zu achten, die Leistungsfähigkeit des Naturhaushaltes zu erhalten und dauerhaft zu verbessern, den Wald wegen seiner besonderen Bedeutung für den Naturhaushalt zu schützen und eingetretene Schäden möglichst zu beheben oder auszugleichen, die heimischen Tier- und Pflanzenarten und ihre notwendigen Lebensräume sowie kennzeichnende Orts- und Landschaftsbilder zu schonen und zu erhalten.

Im Rahmen der Umweltpolitik ist es erforderlich, Maßnahmen zu ergreifen, die dafür sorgen, dass auch zukünftige Generationen eine lebenswerte Umwelt vorfinden. Umweltpolitik muss die externen Effekte ausgleichen, da der Markt dazu nicht in der Lage oder nicht willens ist.

Im Rahmen der Umweltpolitik werden vier Prinzipien unterschieden:

Verursacherprinzip	Vorsorgeprinzip	Gemeinlastprinzip	Kooperationsprinzip
Wer für Schäden an der Umwelt verantwortlich ist, muss auch die Kosten für deren Beseitigung übernehmen.	Schäden an der Umwelt sollen bereits vor ihrer Entstehung vermieden werden.	Die Kosten für die Beseitigung von Umweltschäden werden von den Steuerzahlern übernommen.	Alle Beteiligten arbeiten zusammen, um Schäden zu beseitigen oder diese gar nicht erst entstehen zu lassen.

Die Umsetzung dieser vier Prinzipien erfolgt im Rahmen der **Umweltpolitik,** die verschiedene Instrumente einsetzen kann:

Nicht-fiskalische Instrumente	Fiskalische Instrumente	Marktorientierte Instrumente
⊙ Gebote und Verbote ⊙ Kontrollen ⊙ Haftungssummen, Bußgelder	⊙ Umweltlizenzen ⊙ Umweltzertifikate ⊙ Umweltabgaben (z.B. Ökosteuer) ⊙ Subventionen	⊙ freiwillige Auflagenerfüllung durch Unternehmen ⊙ Branchenvereinbarungen

14.7 Probleme der Staatsverschuldung

Die Staatsverschuldung in der Bundesrepublik Deutschland hat unterschiedliche Ursachen:

- **antizyklische Fiskalpolitik**

  Mit Einführung des Stabilitätsgesetzes im Jahr 1967 war die Bundesrepublik Deutschland verpflichtet, konjunkturelle Ungleichgewichte auszugleichen. Dies geschah durch eine der Konjunktur entgegenlaufende antizyklische Fiskalpolitik. Diese Politik führt in Rezessions- und Depressionsphasen zur Staatsverschuldung, da der Staat angehalten ist, in diesen Phasen durch Erhöhung der Nachfrage die Konjunktur zu stützen. Jedoch wurde versäumt, in Aufschwung und Hochkonjunkturphasen die in konjunkturellen Abschwungsphasen aufgenommenen Kredite zurückzuzahlen.

- **Verschuldung durch Wiedervereinigung**

  Die Kosten der Wiedervereinigung im Jahr 1990 haben zu einer Verdoppelung der Staatsschulden innerhalb von 5 Jahren geführt (von 539 Mrd. € im Jahr 1990 auf 1.019 Mrd. € im Jahr 1995).

- **Sozialleistungen**

  Zahlreiche Sozialleistungen belasten den Staatshaushalt. Sozialleistungen dienen der Sicherung der Grundbedürfnisse der Bevölkerung einer Volkswirtschaft. Vor dem Hintergrund der Zielsetzung der gerechten Einkommens- und Vermögensverteilung sind sie daher schwer zu reduzieren. Die Sozialleistungen sind im Laufe der Geschichte der Bundesrepublik Deutschland stetig angestiegen. Im Bundeshaushalt entfällt etwa jeder zweite Euro auf Ausgaben, die die soziale Sicherung betreffen. Da diese Ausgaben kaum zu reduzieren sind, werden sie bei entsprechender Haushaltslage über Kredite finanziert.

- **Finanz- und Wirtschaftskrisen**

  Die Weltwirtschaftskrise 2008/09 ausgelöst durch eine Immobilienkrise in den USA wurde in der Bundesrepublik Deutschland mit Maßnahmen bekämpft, die eine massive Neuverschuldung erforderten. Die durch die Krise verursachte Neuverschuldung betrug für Bund, Länder und Gemeinden in der Bundesrepublik Deutschland ca. 146 Mrd. Euro.

Im Bundeshaushalt für das Jahr 2015 waren jedoch erstmals seit 40 Jahren keine neuen Schulden vorgesehen. Seitdem gibt es in Deutschland Staatshaushalte ohne Neuverschuldung (Stand 12/2018; inkl. Haushalt 2019).

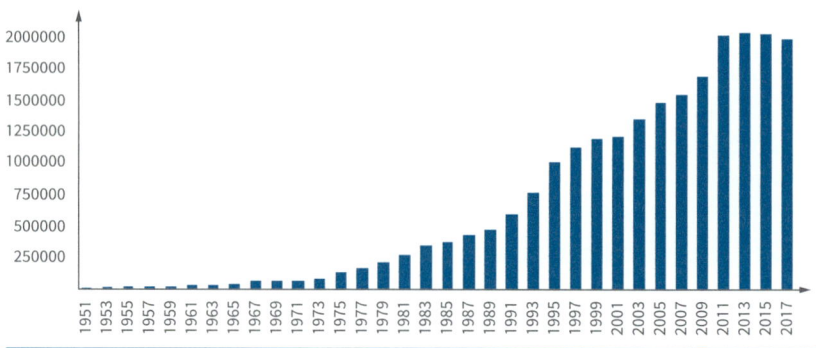

Abb. 14.5: Entwicklung Staatsverschuldung Deutschland (in Euro)

Negative Folgen der Staatsverschuldung

Ungeachtet der staatlichen Pflichten, die zu Ausgaben und eventuell zu Verschuldung zwingen, sind die negativen Folgen der Staatsverschuldung im Auge zu behalten.

Kreditaufnahme des Staates auf dem Kapitalmarkt bedeutet, dass der Staat mit privaten Investoren konkurriert. Kredite, die dem Staat gewährt werden, beschränken in gleicher Höhe das Potenzial der freien Wirtschaft, Kredite zu nehmen. Der Staat verdrängt Private somit vom Kreditmarkt. Dies nennt man **crowding-out-Effekt**.

⊙ Die hohen Schulden verringern den Handlungsspielraum des Staates, da ein erheblicher Teil der Staatseinnahmen für Zinsen verwendet wird. Die seit der Wirtschaftskrise 2009 entstandene Tendenz in Richtung Nullzins kommt dem Staatshaushalt sehr entgegen. Die derzeitige Zinslast beträgt etwa 20 Mrd. Euro (Haushalt 2019). Bei einem Ansteigen des Zinsniveaus um beispielsweise einen Prozentpunkt erhöht sich die mit der Bundesschuld gegebene Finanzlast um rund 10 Mrd. Euro.

⊙ Die Staatsschulden sind eine Last, die auf die kommenden Generationen übertragen wird. Diese müssen eine Schuldenlast tragen, die sie nicht verursacht haben.

⊙ Zunehmende Staatsverschuldung kann die Preisstabilität gefährden.

| Überblick | **Wenn Sie dieses Kapitel durchgearbeitet haben, soll Ihnen der Begriff Wachstums- und Strukturpolitik bekannt sein. Sie kennen die Notwendigkeit der Politik, wissen aber auch um die Risiken, die damit verbunden sind. Sie sind sensibilisiert für Fragen der Umwelt und Umweltpolitik. Schließlich sollen sie auch in der Lage sein, Material auszuwerten, das sich mit diesen Fragen befasst.** |

Betriebliche Entscheidungen

15

Betriebswirtschaftslehre befasst sich mit der Wirtschaft aus der Perspektive Einzelner, insbesondere einzelner Unternehmen. Dieses Kapitel zeigt, mit welchen Fragen sich Unternehmen bei der Gründung auseinandersetzen müssen, es betrachtet Investitionsentscheidungen, die unabhängig von der Gründung kontinuierlich zu treffen sind.

Im Gegensatz zur Volkswirtschaft, die Wirtschaft aus der Sicht des Gesamten beurteilt, betrachtet Betriebswirtschaft die Wirtschaft aus der Perspektive des Einzelnen, also einzelner Unternehmen oder Haushalte.

15.1 Voraussetzungen für die Unternehmensgründung

Um ein Unternehmen zu gründen, sind eine Reihe von Voraussetzungen zu erfüllen, sowohl

- persönliche Voraussetzungen, wie z. B. die fachliche Qualifikation,
- formelle, rechtliche Voraussetzungen, wie Anmeldemodalitäten und
- sachliche, materielle Voraussetzungen, wie z. B. Standort oder Branche.

Persönliche Voraussetzungen

Eine Unternehmensgründung erfordert ein hohes Maß an persönlicher Einsatzbereitschaft, hohe Belastbarkeit, Selbstdisziplin und die Fähigkeit, das wirtschaftliche Risiko verkraften zu können. Eigenschaften wie Kreativität, Zuverlässigkeit, Motivation, aber auch Gesundheit begünstigen die Unternehmensgründung. An die Person des Unternehmers werden auch fachliche Anforderungen gestellt, je nach Branche werden unterschiedliche Qualifikationen gefordert. Fundierte kaufmännische Kenntnisse sind normalerweise sehr hilfreich, unabhängig von der Branche, der das Unternehmen angehört.

Formelle/rechtliche Voraussetzungen

§ 12 des Grundgesetzes und § 1 der Gewerbeordnung regeln den Grundsatz der **Gewerbefreiheit**: Jeder kann ein Gewerbe betreiben. Jedoch schränken genehmigungspflichtige Tätigkeiten diesen Grundsatz ein, um die Öffentlichkeit zu schützen. Beispiele sind erlaubnispflichtige Gewerbe, wie z. B. Spielhallen, Gaststätten oder das Bewachungsgewerbe. Gelegentlich wird die Gewerbefreiheit sogar durch Gewerbeverbote eingeschränkt, wenn der Gewer-

Unternehmen werden aus unterschiedlichen Motiven gegründet. Das können sein: Selbstverwirklichung, Unabhängigkeit, Erreichen flexibler Zeiteinteilungen, Umsetzung einer Idee, Erkennen einer Marktchance, Steigerung des Einkommens, Bessere Work-Life-Balance, Fortsetzung der Familientradition. Laut einer Untersuchung der KMU Forschung Austria sind dabei die drei erstgenannten Motive die wichtigsten.

betreibende keine Gewähr dafür geben kann, dass er das Gewerbe zukünftig ordnungsgemäß betreibt. Der überwiegende Teil der Gewerbe unterliegt aber keiner Beschränkung.

Geschäftsfähigkeit ist die Fähigkeit, rechtswirksame Rechtsgeschäfte abzuschließen. Sie tritt mit Erreichen der Volljährigkeit (§ 2 BGB mit Vollendung des 18. Lebensjahres) ein. Ist ein beschränkt Geschäftsfähiger vom gesetzlichen Vertreter mit Einwilligung des Familiengerichts ermächtigt worden, ein Erwerbsgeschäft zu betreiben, so ist er bezüglich solcher Rechtsgeschäfte, die damit zusammenhängen, unbeschränkt geschäftsfähig (§ 112 BGB).

Der Unternehmenr muss das Gewerbe zunächst bei der zuständigen Ortsbehörde anmelden. Die Anmeldung erfolgt üblicherweise bei der Gemeinde, in dem das Unternehmen ansässig ist. Diese informiert das Amtsgericht für den Eintrag ins Handelsregister, das Finanzamt, die Berufsgenossenschaft, die zuständige Industrie- und Handelskammer bzw. Handwerkskammer und die Krankenkasse. Eventuell vorhandene Patente müssen berücksichtigt werden, gegebenenfalls Lizenzen erworben werden. Ferner ist die Rechts- und Geschäftsfähigkeit zu prüfen.

Sachliche/materielle Voraussetzungen

Wesentliche materielle Fragen, die bei der Unternehmensgründung zu stellen sind, sind die Fragen nach dem Standort, der Rechtsform und dem aufzubringenden Kapital.

Unternehmensstandort

Bevor ein Standort für ein Unternehmen ausgewählt wird, ist eine genaue Standortanalyse erforderlich, da unterschiedliche Unternehmen verschiedene Anforderungen an den Unternehmensstandort haben. Prinzipiell unterscheidet man nach harten und weichen Standortfaktoren. Harte Standortfaktoren sind messbar und können in Daten oder Zahlen angegeben werden, wie Quadratmeter-Preis des Grundstücks oder Gewerbesteuersatz. Weiche Standortfaktoren sind nicht messbar. Zu ihnen zählt z. B. das Wohnumfeld, Freizeit- oder Erholungsangebote in der Umgebung.

Verkehr	Rohstoffe	Umwelt	Arbeit
Zugang zu Häfen, Autobahnen, Bahnverbindungen, Flughäfen	Nähe zu Rohstoffen, Kosten für Energie und Rohstoffe, Nähe zu Zulieferbetrieben Transportkosten	verfügbare Gewerbeflächen Möglichkeiten und Kosten der Abfallbeseitigung, Bodenbedingungen, klimatische Bedingungen	Lohn- und Gehaltsniveau, Anzahl an erreichbaren Arbeitskräften, Qualifizierung der Arbeitskräfte, Streikrisiko, Arbeitsbereitschaft
Staatliche Gegebenheiten	**Absatz**	**Finanzen**	**Weiche Standortfaktoren**
bürokratische Auflagen, Genehmigungsverfahren, Rechtssicherheit, politische Stabilität, Subventionen	Kundenzahl, Kaufkraft, Kundennähe, Konkurrenzsituation	Grundstückspreise, Mietpreise, staatliche Förderungen, Gewerbesteuersatz	Image der Stadt, Familienfreundlichkeit, Freizeitangebote, medizinische Versorgung

Tab. 15.1: Überblick über Standortfaktoren

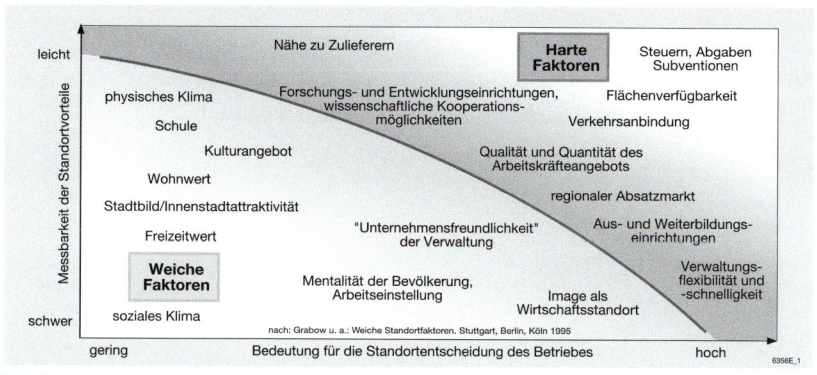

Abb. 15.1: Weiche und harte Faktoren der Standortbestimmung

15.2 Rechtsformen von Unternehmen

Die Rechtsform gibt einem Unternehmen seine rechtliche Verfassung und regelt das rechtliche Innen- und Außenverhältnis. Die Entscheidung über die Rechtsform wirkt langfristig und ist deshalb sehr wichtig ist.

Folgende Kriterien spielen für die Rechtsform eine Rolle:
Wer ist Eigentümer des Unternehmens?
Wer leitet das Unternehmen?
Wie wird das Unternehmen finanziert?
Wie werden Gewinne verteilt?
Wer haftet?
Wie werden Verluste verteilt?

Der Gesetzgeber stellt zur Beantwortung dieser Fragen verschiedene Rechtsformen bereit.

Abb. 15.2: Rechtsformen

	Personengesellschaften Personengesellschaften sind Gesellschaften, in denen die Eigentümer persönlich mitarbeiten und haften			
	Gesellschaft des Bürgerlichen Rechts (GbR)	Offene Handelsgesellschaft (OHG)	Kommanditgesellschaft (KG)	GmbH & Co. KG
Rechtsgrundlage	§ 705 ff. BGB	§ 705 ff. BGB § 105 ff. HGB	§ 161 ff. HGB	§ 161 ff. HGB GmbHG
Rechtsfähigkeit	Nicht rechtsfähig			
Gesellschafter	Mindestens zwei (Vereinigung von natürlichen oder juristischen Personen)	Mindestens zwei Gesellschafter	Mindestens zwei, davon mindestens ein Vollhafter (Komplementär) und ein Teilhafter (Kommanditist)	
Kapital	Kein vorgeschriebenes Kapitel		Komplementäre kein festes Kapital, Kommanditisten feste Einlage, beliebige Höhe	Komplementär-GmbH feste Einlage, Kommanditist feste Einlage
Eigentumsverhältnisse	Gesamthandvermögen mit Beteiligung der Gesellschafter daran			
Gründung	Formloser Gesellschaftsvertrag mit Zweckvereinbarung	Abschluss eines Gesellschaftervertrages, Eintrag ins HR, Gewerbeanmeldung	Abschluss eines Gesellschaftervertrages, Eintrag ins HR, Errichtung eines Geschäftskontos, Gewerbeanmeldung	wie KG, der Komplementär ist eine GmbH
Geschäftführung	Geschäftsführungsbefugnis nach dem Gesetz alle Gesellschafter	Alle Gesellschafter sind einzeln berechtigt und verpflichtet.	beim Komplementär (sofern keine anderen Regelungen getroffen wurden) Widerspruchsrecht des Kommanditisten	
Organe	---	---	---	---
Gewinn und Verlust	Gem § 722 alle Gesellschafter zu gleichen Teilen, ggf. Abweichungen durch Vertrag	gesetzlich: 4 % auf Kapitalanteile, der Rest nach Köpfen	gesetzlich: 4 % auf Kapitalanteile, Rest in einem angemessenen Verhältnis (je nach Gegebenheiten in der Gesellschaft)	
Haftung	Alle Gesellschafter	gesamtschuldnerisch	Komplementär gesamtschuldnerisch, Kommanditist in Höhe seiner Einlage	Komplementär-GmbH mit Gesellschaftsvermögen, Kommanditist mit seiner Einlage
Erlöschen der Gesellschaft	Mögliche Gründe: Zweck ist erfüllt, Kündigung	Auflösungsgründe nach §131 HGB z. B. Gesellschafterbeschluss, Konkurs, Zweck der Gesellschaft erfüllt		

Tab. 15.2: Personengesellschaften

	Kapitalgesellschaften Kapitalgesellschaften sind Gesellschaften, bei denen die finanzielle Beteiligung der Beteiligten im Vordergrund steht. Eine persönliche Mitarbeit im Unternehmen ist nicht erforderlich, wenn auch möglich.		
	Aktiengesellschaft (AG)	Gesellschaft mit beschränkter Haftung (GbH)	Kommanditgesellschaft auf Aktien (KG aA)
Rechtsgrundlage	AktG	GmbH- Gesetz	3. Buch HGB AktG
Rechtsfähigkeit	juristische Person		
Gesellschafter	mindestens einer	mindestens einer	mindestens ein Komplementär und ein Kommanditist
Kapital	mindestens 50 000 € Grundkapital in Aktien mit Nennwert von mind. 1 € gestückelt	mindestens 25 000 € Stammkapital	mindestens 50 000,-€ Vermögeneinlage (Grundkapital der Kommanditaktionäre + Vermögenseinlage der Komplementäre)
Eigentums-verhältnisse	Als juristische Person eigenes Vermögen. Eigentümer haben Anspruch auf Liquidiationserlös.		
Gründung			mindestens ein Komplementär und ein Kommanditist, notarielle Beglaubigung der Satzung
Geschäftführung	Vorstand	Geschäftsführer	Vorstand
Organe	Vorstand (leitet) Aufsichtsrat (kontrolliert) Hauptversammlung (Versammlung der Eigentümer; beschließendes Organ)	Geschäftsführer (leitet), ab 500 Mitarbeitern ggf. Aufsichtsrat (kontrolliert), Gesellschafterversammlung (Versammlung der Eigentümer; beschließendes Organ)	Vorstand (bestehend aus persönlich haftenden Komplementären; leitet), Aufsichtsrat (kontrolliert), Hauptversammlung (bestehend aus Kommanditaktionären, Beschlussorgan)
Gewinn und Verlust	Beschluss der Hauptversammlung auf Vorschlag des Vorstandes	gesetzlich entsprechend der Höhe der Anteile	Hauptversammlung beschließt über die Feststellung des Jahresabschlusses, Zustimmung der Komplementäre zur Gewinnverteilung erforderlich
Haftung	Gesellschaftsvermögen		Komplementäre unbeschränkt, Kommanditisten mit ihrer Einlage
Erlöschen der Gesellschaft	Gesellschafterbeschluss, gerichtliches Urteil, Gesellschaftszweck erfüllt		Auflösungsgründe nach §131 HGB z. B. Gesellschafterbeschluss, Konkurs, Zweck der Gesellschaft erfüllt

Tab. 15.3: Kapitalgesellschaften

Juristische Personen sind Vereinigungen von Personen, die als Einheit rechtsfähig sind. Dadurch habe sie Rechte und Pflichten, und es kann auch Klage gegen sie erhoben werden.

	Genossenschaft Gesellschaft mit dem Zweck, die Erwerbstätigkeit ihrer Mitglieder oder deren soziale oder kulturelle Belange in einem gemeinschaftlichen Betrieb zu fördern.
Rechtsgrundlage	GenG und HGB
Rechtsfähigkeit	juristische Person
Gesellschafter	mindestens drei
Kapital	gesetzlich nicht vorgeschrieben, kann durch Satzung bestimmt werden
Eigentums- verhältnisse	als juristische Person eigenes Vermögen Eigentümer haben Anspruch auf Liquidationserlös
Gründung	Gründungsgenossen erstellen und unterschreiben eine Satzung, Eintragung ins Genossenschaftsregister
Geschäftführung	Vorstand
Organe	Vorstand (leitet), Aufsichtsrat (kontrolliert), Generalversammlung (überwachendes Organ)
Gewinn und Verlust	Gewinne sind nach Geschäftsanteilen auf die Mitglieder zu verteilen
Haftung	mit dem Vermögen der Genossenschaft
Erlöschen der Gesellschaft	Beschluss der Generalversammlung, Konkurs

Tab. 15.4: Genossenschaften

15.3 Unternehmerische Ziele

Betriebswirtschaftliche Ziele sind die Ziele, die sich ein Unternehmen setzt. Unternehmensziele lassen sich nach verschiedenen Kriterien gruppieren. Jedes einzelne betriebswirtschaftliche Ziel kann in jede Kategorie eingeteilt werden.

Formale Ziele	Sachziele
Was soll geschehen? z. B. Gewinn, Umsatz	Wie soll das Ziel erreicht werden? z. B. Abläufe im Unternehmen

Tab. 15.5: Inhaltliche Zielsetzungen

Zeitliche Ziele		
kurzfristig	mittelfristig	langfristig

Tab. 15.6: Zielsetzung nach Fristigkeit

Ökonomische Ziele	Ökologische Ziele	Soziale Ziele
Gewinnsteigerung	Verringerung des Schadstoff- ausstoßes	Sichere Arbeitsplätze

Tab. 15.7: Zielsetzung nach angestrebtem Erfolg

Oberziel	Mittelziel	Unterziel
Gewinnsteigerung	Kosten senken	Abläufe in der Verwaltung verbessern

Tab. 15.8: Zielsetzung nach Hierarchie

Finanzwirt-schaftlich	Leistungs-wirtschaft-lich	Güterwirt-schaftlich	Ökologisch	Führungs-bezogen	Sozial
Rentabilität	Marktanteil	Produkt-qualität	Emissionen	Wie herrscht der Chef?	sichere Ar-beitsplätze

Tab. 15.9: Thematische Zielsetzung

15.4 Investitionsentscheidungen

Aus betriebswirtschaftlicher Sicht sind Investitionen die längerfristige Festle-gung von Finanzmitteln in Vermögenswerte. Investitionen lassen sich unter-schiedlich gruppieren.

Gründungs-investition	Ersatz-investition	Erweiterungs-investition	Rationalisie-rungsinvesti-tion	Desinvestition
Investitionen, die zum Aufbau des Unterneh-mens verwendet werden	Investitionen, die den Zweck haben, die Kapazität des Unternehmens zu erhalten	Investitionen, die die Kapazitäten des Unterneh-mens erweitern	Investitionen, die den Zweck haben, Kosten zu reduzieren	Umkehrung der Investition. Sach- und Finanzwerte werden in liquide Mittel verwandelt.

Tab. 15.10: Zweck der Investition

Forschungsinvestition	Fertigungsinvestition	Absatzinvestition
Projektbezogene Inves-titionen, um bestimmte Forschungsergebnisse zu erzielen	Investitionen im Bereich der Fertigung	Investitionen im Bereich des Absatzes mit dem Zweck der Absatzförderung

Tab. 15.11: Funktion der Investition

Immaterielle Investition	Sachanlageninvestition	Finanzanlageninvestition
Investitionen im Ausbil-dungs-, Forschungs-, Ent-wicklungsbereich	Investitionen in Wirtschafts-güter des Anlagevermögens, die vom Unternehmen genutzt werden	Investitionen in Wertpapiere, Beteiligungen u.ä.

Tab. 15.12: Art der Investition

Inlandsinvestition	Auslandsinvestition
Investitionen innerhalb des Landes	Investitionen außerhalb des Landes

Tab. 15.13: Ort der Investition

Einflussfaktoren auf Investitionsentscheidungen

Investiert ein Unternehmen, hat dies zur Folge, dass verfügbares Kapital in Sach- oder Finanzanlagen gebunden wird. Ob eine Investitionsentscheidung getroffen wird, hängt oft an der Realisierbarkeit: Das Know-how, die Manpower und das Kapital müssen verfügbar sein. Ferner muss der Faktor Zeit beachtet werden, da von der Investitionsentscheidung bis zur Realisierung eine Zeitspanne von mehreren Wochen, Monaten oder ggf. Jahren vergehen kann. Das heißt, die getroffene Investitionsentscheidung und die damit verbundene Rentabilitäts- und Gewinnerwartung ist zunächst nur eine Erwartung an die Zukunft. Die Konditionen, unter denen die Investition finanziert werden kann, spielen eine wesentliche Rolle, da die Erträge nicht sofort realisiert werden können.

Überblick

Dieses Kapitel befasste sich mit den grundsätzlichen Entscheidungen, die bei der Gründung eines Unternehmens zu treffen sind. Am Ende des Kapitels sollen Sie in der Lage sein, eine fundierte Standortanalyse durchzuführen. Dabei müssen Sie nach harten und weichen Standortfaktoren differenzieren können und anhand von Fallbeispielen eine Entscheidung treffen. Hier sind Gewichtungen einzelner Standortfaktoren zu beachten und nach harten und weichen Standortfaktoren zu sortieren. In der Abiturprüfung sollen Sie in der Lage sein, die Rechtsformen nach Vor- und Nachteilen abzuwägen, hier sind inbesondere die Formen Personen- und Kapitalgesellschaften von großer Wichtigkeit. Sie sollten anhand von Fallbeispielen eine fundierte Rechtsformentscheidung treffen können. Auch die unterschiedlichen Arten von Investitionen sind Ihnen jetzt bekannt.

Produktion und Kosten

16

Produktion (lat.: *producere* = hervorbringen), Fertigung, Fabrikation – im rechtlichen Sprachgebrauch die Herstellung, ist der vom Menschen bewirkte Prozess der Transformation, der aus natürlichen, wie bereits produzierten Rohstoffen Wirtschafts- oder Gebrauchsgüter erzeugt. In diesem Kapitel werden Sie sowohl mit dem Prozess der Leistungserstellung konfrontiert, als auch mit der Frage der Kosten, die damit verbunden sind. Dabei liegt der Fokus auf Industriebetrieben.

16.1 Die Produktion

Der Prozess der Leistungserstellung in einem Industriebetrieb

Jede Art von Produktion verursacht Kosten. Kosten bezeichnen in der Regel den mit Marktpreisen bewerteten Einsatz von Produktionsfaktoren bei der Herstellung von Gütern und Dienstleistungen.

Forschung und Entwicklung

| Grundlagenforschung Sie sucht neue wissenschaftliche Erkenntnisse ohne konkretes Ziel. | Angewandte Forschung Die Suche ist auf ein bestimmtes Ziel bzw. eine Anwendung gerichtet. | Entwicklung zielt darauf ab, die Ergebnisse auf wirtschaftliche Anwendungen zu übertragen. |

Fertigungsprogramm planen
Was wird produziert?

| Produktfeld Wie viele Produktfelder? (Diversifikation: mehr als ein Produktfeld) | Programmbreite Welche Produktarten? Wie viele Ausführungen? | Programmtiefe Wie viele Produktionsstufen in einem Betrieb? |

Fertigungsprogramm vorbereiten
Wie läuft der Fertigungsvorgang zeitlich ab?

Fertigung durchführen
Je nach produzierter Menge werden verschiedene Fertigungstypen unterschieden:

| Einzelfertigung Es wird nur eine Einheit gleichzeitig hergestellt. (z.B. ein Schiff) | Serienfertigung Gleichartige Produkte werden in bestimmter Stückzahl produziert. (z.B. Auto) | Sortenfertigung Artgleiche Produkte werden in bestimmter Stückzahl produziert. (z.B. Papier) | Massenfertigung Gleiche Produkte werden in unbegrenzter Stückzahl produziert. (z.B. Zigaretten) |

Produktionstypen festlegen
Welchen Weg nehmen die Erzeugnisse durch den Betrieb?

| Werkstattfertigung Arbeitsplätze und Betriebsmittel mit gleichartigen Arbeitsverrichtungen sind in einer Werkstatt angeordnet. (z.B. Dreherei, Schleiferei) | Fließbandfertigung Arbeitsplätze und Betriebsmittel sind entsprechend der Arbeitsabfolge an einem Fließband angeordnet. (z.B. Drehen – Bohren – Fräsen – Schleifen) |

Kontrolle
Qualitätskontrolle, Terminkontrolle …

| Vollkontrolle Alle Produkte werden überprüft. | Stichprobenkontrolle Ein Teil der Produkte wird überprüft. |

Abb. 16.1: Leistungserstellung

Der Prozess der Leistungserstellung kann aus folgender Übersicht abgeleitet werden:

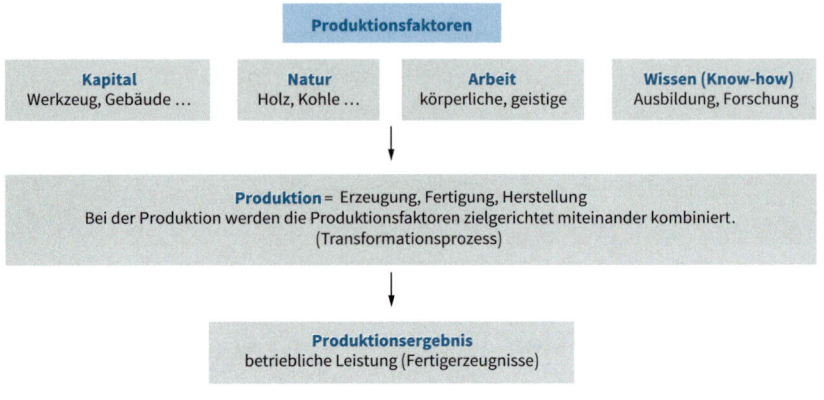

Abb. 16.2: Produktionsfaktoren

16.2 Einflussfaktoren auf die Erreichung der Gewinnziele

Definition: Kosten sind der bewertete Verzehr von Produktionsfaktoren, um Sachgüter und Dienstleistungen herzustellen und abzusetzen sowie um selbstgenutzte Anlagen zu erstellen und aufrechtzuerhalten.

Das betriebliche Rechnungswesen unterscheidet die Begriffe **Ausgabe**, **neutraler Aufwand**, **betrieblicher Aufwand**, **Grundkosten** und **kalkulatorische Kosten** sowie die Begriffe **neutraler Ertrag**, **betrieblicher Ertrag** und **Leistung**. Im Folgenden werden die Kosten im Sinne des betrieblichen Rechnungswesens betrachtet.

Aufgaben der Kosten- und Leistungsrechnung

- ⊙ Kosten und damit die Wirtschaftlichkeit der Leistungserstellung überwachen,
- ⊙ Daten bereitstellen, um die Kostenlage im Verhältnis zum Marktpreis zu beurteilen,
- ⊙ Daten für die eigene Preisbildung bereitstellen,
- ⊙ Daten für Vergleichsrechnungen bereitstellen,
- ⊙ Daten für die übrigen Zweige des Rechnungswesens liefern (Buchhaltung, Statistik, Planung).

Kostenanalyse

Die Kostenanalyse befasst sich mit

- Gesamtkosten,
- Stück-/Durchschnittskosten,
- Grenzkosten.

Beschäftigungsgrad und Kosten

Kapazität

Unter dem Begriff Kapazität versteht man das Leistungsvermögen eines Betriebes in einer Zeiteinheit. Es gibt verschiedene Arten:

- Normalkapazität: Leistungsvermögen bei
  1. technisch und kostenmäßig optimaler Nutzung des Betriebs,
  2. durchschnittlicher Besetzung der Arbeitsplätze,
  3. dauerhaft erbringbaren Leistungen der Stammbelegschaft.
- genutzte Kapazität: tatsächlich erbrachte Leistung (Ausbringungsmenge)
- Optimalkapazität: technisch und kostenmäßig optimale Inanspruchnahme des Betriebs
- Maximalkapazität: obere Leistungsgrenze (technisch bedingt)
- Minimalkapazität: untere Leistungsgrenze (technisch bedingt)

Beschäftigungsgrad

Unter dem Begriff Beschäftigungsgrad versteht man das Verhältnis von genutzter Kapazität zu normaler Kapazität:

$$\text{Beschäftigungsgrad} = \frac{\text{genutzte Kapazität}}{\text{normale Kapazität} \cdot 100\,\%}$$

Beschäftigungsgrad und Gesamtkosten

- **Fixe Gesamtkosten** (K_f): sind nicht abhängig vom Beschäftigungsgrad, das heißt, sie fallen immer an, unabhängig davon, ob produziert wird oder nicht.
- **Absolut fixe Kosten:** fallen stets in gleichbleibender Höhe an (Bereitschaftskosten), z. B. Gehalt des Pförtners.
- **Relativ fixe/intervallfixe Kosten/sprungfixe Kosten:** entstehen bei Kapazitätsveränderung ⇒ innerhalb eines Intervalls in gleichbleibender Höhe, dann sprunghafte Erhöhung der fixen Kosten, z. B. Abschreibung für eine zusätzlich angeschaffte Maschine ⇒ diese Kosten lassen sich meist bei Kapazitätseinschränkung nicht sofort wieder abbauen: **Kostenremanenz.**
- **Variable Gesamtkosten** (K_v): sind abhängig vom Beschäftigungsgrad, das heißt, sie sind abhängig von der Ausbringungsmenge x.

- ⊙ **Proportionale variable Kosten:** Sie ändern sich im gleichen Verhältnis wie der Beschäftigungsgrad, z. B. Verbrauch von Rohstoffen.
- ⊙ **Überproportionale/progressive variable Kosten:** Sie steigen bei zunehmender Beschäftigung stärker an als die Beschäftigung, z. B. Lohnzuschlag für Überstunden.
- ⊙ **Unterproportionale/degressive variable Kosten:** sie steigen bei zunehmender Beschäftigung schwächer an als die Beschäftigung, z. B. Transportkosten beim Bezug größerer Mengen.
- ⊙ Die **Gesamtkosten** (K) eines Betriebes setzen sich zusammen aus den fixen Gesamtkosten und den variablen Gesamtkosten: $K = K_f + K_v$.

Beschäftigungsgrad und totale Stück-/Durchschnittskosten

Für die Berechnung der totalen Stück-/Durchschnittskosten (k) dividiert man die Gesamtkosten durch die ausgebrachte Menge (x):

totale Stück-/Durchschnittskosten $k = K : x = (K_f + K_v) : x$

Daraus ergibt sich:

fixe Stück-/Durchschnittskosten $k_f = K_f : x$

variable Stück-/Durchschnittskosten $k_v = K_v : x$

Daraus lassen sich folgende Aussagen über den Zusammenhang zwischen Beschäftigungsgrad und Stück-/Durchschnittskosten treffen:

Fixe Gesamtkosten

- ⊙ Absolut fixe Gesamtkosten verursachen bei zunehmendem Beschäftigungsgrad degressive Stückkosten, bei sinkendem Beschäftigungsgrad verursachen sie progressive Stückkosten.
- ⊙ Relativ fixe Gesamtkosten verursachen bei steigendem Beschäftigungsgrad degressive Stückkosten, die sich in jeder neuen Kapazitätsstufe sprunghaft erhöhen.

Variable Gesamtkosten

- ⊙ Proportionale Gesamtkosten verursachen bei steigendem und sinkendem Beschäftigungsgrad konstante Stückkosten.
- ⊙ Überproportionale Gesamtkosten verursachen bei steigendem Beschäftigungsgrad progressive Stückkosten.
- ⊙ Unterproportionale Gesamtkosten verursachen bei steigendem Beschäftigungsgrad degressive Stückkosten.

Grenzkosten und Grenzerlös

Grenzkosten sind die Mehrkosten, die bei Vergrößerung der Produktionsmenge für die Herstellung der letzten zusätzlichen Produktionseinheit entstehen. Der Grenzerlös beschreibt den dann zusätzlichen Erlös, der für eine zusätzliche verkaufte Einheit erzielt wird.

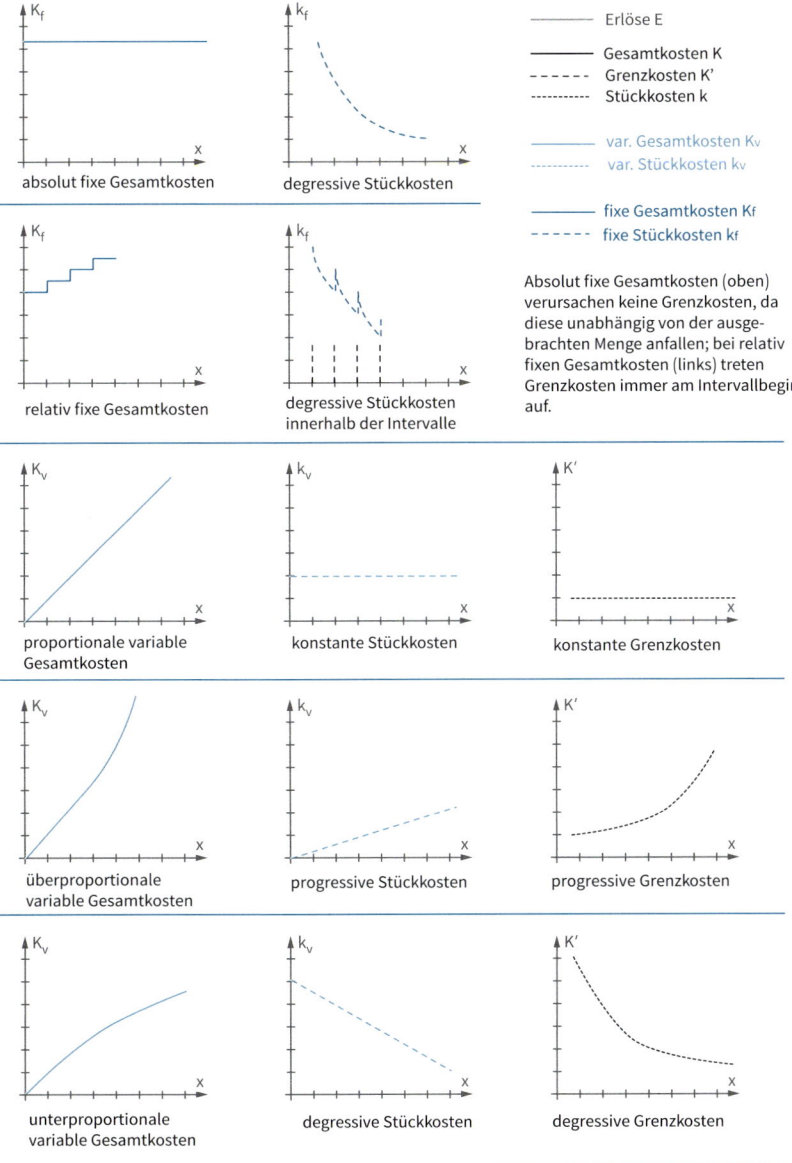

Absolut fixe Gesamtkosten (oben) verursachen keine Grenzkosten, da diese unabhängig von der ausgebrachten Menge anfallen; bei relativ fixen Gesamtkosten (links) treten Grenzkosten immer am Intervallbeginn auf.

Abb. 16.3: Gesamt-, Stück- und Grenzkosten

16.3 Erklärungsmodelle der Kostentheorie

S-förmiger Gesamtkostenverlauf

Der S-förmige Kurvenverlauf ergibt sich dadurch, dass innerhalb der variablen Kosten bei niedrigem Beschäftigungsgrad die unterproportionalen Kosten den Kurvenverlauf bestimmen. Der Grund dafür sind die zunächst relativ rasch ansteigenden variablen Kosten, die mit zunehmender Ausbringungsmenge abnehmen. Bei hohem Beschäftigungsgrad legen die überproportionalen Kosten den Kurvenverlauf fest, da hier die Kosten etwa durch einen erhöhten Maschinenverschleiß rasch steigen.

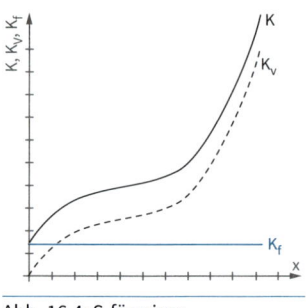

Abb. 16.4: S-förmiger Gesamtkostenverlauf

Man erhält die Gesamtkostenkurve, wenn man die Kurve der variablen Kosten um die fixen Kosten parallel nach oben verschiebt.

Stückkostenbetrachtung bei S-förmigem Gesamtkostenverlauf

Die fixen Stückkosten sinken konstant, da sie sich auf eine immer größere Ausbringungsmenge verteilen.

Die variablen Stückkosten fallen, wie oben beschrieben, zunächst, bis sie dann nach dem Minimum ansteigen. Der Verlauf der totalen Stück- bzw. Durchschnittskostenkurve sinkt so lange, wie die Fixkostendegression größer ist als die Progression der variablen Kosten.

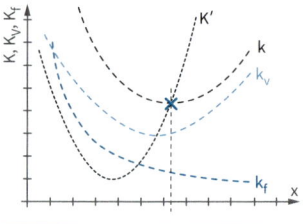

Abb. 16.5: Stückkostenbetracht.

Danach kompensieren die fixen Kosten den Anstieg der variablen Kosten nicht mehr, die totalen Stück- bzw. Durchschnittskosten steigen.

Linearer Gesamtkostenverlauf

Annahme: Konstantes Verhältnis von variablen Produktionskosten und Ausbringungsmenge.

Die Gesamtkostenkurve $K(x)$ ist eine lineare Funktion. Sie besteht aus den fixen Gesamtkosten (K_f) und den zur Menge x proportionalen variablen Gesamtkosten $K_v(x)$.

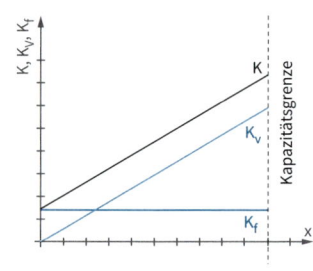

Abb. 16.6: Linerarer Gesamtkostenverlauf

Stückkostenbetrachtung bei linearem Gesamtkostenverlauf

Die Grenzkosten sind bei jeder Ausbringungsmenge gleich hoch, weil die Gesamtkosten
konstant steigen. Die Kostendegression der
totalen Stückkosten entsteht, weil mit zunehmender Ausbringungsmenge der Anteil
der fixen Kosten pro Stück sinkt (Gesetz der
Massenproduktion).

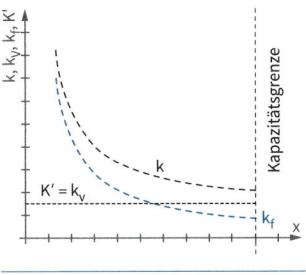

Abb. 16.7: Stückkostenbetracht.

16.4 Schnittpunkte von Kosten- und Erlösfunktion

Aus betriebswirtschaftlicher Sicht sind für ein Unternehmen besonders die kritischen Kostenpunkte von Bedeutung. Diese ergeben sich an den verschiedenen
Schnittpunkten der Kosten- und Erlöskurven sowohl in der Gesamtkosten- als
auch in der Stückkostenbetrachtung.

Voraussetzung: lineare Gesamterlösfunktion $E_{(x)} = p \cdot x$

Daraus folgt: Grenzerlös $E'_{(x)} = p$

Stückerlös $e_{(x)} = E_{(x)} = p$

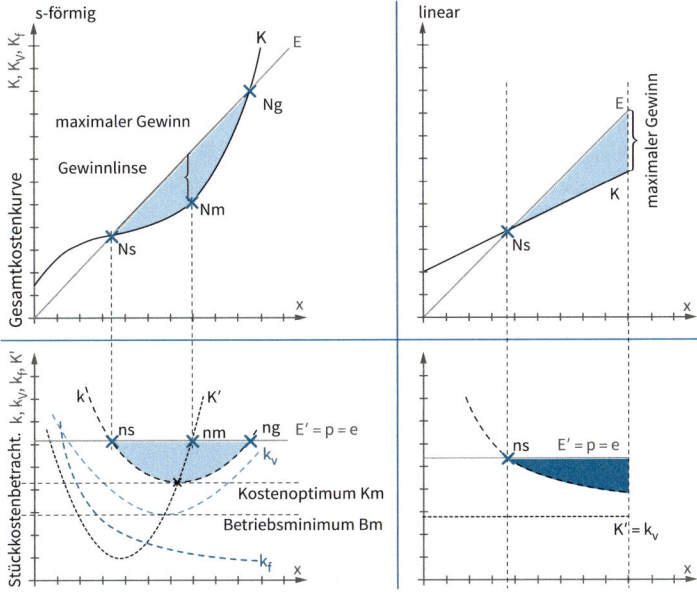

Abb. 16.8: Kritische Kostenpunkte

Gesamtkostenverlauf	S-förmig	linear
Nutzenschwelle/ Break-even-Point	Gesamtbetrachtung Ns: (erster) Schnittpunkt der Gesamtkostenkurve mit der Gesamterlöskurve: $K(x) = E(x)$; Stückbetrachtung ns: (erster) Schnittpunkt der Stückkostenkurve mit der Grenzerlös- oder Preiskurve $k(x) = E'(x) = p$ $\Rightarrow$ Gewinnzone beginnt	
Nutzengrenze	Gesamtbetrachtung Ng: am zweiten Schnittpunkt der Gesamtkosten- mit der Gesamterlöskurve $K(x) = E(x)$ Stückbetrachtung ng: zweiter Schnittpunkt der Stückkostenkurve mit der Grenzerlös- oder Preiskurve $k(x) = E(x) = p$ $\Rightarrow$ Verlustzone beginnt	existiert nicht
Nutzenmaximum/ Gewinnmaximum	Gesamtbetrachtung Nm: Der vertikale Abstand von Gesamterlös- und Gesamtkostenkurve ist am größten; Stückbetrachtung nm: Grenzkosten sind gleich dem Grenzerlös bzw. dem Preis $K'(x) = E'(x) = p$	Kapazitätsgrenze
Kostenoptimum/ Betriebsoptimum Ko	Minimum der totalen Stückkostenkurve $k'(x) = 0$; $k(x) = K'(x)$ $\Rightarrow$ Kapazität kostenoptimal genutzt $\Rightarrow$ langfristige Preisuntergrenze	Kapazitätsgrenze
Betriebsminimum Bm	Minimum der variablen Stückkostenkurve $k'(v) = 0$; $k_v(x) = K'(x)$ $\Rightarrow$ kurzfristige Preisuntergrenze	existiert nicht

Tab. 16.1: Kostenverläufe

Überblick

Am Ende dieses Kapitels kennen Sie die volkswirtschaftlichen, betriebs-wirtschaftlichen Produktionsfaktoren und die wesentlichen Kostenbe-griffe. Die Begriffe Gewinnmaximum, Gewinnlinse, Kostenoptimum und Betriebsminimum sollen in Ihrem Vokabular enthalten sein, da dies die Basis für eine betriebswirtschaftliche Kostenanalyse ist. Die Abgrenzung linearer und ertragsgesetzlicher Kostenverläufe soll jetzt gelingen. Auch können Sie eine Beziehung zwischen Kosten und Leistungen herstellen. Im Abitur sollen Sie eine vollständige Kostenanalyse durchführen können. Dazu muss es gelingen, die kritischen Kostenpunkte zu berechnen und diese dann zu interpretieren.

Markt und Absatz

17

Als Markt bezeichnet man jedes Zusammentreffen von Angebot und Nach-frage. Dieses Kapitel befasst sich mit unterschiedlichen Märkten, der Preis-bildung auf Märkten verschiedener Marktformen und Marketingprozessen, die die Märkte wesentlich beeinflussen.

17.1 Einflussfaktoren auf Angebot und Nachfrage

Angebot ist die Bekanntgabe der Absicht, ein bestimmtes Gut verkaufen zu wollen. Die Art und Menge des Angebots hängt von verschiedenen Faktoren ab:

- ⊙ vom technisch Machbaren,
- ⊙ vom zu erzielenden Preis,
- ⊙ von den verursachten Kosten,
- ⊙ von den Unternehmenszielen,
- ⊙ von Konkurrenzpreisen.

Nachfrage ist die Bekanntgabe der Bereitschaft, eine bestimmte Menge eines Gutes kaufen zu wollen. Auch die Nachfrage wird von vielen Einflüssen geleitet. Die Motive für Nachfrage unterscheiden sich jedoch von denen der Anbieter.

Die Nachfrage hängt ab:

- ⊙ von den Bedürfnissen der Konsumenten,
- ⊙ vom Einkommen der Konsumenten,
- ⊙ der Einkommenserwartung der Konsumenten,
- ⊙ vom Preis des betreffenden Gutes,
- ⊙ vom Preis anderer vergleichbarer Güter.

Wenn der Preis für ein Gut X fällt, steigt die Nachfrage nach diesem Gut an. Steigt der Preis an, geht die Nachfrage zurück und die Konsumenten versuchen, gleichwertige Güter günstiger zu kaufen.

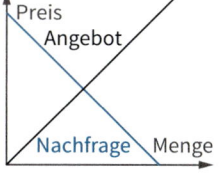

Abb. 17.1: Verhältnis Angebot und Nachfrage

Der Begriff **Markt** (lat.: *mercatus* = Handel) bezeichnet im engeren Sinne den Ort, an dem Waren regelmäßig ge-handelt oder getauscht werden. Im weiteren Sinne bezeichnet der Begriff heute das gere-gelte Zusammenführen von Angebot und Nachfrage von Waren, Dienstleistungen und Rechten.

Je höher der zu erzie-lende Preis für ein Gut X ist, desto mehr Güter dieser Art werden an-geboten. Entsprechend sinkt die Angebots-menge, wenn der zu erzielende Preis sinkt. Dieses Verhalten zeigen Anbieter, da deren Hauptziel die Maximie-rung des Gewinns ist. Je höher der Preis eines Gutes ist, desto höher ist die Gewinnchance. Steigen die Preise für das Gut X an, werden die Unternehmen ihre Produktion erhöhen. Je nach Gewinnerwartung werden auch neue Anbieter auf den Markt drängen. Dies wird längerfristig zu einem Ausbau der Produk-tionskapazitäten in der Gesamtwirtschaft führen.

17.2 Marktformen

Die Vorgänge auf Märkten hängen wesentlich an der Anzahl der Marktteilnehmer. Trifft nur ein Anbieter auf nur einen Nachfrager gibt es eine völlig andere Verhandlungsbasis, als wenn viele Anbieter auf viele Nachfrager treffen, und sich der Markt damit anonymisiert.

Achtung: Ein nicht zu unterschätzendes Problem dieser Einteilung besteht darin, dass sie mit unscharfen Begriffen wie „viele", „wenige" arbeitet und keine klare Abgrenzung vornimmt. Stärker werdende Konzentrationsvorgänge haben dazu geführt, dass das Angebotsoligopol die am stärksten vertretene Marktform ist.

Betrachtet man den Markt im Hinblick auf die Anzahl der an ihm teilnehmenden Subjekte, ergibt sich nachfolgende Einteilung in neun Marktformen.

Anbieter/ Nachfrager	viele Kleinanbieter	wenige mittelgroße Anbieter	ein Großanbieter
viele Klein- konsumenten	vollkommene Konkurrenz **Polypol**	Angebots**oligopol**	Angebots**monopol**
wenige mittelgroße Konsumenten	Nachfrageoligopol	bilaterales Oligopol	beschränktes Angebotsmonopol
ein Groß- konsument	Nachfragemonopol	beschränktes Nachfragemonopol	bilaterales Monopol

Tab. 17.1: Marktformen

17.3 Preisbildung auf Märkten

Die Preisbildung auf Märkten ist aufgrund zahlreicher individueller Pläne der Marktteilnehmer nur zu beschreiben, wenn man zu Modellen greift. Modelle sind eine vereinfachte Abbildung der Wirklichkeit, die für den Preis eines gewissen Informationsverlustes komplexe Zusammenhänge überschaubar macht.

Um Preisbildungen auf Märkten greifbar zu machen, verwendet man das Modell des vollkommenen Marktes.

Ein **vollkommener Markt** unterstellt, dass es keinerlei Präferenzen für die Verkaufs- oder Kaufentscheidung gibt. Das bedeutet:

1. Es gibt keine
   - ⊙ räumlichen Präferenzen, d.h. die Entscheidung des Marktteilnehmers hängt nicht davon ab, wo sich der Markt befindet,
   - ⊙ sachlichen Präferenzen, d.h. die Güter sind homogen, Bevorzugungen bestimmter Marken oder Ähnliches entfallen,
   - ⊙ persönlichen Präferenzen, d.h. die noch so nette Verkäuferin, der noch so nette Verkäufer begünstigt die Kaufentscheidung so wenig wie unfreundliches Verkaufspersonal,
   - ⊙ zeitlichen Präferenzen, d.h. die Marktentscheidung ist unabhängig von Öffnungszeiten.
2. Jeder Marktteilnehmer hat die vollkommene Marktübersicht.
3. Alle Marktprozesse geschehen unendlich schnell.

Um nicht zu weit von der Wirklichkeit entfernt zu sein, löst man in konkreten Beispielen nach und nach einige Vorbedingungen auf.

Preisbildung und Gewinnmaximierung beim Polypol

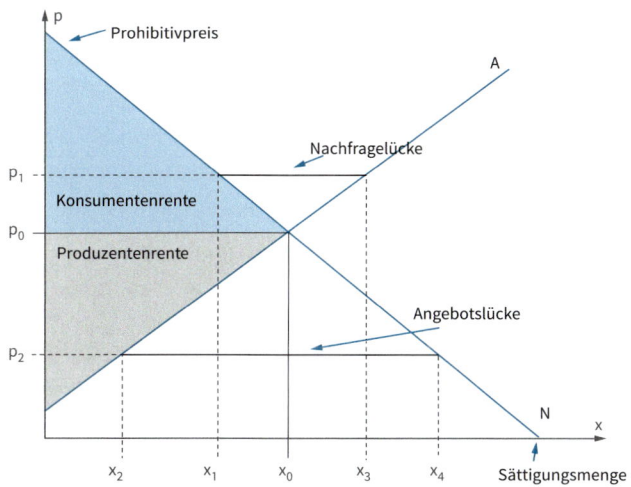

Abb. 17.2: Preisbildung und Gewinnmaximierung beim Polypol

Prohibitivpreis ist der Preis, der gerade so hoch ist, dass sich keine Nachfrage mehr ergibt. **Sättigungsmenge** ist die Menge, die maximal abzusetzen ist. Auch wenn der Preis weiter sinkt, erhöht sich die Nachfragemenge nicht.

Stehen auf vollkommenen Märkten viele Nachfrager vielen Anbietern gegenüber, werden die Nachfrager mit steigendem Preis weniger nachfragen, die Anbieter ihr Angebot jedoch steigern. Dabei hängt die gehandelte Menge vom Preis ab. Am Schnittpunkt beider Kurven stimmen Gesamtangebot und Gesamtnachfrage überein. Am Schnittpunkt findet sich der **Gleichgewichtspreis**. Zum Gleichgewichtspreis wird die **Gleichgewichtsmenge** abgesetzt. Liegt der Preis oberhalb der Gleichgewichtspreises (p_1) übersteigt das Angebot die Nachfrage, und es entsteht eine Nachfragelücke ($x_3 - x_1$). Vielen Nachfragern ist der Preis zu hoch. Gelingt es den Anbietern durch Marktdifferenzierung die Nachfrager, die einen höheren Preis zahlen wollen, zu erreichen und den höheren Preis zu verlangen, schöpfen sie die **Konsumentenrente** ab. Voraussetzung der Abschöpfung der Konsumentenrente ist allerdings, dass kein vollkommener Markt gegeben ist. Bei einem Preis unterhalb des Gleichgewichtspreises (p_2) ist vielen Anbietern der Preis zu gering, sodass sie sich vom Markt zurückziehen. Die Anzahl der Nachfrager steigt jedoch. Es kommt zur Angebotslücke ($x_4 - x_2$). Die Käufer, die eigentlich mehr bezahlen würden, sparen sich die **Produzentenrente**. Das Abschöpfen der Produzentenrente funktioniert natürlich auch nur auf nicht vollkommenen Märkten, da auf vollkommenen Märkten die Informationen über Preise allen Marktteilnehmern vorliegen. Auf realen Märkten kommt es zu ständigen Verschiebungen der Kurven und damit auch zu Verschiebungen des Gleichgewichtspreises und der Gleichgewichtsmenge.

Der Gewinn des Polypolisten ist am größten an der Stelle, an der die Gesamterlöse den größten Abstand zu den Gesamtkosten haben.

Preisbildung und Gewinnmaximierung im Monopol

Im Monopol trifft ein großer Anbieter auf viele Nachfrager. Damit ergibt sich eine relativ hohe Marktmacht auf der Anbieterseite. Dennoch kann er den Preis nicht beliebig hoch setzen, da die Nachfrager bei zu hohen Preisen auf das Produkt verzichten oder, wenn möglich, auf Alternativprodukte ausweichen werden. Für die Darlegung der Preisbildung wird angenommen, dass nur ein Gut hergestellt und abgesetzt wird.

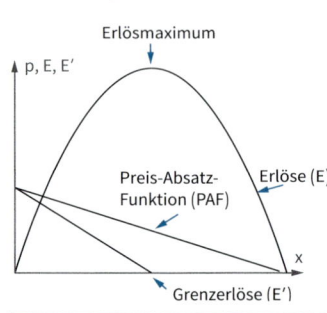

Abb. 17.3: Preisbildung und Gewinnmaximierung im Monopol

Das Gewinnmaximum des Angebotsmonopolisten findet sich im **Cournot'schen Punkt.** Dieses errechnet sich aus einer verkauften Menge zu einem verlangten Preis eines Produktes abzüglich der Produktionskosten. Typisch für den Cournot'schen Punkt ist, dass das Gewinnmaximum vor dem Umsatzmaximum erreicht wird.

ANTOINE AUGUSTE COURNOT (1801 – 1877), ein französischer Mathematiker und Wirtschaftstheoretiker. Er kann zur klassischen Ökonomie gezählt werden und gilt als Mitbegründer der mathematischen Wirtschaftstheorie.

Die Gesamtnachfragekurve ist deshalb gleich der Preis-Absatz-Funktion (PAF) des Monopolisten. Der Gesamterlös berechnet sich aus dem Produkt aus Absatzmenge und Preis. Der maximale Erlös liegt genau in der Mitte der Nachfragekurve. Die Erlöszuwächse für jedes weitere Stück (Grenzerlöse E') sind bis dahin positiv. Sobald die Grenzerlöse den negativen Bereich erreichen, sinkt der Gesamterlös des Monopolisten.

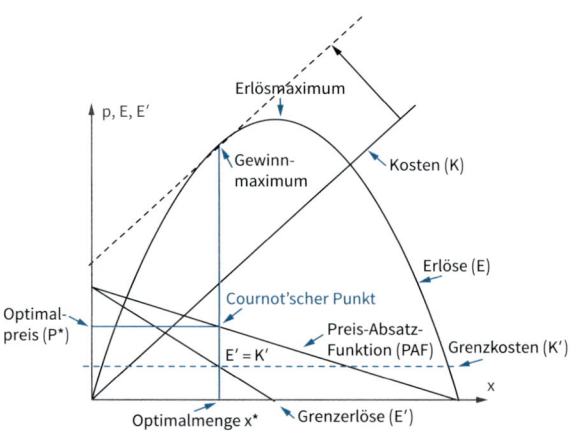

Abb. 17.4: Der Cournot'sche Punkt

Preisbildung im Oligopol

Im Oligopol, wo wenige Anbieter auf viele Nachfrager treffen, ist die Marktmacht des Anbieters zwar nicht so erheblich wie im Monopol, aber deutlich größer als die des Polypolisten. Auf einem vollkommenen Markt hat ein Oligopolist keinen Preisspielraum. Senkt er den Preis, um einen größeren Marktanteil zu erhalten, werden die anderen Oligopolisten nachziehen. Unter Umständen wird ein ruinöser Preiskampf erzeugt, der alle Oligopolisten trifft. Daher ergibt sich eine Gestaltungsmöglichkeit des Oligopolisten nur auf unvollkommenen Märkten. Hier kann der Anbieter durch Abgrenzung seines Produkts von Konkurrenzprodukten agieren. Je stärker sich ein Produkt vom Produkt des Mitbewerbs abgrenzen lässt, desto höher wird die Marktmacht des Oligopolisten.

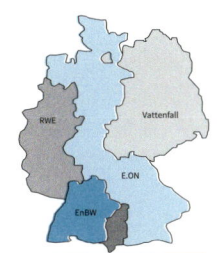

Abb. 17.5: Aufteilung des Energiemarktes der Bundesrepublik Deutschland

17.4 Preispolitik

Preispolitik verfolgt das Ziel, mit der Preisgestaltung Kaufanreize zu setzen. Ein wichtiges Gestaltungsmittel ist die Preisuntergrenze. Die Preisobergrenze dagegen wird durch die Nachfrager festgelegt. Sie liegt dort, wo der vom Kunden wahrgenommene Preis mit seiner Wertschätzung des Produktes übereinstimmt.

Die Preisuntergrenze basiert auf der Teilkostenrechnung oder der Vollkostenrechnung des Unternehmens, welche beispielsweise die Produktions- und Materialkosten berücksichtigen. Zu beachten ist, dass die variablen Kosten für das Produkt (z. B. Materialkosten, Stundenlohn und Energieverbrauch) gedeckt werden. Dies ist die **kurzfristige Preisuntergrenze**. In diesem Fall ist der **Deckungsbeitrag** gleich null. Werden sowohl die variablen als auch die fixen Kosten (z. B. Raummiete, Abschreibungen für Maschinen, Lagerräume ...) durch den Preis gedeckt, ist von der **langfristigen Preisuntergrenze** die Rede. Mit der kostenorientierten Preispolitik wird nicht etwa die Höhe des zu verlangenden Preises festgelegt, sondern sie liefert die Grundlage für die Entscheidung, ob sich die Produktion und/oder der Vertrieb des Gutes überhaupt lohnt.

Die **marktorientierte Preisfindung** orientiert sich sowohl an den Preisen der Konkurrenzunternehmen als auch am Verhalten der Nachfrager. Sie hat das Ziel der Gewinnmaximierung. Um den gewinnmaximalen Preis zu bestimmen, müssen sowohl die Marktform (Monopol, beschränktes Monopol, etc.) berücksichtigt, das Verhalten der Konkurrenten analysiert als auch eine intensive Absatzforschung betrieben werden. Dies kann je nach Markt zu sehr unterschiedlichen Preisstrategien führen. Ein wichtiges Hilfsmittel dabei ist die **Preiselastizität der Nachfrage**. Allgemein gilt, dass der (niedrige) Preis bei den Kunden eine „unechte" Präferenz (Vorliebe) bildet. Steigt der Preis und ist ein anderes Unternehmen günstiger, wechselt der Kunde zum günstigeren Unternehmen. Anhand der Preiselastizität kann ermittelt werden, in welchem Ausmaß Kunden auf unterschiedliche Preisänderungen reagieren. Ist die Elastizität niedrig, können die Preise relativ stark variiert werden, ohne dass die Kunden übermäßig reagieren, das heißt, bei Preiserhöhungen wandern kaum Kunden ab. Die Existenz von Präferenzen hebt auch die Einheitlichkeit des Marktpreises auf. Käufer, die eine bestimmte Marke bevorzugen, sind bereit, einen höheren Preis als für vergleichbare Konkurrenzleistungen zu bezahlen. Der sich daraus ergebende preispolitische Spielraum (monopolistischer Bereich) ist kennzeichnend für unvollkommene Märkte.

17.5 Konzentrationsvorgänge

Motive für Konzentrationsbestrebungen

Marktkonzentration ist ein Prozess, der auf dem Markt einer Volkswirtschaft bewirkt, dass sich die Zahl der Marktteilnehmer, in der Regel der Anbieter, verringert. Damit erhöht sich der Marktanteil der einzelnen Anbieter.

Allgemein sind Konzentrationen von Unternehmen wirtschaftlich lohnend, wenn die Interessen der Beteiligten gebündelt werden können. Gemeinsame Werbung oder Marktforschung reduziert die Kosten des Einzelnen und kann einen Zusammenschluss interessant machen. Generelle Ziele von Unternehmenszusammenschlüssen sind häufig Wirtschaftlichkeit und Wettbewerbsfähigkeit, aber auch das Reduzieren unternehmerischer Risiken oder das Erweitern von Machtpositionen auf dem Markt. Können die Kosten durch Zusammenschluss gesenkt werden und wächst die Marktmacht, können bessere Preise bei Lieferanten ausgehandelt werden. Zusammenschlüsse führen zudem zur Einschränkung des Wettbewerbs, was die Risiken für die Unternehmen senkt. Hauptsächlich steht aber das Gewinnziel im Fokus. Durch Zusammenschlüsse erwarten sich die Unternehmen in der Regel eine Ausweitung des Gewinns. Insgesamt können Konzentrationen Vorteile in allen wirtschaftlichen Funktionsbereichen eines Unternehmens führen.

Forschung und Entwicklung	Beschaffung	Produktion	Absatz	Finanzierung	Verwaltung
⊙ Relative Senkung der Kosten für die Forschung durch Verteilung auf eine größere Einheit ⊙ Erhöhung des Forschungspotenzials	⊙ Preisvorteile durch größere Mengen ⊙ stärkere Bindung der Lieferanten	⊙ Vorteile durch Normung und Typung ⊙ Kostensenkung durch Massenproduktion ⊙ Vergrößerung der Kapazität	⊙ Nutzen gemeinsamer Vertriebswege, Schaffen einer gemeinsamen Preisbasis ⊙ Verringerung der Absatzrisiken	⊙ Vergrößerung der Eigenkapitalbasis ⊙ Verbesserung der Kreditwürdigkeit ⊙ Verbesserung der Liquidität ⊙ steuerliche Vorteile	⊙ Kostensenkung durch gemeinsame Verwaltung, Buchhaltung

Tab. 17.2: Motive für Konzentrationsbestrebungen

Arten von Unternehmenszusammenschlüssen

Unterschieden werden die Unternehmenszusammenschlüsse nach der Integrationsrichtung oder nach der rechtlichen Ausgestaltung.

vertikale Zusammenschlüsse	horizontaler Zusammenschlüsse	anorganischer Zusammenschluss
Zusammenschlüsse von Unternehmen aufeinanderfolgender Produktionsstufen	Zusammenschlüsse von Unternehmen gleicher Produktionsstufen	Zusammenschlüsse von Unternehmen gleicher und nachfolgender Produktionsstufen
z. B. Baumschule und Sägewerk	z. B. zwei Automobilhersteller	

Tab. 17.3: Unternehmenszusammenschlüsse nach Integrationsrichtung

Kooperation:	Konzentration:
Vertraglicher Zusammenschluss von Unternehmen, die gemeinsam betriebliche Teilaufgaben erfüllen wollen. Dabei bleiben die beteiligten Unternehmen rechtlich und wirtschaftlich selbstständig.	Zumindest ein beteiligtes Unternehmen verliert seine wirtschaftliche Selbstständigkeit. Es kann auch sein, dass die rechtliche Selbstständigkeit ebenfalls verloren geht, wenn der Zusammenschluss die Bildung eines neuen Unternehmens zum Ziel hat.
Unternehmensverband: Bei dieser Art des Zusammenschlusses sollen die gemeinsamen wirtschaftlichen Interessen gefördert werden (z. B. Wirtschaftsfachverbände, IHK, Arbeitgeberverbände). **Konsortium:** Diese werden zur Durchführung bestimmter Projekte, z. B. Großbauprojekte, für einen begrenzten Zeitraum gebildet. **Kartelle:** Zusammenschluss von rechtlich und wirtschaftlich eigenständig bleibenden Unternehmen, dessen Hauptziel es ist, den Wettbewerb zu beschränken. Dabei wird durch das Gesetz gegen Wettbewerbsbeschränkungen eine Unterteilung in drei Kategorien vorgenommen. Es gibt **anmeldepflichtige Kartelle** (Konditionenkartell, Rabattkartell, Produktionskartell), **genehmigungspflichtige Kartelle** (Strukturkrisenkartell, Rationalisierungskartell, Importkartell) und **verbotene Kartelle** (Preiskartell, Gebietskartell, Absatzkartell). **Interessengemeinschaft:** Rechtlich selbstständige Unternehmen geben einen Großteil ihrer wirtschaftlichen Selbstständigkeit auf, um gemeinsame Aufgaben in Forschung und Entwicklung durchzuführen.	**Konzern:** Rechtlich selbstständige Unternehmen begeben sich unter eine einheitliche Leitung. **Trust (Fusion):** Dabei verschmelzen Unternehmen und verlieren ihre wirtschaftliche und rechtliche Selbstständigkeit.

Tab. 17.4: Unternehmenszusammenschlüsse nach rechtlicher Ausgestaltung

17.6 Marketing

Marketing bezeichnet eine marktorientierte Unternehmensführung. Marketing soll **alle absatzpolitischen Instrumente optimieren**. Dazu muss jeder Anbieter seine Produkte optimal den Markterfordernissen anpassen, seine Preise gewinnmaximal gestalten, die Kommunikation mit den Konsumenten verbessern und seine Logistik optimieren. Dadurch wird automatisch das Gewinnmaximum für das Unternehmen erreicht. Dazu bedarf es in jedem Unternehmen eines simultanen Ansatzes, das heißt, alle denkbaren Kombinationen absatzpolitischer Möglichkeiten müssen berücksichtigt werden und so langfristig gedacht sein, dass auch in Zukunft die erhofften Erfolge eintreten.

Dies kann jedoch nur teilweise gelingen, da zukünftige Verhaltensweisen der Konsumenten nicht vorhersagbar sind. Deshalb berücksichtigt man nur eine kleine Zahl von Kombinationen und legt nacheinander die Maßnahmen fest, die den Unternehmenserfolg garantieren sollen. Zuerst werden **produkt- und verteilungspolitische Maßnahmen** getroffen, da diese langfristig Auswirkungen haben. Danach werden der **Preis und die Art der Werbung** festgelegt, da diese variierbar sind.

Nur wenn man auch suboptimale Entscheidungen trifft, kann man vorwärtskommen, denn Nichtstun hat für jedes Unternehmen fatale Folgen. Jedem Unternehmer muss bewusst sein, dass der optimale Gewinn kaum erreichbar ist. Elemente des Marketings sind die Produktpolitik, die Preispolitik, die Kommunikationspolitik und die Distributionspolitik.

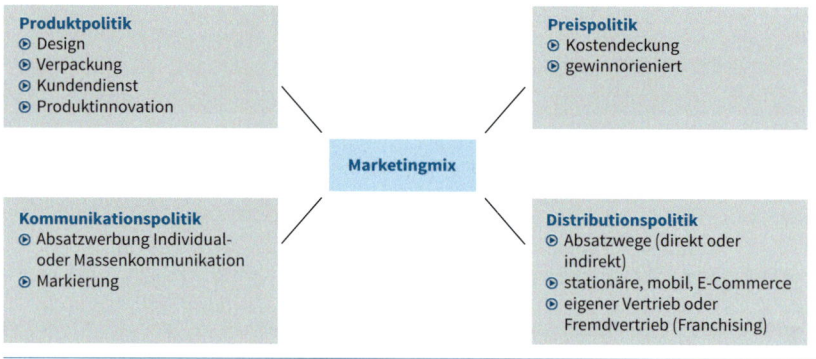

Abb. 17.6: Marketingmix

Überblick

Am Ende dieses Kapitels kennen Sie alle wichtigen Marktformen und können Verhaltensweisen auf dem Markt sowohl von der Anbieter- als auch von der Nachfrageseite aus beurteilen. Die in Deutschland führende Marktform ist das Angebotsoligopol. Sie sollen aber auch die Verhaltensweisen der Marktteilnehmer im Monopol und Polypol kennen. Die Preisbildungsmechanismen werden wesentlich von der Marktform bestimmt. Das zumeist vorhandene Hauptziel der Unternehmen, die Gewinnmaximierung, soll mithilfe von geeigneten Marketingmaßnahmen erreicht werden. Sie kennen die Marketingmaßnahmen in Produkt-, Preis-, Kommunikations- und Distributionspolitik. Letztlich ist ein erfolgreiches Marketing nur als Marketingmix zu erwarten.

Investition und Finanzierung

18

Der Investitionsbegriff wurde bereits im Kapitel 8 aus volkswirtschaftlicher Sicht und in Kapitel 15 aus betriebswirtschaftlicher Sicht beleuchtet. Dieses Kapitel zeigt Ihnen neben verschiedenen Arten von Investitionen insbesondere die Konsequenzen, die Investitionen aus betriebswirtschaftlicher und volkswirtschaftlicher Sicht haben. Ferner erhalten Sie einen Überblick über die verschiedenen Möglichkeiten, wie sich Unternehmen finanzieren können.

18.1 Investition

Als Investition bezeichnet man alle kapitalbindenden Ausgaben, die ein Unternehmen tätigen muss, bevor ihm Geldmittel zufließen. Dabei unterscheidet man zwischen einmaligen und wiederkehrenden Ausgaben.

Investitionsarten

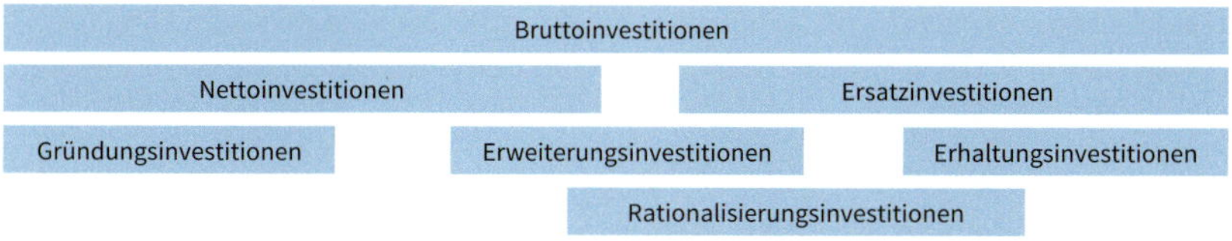

Abb. 18.1: Investitionsarten

Je nachdem, in welche Art von Vermögensgegenständen die Investitionen fließen, unterscheidet man drei Gruppen von Investitionen:
- **Sachinvestitionen** (z. B. Grundstücke, Gebäude, Maschinen),
- **Finanzinvestitionen** (z. B. Beteiligungen, Rechte),
- **immaterielle Investitionen** (z. B. Forschung, Entwicklung, Werbung).

Alle Sachinvestitionen zusammen bilden die **Bruttoinvestitionen**. Diese setzen sich zusammen aus:
- **Ersatzinvestitionen** (zur Erhaltung der Unternehmenssubstanz),
- **Nettoinvestitionen** (erweitern die Kapazität eines Unternehmens).

Der Kapitalstock einer Volkswirtschaft wird durch die Nettoinvestitionen erweitert. Je größer diese ausfallen, umso höher wird das gesamtwirtschaftliche Wachstum ausfallen. Zu den Nettoinvestitionen zählt man **Gründungsinvesti-**

tionen und **Erweiterungsinvestitionen**. Letztere könnten aber ebenso zu den Ersatzinvestitionen gehören, da auch beim Ersatz alter Maschinen oftmals eine Erweiterung der bestehenden Kapazität vorgenommen wird. Ebenso kann es vorkommen, dass im Zuge einer Erweiterung **Rationalisierungsinvestitionen** vorgenommen werden, um die Wirtschaftlichkeit des Produktionsprozesses zu erhöhen.

Auswirkungen von Investitionen

Um ein Unternehmen langfristig erfolgreich zu führen, müssen alle Investitionen sorgfältig geplant werden. Dazu ist es nötig, vielfältige Informationen aus allen Bereichen innerhalb und außerhalb des Unternehmens zu erhalten, da sämtliche Investitionen nicht nur für das einzelne Unternehmen, sondern für die gesamte Volkswirtschaft Auswirkungen haben. Der Unternehmer hat bei seinen Investitionsentscheidungen natürlich nur sein Unternehmen im Blick und betrachtet so die betriebswirtschaftlichen Auswirkungen der Investitionen.

Betriebswirtschaftliche Auswirkungen	Volkswirtschaftliche Auswirkungen
Durch Investitionen erhofft sich der Unternehmer oft eine Umsatzsteigerung, langfristig eine Gewinnsteigerung. Je nach Gestaltung der Investition kann damit eine Kostensenkung bewirkt werden oder eine Kapazitätserweiterung durchgeführt werden. Ersteres würde nicht zwingend den Umsatz steigern, eine Gewinnsteigerung kann aber erhofft werden. Kostensenkungen können durch effizienteren Einsatz der Produktionsfaktoren erreicht werden, z.B. indem Arbeitsabläufe besser strukturiert werden. Kapazitätserweiterungen können häufig nur mit frischem Kapital durchgeführt werden. Die Investitionsentscheidungen der Unternehmen wirken also auf den Kapitalbedarf in einer Volkswirtschaft.	Durch eine Ausweitung des Kapitalbedarfs können die Kapitalmarktzinsen steigen. Der Kapitalstock der Unternehmen erhöht sich. Für den Fall von Erweiterungsinvestitionen ist zu erwarten, dass Arbeitsplätze geschaffen werden. Bestehende Arbeitsplätze werden gesichert. Im Falle von Rationalisierungsinvestitionen können Investitionen aber auch einen Arbeitsplatzverlust bedeuten. Investitionstätigkeiten der Unternehmen können auf die Umwelt wirken, wenn sie darauf zielen, Ressourcen zu sparen oder umweltschonendere Produktionsprozesse zum Einsatz kommen. Zum Erhalt der internationalen Konkurrenzfähigkeit und zum Erreichen eines wirtschaftlichen Wachstums sind Investitionen unabdingbar.

Tab. 18.1: Investitionsauswirkungen

18.2 Finanzierung

Für jede Investition benötigt ein Unternehmen Kapital. Alles was ein Unternehmen zur Beschaffung, Verwaltung und Tilgung von Geldern benötigt, wird unter dem Begriff Finanzierung subsumiert. Prinzipiell gibt es zwei Wege der Unternehmensfinanzierung, die **Außenfinanzierung**, bei der dem Unternehmen das Kapital von außerhalb des Unternehmens zur Verfügung gestellt wird, und die **Innenfinanzierung**, bei der das benötigte Kapital aus dem Unternehmen generiert wird. Außen- und Innenfinanzierung kann auf unterschiedliche Weise geschehen.

Außenfinanzierung		Innenfinanzierung			
Eigen-finanzierung	Fremd-finanzierung	Selbst-finanzierung	Finanzierung aus Abschreibung	Finanzierung aus Rückstel-lungen	Finanzierung durch Umschichtung

Tab. 18.2: Finanzierungsformen

Sonderformen der Außenfinanzierung	
Leasing	Factoring

Tab. 18.3: Sonderformen

Außenfinanzierung

Generell kann die Finanzierung von außen über Eigenfinanzierung, d. h. über eine Finanzierung durch Beteiligungen erfolgen oder Fremdfinanzierung, was bedeutet, dass Dritte dem Unternehmen Kapital zur Verfügung stellen.

In der Bilanz zeigt die Passivseite die Mittelherkunft (Eigenmittel oder Fremdmittel), die Aktivseite die Verwendung der Mittel (Anlage- oder Umlaufvermögen)

Einlagenfinanzierung

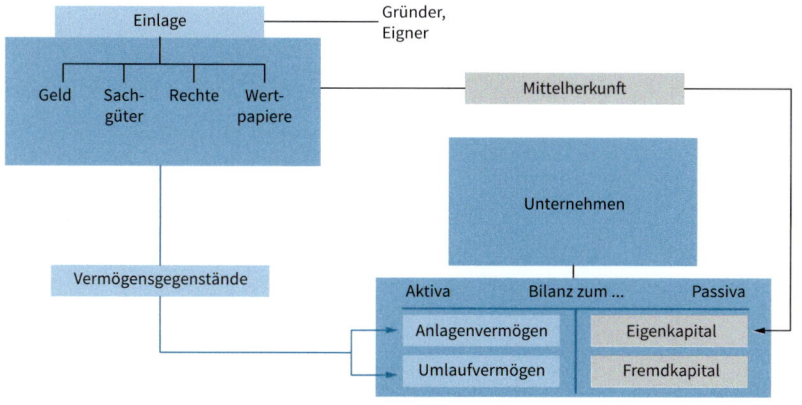

Abb. 18.2: Übersicht zur Einlagenfinanzierung

Einlagenfinanzierung ist eine Finanzierungsform, bei der der oder die Eigentümer dem Unternehmen Geldmittel zuführen. Im Falle einer Personengesellschaft erfolgt dies, indem der Eigentümer aus seinem Privatvermögen Geld in das Unternehmen bringt oder ggf. ein weiterer Gesellschafter in das Unternehmen aufgenommen wird, der sich mit einer Einlage beteiligt.

Handelt es sich um eine Kapitalgesellschaft, kann Kapital zufließen, indem das gezeichnete Kapital, das Stammkapital (bei der GmbH) oder das Grundkapital (bei der AG) erhöht wird. Im Rahmen der ordentlichen Kapitalerhöhung in der AG erfolgt der Kapitalzufluss durch Emission junger Aktien. Die Hauptversammlung der AG kann die Kapitalerhöhung mit einer Mehrheit von 75 % beschließen (§ 182 I S.1 AktG). Um ihren prozentualen Anteil halten zu können, erhalten die Altaktionäre ein Vorkaufsrecht für die jungen Aktien in Höhe ihrer bisherigen Kapitalbeteiligung. Die Aktien, die über Vorkaufsrechte nicht veräußert werden, werden frei gehandelt.

Vorteil dieser Finanzierungsform ist, dass das zugeflossene Kapital unbefristet zur Verfügung steht, da es sich um Eigenkapital handelt, das nicht getilgt werden muss. Dadurch erhält sich ein Unternehmen Unabhängigkeit gegenüber Banken oder anderen Gläubigern. Jedoch bedeutet diese Art der Kapitalbeschaffung, dass sich Mehrheitsverhältnisse im Unternehmen verschieben und neue Gesellschafter oder Aktionäre Mitspracherecht erhalten.

Fremdfinanzierung

Im Rahmen einer Fremdfinanzierung werden einem Unternehmen Geldmittel von Dritten zugeführt. Durch den Geldzufluss ändern sich die Eigentumsverhältnisse am Unternehmen nicht.

Kurzfristige Fremdfinanzierungsformen

Fremdfinanzierung kann mittels **Handelskrediten** erfolgen. Handelskredite kann der Unternehmer vom Kunden (**Kundenkredit**) nehmen, indem er Vorschüsse kassiert, oder vom Lieferanten (**Lieferantenkredit**), indem er Zahlungsziele in die Zukunft verlegt. Diese belasten nicht durch Zinsen, können Unternehmen aber dazu zwingen, auf mögliche Rabatte und Skonti zu verzichten. Beide Kreditarten sind nur kurzfristige Finanzierungsmöglichkeiten. Neben Handelskrediten können Unternehmen sich mit Bankkrediten, die kurz-mittel- oder langfristig sein können, finanzieren. Kurzfristiger Kredit ist dabei der **Kontokorrentkredit**, bei dem der Kreditnehmer einen Kreditrahmen eingeräumt bekommt – er kann sein Konto überziehen. Zinsen zahlt er nur für den in Anspruch genommenen Teil. Kontokorrentkredite werden in der Regel nur kurzfristig für einige Monate gewährt. Nach Ablauf der vereinbarten Zeit muss eine neue Übereinkunft getroffen werden.

Mittel- und langfristige Fremdfinanzierungsformen

Investitionen verlangen oft höhere Fristigkeiten als nur einige Monate. Hierfür eignen sich mittel- und langfristige Investitionsdarlehen, die üblicherweise eine feste Laufzeit und feste Kreditraten haben. Normalerweise sind mittel- und langfristige Kredite mit einem wesentlich niedrigeren Zinssatz versehen als Kontokorrentkredite. Jedoch kann man mit dem kurzfristigen Kontokorrentkredit kurzfristige Liquiditätsengpässe überbrücken, ohne festen Kreditraten unterworfen zu sein.

Langfristige Mittel können aus Anleihen- und **Obligations**finanzierungen gezogen werden. Dabei handelt es sich um festverzinsliche Wertpapiere, die in der Regel in kleinen Mengen ausgegeben werden. Die Rückzahlung erfolgt in festgelegten Tilgungsplänen im Zeitraum von 10 bis 20 Jahren.

Eine weitere Möglichkeit sind **grundpfandrechtlich gesicherte Rechte:** Langfristige Bankkredite werden häufig durch die Belastung von Immobilien gesichert. Dabei werden Rechte an unbeweglichen Sachen in das Grundbuch eingetragen. Bekanntestes Beispiel ist die Hypothek.

Sonderformen der Außenfinanzierung

Leasing

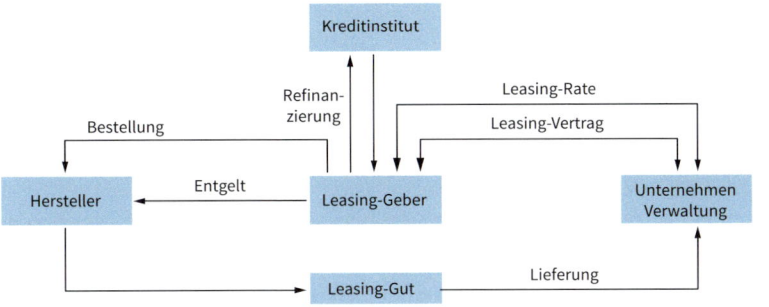

Abb. 18.3: Übersicht zum Leasing

Beim **Leasing** überlässt der Leasinggeber dem Leasingnehmer ein bestimmtes Gut für eine bestimmte Zeit. Dabei bleibt der Leasinggeber Eigentümer der Sache, der Leasingnehmer erhält den Besitz und damit insbesondere das Nutzungsrecht an der Sache. Leasing eignet sich für Gegenstände des Anlagevermögens im Unternehmen, d. h. Vermögensgegenstände, die planmäßig längerfristig im Unternehmen verbleiben sollen, bei denen aber von Zeit zu Zeit eine Erneuerung sinnvoll ist. Dies ist z. B. bei Fahrzeugen oder EDV- Ausstattungen der Fall.

Factoring

Factoring ist eine Finanzierungsform, bei der ein Unternehmer, der der Factoringnehmer ist, seine Forderungen, die er gegenüber z. B. den Kunden hat, an eine Factoringunternehmen (Factor) verkauft. Der Factor zahlt dem Factoringnehmer die Rechnungsbeträge noch bevor der Kunde gezahlt hat. Für diese Vorauszahlung muss der Factoringnehmer dem Factor eine Gebühr zahlen, i. d. R. einen Prozentsatz der Forderungssumme. Für den Factoringnehmer ergibt sich daraus der Vorteil, dass er mit erheblich vermindertem Verwaltungsaufwand die Forderungen beglichen bekommt. Falls Forderungen ausfallen, trägt der Factor das Risiko. Insgesamt hat diese Form der Finanzierung für den Factoringnehmer einen Liquiditätsvorteil, den er allerdings durch die Gebühren an den Factor bezahlt. Der Factor kauft in der Regel nur

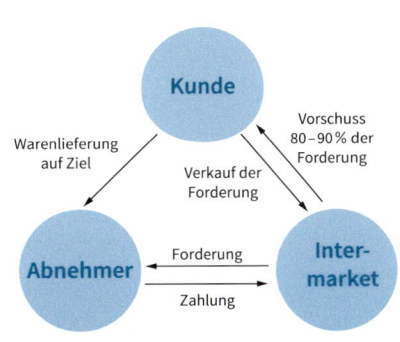

Abb. 18.4: Übersicht zum Factoring

gute Forderungen. Nachteilig ist unter Umständen eine Verärgerung der Kunden, wenn der Factor die Forderungen radikal einzieht.

Innenfinanzierung

Wenn die finanziellen Mittel, die einem Unternehmen zufließen, aus dem Umsatzprozess stammen, finanziert das Unternehmen mittels Innenfinanzierung.

Selbstfinanzierung

Gemäß § 252 HGB müssen Kaufleute Vermögenswerte nach dem Niederstwertprinzip, Schulden nach dem Höchstwertprinzip bewerten.

Im Rahmen der offenen Selbstfinanzierung wird die Finanzierung durchgeführt, indem das Unternehmen den ausgewiesenen erwirtschafteten Gewinn nicht auszahlt (**Gewinnthesaurierung**), sondern wieder in das Unternehmen investiert. Die **stille Selbstfinanzierung** erfolgt durch das Einbehalten nicht ausgewiesener Gewinne, die durch das Unterbewerten von Aktiva oder Überbewerten von Passiva entsteht. Unterbewertete Aktiva sind Vermögenswerte, die mit zu geringen Werten in der Bilanz stehen. Überbewertete Passiva sind dementsprechend mit zu hohen Werten in der Bilanz geführt.

Finanzierung aus Abschreibungen

Die buchhalterische Erfassung der Wertminderung auf Anlagegüter nennt man Abschreibungen. Es handelt sich dabei um einen Kapitalfreisetzungseffekt: Die Wertminderung, die Anlagen in einem Unternehmen erfahren, werden in den Preisen der Güter mit kalkuliert, d.h. die Wertminderung fließt über den Verkaufspreis in das Unternehmen. Da der Ersatz des Anlageguts erst nach einigen Jahren erfolgt, steht das Geld dem Unternehmen bis zum Zeitpunkt der Erneuerung zur Verfügung. Die über den Umsatzprozess eingenommenen Abschreibungsgegenwerte können wieder für Neuinvestitionen eingesetzt werden und führen so zu einer Kapazitätserweiterung des Unternehmens.

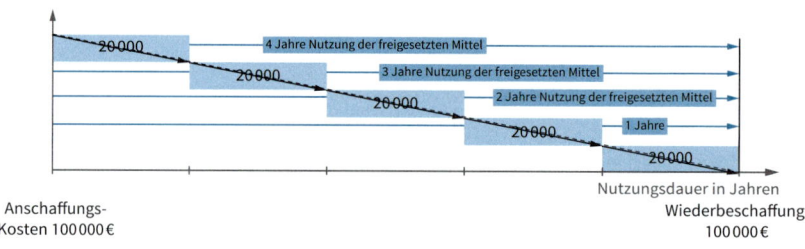

Abb. 18.5: Kapitalfreisetzungseffekt

Finanzierung durch Pensionsrückstellungen

Nach § 249 HGB sind Rückstellungen für ungewisse Verbindlichkeiten zu bilden. Pensionsrückstellungen werden gebildet, um zukünftige Betriebsrenten bezahlen zu können. In den ersten Jahren nach Gründung eines Unternehmens sind keine Betriebsrenten zu zahlen. Die Rückstellungen stehen dem Unternehmen folglich längerfristig zur Finanzierung zur Verfügung.

Finanzierung durch Vermögensumschichtung
Diese Finanzierungsform kann durchgeführt werden, wenn das Unternehmen über Vermögenswerte verfügt, die für den Betriebsablauf nicht oder nicht mehr benötigt werden. Diese können veräußert werden. Die dabei erwirtschafteten Mittel können für die Finanzierung von Materialkäufen oder ähnliches verwendet werden.

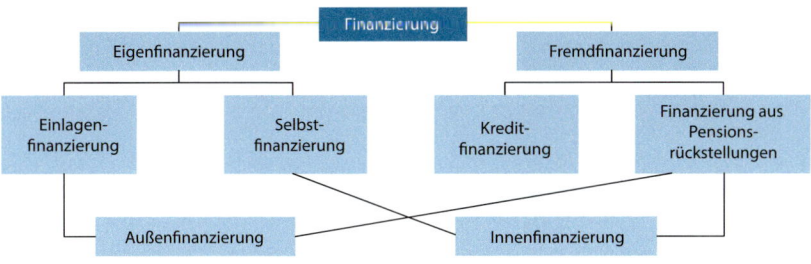

Abb. 18.6: Vermögensumschichtung

Finanzierungsgrundsätze

Jede Finanzierungsentscheidung sollte an bestimmten Grundsätzen ausgerichtet werden. Jeder Unternehmer muss sich überlegen, welchen Einfluss eine beabsichtigte Finanzierungsentscheidung auf Liquidität, Stabilität, Rentabilität, Unabhängigkeit und Haftung seines Unternehmens hat.
In unserer Volkswirtschaft haben sich einige Finanzierungsregeln herausgebildet, an die sich jeder vernünftige Unternehmer halten wird.

Vertikale Finanzierungsregel
Die Finanzierungsregel betrifft das Verhältnis von Eigen- zu Fremdkapital. Dabei wird nach kaufmännischen Grundsätzen gefordert, dass mindestens so viel Eigenkapital in einem Unternehmen vorhanden sein sollte wie Fremdkapital. Dadurch würden einem Unternehmen laufende Zinszahlungen erspart und es bliebe relativ unabhängig von Gläubigern. Allerdings kann es durchaus lohnend sein, Fremdkapital einzusetzen, solange die damit erzielte Rendite den zu bezahlenden Zins übersteigt (Leverage-Effekt). Außerdem ist die Zusammensetzung stark branchenabhängig. Deshalb sollte das Verhältnis zwischen Eigenkapital und Fremdkapital am Durchschnitt des jeweiligen Wirtschaftszweiges ausgerichtet werden.

Horizontale Finanzierungsregeln

- ▶ **Goldene Finanzierungsregel:** Zwischen Kapitalverwendung und Kapital-beschaffung sollte Fristenkongruenz herrschen. Damit ist gewährleistet, dass keine Liquiditätsprobleme auftreten. Problem dabei ist, dass der Kapitalbedarf jedes Unternehmens größer ist als die Vermögensseite der Bilanz, da laufende Ausgaben getätigt werden müssen.
- ▶ **Goldene Bilanzregel:** Langfristig gebundene Vermögensobjekte sollten auch durch langfristiges Fremdkapital finanziert werden.

Beziehung zwischen Investition und Finanzierung

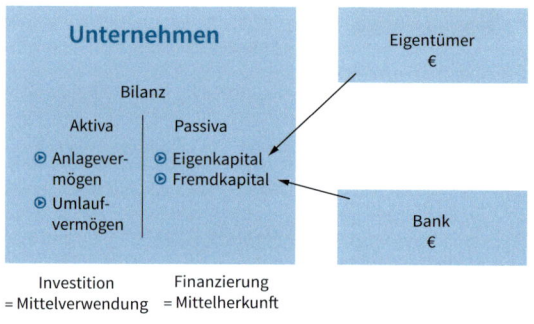

Abb. 18.7: Investition und Finanzierung

Überblick

Am Ende dieses Kapitels kennen Sie verschiedene Investitionsarten und wissen, welche betriebswirtschaftlichen und volkswirtschaftlichen Konsequenzen Investitionen hervorrufen.
Investitionen sind in einem Unternehmen existenziell wichtig, werfen aber auch die Frage der Mittelbeschaffung auf. Sie sollen die Unterschiede der Finanzierungsarten kennen und nach Innen- und Außenfinanzierung unterscheiden können. Wichtig ist, dass sie einzelne Finanzierungsarten vergleichend beurteilen und anhand eines Falles eine begründete Finanzierungsentscheidung treffen können. Dabei sollen Sie auch die Sonderformen der Finanzierung im Blick haben.

Glossar

Abschreibung
Buchhalterische Erfassung der Wertminderung auf Anlagegüter, schmälert den Gewinn und damit auch die Steuerlast der Unternehmen

Abwertung
Senkung des nominalen Wechselkurses einer Währung

Action-Lag
Zeitspanne, die benötigt wird, um Maßnahmen zu beschließen.

Aktiengesellschaft (AG)
Kapitalgesellschaft mit in Aktien gestückeltem Grundkapital

Akzeleratorprizip
Besagt, dass eine einmalige Veränderung der Nachfrage eine vielfache Veränderung der Investitionstätigkeit nach sich zieht.

Anarchische Staatenwelt
Staaten sind egoistisch, streben mit Selbsthilfe nach Macht und nach Verbesserung ihrer Position – das Sicherheitsdilemma bestimmt das Handeln der Staaten.

Angebot
Erkennbare Bereitschaft, eine bestimmte Menge eines Gutes verkaufen zu wollen

Äquivalenzprinzip
Prinzip, nach dem sich die entrichteten Beiträge und erwarteten Leistungen entsprechen (etwa bei der Finanzierung des Staates durch den Beitrag der Bürger).

Arbeit
Volkswirtschaftlicher und betriebswirtschaftlicher Produktionsfaktor

Arbeitslosigkeit
Arbeitslos im Sinne der amtlichen Statistik sind Arbeitnehmer, die nicht in einem Beschäftigungsverhältnis stehen oder eine geringfügige Beschäftigung ausüben und sich persönlich bei der Agentur für Arbeit als beschäftigungssuchend gemeldet haben.

Arbeitslosigkeit – friktionelle
Arbeitslosigkeit kurzfristiger Natur, die durch den Wechsel der Arbeitsstelle hervorgerufen wird.

Arbeitslosigkeit – konjunkturelle
Arbeitslosigkeit, die durch die wirtschaftliche Lage in einer Volkswirtschaft hervorgerufen wird.

Arbeitslosigkeit – saisonale
Arbeitslosigkeit, die sich durch schwankende Nachfrage während eines Jahres ergibt.

Arbeitslosigkeit – strukturelle
Arbeitslosigkeit, die sich durch nachhaltige Veränderung im Wirtschaftsgefüge einer Volkswirtschaft ergibt.

Aufwertung
Erhöhung des nominalen Wechselkurses einer Währung

Ausfuhrgewährleistung
Beispielsweise durch Hermesbürgschaften wird gewährleistet, dass Unternehmen keine Verluste haben, wenn ausländische Geschäftspartner zahlungsunfähig sind.

Ausfuhrkontingente
Beschränkung der Ausfuhrmengen, um die heimische Versorgung zu gewährleisten

Ausfuhrsubventionen
Staatliche Zuschüsse für Exportwaren, die dadurch auf dem Weltmarkt konkurrenzfähig werden können.

Ausgleichsmandate
Die Gesamtzahl der Sitze wird so lange vergrößert, bis alle Überhangmandate so ausgeglichen sind, dass die Überhangmandate für eine Partei keinen relativen Vorteil mehr darstellen.

Aussperrung
Arbeitskampfmaßnahme, bei der die Arbeitgeber das Unternehmen schließen, nur als Antwort auf Streikmaßnahmen gestattet.

Außenfinanzierung
Finanzierungsform, bei der das Kapital dem Unternehmen von außen zufließt.

Außenwirtschaftliches Gleichgewicht
Außenwirtschaftliches Gleichgewicht herrscht, wenn die grenzüberschreitenden Gold- und Devisenzuflüsse mittelfristig so groß sind, wie die Abflüsse.

Außenwirtschaftsförderung

Unterstützung von Unternehmen durch die Regierung, z. B. Gewährung von Rechtsschutz, Investitionsschutzabkommen

Außenwirtschaftspolitik

befasst sich mit allen Fragen, die mit dem grenzüberschreitenden Verkehr von Waren, Personen, Dienstleistungen und Kapital zusammenhängen.

Autonomietheorie

Unabhängigkeit der Funktionsbereiche von Politik und Massenmedien voneinander

Basistender

Längerfristiges Refinanzierungsgeschäft

Beschäftigungsgrad

Ist-Beschäftigung im Verhältnis zu Beschäftigungskapazität

Beschäftigungsschwelle

Gibt an, welches Wachstum für eine Volkswirtschaft erforderlich ist, damit eine positive Wirkung auf dem Arbeitsmarkt erreicht wird, d. h. die Beschäftigung steigt.

Betriebsmittel

Betriebswirtschaftlicher Produktionsfaktor, der bei der Produktion gebraucht aber nicht verbraucht wird.

Betriebsoptimum

Minimum der Stückkosten.

Bezogene Fertigteile

Werkstoffe, die in das Produkt eingehen, aber nicht im Betrieb hergestellt, sondern zugekauft wurde.

Bilanz der Primäreinkommen

Teilbilanz der Leistungsbilanz, die die grenzüberschreitenden Zahlungen aus Erwerbstätigkeit und Vermögensanlagen erfasst.

Bilanz der Sekundäreinkommen

Teilbilanz der Leistungsbilanz, die regelmäßige grenzüberschreitende Zahlungen erfasst, denen keine direkte Gegenleistung gegenübersteht.

BINGO (Business International Non- Governmental Organisation)

Eine auf Gewinn abzielende Organisation, die ein transnationaler Konzern (TNC) oder ein transnationales Unternehmen (TNU) sein kann.

BNE (Bruttonationaleinkommen)

Summe aller von Inländern einer Volkswirtschaft im In- und Ausland erwirtschafteten Einkommen innerhalb einer Wirtschaftsperiode

Boden

Volkswirtschaftlicher Produktionsfaktor, der von der Natur zur Verfügung gestellt wird.

BOLTE-Zwiebel

Gesellschaftsmodell, das bildlich in Zwiebelform dargestellt werden kann, mit Elite, altem und neuem Mittelstand, Arbeiterschaft und sozial Verachteten.

BPW (Bruttoproduktionswert)

Summe aller inländischen Sachgüter und Dienstleistungen inklusive Vorleistungen, die auf den Märkten einer Volkswirtschaft angeboten werden.

Break-Even-Point

Gewinnschwelle, rechts von diesem Punkt beginnt die Gewinnzone.

Bruttoinlandsprodukt (BIP)

Wert aller Sachgüter und Dienstleistungen, die im Laufe einer Wirtschaftsperiode innerhalb der Landesgrenzen einer Volkswirtschaft, erbracht wird.

Bruttoinlandsprodukt (BIP) – reales

BIP ausschließlich mit Mengenänderungen gegenüber der vorherigen Wirtschaftsperiode

Bruttoinlandsprodukt (BIP) – nominales

BIP mit Mengen- und Preisänderungen gegenüber der vorherigen Wirtschaftsperiode

Bruttoinvestitionen

Summe aus Neuinvestitionen und Ersatzinvestitionen

Bruttonationaleinkommen

Wert aller Sachgüter und Dienstleistungen, die von Inländern innerhalb einer bestimmten Wirtschaftsperiode erbracht wird. Das BIP abzüglich aller Einkommen, die an Ausländer in der übrigen Welt gezahlt werden, zuzüglich aller Einkommen, die an Inländer aus der übrigen Welt empfangen werden, ergibt das BNE.

Bundespräsident

Höchstes Staatsamt in der Bundesrepublik Deutschland, im Wesentlichen mit repräsentativen Aufgaben

Bundesrat
Staatsorgan, das sich aus Mitgliedern der Länderregierungen der Bundesländer zusammensetzt und unter anderem am Gesetzgebungsprozess beteiligt ist.

Bundesregierung
Staatsorgan, das sich aus von der Bundeskanzlerin/dem Bundeskanzler vorgeschlagenen, vom Bundespräsidenten ernannten Ministern und der Bundeskanzlerin/des Bundeskanzlers zusammensetzt, exekutive Gewalt.

Bundesstaatprinzip
Staatsorganisation mit vertikaler Gewaltenteilung, also Aufteilung der Staatsgewalt in Bund, Länder und Gemeinden

Bundestag
Staatsorgan, das sich aus von den Wählern gewählten Volksvertretern zusammensetzt und für die Gesetzgebung im Staat zuständig ist, legislative Gewalt.

Bundesverfassungsgericht
Staatsorgan, das sich aus Bundesrichtern und anderen Mitgliedern zusammensetzt und die Aufgabe hat, die Einhaltung des Grundgesetzes der Bundesrepublik Deutschland zu überwachen.

Bürgerinitiativen
Spontane, zeitlich meist begrenzte, organisatorisch eher lockere Zusammenschlüsse einzelner Bürger, die außerhalb der etablierten Beteiligungsformen der Parteiendemokratie bleiben wollen. Sie entstehen zumeist aus einem konkreten Anlass, häufig auch als Abwehrinitiative unmittelbar Betroffener und um Abhilfe im Sinne ihres Anliegens bemüht.

Bürgerrechte
Grundrechte, die nur Staatsbürgern im Sinne des Grundgesetzes zustehen, d. h. denen, die die deutsche Staatsbürgerschaft besitzen.

CETA
Comprehensive Economic and Trade Agreement; Handelsabkommen zwischen Kanada und der EU

COURNOT'scher Punkt
Stelle, an der der Angebotsmonopolist sein Gewinnmaximum erreicht.

Crowding-Out-Effekt
Verdrängung privatwirtschaftlicher Aktivitäten durch das Handeln des Staates

DAHRENDORF-Haus
Gesellschaftsmodell, das mit einem bewohnten Haus verglichen wird, bei dem unterschiedliche Gesellschaftsschichten unterschiedliche Etagen bewohnen.

Deckungsbeitrag
Betrag, den ein Unternehmer zur Deckung seiner Fixkosten zur Verfügung hat; Differenz von Umsatz und variablen Kosten.

Deficit spending
Engl.: Finanzierung durch Staatsverschuldung, Kreditaufnahme des Staates in Rezessions- oder Depressionsphasen zur Konjunktursteuerung über die Nachfrage

Demokratie
Politisches Prinzip, das dadurch gekennzeichnet ist, dass das Volk durch demokratische Wahlen an der Machtausübung im Staat beteiligt ist.

Dependenztheorie
Theorie, die die Abhängigkeit einer Seite von einer anderen annimmt.

Derivate
Finanzinstrumente, deren Preise von den Preisen anderer Finanzinstrumente abhängen.

Desinvestition
Umkehrung der Investition. Sach- und Finanzwerte werden in liquide Mittel verwandelt.

Devisenzwangswirtschaft
Devisenmonopol des Staates (vor allem im früheren Ostblock), bei dem Exporteure ihre Deviseneinnahmen an den Staat verkaufen müssen. Dieser gibt dann, je nach seinen Vorstellungen, Devisen aus.

Dezisionistisches Modell
Modell, bei welchem dem Berater die Aufgabe zukommt, hinreichende Informationen zur Verfügung zu stellen und Lösungswege zu entwickeln, während der Politiker die Entscheidungen trifft.

Dienstleistungsbilanz
Teilbilanz der Leistungsbilanz, die grenzüberschreitenden Handel von Dienstleistungen erfasst.

Diktatur
Herrschaft eines einzelnen Diktators unter Mithilfe einer vom Diktator befehligten Gruppe bei Ausschluss jeglicher Mitsprache des Volkes

Direktinvestition
Kapitalanlagen eines Unternehmens im Ausland mit der Absicht einer Unternehmensbeteiligung und Übernahmen von Unternehmensverantwortung durch Zweigstellen, Niederlassungen, Produktionsstätten

Direktorium
Leitet die EZB und setzt die Beschlüsse des EZB-Rates durch.

Distributionspolitik
Alle Marketingentscheidungen, die auf dem Weg des Produkts vom Anbieter zum Kunden getroffen werden.

Dumping
Waren werden unter den Herstellungskosten verkauft, z. B. um einen Markteintritt zu ermöglichen.

ECOFIN-Rat
Economic and Financial Minister, Zusammenkunft der Wirtschafts- und Finanzminister der EU mit dem Ziel der Harmonisierung der Wirtschafts- und Finanzpolitik.

Efficiency-lag
Zeitspanne, die vergeht, bis die beschlossenen Maßnahmen greifen.

EGKS
Europäische Gemeinschaft für Kohle und Stahl, gegründet 1951

Eigenfinanzierung
Finanzierung durch Beteiligung

Einfuhrkontingente
Beschränkung der Einfuhrmengen, um den Markt vor ausländischen Produkten zu schützen.

Einkommenspolitik
Alle wirtschaftspolitischen Maßnahmen des Staates zusammengefasst, die getroffen werden, um das Einkommen der Bürger zu beeinflussen.

Einlagefazilität
Übernachteinlage überschüssiger Liquidität der Geschäftsbanken bei der EZB.

Einlagenfinanzierung
Finanzierungsform, bei der der oder die Eigentümer dem Unternehmen Geldmittel zuführen.

Embargo
Verbot des Handels mit dem Produkt

Endogene Theorie
Konjunkturtheorie, die annimmt, dass Konjunkturschwankungen ursächlich im System der Marktwirtschaft zu suchen sind.

Ersatzinvestition
Investitionen, die den Zweck haben, die Kapazität des Unternehmens zu erhalten.

Erweiterter Rat
Setzt sich aus dem Präsidenten und Vizepräsidenten der EZB sowie allen Präsidenten der nationalen Zentralbanken innerhalb der EU zusammen; Ziel ist die Harmonisierung der Geldpolitik aller Länder in der EU.

Erweiterungsinvestition
Investitionen, die die Kapazitäten des Unternehmens erweitern.

ESZB (Europäisches System der Zentralbanken)
Die Nationalen Zentralbanken im Eurowährungsraum und die EZB bilden zusammen das Europäische System der Zentralbanken (ESZB).

EU (Europäische Union)
Zusammenschluss von 28 europäischen Staaten (Stand September 2018) mit der Absicht enger wirtschaftlicher Zusammenarbeit, um wirtschaftlichen und sozialen Frieden zu schaffen.

Europäische Kommission
Regierung der EU, Exekutivorgan. Jedes Mitgliedsland entsendet einen Kommissar in das Organ.

Europäischer Gerichtshof (EuGH)
Judikatives Organ der EU

Europäischer Rat
Staats- und Regierungschefs der EU-Mitgliedsländer sowie der Präsident der Europäischen Kommission.

Europäischer Rechnungshof
Haushaltskontrollinstanz der EU

Europäischer Stabilitätsmechanismus (ESM)
Europäische Finanzinstitution, die Mitgliedstaaten in finanziellen Krisen unterstützen soll.

Europaparlament
Vom Volk direkt gewähltes Organ mit 751 Sitzen

European Currency Unit (ECU)
Währungskorb, Rechengröße, die als Bezugsgröße für die Wechselkurse der beteiligten Staaten herangezogen wurde.

EWG
Europäische Wirtschaftsgemeinschaft, von Benelux, Deutschland, Frankreich, Italien 1957 gegründet mit dem Ziel einer gemeinsamen Wirtschaftspolitik. Spätere Beitrittskandidaten Dänemark, Griechenland, Irland, Portugal, Spanien, Großbritannien.

Exogene Theorie
Konjunkturtheorie, die annimmt, dass Konjunkturschwankungen ursächlich außerhalb des Systems der Marktwirtschaft zu suchen sind.

Exportzoll
Zölle auf Waren, die das Land verlassen.

Externalität
Auswirkung einer Aktivität (Produktion, Konsum) auf Dritte, die nicht kompensiert wird. Das heißt, dass ein Geschädigter keine Entschädigung erhält und ein Nutznießer für einen positiven externen Effekt keine Gegenleistung entrichten muss.

Externer Effekt
→ Externalität

EZB (Europäische Zentralbank)
Zentralbank des Eurowährungsraums, bestehend aus zwei Gremien, dem Direktorium und dem EZB-Rat.

EZB-Rat
Setzt sich zusammen aus dem Direktorium der EZB und den Präsidenten der nationalen Zentralbanken, die den Euro als Währung eingeführt haben; Gremium, welches die geldpolitischen Entscheidungen trifft.

Factoring
Finanzierungsform, bei der ein Unternehmer, der der Factoringnehmer ist, seine Forderungen, die er gegenüber z. B. den Kunden hat, an eine Factoringunternehmen (Factor) verkauft.

Faktorallokation
Verteilung von volkswirtschaftlichen Produktionsfaktoren (Arbeit, Boden, Kapital) auf die Produktion)

Faktoreinkommen
Einkommen, das durch den Einsatz von Produktionsfaktoren erzielt wird.

Fazilitäten
Alle Kreditmöglichkeiten, die einem Kunden zur Deckung seines Kreditbedarfs zur Verfügung stehen.

Feinsteuerungoperationen
In unregelmäßigen Abständen durchgeführtes Instrument zur Feinsteuerung des Geldmarktes, falls die über Haupt- und Basistender zugeteilte Geldmenge zu groß oder zu gering war. Liquiditätszuführend oder -beschränkend.

Finanzderivate
Termingeschäfte, deren Preis mittelbar oder unmittelbar vom Börsen- oder Marktpreis eines Wertpapiers, von Waren oder Edelmetallen oder Devisen abhängt, wie z. B. Optionsscheine.

Finanzinvestition
Investition in Finanzen und Beteiligungsrechte

Finanzzölle
Zölle, die mit der Absicht erhoben werde, Staatseinnahmen zu generieren.

Fiskalpolitik
Alle Maßnahmen, die der Staat auf der Ebene des Bundes, der Länder und der Gemeinden mithilfe der Einnahmen und Ausgaben ergreift, um auf die Konjunktur einzuwirken, mit dem Ziel Konjunkturschwankungen zu glätten.

Fiskalstaat
Durch Steuern finanzierter Staat

Fixe Kosten
Kosten, die unabhängig vom Beschäftigungsgrad anfallen.

Fixe Stückkosten
Kosten pro Stück, die unabhängig vom Beschäftigungsgrad anfallen.

Flexible Wechselkurse
Bilden sich frei durch Angebot und Nachfrage nach den Gesetzen des Marktes; das heißt, mit sinkendem Preis steigt die Nachfrage und sinkt das Angebot.

Forward Guidance
Ankündigung zur zukünftigen Geldpolitik, um unerwünschten Entwicklungen auf dem Geldmarkt entgegenzuwirken.

Freie Marktwirtschaft
Wirtschaftssystem, das als zentrales Koordinationsinstrument einen Markt hat, durch den das Wirtschaftsgeschehen gesteuert wird.

Fremdfinanzierung
Finanzierung, bei der dem Unternehmen Geldmittel von Dritten zugeführt wird.

Friedensvölkerrecht
Völkerrecht, das im Friedensfall gilt.

Fürsorgeprinzip
Eine bestimmte Form der Bedürftigkeit ist Anlass für die Fürsorgeleistungen.

G20-Gipfel
Gruppe der zwanzig wichtigsten Industrienationen und Schwellenländer

G8-Gipfel
Gruppe der „Großen Acht" (USA, J, D, F, GB, I, CAN, RUS) Forum zum Gedankenaustausch für weltwirtschaftliche Fragen.

GATT
Abkürzung für *General Agreement on Tariffs and Trade*, Allgemeines Zoll- und Handelsabkommen, das am 1.1.1948 in Kraft trat.

Geldmarkt
Zusammentreffen von Angebot und Nachfrage nach kurzfristigem Geld mit einer Laufzeit bis zu einem Jahr

Geldmenge
Bezeichnet alle in einer Volkswirtschaft vorhandenen Zahlungsmittel M (money)

Geldmenge M1
Bargeld, Sichteinlagen, d. h. Einlagen, die täglich in Bargeld verwandelt werden oder für bargeldlose Zahlungen herangezogen werden können.

Geldmenge M2
M1 zuzüglich Termineinlagen mit einer Laufzeit von bis zu zwei Jahren und Spareinlagen mit einer Kündigungsfrist bis zu drei Monaten

Geldmenge M3
M2 zuzüglich Geldmarktfondsanteile, Geldmarktpapiere, Schuldverschreibungen und Beiträge aus Repogeschäften

Geldpolitik
Alle wirtschaftspolitischen Maßnahmen, die die Europäische Zentralbank mit dem Ziel ergreift, das Geldwesen zu gestalten und den Geldwert zu stabilisieren.

Gender Gap
Einkommenslücke zwischen den Geschlechtern

Genfer Konvention
Zwischenstaatliches Abkommen, das für den Fall des Krieges oder eines internationalen oder nicht internationalen bewaffneten Konflikts Regeln für den Schutz von Personen, die nicht oder nicht mehr an den Kampfhandlungen teilnehmen, vorsieht.

Genossenschaft
Zusammenschluss natürlicher oder juristischer Personen mit dem Ziel der wirtschaftlichen oder sozialen Förderung der Mitglieder

Gesamtkosten
Summe aus Fixkosten und variablen Kosten

Gesamtschuldnerische Haftung
Unmittelbare (der Gläubiger kann sich direkt an den Gesellschafter halten), unbeschränkte (mit Geschäfts- und Privatvermögen), solidarische (der Gläubiger kann die gesamte Schuld nach Belieben von jedem Schuldner verlangen, sämtliche Schuldner sind zur Bewirkung der ganzen Leistung verpflichtet), akzessorische (Haftung ist so hoch wie die Gesellschaftsschuld)

Gesamtwirtschaftliche Nachfrage
Summe aller Sachgüter und Dienstleistungen, die auf Märkten einer Volkswirtschaft innerhalb einer Wirtschaftsperiode nachgefragt werden.

Gesamtwirtschaftliches Angebot
Summe aller Sachgüter und Dienstleistungen, die auf Märkten einer Volkswirtschaft innerhalb einer Wirtschaftsperiode angeboten werden.

Geschäftsfähigkeit
Fähigkeit, rechtswirksame Rechtsgeschäfte abzuschließen. Sie tritt mit Erreichen der Volljährigkeit (§ 2 BGB mit Vollendung des 18. Lebensjahres) ein.

Geschäftsklimaindex
Konjunkturindikator, der durch Befragungen in mehreren Tausend Unternehmen zur Erwartung der Geschäftsentwicklung erhoben wird.

Gesellschaft
Bezeichnet das geordnete und bewusst organisierte Zusammenleben und -handeln der Menschen.

Gesellschaft mit beschränkter Haftung (GmbH)
Art der Kapitalgesellschaft

Gewaltenteilung

Aufteilung der Staatsgewalt auf unterschiedliche, voneinander unabhängige Institutionen (Legislative = gesetzgebende Gewalt, Exekutive = ausführende Gewalt, Judikative = richterliche Gewalt)

Gewerbefreiheit

Freiheit, ein Gewerbe betreiben zu dürfen.

Gewinnlinse

Intervall zwischen Nutzenschwelle und Nutzengrenze, in diesem Intervall wird bei S-förmigen Kostenverläufen Gewinn erzielt.

Gewinnmaximum

Höchster Gewinn

Gewinnquote

Anteil der Gewinne, also der Einkommen der Unternehmer am Volkseinkommen

Gewinnthesaurierung

Einbehalten ausgewiesener erwirtschafteter Gewinne

Gewohnheitsrecht

Ungeschriebenes Recht, welches aus einer andauernden Anwendung bestimmter Verhaltensweisen, gegen die kein Widerspruch eingelegt wird und die als Recht empfunden werden.

GINI-Koeffizient

Zahl zwischen 0 und 1, die basierend auf den Erkenntnissen der LORENZkurve die Gleichheit bzw. Ungleichheit der Einkommensverteilung in einer Volkswirtschaft zeigt.

Gleichgewichtsmenge

Menge, die zum Gleichgewichtspreis abgesetzt wird. Angebot und Nachfrage kommen zur Deckung.

Gleichgewichtspreis

Preis an dem Angebot und Nachfrage zur Deckung kommen. Der Markt wird geräumt.

Global Players

Unternehmen, das in verschiedenen Staaten wirtschaftlich aktiv ist und dabei eine Vormachtstellung einnimmt.

Globalisierung

Prozess, durch den die Volkswirtschaften verschiedener Länder zusehends mehr verzahnt werden und damit verbunden Abhängigkeiten entstehen.

Globalismus

Verdrängung politischen Handels durch den Weltmarkt

Globalität

Offene und entgrenzt-grenzenlose Weltgesellschaft mit ihren verschiedenen ökonomischen, politischen, kulturellen Formen

GmbH & Co. KG

Form der Personengesellschaft, bei der der Komplementär eine GmbH ist.

Grabensystem

Wahlsystem bei dem 50 % der Bundestagssitze nach Verhältniswahlsystem, die anderen 50 % nach Mehrheitswahlsystem besetzt werden. Das System wird derzeit nicht praktiziert.

Grenzerlöse

Erlöse, die für ein zusätzlich veräußertes Produkt anfallen.

Grenzkosten

Kosten, die für eine zusätzlich produzierte Einheit anfallen.

Grundrechte

Ins Grundgesetz übersetzte Menschenrechte; Rechte, die den Einzelnen vor dem Staat schützen. Ein großer Teil der Grundrechte sind Menschenrechte.

Grundrechtecharta

„Verfassung" der EU", die die Rechte und Freiheiten der EU-Bürgerinnen und Bürger auflistet.

Gründungsinvestition

Investitionen, die zum Aufbau des Unternehmens verwendet werden.

Handelsbilanz

Teilbilanz der Leistungsbilanz, die den grenzüberschreitenden Warenhandel (Export und Import) erfasst.

Handelskredit

Kredit, der innerhalb der Handelskette des Unternehmens genommen wird, wahlweise von Kunden oder Lieferanten.

Handelsregister

Öffentliches Verzeichnis der Kaufleute und registerpflichtigen Unternehmen

Harte Standortfaktoren

Messbare Standortfaktoren (z. B. Grundstückspreise)

Hauptrefinanzierungsgeschäft (auch Haupttender)
Liquiditätszuführendes Geschäft, das regelmäßig jede Woche durchgeführt wird, das eine Laufzeit von einer Woche hat, Abwicklung im Standardtender.

Haupttender
Hauptrefinanzierungsgeschäft

Hausvaterpolitik
Wirtschaftspolitik, bei der die Ausgaben sich an den Einnahmen orientieren, keine Schulden gemacht werden, aber auch keine Rücklagen aus Überschüssen gebildet werden.

Hegemoniale Staatenwelt
Individuelles, ungeteiltes und unkontrolliertes Gewalt- und Machtmonopol bei einem einzigen Hegemonialstaat – Erzwingung von Gehorsam und Gefolgschaft.

Heilsmodell
Politisches Modell nach Aurelius Augustinus, Politik als irdisches Mittel dient der endzeitlichen Erlösung des Menschen im Himmel.

Hilfsstoffe
Betriebswirtschaftlicher Produktionsfaktor; Werkstoff, der als Nebenbestandteil in das Produkt eingeht.

Hoher Beschäftigungsstand
Volkswirtschaftliche Zielsetzung laut Stabilitätsgesetz, das besagt, dass die Arbeitslosigkeit möglichst gering sein soll.

Hoher Vertreter der Europäischen Union
Außenminister der Europäischen Union, Legislativorgan

Horizontal selbst organisierte Staatenwelt
Staaten agieren mittels Abkommen und Verträgen bi- bzw. multilateral – die Nicht-Einhaltung von Abkommen kann kaum sanktioniert werden.

Horizontaler Unternehmens-zusammenschluss
Zusammenschluss von Unternehmen gleicher Produktionsstufe

HVPI (harmonisierter Verbraucherpreisindex)
Verbraucherpreisindex, der EU-weit nach einheitlichen Regeln errechnet wird. Er basiert auf einem einheitlichen Warenkorb innerhalb der EU.

IGH (Internationale Gerichtshof)
(*International Court of Justice* = ICJ) mit Sitz in Den Haag; der Gerichtshof der Vereinten Nationen

IGO (International Governmental Organization)
Durch multilateralen völkerrechtlichen Vertrag geschaffene Staatenverbindung.

Immaterielle Investition
Investition in stofflose Güter, wie z. B. Lizenzen

Importzoll
Zölle auf Waren, die ins Land kommen.

Informationsmodell
Politisches Modell nach Karl W. Deutsch, Politik sorgt als zwang- und machtloser Steuerungsprozess für angemessene Informations- und Kommunikationsverarbeitung im ganzen Gesellschaftssystem.

INGO (International Non- Governmental Organization)
Zusammenschluss von mindestens drei gesellschaftlichen Akteuren, wie Parteien, Verbände oder Vereine, aus mindestens drei Staaten, die Regelungen zur Ausübung einer grenzüberschreitender Zusammenarbeit aufstellen.

Innenfinanzierung
Finanzierungsform, bei der die finanziellen Mittel aus dem Unternehmen generiert werden.

Interdependenztheorie
Theorie, die eine gegenseitige Abhängigkeit verschiedener Einheiten voneinander annimmt.

Internationaler Strafgerichtshof
Eigenständiger Gerichtshof, der die nationalen Gerichte ergänzt.

Interventionen
An- oder Verkauf von Devisen durch Zentralbanken um eine Verknappung bzw. Erhöhung der Devisenreserven am Markt zu erreichen, um einen Anstieg/Fall der Devisenkurse herbeizuführen.

Investition
Längerfristige Festlegung von Finanzmitteln in Vermögenswerte

Investitionsquote
Anteil der Bruttoinvestitionen am Bruttoinlandsprodukt zu Marktpreisen

IStGH (Internationaler Strafgerichtshof)
Dauerhafter internationaler Gerichtshof, der auf der Basis eines multilateralen Vertrags arbeitet.

IWF (Internationaler Währungsfond)
Sonderorganisation der Vereinten Nationen, die für die Vergabe von Krediten an Länder mit Zahlungsschwierigkeiten zuständig ist.

Jedermannrechte
Grundrechte, die allen Menschen im Geltungsbereich des Grundgesetzes zustehen.

Juristische Person
Vereinigungen von Personen, die als Einheit von der Rechtsordnung rechtsfähig sind. Dadurch habe sie Rechte und Pflichten, und es kann Klage gegen sie erhoben werden.

Kapital
Volkswirtschaftlicher Produktionsfaktor, der durch die Kombination der Produktionsfaktoren Arbeit und Boden entsteht.

Kapitalbilanz
Käufe und Verkäufe von Vermögenswerten, finanziellen Transaktionen zwischen Inländern und Gebietsfremden

Kapitalgesellschaft
Gesellschaft, bei der die finanzielle Beteiligung der Mitglieder im Vordergrund steht.

Kapitalmarkt
Angebot und Nachfrage nach längerfristigem Geld mit einer Laufzeit über einem Jahr

Kapitalstock
Bestand an Sachkapital eines Unternehmens bzw. einer Volkswirtschaft

Kartell
Zusammenschluss von rechtlich und wirtschaftlich eigenständig bleibenden Unternehmen, dessen Hauptziel es ist, den Wettbewerb zu beschränken.

Kassageschäfte
Finanzinstrument, das sofort abgewickelt wird (spätestens nach zwei Tagen).

KEYNESianismus
Antizyklische Fiskalpolitik, die auf der Annahme basiert, dass der Staat über die Nachfrage ins Wirtschaftsgeschehen eingreifen muss, weil die Marktkräfte zur Stabilisierung nicht ausreichen.

Klassengesellschaft
Einteilung der Gesellschaft in verschiedene Klassen (Land- und Fabrikarbeiter, die die Arbeiterklasse bilden, Klasse der Handwerker und Gewerbetreibenden, der kleinen Beamten und Angestellten, Klasse der Besitzbürger, d. h. Bürger, die Land besaßen, und Klasse der wirklich Reichen.

Kommanditgesellschaft (KG)
Form der Personengesellschaft mit mindestens einem Kommanditisten und einem Komplementär

Kommanditgesellschaft auf Aktien (KGaA)
Sonderform der Kapitalgesellschaft, bei der der Komplementär Vollhafter ist, die Einlage der Kommanditisten in Aktien gestückelt ist.

Kommanditist
Teilhafter in einer Kommanditgesellschaft

Kommunikationspolitik
Maßnahmen des Unternehmens, Informationen zum Produkt an den Kunden weiterzutragen.

Komparative Kostenvorteile
Internationale Spezialisierung, die allen Staaten Kostenvorteile verschafft, die dann als nationaler Wohlstandsgewinn anfallen.

Komplementär
Vollhafter in einer Kommanditgesellschaft

KONDRATIEFFzyklus
Wirtschaftszyklus über mehrere Jahrzehnte, der durch initiale Erfindungen oder Entwicklungen ausgelöst wird.

Konjunktur
Mittelfristige Schwankungen der Wirtschaftstätigkeit über einige Jahre hinweg.

Konjunkturindikator
Wirtschaftsdaten, die geeignet sind, Aussagen zur Konjunktur zu tätigen.

Konjunkturindikator – Frühindikator
Konjunkturindikator, der dem Konjunkturverlauf voraus läuft.

Konjunkturindikator – Mengenindikator
Konjunkturindikator, der Veränderungen von Mengen misst.

Konjunkturindikator – Präsensindikator
Konjunkturindikator, der parallel zum Konjunkturverlauf läuft.

Konjunkturindikator – Preisindikator
Konjunkturindikator, der Veränderungen von Preisen misst.

Konjunkturindikator – Spätindikator
Konjunkturindikator, der dem Konjunkturverlauf nachhinkt.

Konjunkturzyklus
Zeitraum wirtschaftlicher Schwankungen, die alle vier Konjunkturphasen enthält (Aufschwung, Boom, Rezession, Depression).

Konsortium
Diese werden zur Durchführung bestimmter Projekte, z. B. Großbauprojekte, für einen begrenzten Zeitraum gebildet.

Konsumentenrente
Differenz aus dem Preis, den der Konsument für ein Gut zu zahlen bereit ist und dem Gleichgewichtspreis, den der Konsument aufgrund der Marktverhältnisse tatsächlich zahlen muss.

Konsumquote
Anteil des verfügbaren Einkommens, welches für Konsum verwendet wird.

Kontingente
Mengen- und wertmäßige Beschränkungen der Importe oder Exporte

Kontokorrentkredit
Kurzfristiger Kreditrahmen ohne feste Rückzahlungsraten, relativ hoch verzinst

Konvergenzkriterien
Kriterien, die ein Land erfüllen muss, wenn es den Euro als Währung einführen will (Stabilität des Preis- und Zinsniveaus, Altschulden unter 60 %, Neuverschuldung unter 3 % des BIP, zweijährige Teilnahme am EWS II).

Konzentration
Zumindest ein beteiligtes Unternehmen verliert seine wirtschaftliche Selbstständigkeit. Es kann zudem sein, dass die rechtliche Selbstständigkeit ebenfalls verloren geht, wenn der Zusammenschluss die Bildung eines neuen Unternehmens zum Ziel hat.

Konzern
Rechtlich selbstständige Unternehmen begeben sich unter eine einheitliche Leitung.

Kooperation
Vertraglicher Zusammenschluss von Unternehmen, die gemeinsam betriebliche Teilaufgaben erfüllen wollen. Dabei bleiben die beteiligten Unternehmen rechtlich und wirtschaftlich selbstständig.

Korporatismus
Bezeichnet verschiedene Formen der Beteiligung gesellschaftlicher Gruppen an Entscheidungen, die auf politischer Ebene getroffen werden.

Kosten
In Geld bewerteter Verbrauch an Produktionsfaktoren

Kostenoptimum
Stelle der Kostenkurve, an der die Stückkosten ihr Minimum haben.

Kostenremanenz
Zurückbleibende fixe Kosten; bei zurückgehendem Beschäftigungsgrad können die Fixkosten nicht schnell genug dem Rückgang angepasst werden.

Kriegsvölkerrecht
Völkerrecht, das in Kriegszeiten gilt.

Kumulieren
Der Wähler kann mehrere – in der Regel bis zu drei – Stimmen einem einzelnen Kandidaten geben.

Längerfristige Refinanzierungsinstrument (auch Basistender)
Liquiditätszuführendes Geschäft, das regelmäßig jeden Monat durchgeführt wird, reguläre Laufzeit drei Monate, auch längere Laufzeiten möglich, Abwicklung im Standardtender.

Leasing
Der Leasinggeber als Eigentümer überlässt dem Leasingnehmer ein bestimmtes Gut für eine bestimmte Zeit. Der Leasingnehmer erhält den Besitz und damit insbesondere das Nutzungsrecht an der Sache.

Leistungen
Wertezufluss an Gütern und Dienstleistungen, die sich durch eine betriebliche Tätigkeit ergeben.

Leistungsbilanz
Teilbilanz der Zahlungsbilanz, die in einer gegenüberstellenden Weise den grenzüberschreitenden Waren- und Dienstleistungshandel, sowie Primär- und Sekundäreinkommen erfasst.

Leistungserstellung
Produktion

Leitzins
Zinsen, an denen sich der Zins am Geldmarkt orientiert; in der Eurozone der Zins für Hauptrefinanzierungsgeschäfte.

Liberalismus
Eine von ADAM SMITH wesentlich geprägte Weltanschauung, die hauptsächlich auf dem Gedanken der Eigenverantwortung und der freien Entfaltung der Persönlichkeit beruht.

Lobbyismus
Versuch gesellschaftlicher Interessensgruppen, auf Entscheidungsträger der Politik einzuwirken, um ihre Interessen in den politischen Entscheidungsprozess einzubringen.

Lohnnebenkosten
Arbeitskosten, die der Arbeitgeber neben dem zu zahlenden Lohn zu tragen hat, wie z. B. Sozialversicherungsbeiträge, Urlaubs- oder Krankheitstage der Mitarbeiter.

Lohnpolitik
Politische Maßnahmen, die ergriffen werden, um auf die Löhne Einfluss zu nehmen.

Lohnquote
Anteil der Lohneinkommen am gesamten Volkseinkommen

Lorenzkurve
Kurve, die die Einkommensverteilung in einer Volkswirtschaft zeigt und darüber Auskunft gibt, inwieweit die Verteilung von der optimalen Verteilung abweicht.

Machtmodell
Politisches Modell nach NICCOLÒ MACHIAVELLI, Politik ist hier Machthandeln und als Summe wertfreier Techniken und Geschicklichkeiten zum Nutzen des Staates und seines Herrschers zu sehen.

Magisches Viereck
Viereck, das die vier volkswirtschaftlichen Ziele hoher Beschäftigungsstand, Preisniveaustabilität, außenwirtschaftliches Gleichgewicht, angemessenes und stetiges Wirtschaftswachstum des Stabilitätsgesetzes umfasst, die gleichzeitig schwer zu realisieren sind, und deswegen als magisch bezeichnet werden.

Marketing
Absatzwirtschaft eines Unternehmens, die im Marketingmix die Bereiche Preispolitik, Produktpolitik, Distributionspolitik und Kommunikationspolitik abdeckt.

Mathematisch-quantifizierende Modelle
Modelle, die die Realität mittels einfacher mathematischer Gleichungen beschreiben.

Mediendemokratie
Ausrichtung der Politik an den Bedürfnissen der Massenmedien

Mehrheitswahlrecht
Gewählt ist derjenige der Wahlkreiskandidaten, der die meisten Stimmen erhält, entweder absolut oder relativ (Personenwahl).

Mengentender
Kreditzuteilungsverfahren der EZB, bei dem die EZB den Zinssatz und das Kreditvolumen festlegt, die Geschäftsbanken ihre Kreditwünsche bekannt geben. Die Zuteilung erfolgt in Höhe der gewünschten Kreditmenge.

Menschenrechte
Rechte, die dem Menschen von Beginn an mitgeben werden, sie stehen über allen anderen Rechten.

Millieu-Modell
Modell, das ein wirklichkeitsgetreues Bild von der Vielfalt der Gesellschaften gibt.

Mindestreserve
Minimales Guthaben, das Kreditinstitute auf Girokonten der EZB einstellen müssen.

MINT
Mathematik, Informatik, Naturwissenschaft und Technik.

Modell der eingeschmolzenen Klassengesellschaft
Klassengesellschaft mit klar gezogenen Klassengrenzen (Kapitalisten, dem alten Mittelstand, der aus kleinen und mittleren Unternehmen besteht, dem neuen Mittelstand, der aus höher qualifizierten Lohn- und Gehaltsbeziehern besteht, Proletaroiden, die Tagwerker auf eigene Rechnung sind, und dem Proletariat, das aus minder qualifizierten Lohn- und Gehaltsbeziehern besteht.

Monarchie
Alleinherrschaft eines legitimierten Monarchen, der damit Träger der Staatsgewalt ist (Kaiser, König, Fürst).

Monetärer Ausgleich
Ausgleich einer Ungleichgewichtssituation im Wirtschaftskreislauf durch Preiserhöhungen oder -senkungen.

Monetarismus
Wirtschaftspolitischer Ansatz nach MILTON FRIEDMAN, der darauf basiert, dass die Steuerung der Geldmenge entscheidend für den wirtschaftlichen Erfolg ist und der Staat sich deswegen wirtschaftspolitisch neutral verhalten soll.

Monopol
Marktform, bei der ein Marktteilnehmer (z. B. Anbieter) auf viele Marktteilnehmer (z. B. Nachfrager) trifft.

Multiplikatorprinzip
Besagt, dass ein einmaliger Investitionsstoß zu einer vielfachen Erhöhung des Einkommens führt.

Multipolarität
Multipolare Weltsicht, d. h. die Verteilung der Macht zwischen den Staaten ist ausgeglichen, d. h. die Staaten haben ein gleichberechtigtes Verhältnis zueinander.

Nachfrage
Erkennbare Bereitschaft, eine bestimmte Menge eines Gutes kaufen zu wollen.

NATO (North Atlantic Treaty Organization)
Militärisches Bündnis europäischer und nordamerikanischer Staaten mit der Zielsetzung, die Freiheit und Sicherheit der Mitgliedstaaten zu gewähren.

Naturrecht
Rechte, die von Natur aus gegebenen sind, wie z. B. das Recht auf Leben oder körperliche Unversehrtheit.

Nettoinvestition
Neuinvestitionen

Neuinvestitionen
Investitionen zur Erweiterung der Leistungsfähigkeit des Unternehmens.

Nicht tarifäre Handelshemmnisse
Vorgang, der hemmend auf die Handelsströme zweier Länder wirken soll, z. B. Einfuhrformalitäten.

Nichtregierungsorganisationen
NGOs, Organisationen, die sich politisch engagieren, aber keine Regierungsorganisation sind.

Nivellierte Mittelstandsgesellschaft
Soziale Nivellierung zu einer relativ einheitlichen Gesellschaftsschicht wegen gleicher politischer Rechte, ähnlicher materieller Lebensbedingungen und weitreichender Chancengleichheit.

Nutzengrenze
Zweiter Schnittpunkt der Gesamtkosten mit der Erlöskurve, rechts von dieser Stelle beginnt die Verlustzone.

Nutzenmaximum
Maximaler Nutzen, Gewinnmaximum

Nutzenschwelle
Erster Schnittpunkt der Erlös- mit der Gesamtkostenkurve, Break-Even-Point, rechts von dieser Stelle beginnt die Gewinnzone.

Oberer Interventionspunkt
Obere Grenze der Bandbreite bei relativ starren Wechselkursen

Obligation
Langfristige, festverzinsliche Wertpapiere.

OECD
Organisation for Economic Co-operation and Development, Organisaton für wirtschaftliche Zusammenarbeit und Entwicklung mit z. Zt. 36 Mitgliedstaaten, davon 27 europäischen Staaten.

Offene Handelsgesellschaft (OHG)
Form der Personengesellschaft

Offenmarktpolitik
An- oder Verkauf von bestimmten Wertpapieren (Offenmarktpapiere) durch die Zentralbank

Öffentliche Güter
Vom Staat angebotene Güter, wie Straßen, Krankenhäuser, …

OMT (Outright Monetary Transaction)
Geldpolitisches Instrument im Rahmen dessen die EZB Staatsanleihen unbefristet (outright) über den Sekundärmarkt ankauft.

OPEC (Organization Petrol Exporting Countries)
Zusammenschluss verschiedener Erdölexportierender Staaten mit dem Ziel, den Markt zu kontrollieren.

OSZE (Organisation für Sicherheit und Zusammenarbeit in Europa)
Staatengemeinschaft mit 55 Mitgliedstaaten aus Europa und den Nachfolgestaaten der Sowjetunion, der USA und Kanada mit der Hauptaufgabe der Erhaltung des Friedens, Konfliktbewältigung.

Panaschieren
Möglichkeit, mehrere Stimmen der festgelegten Gesamtstimmzahl auf verschiedene Kandidaten einer oder auch verschiedener Listen aufzuteilen.

Paritätskurs
Festgelegter Wechselkurs von zwei Währungen zueinander.

Partei
Dauerhaft organisierter Verbund von Bürgern mit gemeinsamen sozialen Interessen und politischen Vorstellungen, Ausdruck der Bürgergesellschaft, legalisiert gem. Artikel 21 GG.

Pensionsrückstellung
Rückstellungen für Betriebsrenten

Personengesellschaft
Gesellschaft, bei der die persönliche Mitarbeit und Haftung des Gesellschafters im Vordergrund steht.

Plebiszit
Volksbeschluss, Volksabstimmung

Pluralismus
Innerhalb eines Staates vorhandene Vielfalt gleichberechtigt nebeneinander bestehender und miteinander um Einfluss ringender konkurrierender Gruppen, Organisationen, Institutionen …

Politik
Gestaltung der Ordnung eines Gemeinwesens und Lenkung des individuellen Verhaltens seiner Mitglieder.

Positives Recht
Geschriebenes Recht

Pragmatisches Modell
Modell, das die gegensätzlichen Ansätze des dezisionistischen und des technokratischen Modells mischt und von einer wechselseitigen Beeinflussung der Akteure ausgeht.

Preiselastizität der Nachfrage
Misst, wie sich die Nachfrage relativ zu einer Preisänderung verändert. Berechnung durch den Quotienten der prozentualen Nachfrageänderung zur prozentualen Preisänderung.

Preisniveaustabilität
Der Durchschnitt der Preise bleibt bei schwankenden Einzelpreisen gleich. In der EU gilt das Preisniveau als stabil, wenn die Preissteigerungsrate unter aber nahe 2 % liegt.

Preispolitik
Alle Maßnahmen des Unternehmens, die sich auf die Preisgestaltung beziehen.

Primäreinkommen
Einkommen, das sich aus dem Markt ergibt; als Bestandteil der Leistungsbilanz alle Arbeitsentgelte und Einkommen aus Vermögensanlagen, die grenzüberschreitend erzielt werden.

Primärmarkt
Markt auf dem Finanztitel erstmals ausgegeben werden, wie z. B. die Ausgabe von Aktien.

Produktion
Von Menschen bewirkter Prozess, der aus natürlichen Rohstoffen oder bereits hergestellten Wirtschaftsgütern neue Wirtschaftsgüter hervorbringt.

Produktionsfaktoren
Güter und Leistungen, die zur Herstellung anderer Güter oder Leistungen benötigt werden.

Produktionspotenzial
Die gesamte Produktionsmenge einer Volkswirtschaft, die hergestellt werden könnte, wenn alle Produktionsfaktoren ausgelastet wären.

Produktivität
Verhältnis des Outputs, also des Produktionsergebnisses, zum Input, also dem Einsatz von Produktionsfaktoren.

Produktpolitik
Alle Maßnahmen in einem Unternehmen, die sich auf die Gestaltung des Produkts beziehen.

Produzentenrente
Differenz aus dem Gleichgewichtspreis und dem Preis, den er mindestens benötigt, um rentabel zu bleiben.

Qualitativ konstruierte Modelle,
Modelle, die Interdependenzen verschiedener Variablen registrieren und werten.

Quantitative easing
Engl.: mengenmäßige Lockerung; geldpolitisches Instrument der EZB mit dem Ziel, Liquidität in den Bankensektor zu bringen und die langfristigen Zinsen zu senken. Im Rahmen dieses Instruments kauft die EZB in großem Umfang Staatsanleihen.

Quartärer Sektor
Wirtschaftssektor im Fünfsektorenmodell: Informationssektor mit den Bereichen IT-Dienstleistungen, Hightech-Dienstleistungen, Beratungsdienstleistungen, (z. B. Rechtsanwalt, Steuerberater), Kommunikationsdienstleistungen.

Quintärer Sektor
Wirtschaftssektor im Fünfsektorenmodell: Entsorgungssektor mit den Bereichen Müllabfuhr, Schrottplätze, Klär- und Recyclinganlagen

Rat der Europäischen Union
Gremium, das sich aus je einem Minister der Mitgliedsländer der EU zusammensetzt, Legislativorgan der EU.

Rationalisierungsinvestition
Investitionen, die den Zweck haben, Kosten zu reduzieren.

Realausgleich
Ausgleich einer Ungleichgewichtssituation im Wirtschaftskreislauf durch Auf- oder Abbau der Lagerbestände

Rechtsfähigkeit
Fähigkeit, Träger von Rechten und Pflichten zu sein.

Rechtsform
Entscheidet über den rechtlichen Rahmen eines Unternehmens; möglich sind Kapitalgesellschaft, Personengesellschaft, Genossenschaft.

Rechtspersönlichkeit
Juristische Person, die vertragsfähig ist.

Rechtsstaatprinzip
Prinzip, nach dem die staatliche Gewalt und die Rechtsprechung den Gesetzen unterworfen sind.

Rechtssubjekt
Jemand, der Träger von Rechten und Pflichten sein kann.

Recognition-lag
Zeitspanne vom Auftreten bis zum Erkennen eines Problems.

Regression
Wachsende soziale Deklassierungsprozesse, Orientierungslosigkeit, Sinn- und Werteverlust und dadurch verstärkt autoritäre und aggressive Neigungen.

Relativ starre Wechselkurse
Wechselkurse zweier Währungen die innerhalb bestimmter Bandbreiten schwanken dürfen.

Repogeschäfte (Repurchase Agreement)
Wertpapierpensionsgeschäfte

Rohstoffe
Werkstoff, der als Hauptbestandteil in das Produkt eingeht, betrieblicher Produktionsfaktor.

Rückstellung
Gelder, die in einem Unternehmen für ungewisse Verbindlichkeiten zurückgehalten werden.

Sachinvestition
Investition in materielle Gegenstände.

SAY'sches Theorem
Wirtschaftstheoretischer Ansatz, der davon ausgeht, dass sich das Angebot seine Nachfrage schafft.

Schichtmodell
Modelle, welches die Rangordnung und den Statusaufbau als wesentlich für die Struktur einer Gesellschaft ansieht. Einkommen und Vermögen sind darin die ersten und zentralen Faktoren sozialer Ausdifferenzierung.

Schlichtung
Maßnahme im Rahmen eines Tarifstreits, bei der ein Dritter versucht einen Kompromiss im Tarifstreit zu finden.

Schutzzoll
Importzoll mit der Absicht, die heimische Wirtschaft vor der ausländischen Konkurrenz zu schützen.

Segregation
Auseinanderdriften der Lebens- und Werbewelten, sozialhierarchische Differenzierung und zunehmende Abschottung der Milieus gegeneinander.

Sekundäreinkommen
Alle grenzüberschreitenden Zahlungen, denen keine erkennbare Leistung gegenüberstehen (z. B. Zahlungen für Entwicklungshilfe).

Sekundärmarkt
Markt, auf dem die auf dem Primärmarkt ausgegebenen Finanztitel gehandelt werden, z.B. die Börse.

Selbstbeschränkungsabkommen
Ein Exporteur erklärt sich bereit, den Export bestimmter Produkte in bestimmte Regionen/Länder zu begrenzen, um das Importland zu schützen.

Selbstfinanzierung
Finanzierung aus Unternehmensgewinnen

Shareholder Value
Wert für den Aktionär, ist ein Ansatz, der fordert, die Aktionärsinteressen in den Mittelpunkt zu stellen.

Simulationsmodelle
Modelle, die mithilfe von PC-Programmen und anhand von empirischen Daten Entwicklungen durchrechnen.

Solidaritätsprinzip
Prinzip, nach dem einer für alle und alle für einen einstehen.

Sozialpolitik
Beinhaltet die Gesamtheit aller Grundsätze und Maßnahmen des Staates und größerer Verbände, die aktuell bestehende Sozialordnung im politischen Prozess zu gestalten.

Sozialstaatprinzip
Staatziel: Orientiert sich an der Vorgabe soziale Gerechtigkeit und soziale Sicherheit herzustellen.

Sparquote
Anteil des verfügbaren Einkommens, welches gespart wird.

Spitzenrefinanzierungsfazilität
Übernachtkredit, die Geschäftsbanken bei der EZB zur kurzfristigen Deckung einer Liquiditätslücke nehmen können.

Sprungfixe Kosten
Kosten steigen beim Erreichen einer bestimmten Kapazität sprunghaft an.

Staat
Drei objektive Kriterien kennzeichnen einen Staat: Staatsgebiet, Staatsvolk, Staatsgewalt über das gesamte Territorium – und viertens die Anerkennung durch die Weltgemeinschaft.

Staatsanleihen
Anleihe, bei der der Staat als Schuldner auftritt.

Staatshaushalt
Gegenüberstellung der geplanten Einnahmen und Ausgaben des Staates für einen bestimmten Zeitraum.

Staatsorgane
Organe zur Ausübung der Staatsgewalt, in der Bundesrepublik Deutschland Bundestag, Bundesrat, Bundeskanzler(in) mit Bundesregierung, Bundespräsident und Bundesverfassungsgericht

Ständegesellschaft
Aufteilung der Gesellschaft in drei Stände, Klerus, Adel, Bürger und Bauern

Ständige Fazilitäten
Die EZB bietet den Geschäftsbanken die Möglichkeit, mithilfe von Übernachtkrediten Liquiditätsengpässe oder von Übernachteinlagen überschüssige Liquidität auszugleichen.

Standortfaktoren
Standortspezifische Bedingung eines Ortes, die darüber entscheidet, ob sich ein Betrieb an dem Ort ansiedeln sollte oder nicht.

Starre Wechselkurse
Die beteiligten Zentralbanken legen einen Preis fest, der als starres Austauschverhältnis der Währungen zueinander bestimmt wird.

Steuern
Öffentliche Abgaben, die ein Gemeinwesen mit Zwangsgewalt in einseitig festgesetzter Höhe und ohne Gewährung einer direkten Gegenleistung in seinem Gebiet erhebt.

Stille Selbstfinanzierung
Finanzierung durch das Einbehalten nicht ausgewiesener Gewinne, die durch das Unterbewerten von Aktiva oder Überbewerten von Passiva entsteht.

Streik
Arbeitskampfmaßnahme, bei der die Arbeitnehmer die Arbeit niederlegen.

Strukturelle Operationen
Geldpolitische Instrumente zur Liquiditätsbereitstellung oder -abschöpfung, die die Liquidität am Markt längerfristig beeinflussen. Maßnahmen sind befristete Transaktionen und Emission von Schuldverschreibungen.

Strukturpolitik
Oberbegriff für die Gesamtpolitik der wirtschaftspolitischen Maßnahmen zur Gestaltung der Struktur der Volkswirtschaft eines Staates.

Strukturwandel
Veränderung der Wirtschaftsstruktur, also die Verschiebung der Gewichtung der einzelnen Wirtschaftssektoren.

Stützungskäufe
Devisenkauf einer Zentralbank mit der Absicht, einen bestimmten Devisenkurs zu erreichen.

Subprime-Krise
(*subprime* (engl.) zweitklassig): Finanzkrise, die sich aus der Vergabe zahlreicher zu wenig abgesicherter Hypothekenkredite in den USA ergab, führte seit 2007 zu vielen Kreditausfällen, infolgedessen Kreditinstitute zahlungsunfähig wurden.

Subsidiaritätsprinzip
Die Hilfe soll immer von der kleinstmöglichen zuständigen Stelle erbracht werden. Öffentliche Hilfe soll erst dann greifen, wenn private Hilfe nicht möglich ist.

Subventionen
Zuwendungen in Form von Geldleistungen oder steuerlichen Entlastungen, die der Staat Unternehmen zukommen lässt.

Surplus saving
Engl.: Ersparnis, die der Staat in Aufschwung- oder Boomphasen tätigen soll, um das *deficit spending* aus der Rezessionsphase auszugleichen.

Tarifparteien
Arbeitgebervertreter und Arbeitnehmervertreter, also Gewerkschaften, bilden zusammen die Tarifparteien.

Technokratisches Modell
Modell, in dem der wissenschaftliche Sachverstand des Beraters Basis für die Entscheidungen des Politikers ist. Die Verwissenschaftlichung der Politik führt in extremer Ausprägung dazu, dass die Entscheidungskompetenz vom Politiker auf den Berater übertragen wird.

Termineinlagen
Einlage, die einer Bank von ihrem Kunden verzinslich für einen bestimmten Zeitraum zur Verfügung gestellt wird.

Termingeschäfte
Finanzinstrument, dessen Ausführung in der Zukunft liegt (länger als zwei Tage).

Terms of Trade (TOT)
Kenngröße, die das reale Austauschverhältnis von Export- und Importgütern misst.

Tertiärer Sektor
Wirtschaftssektor im Fünfsektorenmodell: Dienstleistungssektor mit den Bereichen Handel, Versicherungen, Verkehr, Tourismus, öffentliche und private Haushalte, die Dienstleistungen erbringen, sonstige Dienstleistungen.

Transferzahlungen
Zahlungen des Staates an private Haushalte oder Unternehmen ohne Verpflichtung zu einer Gegenleistung.

Transmissionsmechanismus
Prozess, der durch geldpolitische Entscheidungen der EZB auf die Wirtschaft ausgelöst wird.

Transnationale Unternehmen
Unternehmen, die in verschiedenen Staaten mit eigenen Produktions- und Vertriebsstätten vertreten sind.

Trust
Verschmelzung von Unternehmen, die ihre wirtschaftliche und rechtliche Selbstständigkeit verlieren.

TTIP
Transatlantic Trade and Investment Partnership; Handelsabkommen zwischen USA und der EU.

Überhangmandate
Entstehen, wenn eine Partei bei der Wahl zum Bundestag mehr Direktmandate über die Erststimmen erhält, als ihr Sitze im Bundestag gemäß der Anzahl der Zweitstimmen zustehen.

UN-Sicherheitsrat
Gremium mit fünf ständigen Mitgliedstaaten (USA; Rusland, China, Großbritannien, Frankreich) und zehn nicht ständige Mitgliedsstaaten, das die Aufgabe hat, den Weltfrieden zu sichern.

Unterer Interventionspunkt
Untere Grenze der Bandbreite bei relativ starren Wechselkursen

Unternehmensverband
Bei dieser Art des Zusammenschlusses sollen die gemeinsamen wirtschaftlichen Interessen

gefördert werden (z. B. Wirtschaftsfachverbände, IHK, Arbeitgeberverbände).

Urabstimmung
Abstimmung gewerkschaftlich organisierter Arbeitnehmer zu Streikmaßnahmen bzw. Beendigung der Streikmaßnahmen.

Variable Kosten
Kosten, die abhängig vom Beschäftigungsgrad anfallen.

Variable Stückkosten
Kosten pro Stück, die abhängig vom Beschäftigungsgrad anfallen.

Verband
Freier Zusammenschluss von Interessenten, die Einfluss auf das politische Geschehen nehmen, ohne jedoch selbst Regierungsverantwortung zu tragen, geschützt durch Artikel 9 GG.

Verbraucherpreisindex
Der Verbraucherpreisindex gibt die durchschnittliche Veränderung der Preise in einer Volkswirtschaft an. Datenbasis für den Index ist der statistische Warenkorb.

Vereinte Nationen (UN = United Nations)
Zwischenstaatlicher Zusammenschluss aus inzwischen 193 Nationen mit dem Ziel, den Weltfrieden zu sichern.

Verhältniswahlrecht
Abgeordnetensitze werden bei diesem Wahlrecht im Parlament proportional zu den Stimmenzahlen zugeteilt.

Vermögenspolitik
Alle Maßnahmen des Staates, die darauf abzielen, dass in der Bevölkerung und damit in der Volkswirtschaft Vermögen gebildet wird.

Versicherungsprinzip
Geld wird in eine Kapitalsammelstelle gegeben, um im Versicherungsfall Leistungen zu beziehen.

Versorgungsprinzip
Die Vorleistungen, die für die Gesellschaft erbracht wurden, berechtigen zur Versorgung durch den Staat.

Verständigungsmodell
Politisches Modell nach ARISTOTELES, Staat als Gemeinschaft von Gleichen

Vertikaler Unternehmenszusammenschluss
Zusammenschluss von Unternehmen aufeinander folgender Produktionsstufen

Völkerrecht
Durch Vertrag oder Gewohnheitsrecht begründetes Recht, welches in Friedens- und Kriegszeiten die Rechte und Pflichten der Staaten und sonstiger Rechtssubjekte wie z. B. Kirchen, internationale Organisationen zueinander regelt.

Volkssouveränität
Demokratisches Prinzip, nach dem die Staatsgewalt vom Volke ausgeht.

Vollkommener Markt
Markt, auf dem es keine persönlichen, sachlichen, zeitlichen und räumlichen Präferenzen gibt und vollkommene Markttransparenz herrscht.

Wachstum
Veränderung des Bruttoinlandsprodukts gegenüber der vorherigen Wirtschaftsperiode, das positiv, negativ oder unverändert (Nullwachstum) sein kann.

Wachstum – angemessenes und stetiges
Positives Wirtschaftswachstum, deren Steigerungsraten gleichmäßig in nicht zu großen Sprüngen stattfindet.

Wachstumspolitik
Zweig der Wirtschaftspolitik, der sich mit den Ursachen von Wirtschaftswachstum befasst.

Warenkorb
Auswahl von ca. 600 Gütern, die den Verbrauch der Bevölkerung repräsentativ abbilden und die je nach Wichtigkeit unterschiedlich gewichtet sind. Wegen der sich ändernden Verbrauchergewohnheiten wird er alle fünf Jahre angepasst.

Wechselkurs
Preis für eine ausländische Währung

Weiche Standortfaktoren
Nicht messbare Standortfaktoren (z. B. Freizeitangebot eines Ortes)

Welthandelsorganisation
WTO; *World Trade Organisation*, Organisation mit 159 Mitgliedstaaten, die den Welthandel verbessern will.

Weltstaat-Ordnung
Abgegebene Souveränität aller Staaten an eine überstaatliche, demokratisch-parlamentarisch

kontrollierte Autorität mit Sanktionskraft durch Gerichte, Polizei, Militär

Werkstoffe
Betrieblicher Produktionsfaktor, der bei der Produktion verbraucht wird.

Wirtschaftskreislauf
Modell einer Volkswirtschaft mit Geld und ggf. Güterströmen, das die Beziehungen der Wirtschaftssektoren einer Volkswirtschaft zueinander zeigt.

Wirtschaftswachstum
Veränderung des BIP bzw. BNE gegenüber der vorherigen Wirtschaftsperiode.

Wirtschaftswachstum – extensives
Das BIP steigt, ohne dass sich die Güterversorgung der Bevölkerung verbessert. Das Wachstum des BIP ist also so groß, wie das Bevölkerungswachstum.

Wirtschaftswachstum – intensives
Das Wirtschaftswachstum wird durch eine höhere Arbeitsproduktivität erreicht.

Wirtschaftswachstum – nominales
Veränderung des BIP mit Mengen- und Preisänderungen gegenüber der vorherigen Wirtschaftsperiode.

Wirtschaftswachstum – qualitatives
Wachstum, welches überwiegend auf eine Verbesserung der Qualität von Produktivkräften zurückzuführen ist.

Wirtschaftswachstum – quantitatives
Durch den vermehrten Einsatz der Leistungsfaktoren (Arbeit, Boden, Kapital, Know-how) wird vermehrt Leistung erbracht.

Wirtschaftswachstum – reales
Veränderung des BIP, nur Mengenänderungen gegenüber der vorherigen Wirtschaftsperiode.

Wissen
Volkswirtschaftlicher Produktionsfaktor, qualitative Arbeit

WTO (World Trade Organization)
Weltweite Handelsorganisation mit mittlerweile 216 Mitgliedstaaten

Zentralverwaltungswirtschaft
Wirtschaftssystem, dessen Funktionieren auf der Basis eines Zentralplans beruht, von dem aus das gesamte System organisiert wird.

Zielbeziehungen
Beziehungen volkswirtschaftlicher oder betriebswirtschaftlicher Ziele zueinander

Zielbeziehungen – indifferente Ziele
Das Erreichen des einen Ziels wirkt nicht auf das Erreichen des anderen Ziels.

Zielbeziehungen – komplementäre Ziele
Das Erreichen des einen Ziels begünstigt das Erreichen des andern Ziels.

Zielbeziehungen – konkurrierende Ziele
Das Erreichen des einen Ziels beeinträchtigt das Erreichen des anderen Ziels.

Zinstender
Kreditzuteilungsverfahren der EZB bei dem die EZB das Kreditvolumen festlegt, die Geschäftsbanken ihre Kreditwünsche und den Zins, den sie bereit sind zu zahlen, bekannt geben. Die Zuteilung erfolgt nach der Höhe des Zinssatzes, wobei die Bank mit dem höchsten Zins zuerst bedacht wird.

Zoll
Abgaben, die auf grenzüberschreitende Produkte zu entrichten sind.

Bildquellennachweis

Stichwortverzeichnis